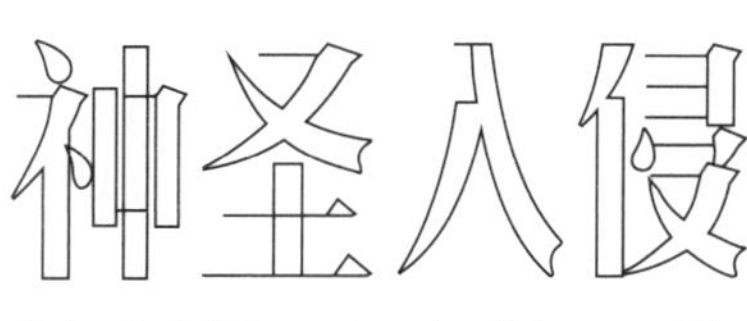

神圣入侵

菲利普·迪克的一生

[美] 劳伦斯·萨廷 著　陈灼 译

四川科学技术出版社

DIVINE INVASIONS:A LIFE OF PHILIP K. DICK By LAWRENCE SUTIN
Copyright © 1989 by Lawrence Sutin
Published by agreement with Baror International,Inc., Scovil Galen Ghosh Literary Agency, New York, U.S.A. through The Grayhawk Agency Ltd.
Simplified Chinese edition copyright:
2020 SCIENCE FICTION WORLD LTD.
All rights reserved.

图书在版编目(CIP)数据

神圣入侵:菲利普·迪克的一生 / [美]劳伦斯·萨廷 著;陈 灼 译.
-- 成都:四川科学技术出版社,2020.4
(世界科幻大师丛书 / 姚海军 主编)
书名原文: Divine Invasions:A Life of Philip K.Dick
ISBN 978-7-5364-9787-0
Ⅰ.①神… Ⅱ.①劳… ②陈… Ⅲ.①菲利普·迪克-传记
Ⅳ.①K837.125.6
中国版本图书馆CIP数据核字(2020)第070834号
图进字:21-2019-433

世界科幻大师丛书
神圣入侵:菲利普·迪克的一生

出品人 程佳月
丛书主编 姚海军
著者 [美]劳伦斯·萨廷
译者 陈 灼
责任编辑 宋 齐 姚海军
特邀编辑 陈 曜
封面绘画 4又
封面设计 施 洋
版面设计 施 洋
责任出版 欧晓春
出版 四川科学技术出版社
四川省成都市槐树街2号出版大厦 邮政编码:610031
开本 147mm×208mm
印张 19.5
字数 360千
插页 2
印刷 成都市金雅迪彩色印刷有限公司
版次 2020年9月成都第一版
印次 2020年9月成都第一次印刷
定价 98.00元
ISBN 978-7-5364-9787-0

■ 版权所有·翻印必究 ■

■本书如有缺页、破损、装订错误,请寄回印刷厂调换。
厂址:成都市龙泉驿区航天南路18号 邮编:610100

菲利普·迪克

Philip K. Dick

1928 - 1982

致 谢

事后证明，针对本书的研究和写作是一次完全超出预期的探险。那些将菲利普·迪克(Philip K. Dick)探究“什么是真实?”的努力仅看作形而上学诡辩的人，从未试图完整地描述这个人的一生。

我要对许多人表示衷心感谢，他们给予我时间和关注，因而，如果我只特别感谢其中一些人的话，就显得太忘恩负义了。但是我仍然要特别提到几位给予我最关键支持的人。我的代理人，多萝茜·皮特曼(Dorothy Pittman)。她勤勉地推销我撰写传记的提议，即便当初，许多受访的“知情人”都认为，为菲利普·迪克立传是件在商业上不可能成功的事。对我而言，多萝茜还是一位完美的读者——她的梦想随文字起舞。我的编辑，迈克尔·皮耶奇(Michael Pietsch)。他冒险买下这本书的版权，并在阅读手稿的工作中，尊重我的风格和意图，同时不断激励我提高表达的清晰度和内容的深度。菲利普·迪克遗产基金会的文学执行人,保罗·威廉姆斯[①]。他为一位传记作家提供了所需要的最大程度的帮助,而他唯一关注的只是要求尽可能地呈现出真相。安妮·迪克(Anne Dick)给予我至关重要的支持,她不但跟我进行了多次长时间对谈,还允许我引用她精彩至极的著作《寻找菲利普·迪克》(*The Search for Philip K. Dick*,中译版译作《菲利普·迪克传》)。特莎·迪克(Tessa Dick)、南希·哈克特(Nancy Hackett)和克丽奥·米尼(Kleo Mini)都十分慷慨地回应了我的采访请求,分享了她们和菲尔[②]的婚姻生活。菲尔的女儿们,劳拉·科洛(Laura Coehlo)和艾莎·哈克特(Isa Hackett)也给予同样的支持和合作。菲尔的挚友,提姆·鲍尔斯(Tim Powers)毫不吝啬地和我分享了他的回忆、日记和私人信件。而我的挚友,约瑟夫·莫里斯(Joseph Morris)也在我整个写作过程中和我分享了对这本书的期望。

我采访了超过一百位认识菲尔或掌握跟他有关信息的人,我要感谢这些人——他们饱含着对菲尔的爱和尊敬,和我谈话,或是写信给我。这其中有几位要求匿名。本书出现的所有错误和遗漏之处,责任当然完全在我本人。现在,请让我对以下人士表示最衷心的感谢:

---

① 保罗·威廉姆斯(Paul Williams,1948-2013),迪克生前好友,著名乐评人,迪克去世后作为其文学遗产执行人,最早建立PKD研究团体,并整理出版了大量迪克生前未发表的作品。本书注释若无特殊说明,皆为译注。

② 即菲利普的昵称。——编者注

Gerald Ackerman, Karen 和 Poul Anderson, D. Scott Apel, Alexandra Apostolides, Chris 和 Greg Arena, Lawrence Ashmead, Charles Bennett, James Blaylock, Hatte Blejer, Charles Brown, Jayne Brown, Mildred Downey Broxon, Dr. Harry E. Bryan, Harry 和 Nita Busby, Carol Carr, Terry Carr, Loren Cavit, Lynne Cecil, Richard Daniels, Crania Davis, Thomas Disch, Dick Ellington, Harlan Ellison, Gladys Fabun, Hampton Fancher, Tim Finney, Pat Flannery, James Frenkel, Russell Galen, Evelyn Glaubman, Cynthia Goldstone, Sherry Gottlieb, Ron Goulart, Iskandar Guy, Michael Hackett, Linda Hartinian, David Hartwell, Linda Herman（加州州立大学富勒顿分校图书馆特藏品馆员）, Neil Hudner, Mark Hurst, Honor Jackson, K. W. Jeter, Dr. George Kohler, Jerry Knight,Dean Koontz, Jerry Kresy, Gwen Lee, Ursula K. Le Guin, Linda Levy/ Taylor, Miriam Lloyd, RichardLupoff, Vincent 和 Virginia Lusby, Michelle McFadden, Willis McNelly, Steve Malk, Merry LouMalone, Barry Malzberg, David May, Ann Montbriand, Bernie Montbriand, Margaret Nearing, KirstenNelson, J. G. Newkom, Nicole Panter, David Peoples, Juan 和 Su Perez, Serena Powers, J. B.Reynolds, Alan Rich, Gregg Rickman, Leon Rimov, Betty Jo Rivers, Gregory Sandow, William Sarill,Doris Sauter, Donald Schenker, Tom Schmidt, Robert Silverberg, Joan Simpson, John Sladek, Barry Spatz, Art Spiegelman, Norman Spinrad,

Nit Sprague, Roy Squires, Lou Stathis, E. M.Terwilliger, J'Ann Tolman, Ray Torrence, Jeff Wagner, Michael和Susan Walsh, Mary Wilson, Robert Anton Wilson, William Wolfson, Richard Wolinsky, Donald Wollheim, 以及Roger Zelazny。[①]

但我最应该感谢的,则是菲利普·迪克的勇敢精神。

劳伦斯·萨廷

明尼阿波尼斯

1989年5月

① 本书中与迪克相关人物在正文中首次提到时会在译名后附其原名,此处不作翻译,请读者见谅。——编者注

再版序

自从本传记初版以来，十七年过去了，菲利普·迪克的声誉与日俱增。乍一看，原因似乎很明显，全仰仗根据迪克作品改编的电影不断上映。作品被改编的次数之多，唯一能与之相媲美的作家只有斯蒂芬·金。不过，斯蒂芬·金是畅销书作家，而且在世。可是菲利普·迪克二十多年前就已去世，况且他在世时，没有任何一部作品畅销过。此外，那些根据迪克作品改编的电影，除了第一部《银翼杀手》(*Blade Runer*, 1982)[①]，其余全都无比糟糕。《全面回忆》(*Total Recall* ,1990)赚了大把的钱，但阿诺德·施瓦辛格并没有试图还原菲利普·迪克原著中所描绘的主角——不是用乌兹冲锋枪拯救世界，而是通过对世界上的苦难报以同情，并且洞察到其中的终极非真实性。至于别的，从《冒名顶替》(*Impostor*, 2001)到《记忆裂痕》(*Paycheck*, 2003)，全都成功地做到迪克很少做到的事情——让读者

① 本书中作品后所标年代均为作品面世的年代，如电影则为上映年代。作品仅在全书第一次出现时标注英文名及年代，后不再标注。——编者注

打哈欠。

好莱坞热捧迪克短篇和长篇小说的背后,一定有什么原因。包括即将上映的《暗黑扫描仪》(*A Scanner Darkly*,2006)在内,市面上还有更多的改编电影正在制作,人们希望它们的质量能超过以前那些。然而,重点在于,菲利普·迪克的读者数量仍在稳步增长——几乎所有作品在他去世时都已绝版,但今天全部都再版了——他的读者买书,不是因为那些电影,而是因为迪克本人非凡的艺术成就和才华。如今的电影制片人会花上七位数购买迪克在二十世纪五十年代只卖两位数的短篇小说,他们明白这些作品的艺术价值和精彩之处,但却不是每次都能将这些投射到银幕上。

我们现在要探求该现象的核心。迪克在全球范围内的声誉归功于读者对他的广泛认可,因为,他们从菲利普·迪克那里读到的作品,是如此独一无二,即便诸多模仿者也无法代替。迪克是无法被模仿的,这不仅仅因为他的想象和构思如此复杂,还因为他在写作时,全身心地投入作品之中。许多人都有能力设想有趣的"或然世界",但这些人之中,极少能亲自沉浸到"或然世界"之中,并让他们自己和一系列令人信服的角色——有缺陷、绝望又热情的角色一同呼吸。只有这种角色,才能让我们在阅读时,觉得这些角色和生活在"真实世界"的我们如此相似,才能让我们不禁怀疑:那所谓的"真实世界"到底有几分如我们所想那般真实。

菲利普·迪克是位想象力旺盛的推想大师——这种想象力不仅

延伸至对心理学、政治和道德的探索，它还挑战那些维系我们生活秩序的最基本的认知结构。的确，当我写作本书时，有相当一部分学术和主流评论人士由于迪克的许多小说——并非全部——风格草率，便认定迪克相对于其他二十世纪小说大师，例如切尔斯顿、卡夫卡、博尔赫斯、卡尔维诺，成就要欠缺一些；虽然那些大师关注的问题的本质，与迪克的极为相似。对于这些批评，我的回应是：菲尔最好的作品，极为完美地捕捉了我们这个时代的“电视娱乐——精神思潮——流行音乐”等文化间的起承转合；而他打造的最为鲜明、恐怖的“或然世界”——正如《帕莫·艾德里奇的三处圣痕》(*The Three Stigmata of Palmer Eldritch*,1965)、《尤比克》(*Ubik*,1969)中展现的——与卡夫卡的《变形记》一样生动、可怕。布拉格并不是加利福尼亚。卡夫卡离群索居、笔带讽刺，承袭着布拉格城堡黄金小巷上的精神；迪克任性无常、没个正形，秉承着奥兰治郡购物中心里的精神。不过，两者的技巧都需要天才们以最大的努力工作。

对科幻作家的能力进行测试的传统方式，是看他或她有没有能力“预测”未来的技术和意识形态，例如十九世纪儒勒·凡尔纳笔下飞向月球的火箭。对于迪克来说，终其一生，绝大部分科幻粉丝(虽说不是全部)都不看好他这一点。他并非所谓的“硬”科幻作家——对物理学、生物学和遗传学了如指掌的人。相反，他被看作是“软”科幻作家，他笔下那些会说话的机器和操控欲强烈的强权制度都是一时兴起编造出来的，目的则是满足通俗小说为了获利而制定出的蹩脚标准。

不过,如果说当代阅读迪克的读者会对什么达成共识的话,那就是他的作品(虽然已有几十年的历史)仍然对我们当下受摆布、受操纵、碎片化的日常现实有着一语中的的描述;精确的程度就好似迪克就活在我们中间。现在看来十分明显,尽管迪克对科学所知寥寥,但他对人类意识和行为的非凡认知,弥补了这一点。

我在传记《神圣入侵:菲利普·迪克的一生》(*Divine Invasions: A Life of Philip K. Dick*)中为此称颂了他,但也许我称颂得还不够热烈。

我记得两个迪克幻想出的造物,当时我作为读者很喜欢它们,但仅将其当成纯粹好玩的幻想。第一个是电视"新闻小丑"的概念,最显著的角色是《太空裂缝》(*The Crack in Space*, 1966)中的角色吉姆·布利斯金;第二个是他创造的声音刺耳、会飞翔、自来熟的、昆虫大小的商业广告推销员西奥多路斯·尼兹(《模拟人》, *The Simulacra*, 1964)。它轻声细语,用类似体味剂的破事折磨了不少角色:"每刻你都有可能冒犯他人,每天,每时!"

二十世纪八十年代时,我认为现代社会面临着战争和各种危机,不可能容忍公然以调侃的方式来传播严肃新闻。我那时还确信,无所不在、让人无处可逃的商业广告不可能在公共领域推出,也不可能得到许可。当然了,我在这两个例子中都大错特错。《每日秀》(*The Daily Show*)极为成功,最近甚至赢了一座皮博迪奖

(Peabody Award),令乔恩·斯图尔特(Jon Stewart)成为极有影响力的"新闻小丑",成千上万的观众正是从他那里了解日常新闻。而如今互联网上无处不在的"弹窗"广告,更会让西奥多路斯·尼兹喜不自禁,倍感骄傲。

这些也许都是些不足挂齿的预见。迪克的作品,被证明最具有先见之明的,是它们描绘了政府和商业集团摆布"真相"和"现实"的可能范围。我们当前所有人都能对几乎所有问题,有所谓敏锐的"见解";而迪克的诸多反乌托邦中,早已大胆预示了这些精心计算的谎言是如何通过技术加以传播的。新一代读者接触迪克的作品时,会发现其中既毛骨悚然也让人捧腹大笑地证实了他们对所有媒体的不信任,以及证实了他们应当从不大寻常的来源中找寻真相——即便是被主流文化嗤之为"垃圾"的地方。

愿《神圣入侵:菲利普·迪克的一生》的再版,能为新一代的读者介绍这位无与伦比的人和他那无与伦比的一生。

劳伦斯·萨廷

2005年6月

目 录

引　言

如果赫拉克利特是对的——“事物的本质即在于隐藏自身”——那么，除了垃圾文体之外，还有哪里会是找寻伟大艺术更好的地方呢？

毫无疑问，科幻和它那些无足轻重的类型文学邻居之间有个区别。科幻是位妓女，但对身份却遮遮掩掩；此外，它还是个有着天使面容的妓女……最好的科幻小说想偷偷把自己带进上层领域 [主流文学] ——但99.9%的情况下都失败了。最好的科幻作家表现得像是精神分裂：他们想——与此同时，他们又不想——隶属于[下层的]科幻领域……正因如此，科幻小说成了极其令人瞩目的文学现象。它出身妓院，却想登堂入室，挤进人类历史上最崇高思想的宫殿。

——斯坦尼斯拉夫·莱姆

……他[科幻作家]想在纸上捕获的内容和其他领域的作家不一样……昔日童年时光并未真正留存,如今只余一瞥,侵蚀着他;他自由自在、欣喜地写出无限个世界……

——菲利普·迪克,1980

菲利普·迪克始终是美国文学的隐秘宝藏,因为他的大部分作品都基于类型文学——科幻——而创作,一直以来几乎难以被严肃地对待。

你怎么可能在写火箭飞船的同时写出严肃文学,不是吗?身形巨大的白鲸[①]可以成为文学符号,但来自木卫三的黏菌却不行。

菲尔利用科幻类型的垃圾素材——长触角的外星人、或然世界、咋咋呼呼的高科技小装置——编织了出自美国人之手、二十世纪最具创见的小说。欧洲和日本广泛认可菲尔是我们最富原创性的小说家之一,结束——让科幻或主流文学的标签见鬼去吧!

可不知为何,在他的本土,菲尔的书仍被摆在妓院[②]之中。

问题在于,菲尔最优秀的作品——《高堡奇人》(*The Man In the High Castle*,1962)、《帕莫·艾德里奇的三处圣痕》、《火星时间穿越》(*Martian Time-Slip*,1960)、《尤比克》、《暗黑扫描仪》(*A Scanner*

① 指《白鲸记》(*Moby Dick*),是十九世纪美国小说家赫尔曼·梅尔维尔于1851年发表的一篇海洋题材的长篇小说。

② 借前文莱姆的比喻,指类型小说书柜。

Darkly, 1977)[①],以及《神圣秘密》(*Valis*, 1981),如果非要把它们归类的话,全都会被归在科幻类目之下。

然而,科幻,会让大多数头脑严肃的美国人对之讪笑:衬衫破破烂烂、胸肌发达的家伙挥舞射线枪,虫眼怪物(BEMs)折磨身穿黄铜胸罩的少女——这些发生在"未来新世界"之中的故事,会让你想起沉闷的B级片,玩具城市的上空飞过挂在细线上的飞碟;或是儿时看的连环漫画中呆头呆脑的超级英雄。

既然提到孩子,一个显而易见却并未得到证实的事实是:大部分科幻读者——以及作家(包括菲利普·迪克在内),都是在高中毕业前成为科幻迷的。要是一种类型小说很难吸引已经成家立业的读者,你该如何看待它呢?

厌倦了讪笑的科幻读者指出,有些上层领域中被官方认定的经典作品也属于科幻,比如托马斯·莫尔爵士(Sir Thomas More)的《乌托邦》(*Utopia*, 1516)。因为,从已假定好的社会单新再进一步推断,自然可以得到一个或然世界。

他们还宣称,埃德加·爱伦·坡是现代科幻奠基者——比法国人儒勒·凡尔纳还要早四十年——论点立足于坡的某些短篇小说,比如《弗德马先生案例的真相》(*The Facts in the Case of M. Valdemar*, 1845)和《故弄玄虚》(*The Mystification*, 1837)。他们想起了可以引以为傲的英国科幻传统,因为那儿的作品出自得到广泛认可的上层领

① 此处指电影同名小说。

域的作家,例如H.G.威尔斯、阿道司·赫胥黎、C.S.刘易斯、乔治·奥威尔、金斯利·阿米斯[①]、安东尼·伯吉斯[②]、科林·威尔逊[③],以及多丽丝·莱辛[④]。

不过,大多数美国科幻爱好者对这种充满自我折磨的学术上的歉意嗤之以鼻。见鬼,他们对什么是科幻清楚得很,也明白它从哪里诞生,下面是他们会说的故事:

首先,科幻不是在莫尔的脑瓜子里诞生的,看在老天的份上,这家伙可是用拉丁语写作;也不是来自坡、威尔斯或凡尔纳的脑子里;这么说吧,科幻不是诞生于任何让人肃然起敬、包着精装书皮的书中。从一战后直至二十世纪五十年代(菲尔的写作生涯开始之时——1953年6月,他的短篇小说同时出现在七本不同的通俗杂志上),科幻如同长着火箭鳍的银色兰花,生长在被通俗杂志盘根错节覆盖的美国书报摊中。随着通俗杂志市场衰退,平装本出版商复活了这个类型。科幻能卖出去并一直生存到今天,因为它最好的作家心里清楚,对于所有伟大的流行类型文学来说——无论是侦探悬

① 金斯利·威廉·阿米斯(Kingsley William Amis,1922–1995),英国小说家、诗人、评论家,代表作《幸运儿吉姆》。

② 约翰·安东尼·伯吉斯·威尔森(John Anthony Burgess Wilson ,1917–1993),英国小说家、诗人、评论家及作曲家,代表作《发条橙》曾被库布里克搬上银幕,成为一代经典。

③ 科林·亨利·威尔逊(Colin Henry Wilson ,1931–2013),英国作家、哲学家,代表作是1956年出版的《局外人》。

④ 多丽丝·莱辛(Doris Lessing,1919–2013),英国作家,2007年诺贝尔文学奖获得者,代表作《金色笔记》,创作过科幻小说。

疑、西部小说,还是言情——只要你懂怎么驾驭那些久经考验的规则,撬开想象力之锁会变得非常容易。

对于科幻类型来说,基本的规则曾经是,现在仍是,并将一直是:想出一个令人叫绝的点子,将其以一种让人吃惊的方式在未来世界引爆。通俗杂志的稿费不高,只是刚刚好……只要你能不断涌现令人叫绝的点子,并能以眼花缭乱的速度把它们创作出来。

菲尔天生适合做这份工作。科幻类型的历史上——在这个类型里,光是让人感到惊奇就足够作家给孩子买双新鞋——没人能像菲利普·迪克那样,将“假如”演绎得如此广泛,如此野性以及如此令人信服。

他热爱讲述他如何发现科幻的故事:

[1940年]我十二岁时读的第一本科幻杂志……名叫《奇异科学故事》[1],我想我一共买了四期。杂志的编辑是唐·沃尔海姆(Don Wouheim),后来(1954年)他买了我的第一部长篇小说……后来又看了很多别的。我遇上这本杂志纯属意外;我本来想找的杂志是《大众科学》(*Popular Science*)。我太惊讶了。关于科学的短篇小说?我立即意识到我找到了魔法,那些早年在《绿野仙踪》里的魔法——现在,这个魔法不是由魔法棒唤起,而是由科学激发的……对我来说,无论如何,魔法等同科学……而科学(未来的科学)等同魔法。

二十出头,菲尔便读了好几遍詹姆斯·乔伊斯的《芬尼根守灵

[1] *Stirring Science Stories*,美国科幻杂志,在1941和1942年一共出了七期,其中三期名为《宇宙故事》(*Cosmic Stories*)。

夜》。终其一生，菲尔的阅读范围毫不设限，从物理学论文，到宾斯万格[1]的“此在分析”（daseinsanalyse），到荣格、康德、威廉·巴勒斯[2]；从《圣经》《死海古卷》到《薄伽梵歌》。什么对他的作品产生过影响？菲尔经常引用——远在其他科幻作家之前——司汤达、福楼拜，特别是莫泊桑。莫泊桑的短篇小说和詹姆斯·法雷尔[3]，教会他如何组织短篇的结构，让他卖出作品，维持二十世纪五十年代初的生存——那三年他卖出超过七十篇短篇小说，直到长篇小说开始占据他创作的优先位置。

我想表达的是，菲尔聪明绝顶，对那些描绘人生更为出色的文学作品也完全有能力去欣赏。那么，他到底想从底层领域里得到什么呢？

在科幻类型中压倒一切的热诚信条是**令人惊奇**，而只有这一点才能让菲尔得以自由地释放其作为作家的天赋。

怎样获得自由呢？传记的艺术性在于解决一系列关于撰写对象的不可能解决的问题，这些问题你无法仅凭自己回答，但我在本书中会尽最大努力实现这点。不过，现在设想一下，你是位年轻作家，能以每分钟一百二十个单词的速度打字——文思泉涌之时，根

---

① 路德维希·宾斯万格（Ludwig Binswanger，1881－1966），瑞士精神病学家和存在心理学领域先驱。

② 威廉·巴勒斯（William Burroughs，1914－1997），美国著名作家，“垮掉的一代”代表人物，代表作《裸体午餐》。

③ 詹姆斯·法雷尔（James Thomas Farrell ，1904－1979）美国作家，代表作《斯塔兹朗尼根三部曲》。

本无法控制自己。

现在再考虑一下，有种类型文学可以让你将所有关于心理学、政治、性，或是进化的假设全都倾倒进去，只要能诱惑读者一直愿意用现金为打开未知世界而买单。

菲尔极想发表主流文学作品。岁月前行，他心里清楚得很，他写的书精彩绝伦。他痴迷于“什么是真实?”，以及它令人惊恐的推论“什么是人类?”。在这两个主题上，世上无人能和他比肩。不过他也很清楚，主流文学的规则不会给那些喜欢往他脑子里钻的可能性让步。知道这些会让他同时感到被遗弃、愤怒和被祝福：

我想写那些我爱的人，并将他们放入我头脑里想象出来的世界中，而不是放到我们实际生活的世界，因为我所存在的这个世界远未达到我的标准。既然如此，那么我应当降低我的标准，我应当跟大家合拍，我应当顺从现实。不，我从未屈服于现实。这就是科幻干的事。如果你想屈服于现实，去读菲利普·罗斯[①]，去读纽约文学界公认的主流文学畅销作家。[略] 这就是我为什么爱科幻。我爱读科幻，我也爱写科幻。科幻作家看到的不仅是可能性，而是狂野的可能性。他们所写的不单单是“假如……”，而是带着狂热、歇斯底里的“老天爷，假如……”。火星人总是会来的。

不过，它们只会从通俗杂志(通常被称为“纸浆垃圾”)中钻出来。1911年4月，雨果·根斯巴克写了中篇小说《大科学家拉尔夫

① 菲利普·罗斯(Philip Roth，1933—2018)，美国作家，凭《再见，哥伦布》和《萨巴斯剧院》两度获得美国“国家图书奖”。

124C·41+》(*Ralph124C41+*),并在他自己的杂志《现代电学》上连载。对于一本之前专门刊登科技事实的杂志,这篇由狂野的"假如"所渲染的未来冒险故事惊人地受欢迎。不过,直到1926年,根斯巴克才抓住了这一想法,创办了第一本英语世界的纯科幻通俗杂志:《惊奇故事》(*Amazing Stories*)。正是根斯巴克首先采用了科幻(scientifiction)这个概念,最终,为SF(科幻)定名、膏油。

直到大萧条冲击之前,《惊奇》杂志都极为成功,但大萧条让根斯巴克落到破产境地。他失去了对《惊奇》的控制权——有人买下杂志,继续运营——此后,根斯巴克再也没有机会为科幻定夺方向。不过他本人却因"雨果奖"而不朽,这一奖项在每年度世界科幻大会上根据科幻迷的投票颁发,乃是科幻文学的最高荣誉。

1963年,菲利普·迪克凭借《高堡奇人》获"雨果奖",这本书由普特南[1]出版,封面出卖了内容——此书和科幻无关。这本书假设了一个德、日赢得二战胜利后的世界,美国内陆被大体瓜分:日本统治西面,包括名义上的、未来的旧金山——剧情发展之地。菲尔参考《易经》构建剧情;书中多个角色——日本人以及被统治的、自觉低人一等的美国人——都要向卦辞咨询,这也是《易经》在美国文学中的初次亮相。

菲尔发现,经过十年写作,他共产出了十一本主流长篇(当时没有一部出版)以及七本科幻长篇(其中六本都由最末流的王牌出版

① 即G. P. Putnam出版社,美国老牌出版社,创立于1838年,现隶属于企鹅出版公司旗下。

社[1]以廉价低俗的平装本出版);现在,通过《高堡奇人》,他将下层、上层领域各自最好的部分加以糅合,讲述了一个严肃、美丽的故事,它有关法西斯主义、“道”以及(正如科幻所允许的)天马行空的现实。不过,即便下层领域授予他“雨果”桂冠,上层领域对他仍视而不见——主流文学对《高堡奇人》一书丝毫没有反应。

类型……菲尔从来就不适合被归到任何类型中,同样,他也没法把他认为的真实归类到它们之中。并不是说菲尔不切实际或是超凡脱俗。他笔下的长篇和短篇小说可以证明他对日常工作和婚姻生活的痛苦有着细致和富有同情的理解,同时,他还能够发掘出前者所蕴含的技艺价值,以及(无论如何)后者所包含的爱。另外,要提醒读者诸君的是,整整三十年,菲尔全凭写他想写的书养活了自己。他是个圆满的专业人士。

但你不把鸡蛋打碎,怎么做出鸡蛋卷饼呢?正如,如果你从未直面恐惧,从未面对那毫无连贯可言的世界中不牢靠的欢闹,你便无法写出田芥先生在《高堡奇人》中透过一面暗色玻璃看到的一切;无法写出巴尼·梅尔森在《帕莫·艾德里奇的三处圣痕》中向手提箱里的精神科医生微笑先生发出的恳求;无法写出乔·奇普在《尤比克》中用一件称手的喷雾剂击退退化的时间;无法写出弗莱德/罗伯特·阿克托,那位脑损伤的卧底缉毒警在《暗黑扫描仪》中检举自己;无法写出爱马士·肥特在《神圣秘密》中向角色菲尔·迪克(两人都知

① 即Ace出版社,美国科幻奇幻出版社,1952年创立于纽约。

道他们其实是同一个人)解释他是怎么遇到终极大脑,可能是上帝,或是别的什么(“……肥特一定是想出了比宇宙中的星星还要多的理论。每天,他都会想出一套更狡猾、更令人兴奋、更操蛋的新理论”)。1981年,菲尔回顾他过去的工作,写道:

我是小说化的哲学家,而非小说家;我的长篇和短篇小说的写作技能是表达我认知的手段。我所有写作的核心不是艺术,而是真相。因此,我说的是真相,但无论通过行动还是解释,我没有任何办法来纾解它。然而,对于我的倾诉对象来说,我的作品似乎能以某种方式来帮助某些敏感而深陷困境的人。我想我能理解我的作品帮助的那些人的共同点:他们不能,或是不会,直言不讳地暗示这个现实的非理性的神秘本质,而且对他们来说,我的作品集是对令人费解的现实的漫长推理、整合与描述,分析和回应,以及我个人的历史。

既然如此,严格的类型标签不适合菲尔也就一点儿也不令人意外。以长篇小说《暗黑扫描仪》和《神圣秘密》为例。它们被贴上科幻标签,但是,假如威廉·巴勒斯和托马斯·品钦[1]分别写了这两本书,那它们就会被归为主流文学。为什么?类型。博尔赫斯常被收入各种选集的短篇小说《特隆、乌克巴尔、奥比斯·特蒂乌斯》(*Tlon, Uqbar, Orbis Tertius, 1940*)(关于一个想象的星球渐渐成为我们的世界的故事),如果是由菲尔写就会被贴上科幻标签。

① 托马斯·品钦(Thomas Pynchon ,1937-),美国作家,代表作有长篇小说《V.》和《万有引力之虹》。

另一个博尔赫斯的短篇小说,《<堂吉诃德>的作者皮埃尔·梅纳尔》(*Pierre Menard, Author of Don Quixote, 1939*),提供了走出类型迷宫的道路。梅纳尔在二十世纪原创了一本著作,名为《堂吉诃德》,他用西班牙语写出了和塞万提斯笔下一模一样的作品。既然和塞万提斯相比,梅纳尔是个不同的(现代)意识,那么,梅纳尔复制的《堂吉诃德》文本对读者的影响一定也相当不同。博尔赫斯解释道:

> 梅纳尔(也许在无意之中)通过一种新的技巧——故意搞乱作品的时代和归属——丰富了阅读踌躇不前的基本艺术。这种无限运用的技巧要求我们翻阅《奥德赛》时,把它看成是后于《伊利亚特》的作品 [略]。这种技巧使得最平静的书籍充满惊奇。把《基督的模仿》说成是路易-费迪南·塞利纳或者詹姆斯·乔伊斯的作品,岂不是令其中那些贫乏的精神讨论得到十足革新吗? [1]

很好,很不错。不过,根据博尔赫斯的"故意搞乱时代"方法,为了让它们赢得属于它们的名声,我们到底应该假定谁才是菲利普·迪克诸多作品的作者呢?

菲尔会享受这样的问题。见鬼,他曾经问过非常类似的问题,就在那八千多页的《解经》(他起的副标题是"为我的生命辩护"[2],以强调其重要性)之中;差不多八年时间,他每天晚上都在写这些手

---

①《小径分叉的花园》,豪尔斯·路易斯·博尔赫斯著,王永年译,上海译文出版社,2015.07。

② 原文为拉丁语。

稿,为了找到让自己满意(从未成功过)的解释:1974年2月到3月期间,一系列异象和异声曾让他魂牵梦绕,直至去世。我在本传记中吸收了对《解经》一书的首次全面研究的结果。

“2-3-74”(菲尔用“2-3-74”指代1974年2到3月间的体验,下文按此缩写)体验表现出,也许可以这么说,一种终极震撼的“假如?”——或是这种“假如?”的全新和无限的范围。1975年3月21日,在那次体验整整一年后,菲尔写下了他最为简明、光芒耀眼的概述:

我为复原遗落之人代言,

我为修缮损破之人代言,

1974年3月16日:它出现了——现身于鲜明的火焰中,有着闪耀的光彩,平衡的模式——将我从每个束缚中解放出来,内在的,外在的。

1974年3月18日:它,从我内部,向外看,看见世界,并非像我和它受欺骗的那样计算。它否定了世界的现实,以及权力,以及真实性,并说:“这不能存在;它不能存在。”

1974年3月20日:它将我彻底占据,把我从时空矩阵的限制中提升;它主宰了我,同一瞬间,我意识到围绕我的世界是纸板做的,是假的。透过它的力量,我猛然看见宇宙应然之相;透过它的知觉力,我看见了真正存在的是什么;透过它的非思考抉择,我行动起来解放了自己。它出现在战场上,犹如所有受奴役人类灵性的冠军,

向所有邪恶、所有铁狱之物开战的战士。[略]

强烈影响菲尔最后几部长篇小说的“2–3–74”体验，本身便是美国文学史上一个罕见和不可思议的事件；坦承有过这样的体验，并为其痴迷的美国作家，无论名望大小，能有多常见呢？本传记的标题——“神圣入侵”——便是向菲尔1981年出版的小说《神圣入侵》致敬；此外，也是为了强调以上事件对他人生和工作的显著重要性。我不打算暗示任何特别术语（比如上帝）来指称菲尔在“2–3–74”时所遭遇的对象，从中浮现的也不是“圣菲尔”。菲尔本人也会拒绝这些概念。

不过，菲尔生命最后几年紧紧固守的困难真相，就藏于“2–3–74”之中。人人都会去想那个无法回答的问题：这些事件是真的吗？菲尔本人坚信，一定有什么发生了，当然，他一直都保留一个可能性——正如其朋友和科幻作家同僚K.W.基特（K.W.Deter）所说——“最小假设”就是自我幻觉。不过，在这个充斥怀疑主义的时代，如果真的有读者打算直接跳到上述结论，威廉·詹姆斯（William James）在《宗教体验种种》里的劝诫之言也许还是值得一读：

一般而言，我们都很熟悉这种对于我们反感的心理状态加以诋毁的方式。就某种程度来说，我们都曾经用这个方式来批评那些我们觉得心态过于紧张的人。但是，当别人批评我们自己激昂的宗教情绪，说它们只不过是身体状态的表现时，我们就会觉得受到侮辱与伤害。因为我们知道,无论我们的生理器官有何种独特的状态,就生命真理的启示而言,我们的心理状态还是有其独立的价值,而且我们希望所有的医学唯物论可以保持沉默。[①]

回到博尔赫斯建议的"故意搞乱时代",为了这本传记的目的,先武断地选定菲利普·迪克为这些数量众多的精彩作品——科幻或主流文学,任你所愿——的作者。接下来,出于礼貌和阐明之由,为了使温和的读者沉浸于阅读之旅,让我们提出一些有关本传记的原则。

首先,菲尔——既然本书是关于他的人生,那么对他的引用一定会比其他人多得多——他非常喜欢详细地阐述、推断、再解读,并且毫无顾忌地开玩笑。那些熟悉他的人都对此表示同意。现在,菲尔将真理的强烈价值置于他的写作和个人关系之中。不过,他从来不会抗拒有关"2-3-74"(或是别的什么)的新的、更夺目、更复杂的理论。而他有无穷的能力产出这类理论。此外,他还十分亲切,爱社交(当他未受抑郁和绝望折磨时),菲尔爱说故事,并喜欢通过写信来取悦——或迎合——收信人的预想。

我十分清楚,关于菲尔的一生,许多来自他本人的引用会混合着虚构和事实;但我也不会冷漠地无视这些虚构之辞在菲尔的精神和角色之上投射的光芒。本传记当然会力所能及地提供不同角度或澄清,除此之外只能由读者(他们可能也会因个人对其熟知的程度不

①《宗教体验种种》,威廉·詹姆斯著,蔡怡佳、刘宏信译,海南出版社,2016.09。

同,而有着情感上的放大或对某些记忆的缺失)去注意和欣赏。

其次,我要坦白,通过这本书的叙事,我要对两件事进行辩论,其一是一段不可思议的人生;其二是受不公正忽视的独特文学成果。忽视的根源在于菲尔的科幻类型身份,以及他的多产(公允地说,质量极为参差不齐)。不过还有一件更为个人的负面因素:菲尔名声在外(特别是科幻圈中),世间毫不遮掩地认为他是被毒品弄坏脑子的疯子。

菲尔对这样的名声再清楚不过。实际上,他本人在许多情况下主动促成了这种名声;一部分来自二十世纪六十年代的背景,即便是对那些远比科幻作者更受尊重的人士来说,过度怪异也是那个年代的时髦风尚。不过,人生的最后十年,菲尔对此持悔恨态度——并不是玩笑说说的悔恨。他的长篇小说《暗黑扫描仪》,是他人生最痛苦年月的一曲尾声。这是一部强烈反对毒品的著作,其中以他常见的表述方式包含了一些他笔下最为滑稽的场景。比如,当查尔斯·弗雷克,一个D物质("慢死")瘾君子决定自杀,就着昂贵的1971年份蒙大维赤霞珠红酒,吞下过量红色胶囊。不过,毒贩子耍了弗雷克,他吞下的其实是一种诡异的新迷幻剂:

查尔斯·弗雷克没有静静地窒息而死,反而开始产生幻觉。好吧,他从哲学的角度思考,自己一辈子总是遇到这种事——不断被骗。他不得不面对事实——考虑到他吞下了那么多胶囊,他会有很长一段时间处于迷幻的状态中。

接下来,他发现一个来自维度之间的生物站在床边厌恶地看着他。

这个生物有很多眼睛,到处都是,身上超现代的衣服看起来很昂贵,它站起来高达两米四。而且,它带着一个巨大的卷轴。

“你要把我的罪孽读给我听。”查尔斯·弗雷克说。

那个生物点了点头,打开卷轴。

弗雷克全身无力地躺在床上说:“这要花十万个小时。”

那个来自维度之间的生物用一大堆复眼盯着他说:“我们不再身处世俗宇宙中。‘空间’和‘时间’这种物质存在的底层范畴不再适用于你。你已上升到超越人类的境界。现在要向你宣读你的罪孽,持续不断,循环反复,直至永恒。这个清单永远不会结束。”

要认清毒贩,查尔斯·弗雷克想,希望他生命的最后半小时可以重来一遍。

一千年后,他仍然躺在床上。安·兰德的书和埃克森的信放在胸口,听着他们向他宣读他的罪孽。他们已经读到他上一年级、六岁的时候。

一万年后,他们读到他上六年级的时候。

他被人发现手淫的那一年。

他闭上眼睛,但他仍然能看见那个高达两米四、长着很多眼睛的生物一直念着那个没完没了的卷轴。

“下面——”它正在说。

查尔斯·弗雷克想，至少我喝到了一瓶好酒。[①]

虽然出版了《暗黑扫描仪》，但他的那种名声却从未消散（也许因为其中既有强力反毒主题，也有无处不在的幽默和爱）。在1981年1月的信中，菲尔精准地评估了这种名声带来的伤害："回应会是，'他疯了'。滥用毒品，见过上帝。BFD[多大鸟事]。"

无论用任何标准衡量，我也不会胆敢将菲尔归为疯子一类。我采访了一位精神病医生和一位心理医生，他们在菲尔人生最困难的两段日子见过他；两人都声称，他和我们其他所有人一样理智。此外，作为一位既高产又自律的艺术家，他的智力和想象力都远超过诋毁他的人——得有多大怨恨，才会沉迷于对他进行心理学上的中伤。

菲尔时不时会有严重的情绪和行为障碍，这不仅给他带来巨大痛苦，也会折磨其他人；因而，才会导致他时不时书写"三次精神崩溃"，并进一步让他自我诊断患有"精神分裂"和"精神错乱"（另一些情形下，他会激烈反对用任何类似术语描述他的人生）。菲尔的内在生命，每时每刻都极为丰富。也许他是在利用极端的心理学术语为作为作家的他增添最大化的戏剧动力。也许，他只是在特定时期单纯和直白地说出了他相信的真相。

我对此的妥协如下：忠实地引用他的原文，承认并调查那些充满痛苦的困难，但同时，任何时候我都尽量避免以简单化或俨然高

①《暗黑扫描仪》，于娟娟译，四川科学技术出版社，2020.6，254-255页。

人一等的态度,在二元的理智/疯狂之间下判断;如果不这样,那么对于菲尔的艺术和精神就是一种嘲弄,而作为传记作者,我也成了一个蠢货。

最后一点针对本书结构。菲尔作品的整体容量——超过四十本长篇小说和两百篇短篇小说[①]——这令对其进行全面细致的研究成为不可能的任务。因此,在主要的叙事中,我只聚焦于最优秀的短篇小说,以及以下十一部长篇:《天空之眼》(*Eye in the Sky*, 1957),《时间脱节》(*Time out of Joint*, 1959),《一个废物艺术家的自白》(*Corfessions of a Crap Artist*, 1975),《高堡奇人》,《火星时间穿越》,《帕莫·艾德里奇的三处圣痕》,《尤比克》,《流吧!我的眼泪》(*Flow My Tears, The Policeman Said*, 1974),《暗黑扫描仪》,《神圣秘密》,以及《神圣主教》(*The Transmigration of Timothy Archer*, 1982)——这些作品是他诸多主题的典范。此外,在《创作编年纵览》中,我按作品顺序,(以概要评论形式)提供了一份菲尔毕生作品的阅读指南,给感兴趣的读者展示一幅主题交织呈现的全景。

现在,回到本引言一开始引用的菲尔的话,让我们——当对菲尔本人的长篇产生疑问时,请以最大努力保持一份客观性——开始想象那个"自由自在、欣喜地写出无限个世界"的作家的一生。

首先,当然从菲尔力图否认的,有着巨大影响的"昔日童年时光"开始。

① 此处疑有误,菲利普·迪克中短篇全集共包含一百二十一部作品。

这尘世之烦恼

（1928年12月－1929年1月）

只有在女性的庇护下，我才会感到安全。为什么？安全是因为担心什么？面对什么样的敌人或是什么样的危险？我怕的是，会马上死掉。心脏停搏，呼吸停止。我会像个裸着身子的婴儿那样断气。简，你就是那样死去的，直到现在，我还在害怕我也会那样。他们保护不了我们……

菲尔，日记摘录，约1971年

“现在，是给菲尔和简的号码……”

出自《暗黑扫描仪》中的汽车广播

1928年12月16日，菲利普·金德里德·迪克（Philip Kindred Dick）和异卵孪生妹妹简·夏洛特（Jane Charlotte）出生，他们早产了六个星期。

母亲多萝茜（Dorothy）怀孕时，根本不知道自己怀的是双胞胎，这在那个时代确实会这样。在美国农业部工作的父亲埃德加（Edgar），刚从华盛顿特区调到芝加哥，两人搬来不久。孩子出生于翠绿大街7812号的新公寓里。出生时，正值隆冬时节。多萝茜选了一位家住同一条街的医生。

菲尔在中午出生，比妹妹早二十分钟。埃德加曾在农场见识过不少接生动物的场景，他亲手抹掉了两个小宝宝脸上的黏液。他们真是两个脆弱的小东西：菲尔体重三斤八两，号啕大哭；简只有三斤多，更安静，头发也比哥哥的金发颜色更深。

多萝茜身材高大瘦削。她听着两个婴儿哭喊，却没有足够的奶水喂养。埃德加工作仍旧很忙，下了班为了躲避家里产生的变化，不时跑去男人们的俱乐部，这更让多萝茜勃然大怒。但现实不可能永远逃避得了——双胞胎的情况一天不如一天。

1975年8月，将近五十年后，多萝茜在给菲尔的信中回忆了那个恐惧与日俱增的冬天：

> 在生命最初的六周里，你们两个都处在饿死的边缘，我的那个（不合格的）医生找不到合适的配方来给你们充当食物；还因为我太过无知，根本不知道你们的情况有多么严重。我确实感到事情不对头，但我不知道该找什么人帮忙。

1929年新年刚过，多萝茜的母亲，埃德娜·玛蒂尔达·阿彻·金德里德（Edna Matilda Archer Kindered）（被称为阿嬷[①]）从科罗拉多赶来帮助刚做父母的两人。阿嬷有三个孩子，是带孩子的能手，但对她来说，两周大的早产双胞胎也是棘手的新情况。后来，多萝茜在打算给婴儿床加热时，不小心让装热水的玻璃瓶烫伤了简的腿部。

① 原文为Meemaw，美国南方有些地方对外婆的叫法。

他们偶然得知,根据儿童人寿保险条款,保险公司可以支付一次护士紧急家访的费用。在1975年的信中,多萝茜继续写道:

她和另一名医生坐出租车来,随身带着一个加热过的婴儿床,医生说简必须马上去医院。接着,她说要看看"另一个宝宝"。我正准备去抱你。阿嬷一把将你抓起来,跑进厕所,锁上门,我们花了好久,才说服她打开门。医生和护士把你们都带走了。简在去医院的路上就死了,你被放进保温箱,喂特制的配方奶……你本来也最多只能活一两天,但你到医院后,体重马上开始增加,长到四斤半时,我才能把你带回家。当你在保温箱时,我每天都能去看你;也就是在那段时间,我学会了怎么配制那种很复杂的配方奶。

多萝茜在信里自认"是我的错",是作为母亲犯的过错——菲尔永远无法忘记,也永远无法原谅。菲尔认为,她所有的过错里,最大的过错就是粗心大意,或是说得更严重些,正是她,导致了1929年1月26日简的夭折。

早在菲尔很小的时候,多萝茜就试图跟他解释发生了什么。虽然菲尔不可能对妹妹简有任何记忆,但正是通过妈妈的这些解释,让男孩心中对妹妹有了更鲜明的印象。而她在信中所表达的痛苦之情则更加渲染了这些解释:不是由于缺乏爱,而是无知——可怕的无知——她以前从没养育过婴儿,也不知道菲尔和小妹妹正在慢慢饿死。三十年后,菲尔曾向他的第三任妻子安妮吐露心声:"我听了太多有关简的事,这对我来说不好。我感到有罪——像是我把奶都喝光了。”

简的死带来的创伤，成为菲尔精神生活的核心事件。这种痛苦贯穿他一生，显现于他和女人的交往之中，并在他处理科幻/主流文学、真实/虚假、人类/仿生人等二元（双极）困境时展露魔力，直至最后，在他的杰作《神圣秘密》之中所描述的二源宇宙论中，在菲尔对智力与情感的融合中，达至最高成就。

简的早夭给刚刚“诞生”的三口之家蒙上了一层阴影，并最终将其击散。虽然两人身材高大、苗条，容貌俊秀，知性聪慧，曾是一对完美夫妇，但埃德加和多萝茜的婚姻此后并未走远。二人的离婚，也让菲尔与父亲从此远离。

约瑟夫·埃德加·迪克（Joseph Edgar Dick）出生于1899年，他在一个苏格兰-爱尔兰大家庭中排行老二，家中共有十四位兄弟姐妹。十六岁以前，埃德加都在宾夕法尼亚州西南的两个小农场度过。1969年，埃德加七十岁时，写了篇自传回忆文章，名为《正如我记得的他们》，其中包括对自己父母性格的详细研究。

相对给他吃苦头的父亲威廉（William），埃德加显然更喜爱母亲——温和的贝茜（Bessie）。有一次，威廉因孩子们模仿他为治感冒而漱口的样子，便拿鞭子抽他们。但提到贝茜，埃德加的笔下则充满了儿子对母亲的爱：“她有时放声大笑，有时又失声痛哭，如同四月的天气：阳光照耀大地，却又下着大雨。”贝茜对动物的热爱则指引了埃德加人生的方向——二战后,他是加州立法机构的游说者之一,曾参加活动支持重要的动物保护法规。

小时候的菲尔是不是曾从埃德加那里听过诸多关于理想母亲的热情洋溢的故事—— 一位在艰难时代倾尽所有让众多子女有吃有穿、健康成长的伟大母亲形象?在埃德加和菲尔身上,我们能看出贝茜的影响:两人共有一种理想化的母亲形象,并都认为,多萝茜缺乏这种理想化的母亲气质。

埃德加从父亲那里感染了一种兼具恐惧和严酷的美国工作伦理观。对威廉来说,《圣经》传授的观点是:不仅懒惰是一种罪,就连贫穷也是一种罪——比如那些以挖煤为生的邻居。但埃德加已经长大,不再相信什么严酷地狱。他从来不怎么在意那些只会散播受诅咒的恐惧,而不为世上穷人做实事的教堂。

不适应宗教机构,比那些冷酷无情的神职人员对于人的单纯善良更感到欢欣——这些冲动以及自我身份的根本认同,都是由埃德加传给儿子的。除此之外还有别的。

埃德加的叙事之中,有句话像是一面镜子,照出菲尔科幻小说中的世界——这些小说埃德加从来没在乎过。"我们度过不少艰难时光,"他回忆道,"学会认识和理解一种名为人类的生物的奇特行为。"你能从埃德加对教堂的困扰中看出这一点——这种困扰的根本,源自对世界的真实模样和他父亲所坚信的模样之间的对比。这是一种陌生感,没有任何事可以被假设。真实,必须睁大眼仔细去看,才能确认。

1916年,美国卷入世界大战后不久,埃德加应征入伍。此前一年,全家从宾夕法尼亚州搬到了科罗拉多州的西德伍德(Cedarwood)一块尘土飞扬的政府宅地上。十七岁的埃德加,被农场杂事缠身,渴望见见世面。出发去欧洲前,他遇到了来自附近格里利市的多萝茜·金德里德。两人碰出爱情火花,但并没有在战时保持联系。"像是从文明世界完全脱离,"他后来回忆,"我就是如此。"

埃德加形容自己在欧洲时像是"拿破仑和希特勒那样的下士"。他充满无畏精神,敢在前线射程范围内传信。埃德加骄傲地回忆,他所在的海军陆战队第五团是突击队。他当然有许多精彩的故事可以讲。虽然他谨慎地避免提及那些血腥场景,但还是会跟幼年菲尔展示从军队带回来的纪念物:军服和防毒面具,以及各种各样的照片。这些故事,与埃德加带他去看的1931年的电影《西线无战事》一起,给菲尔带来了极大的冲击:

(埃德加)会告诉我,当遭到毒气攻击时,当防毒面具里的木炭开始变饱和时,士兵们会变得惊慌失措。有时候,有的士兵甚至会被吓疯,将面具摘掉逃跑。听我父亲说那些战时的故事,观看和把玩他的那些防毒面具和钢盔,令还是小孩子的我感到十分焦虑。不过,最让我害怕的是当我父亲戴上防毒面具之后。他的脸消失了。他不再是我的爸爸了。他简直就不再是人类了。

1918年,埃德加复员,回到科罗拉多,和多萝茜恢复恋爱关系。多萝茜是英裔家庭的孩子,在三个兄弟姐妹中排行第二。(菲尔成年后,宣称自己有四分之一德裔血统,因为他本人很喜爱德国歌剧和诗歌,但实际上他具有的是苏格兰-爱尔兰-英格兰血统)。多萝茜的父亲,厄尔·格兰特·金德里德(Earl Grant Kindred),是位财务情况波动剧烈的律师。厄尔的经济情况时好时坏,对孩子们产生了戏剧性的强烈影响:有两次,境况不好时,他将家里的宠物全部射杀,就为了省下养宠物的钱。

埃德娜·玛蒂尔达·阿彻——那位护士来访时,将菲尔藏在厕所的阿嬷——在1892年嫁给厄尔。多萝茜出生于1899年。在多萝茜少年时期,厄尔声称为了致富,必须离家旅行。但实际上,他只是为了推卸家庭责任。在他时不时地在家里出现、消失的年代,阿嬷一直待他不薄,多萝茜嫌恶母亲的这种态度。厄尔在外游荡时,阿嬷和多萝茜的妹妹玛丽昂(Marion),都来向她寻求支持:既包括经济上,也包括心理上。大哥哈罗德(Harold),则被认为是家里的野人,在这一时期离家出走。多萝茜十五岁时开始工作。一年后,她认识了埃德加;当他在外打仗时,她正努力将乱成一团的家拽在一起。终其一生,多萝茜都在后悔自己为什么总是陷入要照顾别人的境地。

对她来说,埃德加从战场回来,是一份极大的支持。1920年9月,他们结婚,然后搬到华盛顿特区。1927年,埃德加从乔治城大学毕业,并在农业部找了份家畜检疫工作。这段时间里,多萝茜的健康情况恶化起来。她搬到华盛顿不久，就患了伤寒。接着，又是布莱特氏病[①]发作。有位医生甚至告诉她，她活不了太久。虽然多萝茜活到了七十九岁，但从那时开始，就一直受肾病困扰。后来，她又有循环系统方面的疾病，并总有这样那样的病痛感，以至于形成了一种强迫症或疑病症（菲尔并未在这方面抱怨过她，大概因为他发现自己也常要为类似的毛病自我辩护）。

农业部为埃德加提供了一份在芝加哥的新岗位，虽然他和多萝茜都痛恨芝加哥的冬天，但还是接受了任命。这是某种升职，而且多萝茜也对之满怀期望，认为这是共建未来的时机。

在怀上多胞胎导致的各种风险中，早产是双胞婴儿（一名或两名）死亡的首因——这一点现在已是医学常识，但在1928年却并非如此。心理学过去十几年的研究还进一步明确，对于双胞胎之一早夭的家庭来说，父母及幸存的那一胎都会受到特殊维度的创伤。

产下双胞胎本身已会带来很大的情绪震动；对父母来说，这一震动更会放大失去其中一个孩子的痛苦、懊悔和愤怒。研究人员伊丽莎白·布莱恩（Elizabeth Bryan）指出，社会常常将双胞胎诞生看作"特别事件"，并通过研究发现，"相对于那些失去一个宝宝的妈妈，生下双胞胎后其中一个夭折的妈妈，常会有更长期、更不寻常的悲痛"。这些痛苦的部分原因在于"既要庆祝新生命，又要为死亡悲

① 布莱特氏病是肾脏疾病的历史分类，在现代医学中被描述为急性或慢性肾炎。

痛,这两种情绪之间的矛盾”。由此,可能导致父母对活下来的那一胎有过度的保护欲。而且,父母对幸存下来的孩子的情感中,会有意无意地产生某种怨恨。

而简的死,在埃德加和多萝茜身上产生的反应,或多或少地印证了上述的研究。

埃德加产生的过度保护,就是多萝茜所称的“细菌恐惧症”。他不允许多萝茜亲吻孩子;直到十一个月大之前,也不让孩子爬出婴儿床。多萝茜企图突破第一个禁令,方法是去亲菲尔“那些我认为不可能弄脏的地方,比如后颈”。她还想办法为菲尔争取到了爬的自由:与埃德加达成协议,可以让他早上爬一个小时,下午爬一个小时——前提是整个公寓要用吸尘器彻底清洁。

而在多萝茜这一方,则是毋庸置疑的悲痛。菲尔生命的头几个月,她持续写日记记录他的成长和行为,以证明她对宝贝的爱,同时也让自己无暇关注死去的那个双胞胎。但之后许多年里,一旦涉及简的死以及她本人在其中扮演的角色时,多萝茜持久的痛苦就会在信件及谈话中表露无遗。

菲尔和母亲之间这种既有极端依赖的亲密,又有对错误和疏忽产生暴怒的二元痛苦关系,映照于他与每一位女性的爱情关系之中。那些曾见过菲尔和多萝茜在一起的人,常常震惊于两人之间的相似程度:都沉溺于自己塑造的抽象思考体系;读起书来,狼吞虎咽;感到自己生来是当作家的料(不过,多萝茜虽然努力,却没能走上作家之路）。菲尔一生中，向她要过钱，要过建议，甚至要她对自己的手稿给予批评和反馈。多萝茜对菲尔这位艺术家的鼓励，也从不含糊。

但对菲尔来说，多萝茜却不是那么好相处的母亲：肢体基本不表露感情；情绪束缚；警觉又爱责备；不允许自己有任何愤怒的表现；对痛苦敏感，常卧床不起。随着菲尔的成长，她尊重他作为独立个体的自由，对待他就像对待一位小大人（少年时代早期，他直呼其名“多萝茜”），但不知为何——至少从菲尔的感受而言——她拒绝给世界以赞同、温暖、母爱和保护。

菲尔相信，她没能力爱她的孩子。简的死，便证明了这一点。后来，他曾指责多萝茜试图把他毒死——这样就能成全她毁掉全部两个孩子的想法了。

对于双胞胎幸存下来一方的研究表明，他们具有一种不完整感，会导致人际关系，特别是与异性的关系变得困难。这其中裹挟着活下来的愧疚感以及对死亡的恐惧，后者会放大这些幸存者对健康和安全的重视程度。矛盾的是，这种过度重视会将他们逼进困难境地。这些结论都适用于菲尔（当然也包括那两个相互矛盾的方面）。这些研究没能触及的问题是，如果老是去想“假如一切不同，会怎样”——这确实能将人彻底惹恼。

镜头切到1974年，菲尔在沙发上接受保罗·威廉姆斯为《滚石》杂志对他所做的采访。

PKD:是的。我一想到我死去的妹妹,就会非常生气。

PW:真的?

PKD:因为她完全是由于疏忽和饥饿才死的。伤痛,疏忽和饥饿。

PW:你怎么知道的呢?

PKD:我母亲告诉我的。我每次想到这个就会很不友好。[略]因为我小时候是个很孤独的孩子,我特别想要我的妹妹跟我在一起,这么多年来,都是这样。但我母亲曾对我说,"好啦,其实她还是死了好一点儿;就算她活下来,也是个瘸子,因为我们不小心用装热水的瓶子把她烫伤了。"她这么说,就好比是希姆莱[1]说,"那么……用她做的灯罩还不错,所以嘛,我觉得最后结果还可以。"你明白我的意思吗?

菲尔上小学期间,创造了一位想象的玩伴——名为"泰迪"的女孩(据第五任妻子特莎的说法)或是"贝琪"(据第三任妻子安妮的说法)——或者,其实不止一个,而是两个,甚至更多。他和她们玩儿,因为他知道简的存在,并且渴望她能在那儿,这听上去有点儿奇怪——怎么会因为出生时发生的事,对一个人产生那么大的影响?——但如果你去问任何一位失去双胞兄弟姐妹的人,都能证实,这一点儿也不奇怪。任何不是双胞胎的人,都会对这种双胞胎之间的纽带感到怀疑,因为实情是,这种纽带无法言说。

① 海因里希·吕特波德·希姆勒(Heinrich Luitpold Himmler,1900-1945),德国纳粹党的主要成员,纳粹德国最有权势的人之一,也是大屠杀的主要策划者。

简的死是个悲剧，无论多萝茜还是埃德加，都不可能有意导致这种事发生，两人也都为此痛苦不已。但根据已知事实，我们无法解释，如果（对菲尔而言）一定要把过错推到什么人头上的话，菲尔为什么要将罪过全推到多萝茜头上。在他一生的大部分时间中，对埃德加的感觉——即便是怨恨，也是逐渐减弱的。但他将养育孩子的责任几乎完全放到女性身上。只有来自女性的爱，能平息菲尔的恐惧，并且更根本的是，使世界成为安全和真实的所在。不但多萝茜无法提供这样的爱，最终，菲尔一生中的每个女人，也许不可避免地都没法做到这一点。他在1975年的《解经》（*Exegesis*）[①]中写道：

我认为，我恐惧的是，死亡是允许发生的事，而非有人做了什么而导致的。举例来说，有人并非杀人，而是没能提供生命保障。这样的话，我必须这么认为，生命从外界来到一个人（我）的身上，这是从孩子的眼光来看；本质上而言，我还没有达到内稳态。当然，生命最初源自母亲，但这种共生关系随着出生而终结。接着，生命靠上帝维持，而不是通过任何女性。特莎是对的，我仍是个孩子。

这种与女性的痛苦"共生"关系一定贯穿了一生，才会让菲尔好几次走到濒临自杀身亡的境地。下面是另一条来自《解经》的条目：

是"简－在－我－中"，阿尼玛[②]或女性本质，也就是爱哭啼的那一面，它病了，希望能住院治疗 。[略]是简试图去死。或者可以这么说，那个已经死去的简又回来了，由于疏忽所造成的致命过程，通过

① 迪克晚年花费大量精力所写的研究日记，下文有详述。

② 荣格的心理学名词，特指男性个性中的女性特质。

我的阿尼玛不断重复。是"简-在-我-中"现在感到害怕和抑郁。但如果"简-在-我-中"死了,她会带上我(她的双胞兄弟),所以我决不能屈服。[略]这一面,简在我之中,一定是以一种发育不全的形式存在;但在另一面,她又以超越的形式存在。[略]

乔治·恩格尔(George Engel)博士曾把这种双胞胎身上发现的二元困扰——相互补全和相互争斗同时存在——命名为双胞态。("驱动力在于:永远成双,但又和所有其他人不同"。)这个"双胞态"主旨,展现于菲尔的许多短篇和长篇小说之中,特别是《血钱博士》(*Dr. Bloodmoney*,1965)《流吧!我的眼泪》《暗黑扫描仪》《神圣秘密》以及《神圣入侵》(*The Divine Invasion*,1981)。

菲尔在《血钱博士》中,对他体内的简,持续"发育不全体验"进行了虚构描述。这本长篇小说故事设定于1981年,核战后的大毁灭世界。剧情聚焦在马林郡乡下的一小批人物和他们为了生存下来所做的努力。辐射变种造成的影响无处不在——由此,才会为了剧情需要,而设定了艾迪·凯勒的情况。

七岁的艾迪的体内(身体左侧,接近阑尾处)有一个双胞兄弟比尔。"这个女孩终有一天会死去,他们会解剖她的身体进行尸检,他们会找到一个小小的、皱巴巴的男性身体,也许有着雪白的胡子和失明的眼睛……她的兄弟,还没有一只小兔子大。"[1]比尔通过内部语音和艾迪交流,只有她能听见。不过,比尔也想看到外界,也想移

①《血钱博士》,于娟娟译,四川科学技术出版社,2015.02,136页。

动；已不再满足于通过艾迪跟他描绘和总结的现实的模样：

“真希望我能出去，”比尔悲哀地说，“真希望我能像别人一样正常出生。以后我不能出去吗？”

“斯托克斯蒂尔医生说不能。”

“他不能想办法让我出去吗？我记得你之前说——”

“我搞错了，”艾迪说，“我原本以为他切开一个小洞就行了。但他说不可能。”

然后，她的哥哥，在她体内深处沉默了下来。[①]

艾迪和比尔是菲尔在人物塑造艺术上的极大成就。他们是非常可信的儿童角色：任性、倔强，彼此相爱、极为忠诚，同时又混合了开玩笑式的残忍。比尔能将灵魂投射到任何靠近的活物身上；有一次，艾迪戏弄他，让盲眼的比尔把自己投射进了一只瞎眼的蚯蚓身上。其中一个场景中，兄妹二人，以一种完美的儿童口吻，讨论存在的因果循环。比尔具有跟死人说话的特殊能力，他能完美地模仿他们的声音。艾迪因此大为好奇——

“试试模仿我。”艾迪说。

“让我怎么模仿你？”比尔说，“你还没死呢。”

艾迪问：“死是什么样子？总有一天我也会死的，所以我想知道。”

“很有趣。就像掉进一个洞里看着上面，你自己轻飘飘的，就好

①《血钱博士》，155-156页。

像——好吧,就好像你是空的。而且,你知道吗?过了一会儿你又会回来。你会飘走,飘回到原来的地方!你明白吗?我的意思是,回到你现在的地方。轻飘飘地活着。”①

菲尔感到自己和简之间有持续的精神接触,由此带来的联结和冲突,鲜明呈现于《血钱博士》中虚构的双胞胎身上。

与双胞妹妹之间的争斗,不仅是他虚构作品的根底所在,同时也是他决心探求真实本质的根底所在。在《解经》中,菲尔在生命快要结束之时写道:

她(简)为我的生命斗争,我为她斗争,永永远远。

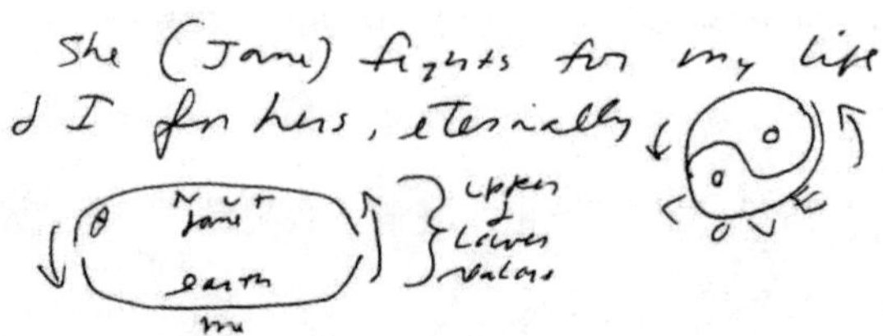

我的妹妹是我的全部。我像受诅咒似的,与她永远分离,又永远在一起,如振子一般。非常快速。两者皆是:她在我之中,但又常常在我之外,但我丢失了她;两个现实同时存在于阴/阳。

两个现实,犹如沃土:从中成长和绽放出那些短篇和长篇小说的多元宇宙,绽放出《解经》。然而,简的死,一直盘踞在迪克的灵魂之中。他虚构的那些人物,他们必须跨越的困难之中,这一永恒的失落位于其核心——无论这些困难是颠倒扭曲的宇宙、置人死地的

①《血钱博士》,181页。

妻子，或是绝望之至的爱。

菲尔的神圣宇宙进化论，力图解释那标记我们生命的绝望及持续的希望。直至走向人生终点时，对双胞妹妹的渴望——与“2-3-74”系列事件相互融合——成为这一理论的基石。《神圣秘密》结尾处，总结性的《秘密论著手稿》（*Tractates Cryptica Scriptura*），其第32篇写道：

我们称之为世界的东西，是不断变化的信息、不断展开的叙事，讲的是一位女子的死亡。这位很早之前就逝世了的女子是宇宙原初双胞胎之一，神圣对偶中的一个。叙事的目的，就是怀念这位女子，纪念她的逝去。终极意识不愿忘记她。于是，终极意识的推演永久性地记录下这位女子曾经的存在。只要读到这份记录，就能了解这位女子。终极意识处理的所有信息——即我们体验到的物质实体的排列与重组——都是为了记住这位女子。每粒小石头、每块大岩石、每棵树、每只阿米巴原虫，都留有这位女子的痕迹。这位女子生存，尔后逝去，留下孤独的终极意识。终极意识痛苦不已，于是命令所有的客观实体记录她的生与死，哪怕最低微的层级也必须如此。[①]

①《神圣秘密》，孙加译，四川科学技术出版社，2019.12，51－52页。

成年及眩晕发作

（1929年－1944年）

我假设,你从我的信中能看出来我很善变,但我也没办法。有时我确定自己想回家,有时我又怀疑这个决定,有时我确定想留下来。我就是不知道到底该怎么做,但至少一段时间内,我不会有什么行动。

菲尔,十三岁,

从位于加州奥海(Ojai)的加州预备学校写给多萝茜的信

1942年11月

前精神分裂个性一般被称作"精神分裂效应",意思就是说:作为青春期的孩子,他仍期望不必跟前排的可爱姑娘(或男孩)开口约会。至于我的精神分裂效应则是:我盯着她看了差不多一整年,脑子里把所有可能性都想了个遍;好的可能是大红标题的"白日梦",坏的可能则是"恐惧症"。[略]如果恐惧症赢了(假设我跟她开口,而她回答"跟你?"等等),那么这个精神分裂效应下的男生就会立即带着广场恐惧症跑出教室,并从今以后逐步发展为真正的精神分裂症,不再和任何人打交道;或是,完全退入幻想世界,成为他自己的亚伯·梅里特[①]——或者,要是事情发展得更糟,就会成为他自己的H.P.洛夫克拉夫特。

菲尔,

1965年所写的文章《精神分裂症与〈易经〉》

简的遗体运往科罗拉多州,埃德加的家人在摩根堡[②]墓地为她举行了墓边葬礼。

从医院回到家中后,家里给菲尔雇了一位乳母。这样一来,他恢复得更是迅速。尽管如此,随着冬寒渐祛,多萝茜和埃德加一致认为:芝加哥不是久留之地。

那年夏天,他们回了一趟科罗拉多老家度假,走访亲友。埃德加回去工作时,多萝茜和菲尔便留在科罗拉多的约翰斯顿[③]。菲尔八个月大时,就能开口说"g'acious'"(天哪)这样的单词,让多萝茜很欣喜;他模仿的这个词正是多萝茜最常用的惊叹语。此时,菲尔有吸吮大拇指的习惯,多萝茜一丝不苟地执行她钟爱的行为学理论,对其加以纠正。这些理论,再加上埃德加的细菌恐惧症,让多萝茜和菲尔间亲密的肢体接触极为有限,以至于多萝茜后来对此很后悔:

这理论认为,婴儿本质上是种健康的小动物,应该关注其是否

① 二十世纪二十年代的科幻/奇幻作家。——作者注。[亚伯拉罕·格雷斯·梅里特(Abraham Grace Merritt, 1884 – 1943),美国杂志编辑、科幻/奇幻作家。1999年入选科幻和奇幻名人堂。——译注]

② 科罗拉多州的一座小城,位于丹佛市东北。

③ 丹佛市正北的一座小城。

身体不适,否则就别管他。[略]不赞成搂抱、摇晃、亲吻。儿科医生的说法,让年轻无知的母亲感到如果违反其中任何一条,都会对孩子造成无法挽回的伤害。[略]

除了当时这些流行的照顾婴儿的方法之外,还有我自己与生俱来的本性:我成长在一个家人之间感情不外露的家庭之中,人们只在离别或旅行后回到家中时,才会亲吻彼此。至少我就是这么被对待的。我还记得七岁大时,看到我母亲亲吻、摇晃和搂抱玛丽昂,叫她乳名。我记得自己盼望她哪怕能叫我一次亲爱的,能抱我一下。

1929年底,农业部旧金山办公室有个新职位,有关牲畜市场的新闻服务;埃德加抓住了这次机会。全家人搬到湾区,先是在索萨利托[①],和阿嬷、姨妈玛丽昂住在一起,然后搬到半岛区,再然后是阿拉米达(Alameda),直到1931年,才稳定在伯克利。菲尔在那儿上一所名为布鲁斯·塔特洛克(Bruce Tatlock)的试验幼儿园。

菲尔在同学中是个孩子王。他甚至跟同学家长在学校电话中聊天。玩耍时,菲尔是个很骄傲的孩子:如果摔倒弄疼自己,他会跑到大树后面哭,而不是在大庭广众之下。1931年夏季学期的记录展现了菲尔两岁时的模样:

菲利普是个非常友好和快乐的孩子。[略]他不爱跟人争执,遇到吵架时,宁愿避开。当菲利普感到权利受侵犯时,他很有能力去捍卫它们,这是非常自然平常的行为,不需要特别关注。[略]在他这个

① 加州马林郡的海边城市,与旧金山市区隔海相望。

年纪，他的说话能力非常好，好奇心强，有头脑，对跟自己有关的任何事都有极大兴趣。他和其他小朋友、大人都合作得很好；此外，他本人也是个适应性极强的孩子。

你在幼儿园里不可能做得比这更好了。实际上，菲尔在这里可以说是达到了学生生涯的顶点。这份报告想必让埃德加当年有了对儿子赞不绝口的理由，他说菲尔是“我一辈子里见过最英俊的小家伙。他就像咕嘟嘟冒着泡的生命”。但随着埃德加和多萝茜之间的关系越来越紧张，这个“适应性极强”的孩子也开始有了新的复杂性。菲尔四岁时，为他撰写的一份智力测试报告将他定位为智商“绝对高于”平均水平。报告中的“说明”部分显示，这个孩子已经发展出一些延续到成年后的个性——能熟练流畅地进行抽象思维；情感上任性，对事物有强烈渴望：

他在记忆力、语言和手工协调能力测试中得分最高。他能快速地反应，也能以同样速度做出相反的反应。他通过快速多变的技巧显示其自发独立性和执行力，与此同时，却又频繁地被与之相反的依赖性所替换。为了防止这种多面性在他的年纪的进一步发展，可以鼓励其频繁地重复非常简单的情境，这要求部分或全部的情境参与者能保持行为的一致性。

如果有任何人，真的试图阻止菲尔发展他的“多面性”，那么他们肯定彻底失败了。恰恰相反，埃德加和多萝茜之间的紧张关系——不久后导致他们离婚——鼓励了这位男孩去发展其“多面性”，以维持与他们之间的爱。菲尔寻求别人对他的喜爱,这种寻求并不受限于家中。父母禁止他跨过马路玩,于是他绕着街区走,结识上了年纪的邻居;那些老人有时会给他做些小玩具,他便会骄傲地带回家。埃德加回忆,这证明菲尔是名“推销人才”。

不过,菲尔最热衷和喜爱玩的,是全美儿童都喜欢的游戏:扮牛仔。父母给他买了全套牛仔服饰:牛仔帽、牛仔马甲、皮套裤、手枪皮套、玩具枪和靴子。据菲尔第五任妻子特莎的说法,他们肯定在这个时期跟菲尔提起过简的死,所以说他才会在牛仔游戏里有这样的行为:

(菲尔)有时会假装自己有个叫简的妹妹,而她是一名女牛仔。他会穿上全套牛仔服,然后跟简一起“骑马”。简很小,有黑色的眼睛和长长的黑头发。她很有种,总是挑衅逼迫菲尔去做那些他不敢做的事,让他惹麻烦。

记住这里对女牛仔简的描述。它融入了“黑发女子”这个形象——正是菲尔的阿尼玛和痴迷对象——它主导着他一次次的对爱情和妻子的选择,并在他的小说中模糊的(极为勇敢或任性邪恶的)女主角的描述中多有体现。

无论是埃德加还是多萝茜,都不认为自己是虔诚的教徒;但有段时期,他们仍将菲尔送去主日学校。即便在那样虔信的环境中,菲尔仍旧顽固地坚持要先理解其他人所说的内容。这让父亲很欣赏。埃德加回忆,菲尔在某次团体活动中“从座位上站起来,走上前去，要一本《诗篇》[1]。他说如果身边没书，就唱不出来。就那样在教堂里……显示他的天性”。

正式的宗教信仰在菲尔的童年时代并不占重要位置，但有个小事件却显示出善良和信仰伴随了他一生。有一次，他和父母外出，遇到一位“长着大胡子的白发老乞丐”。埃德加给了四岁的菲尔五分镍币，叫他给那个可怜人；那人回赠孩子“一本关于上帝的小册子”。《艾伯姆斯自由电台》（*Radio Free Albemuth*，写于1976年）的开场白中，菲尔重新讲述了这个故事，意图将这个乞丐指认为先知以利亚[2]。

至于日常生活中的是非，埃德加对自己能以“成人”原则和菲尔打交道感到骄傲。“如果我责骂菲利普，他会对此分析，之后再告诉我。我们会讨论。如果我错了，我就会承认。”作为男孩，菲尔很“急躁”，埃德加认为——相对于多萝茜的严格教导——他的温和努力能让孩子“更受鼓舞”。菲尔和父亲之间渐渐发展出一种共同对付母亲的秘密同盟。早在离婚之前，埃德加就担心多萝茜不知何故，故意不让他教育孩子；所以，他的办法是带孩子看电影，去乡下玩，跟孩子套近乎。当多萝茜也要参加这些活动时，菲尔就会在妈妈上车前把车门锁紧，不让她进来，并催促爸爸快开车。此外，还有些纯粹的父子活动——比如去埃德加熟悉的周边牧场玩。有些只是承诺，有些则兑现了，还有些则是冒险。

埃德加很怕响尾蛇，他教菲尔怎么识别它们。有一天，他们走

①《圣经》旧约中的篇章，教会里有许多圣歌出自该篇。

②《圣经》中的先知，事迹见《列王记》。

访埃德加的朋友,此人养了条宠物牛蛇,放在走廊上睡觉。大人们都在屋里谈话,菲尔忽然进来,宣称走廊上有条“叮当蛇”。虽然大人向他保证,那是条牛蛇,但菲尔坚持相信自己看到的是什么。最后,两个大人出门去看了看,发现了一条响尾蛇,是周边一带见过的最大一条,他们把蛇杀了。附近的另一个牧场里,埃德加发现一群兔子被关在暴露在外的笼子里,既没食物也没水。周日,趁牧场主去教堂时,他和菲尔悄悄把兔子放了。然而,这些兔子自己又钻回了笼子。两人十分勇敢地制造了第二次兔子大逃亡;这回,他们开车将兔子们送到三十多公里之外。

但在让菲尔对橄榄球感兴趣这件事上,埃德加却尝到了彻底失败的滋味。与埃德加年少时不同,菲尔小时候不是个爱动的男孩。菲尔六岁左右,他们一起去看加州大学的橄榄球比赛(离婚协定也正是这一时期最终达成的)。

埃德加回忆:“这场比赛很精彩,他(菲尔)看到这些人跑啊,互相追啊。他以为他们在相互追来追去,他表示很难理解,这些人干的事,到底是为啥?”

父子间相互喜爱的表面之下,是两人持续的矛盾情绪。埃德加认为菲尔是个“不爱运动的懒人”,也许像对多萝茜的占有欲一样,他对儿子的这种状态有种怨恨。菲尔常常生病——他小时候犯过哮喘,大多时候,埃德加将孩子的健康问题丢给母亲。埃德加回忆:“多萝茜把菲尔照顾得很好,不过,她对他的眼镜、牙齿和服用的各种药物关心得过分了。”菲尔的药物中包含麻黄碱[1](一种安非他命)药片,他吃这个抵御哮喘。

菲尔将这种矛盾情绪展现在一篇经常被收入其短篇精选集的作品中——1954年发表的短篇小说《父怪》(*The Father-thing*)。这篇故事的基本剧情是:男孩查尔斯无意间发现父亲泰德(埃德加常用的名字)被恶毒的外星生命杀死并替换:

> 他是个帅气的男人,刚刚三十岁出头。浓密的金发,强壮的臂膀,灵巧的双手,方脸,一双闪亮的棕色眼眸。[略]
>
> 泰德愣了一下,脸上掠过一丝奇怪的表情,但转瞬即逝。在那个短暂的瞬间,泰德·沃尔顿的脸变得极为陌生。怪异、冷漠的神情闪现在那张扭曲、抽搐着的脸上。他的目光失去了焦点,瞳孔向后收缩,一层古老的隔膜覆盖在眼珠之上。完全不是平常那副疲惫的中年居家男人模样。[2]

这位泰德,并不像埃德加那样,用所谓的“成人”方式规范孩子的纪律——如果小男孩对显而易见的现实表示出过分怀疑,他会毫不犹豫地打他屁股。菲尔后来在对《父怪》的追忆中写道:“我一直有这样一个印象,就是我很小的时候,我的父亲是两个人,一个好人,一个坏人。好爸爸走了,坏爸爸取代了他。我猜不少孩子都有

---

① 原文为aphedrine,疑为ephedrine笔误。麻黄碱并非安非他命,只是化学结构相似。

②《预见未来——菲利普·迪克中短篇小说全集Ⅲ》,郝秀玉译,四川科学技术出版社,2018.10,160-161页。

类似的感觉。如果事实真是那样,那么该怎么办?"

这个故事中有一点很奇怪,就是查尔斯的沉着:八岁大的男孩,哭了一小会儿之后,摇身一变,成了有勇有谋的复仇者。全都怪"坏"外星人的冒充行为,"好"父亲是无辜的,冒充不仅是剧情所需,好让愤怒有所依托(通过杀死外星人暗示),同时也和诺斯替观点相呼应——我们的世界由邪恶的造物主所创造,而非仁慈的至高神祇,后者已经从宇宙逃匿。埃德加突如其来的愤怒,以及他最终从菲尔生命中完全离开(逃匿),也许在一定程度上是菲尔成年后对诺斯替宗教迷恋的原因,因为他需要从智识层面解释自己忍受的痛苦。

埃德加与多萝茜于1933年离婚,当时正是大萧条最严酷的年代。国家复兴总署要埃德加在内华达州里诺建个新办公室。多萝茜拒绝搬家,并咨询了一位精神科医生;对方向她保证,离婚不会对菲尔造成伤害。这位精神科医生大错特错:从菲尔的角度来看,认为父亲抛弃了他——这道伤痕将伴随他一生。从埃德加的角度来看,第一反应则是完全不理解。"彻彻底底的晴天霹雳。"——他五十年后如此回忆道。

到底是什么让这对夫妻分手?据多萝茜后来的继女,琳恩·塞西尔(Lynne Cecil)观察:"部分原因是随着多萝茜的成长,她开始'越来越成熟'。但主要原因是埃德加嫉妒心很重,她实在忍受不了。就算有人看了她一眼,他都嫉妒得不行。"多萝茜在这一时期,身材苗条、棕色长发披肩，外貌很像那时影院大热的明星格丽塔·嘉宝。菲尔从没提起过，在他儿童和青少年时期多萝茜有过恋人，甚至连礼貌的奉承也没有过。多萝茜渴望得到的自由和性无关，但却跟心理有关：她想要自主权，用自己的力量来单独抚养儿子的权利。

分手后，多萝茜搬到了伯克利的一间公寓，跟阿嬷（阿嬷又一次临危受命）、玛丽昂一起住。差不多一年的时间中，埃德加经常来看菲尔。不久后，对孩子抚养权的争斗陡然升级。1934年，埃德加威胁要获得对菲尔的单独监护权，至于理由，按照多萝茜的解释，是“他的财务情况更好，能给你‘更多’。我拒绝他后，他写信说，会彻底忘了你，而且不想以后再跟我们有任何瓜葛。[略]我犯了巨大的错误，采纳了一位精神科医生的建议：让你彻底忘掉父亲，再也不要跟你提起父亲，彻底忽视他的存在”。

多萝茜有理由害怕埃德加源自法律的威胁。她当时刚找到一份秘书的工作，只能勉强维持全家生计；为此，阿嬷必须要全职在家帮忙照顾菲尔。多萝茜看到阿嬷对儿子“提供了亲吻、拥抱、溺爱、小饼干等种种我加以克制的东西”。对此，特莎·迪克讲述道：“每次，菲尔捅了篓子，她（阿嬷）总是摇着头，轻轻地说，‘噢，菲利普’。这往往比妈妈严厉的指责更有用。”

但是，这一家人新的安排和生活也有阴暗的一面。阿嬷的丈夫厄尔，此时转回妻子身边，跟她待在一起（三年后，1937年去世）。菲尔回忆他“身材高大，一头火红的头发”，曾经“绕着屋子，挥舞皮带，嚷嚷着‘我要抽那小子’”。和阿嬷、厄尔同住的时期,或是稍后一段时间,菲尔出现了严重的吞咽困难。心理医生巴里·斯帕兹(Barry Spatz),曾在二十世纪七十年代末至二十世纪八十年代初为菲尔提供心理咨询。他通过谈话推断,这些症状可能是由厄尔造成的身体虐待或性侵犯所导致的。但在心理诊疗过程中,当斯帕兹问他能否回忆起相关之事时,菲尔表示完全没有印象。

斯帕兹指出,菲尔的生活历程显示出儿童乱伦受害者的性格趋向。比如,对建立家庭关系有困难;滥用药物;反复尝试自杀;值得注意的多个记忆空白;自尊感很弱,伴随负罪感;混乱、有危机导向的生活方式;存在普遍不信任感,特别是对异性,并和强烈的依附感相互转换。这些有关菲尔生活的情况,我会在本书各个部分中详细阐述。但这些趋向,同样会在那些从未受到虐待的人身上出现。

已有的证据显然无法坐实这样的推论。差不多四十年后,1964年,菲尔和第三任妻子安妮坦率地谈起这个话题;此时,恰是两人婚姻最困难的时刻:

有一天,正好在去教堂前,菲尔说他有些非常严肃的事情要告诉我,这些事能解释他为什么没法像正常人那样行事。[略]他当然能像正常人一样行事。为什么他非要觉得自己不能像正常人那样?[略]菲尔告诉我,“在我很小的时候,我被一个同性恋邻居侵犯过。就是这件事,让我变得这么不中用。”我跟他说,他应该告诉他的精神科医生。

在这个版本中，施虐的人不是厄尔，而是一位邻居。这会不会如安妮那时所猜测的那样，是菲尔寻求同情的策略？斯帕兹为他做过那么长时间的心理咨询，他为什么从未跟医生提起过？根据特莎·迪克的说法，菲尔回忆六岁时被送去看精神科医生，对方认为问题的根子在同性恋。特莎还提到，菲尔上过的某所寄宿学校（要么是1935年上的"郊区"学校，要么是1942至1943年上的奥海学校），发生过针对学生的性骚扰事件。这曾让多萝茜很担心，但菲尔并未卷入过类似事件中。

基本上而言，除了提出一些可能性之外，并不能坐实任何猜测——唯一有据可查的，是菲尔一生无法摆脱的不定期出现的吞咽和进食恐惧症。

无论有没有经历过性骚扰，有一点可以肯定：菲尔在这段时间里，一定被强烈的不安全感所困扰。他特别喜欢躲在盒子和纸板箱里玩，享受这些空间提供的安全感。这一点，无疑是菲尔高中时显露的广场恐惧症的前兆。该体验和迈克·福斯特的向往也产生呼应——这位男孩是菲尔1955年发表的杰出短篇小说《福斯特，你死定了》（*Foster, you're Dead*）中的男主角。（埃德加有位弟弟福斯特，一岁便夭折了。）菲尔在这篇小说中提取自身的童年焦虑，加以变化，塑造出一个极为可信的男孩形象。故事中，冷战带来的心理恐惧震慑着男孩的灵魂。

迈克·福斯特所在的世界，每位儿童都被灌输了核打击随时会来的思想(菲尔将自己所在二十世纪五十年代重塑为一种科幻“未来”)。迈克的父亲凑足钱买了个广告里拼命推销的核弹避难所。直到这时,迈克才终于感到安全:

他盘膝坐在地板上,一脸严肃,瞪大眼睛环顾。[略]他身处一个小小的、自给自足的宇宙中;这里有他需要的一切,或者说很快就将有了:食物、水、空气、休闲活动。什么都不缺。[略]

他突然开始放声大叫,响亮的欢呼声在墙壁之间回荡。他几乎要被回声震聋。他紧紧闭上眼睛,握紧拳头,心里充满了喜悦。[①]

1935年初,为了躲避埃德加争夺抚养权的威胁,多萝茜决心和菲尔搬去华盛顿特区,并在联邦儿童局找了份编辑工作。对菲尔而言,和阿嬷分开是最痛苦的事。多萝茜后来深感遗憾地跟他提起:“你四岁时候离开生母,因为我必须要去上班;而不到六岁时,又被迫跟爱你的母亲分离,你的阿嬷。”不过,跨越整个大陆的这场搬家,作为争夺抚养权的策略,起到了多萝茜想要的效果。两年不到,埃德加再婚了。多萝茜维持单身十八年,虽然她也曾偶尔吐露心声:要是当初知道和菲尔两人将会面对的困苦,自己绝不会和埃德加离异。

儿童局的编辑工作薪水很低,但她很享受撰写关于儿童保育的小册子。到了六十年代,菲尔曾在邻居家的书架上看到过一本。“这本书是我妈写的,”菲尔告诉她,“很讽刺,不是吗?她自己是个坏母亲,而且一点儿也不喜欢小孩。”

①《预见未来——菲利普·迪克中短篇小说全集Ⅲ》,365页。

多萝茜给菲尔报名上马里兰州银春附近的“乡村”学校，这所学校承诺有“迷人如家一般的环境，最新的教学方法和设备”。他至少在这里度过了1935年到1936年，小学一年级的一部分时光（菲尔后来描述这里是个“贵格会”寄宿学校，但学校的宣传手册上并没有提到它和教会的关系）。菲尔在1968年所写的一份《自画像》中，叙述了多萝茜为何认为寄宿学校很有必要：

华盛顿的夏天，可怕得让人没法描绘。我觉得那里的夏天扭曲了我的意识——这种扭曲恰好跟我妈和我没地方可落脚这一事实完美结合。我们跟朋友住在一起，今年住这家，明年住那家。我的状况不太好（七岁大的孩子能好到哪里去?），于是，我被送去了一家专门收留“失调”儿童的学校。我被认为“失调”的理由是我很怕吃东西。我的体重逐月下降，这家寄宿学校拿我没办法，我甚至连一根菜豆都不吃。不过，这时我的文学事业倒是崭露头角，体现的形式是诗歌。我写下了平生第一首诗。

我看见一只小小鸟
坐在小树里
我看见一只小小鸟
睁眼瞧着我
转而猫咪看见小小鸟，再也没啥可瞧
小猫早上把他吃掉了

家长日那天，这首诗受到了狂热的称赞，我的未来就这样定下来了。(尽管当时没人知道,后来也无人知晓)。

这首小诗里,已能看出菲尔将来那些最好的小说中体现的幽默和紧张并存的气质。那时,在作为小男孩的菲尔的心里,紧张占统治地位。他失去阿嬷、父亲和妹妹。他没有可称为“家”的可靠的地方,现在又被迫去适应陌生的寄宿学校。对他来说,在公共场合——比如学校食堂——吃东西很困难。菲尔后来将这一时期的进食困难归咎于“忧伤和孤独”。

上面引用的这首诗,是否真是菲尔的第一件“文学作品”,仍然存疑。其他诗歌(由多萝茜通过打字保存下来)也有争做第一的资格。在一首名为《菲利普之歌——五岁》(*Song of Philip-Five years old*,这首诗据记载创作于1934年,还是在搬去华盛顿之前)的诗中,出现了对“上帝”和“灵”之间微妙区别的描述,显得极其非凡:

上帝的灵是位可爱的老人
他生活在日子还年轻的时分
当王子骑马而过
上帝也就无处可寻
上帝是你我的灵
上帝离开后,你再也看不见他
但是灵的生命,会在早晨的太阳中闪亮

这首诗也证明,菲尔给灵赋予了不常见的独立性——绝大部分儿童都是人云亦云，将上帝看作是“可爱的老人”。

在《在小岛上瞎转》（*Puttering About in a Small Land*，1957年创作，1985年出版）和《等待去年来临》（*Now Wait for Last Year*，1963–1964年创作，1964年出版）这两部小说中，菲尔利用童年时生活过的华盛顿特区，创造了十分重要的设定。在《等待去年来临》中，充满压力的维吉尔·艾克曼，蒂华纳皮毛与染料公司的所有者，专门建造了名为“华盛–35”（这里指的正是华盛顿特区，1935年）的寓所，好让他能回到童年时代。那个世界的“肚脐”，是麦库姆大街3039号（该地址正是菲尔在首都生活期间大部分时候所居住的地方）。这儿的上城剧院正在上映珍·哈露[①]的《地狱天使》（书中特别提到她穿睡衣的一幕场景，曾在迪克第一次看到时令他十分震动）。“华盛–35”里充满了由童年美好回忆填补的细节。不过书中的这一切是为了创造“时光倒退的孩童之地”，以支撑大发战争横财的实业家的精神世界——由此可见，菲尔对这类以玫瑰色调重建的童年世界嗤之以鼻。

菲尔在乡村学校很不快乐，因而，1936年到1937年，多萝茜将他转学到约翰·伊顿小学，这家学校隶属华盛顿特区的公立学校系统。除此之外，她还雇了好几个女管家来帮忙照顾小男孩。一位名叫鲁娜（Lula）的黑人妇女给他们做了两年家务。菲尔经常绝望地等妈妈下班回来，他站在窗户边，好第一眼看到她的身影。

这一时期，他对多萝茜的感情必然很复杂。他责怪母亲将自己

① 珍·哈露（Jane Harlow，1911–1937），美国著名女影星，1930年上映的战争史诗电影《地狱天使》是她的代表作之一。

跟父亲分离,亲手毁了这个家。此外,为了抹平简的死亡带来的创伤,多萝茜的几次努力却更是事与愿违。据菲尔的第二任妻子克丽奥·米尼回忆,“菲尔曾经跟我提到过好几次,在他还是孩子时,多萝茜告诉他,死掉的是不该生的那个。好吧,她也许真说过这样的话,也许没说过——我本人觉得难以置信——不管她到底说没说过这样的话,这就是菲尔从她那得到的感受。”

在更直接的层面上,菲尔怨恨多萝茜打发他去乡村学校,然后又将他丢给保姆。当她在家时,菲尔又发现她不是那么容易相处的母亲。如果他发脾气,她就会把他关进卧室,任凭他发泄怒火,把里面撕个稀巴烂。不过,菲尔又为多萝茜的才华和泰然自若的处事方式所吸引。后来的岁月中,他曾带着善意回想妈妈如何向他强调:必须要为自己行为的后果负责。

母子间的关系十分密切,即便他后来有那些充满恨意的斥责,也无法掩盖这种强烈的感情纽带。毕竟,埃德加从生活之中消失后,是多萝茜将他拉扯大。菲尔后来也坦承:“我对女性有很强的信念。也许是因为这个——我的父亲很软弱,我的母亲很坚强。”多萝茜曾教育他,要“崇敬写作”,而埃德加则认为“橄榄球比赛胜过世上任何事”。

但他们之间的矛盾也一直持续。多萝茜自身在写作上的失败——她笔头很勤,但只在《家庭圈》杂志发表过一篇作品——一定让菲尔从根本上感到自己取得了多萝茜无法质疑的成就。但这种满足感永无尽头。他不知疲倦地跟她的力量相抗衡。

1936年至1938年，从二年级到四年级，菲尔一直在约翰·伊顿小学上学。他常缺课，这点往往得到多萝茜的宽容。学生报告卡显示他整体学习成绩不错，最低得C的科目是作文。不过，四年级老师的一句点评倒是很有预言意味："表现出说故事的兴趣和能力。"

菲尔三年级时发生的一件事深刻影响了男孩的心智。的确，你完全可以认为，这事所体现的绝对移情力量锻造了这位未来作家的灵魂，并以无数不同面目的主题体现在他今后的故事和小说中。

小男孩菲尔正在折磨躲在蜗牛壳里的一只小甲壳虫。但当菲尔强迫甲壳虫从它的小避风港里出来时，那种迫不及待的残忍心，忽然被一种感觉——确定性！——所替代，那就是，所有生命都是一体的，一切都有赖于仁慈：

> 接着它出来了，然后，忽然之间我意识到——这是种彻底顿悟，而且是无限式顿悟——这只甲壳虫跟我没有区别。那时我忽然理解了。它想生存下去，跟我想活下来并无两样，而我却在伤害它。那一瞬间——就像悉达多做的那样，就像壕沟里的死豺——我就是那只甲壳虫。转眼间我就完全不同了。我再也不是以前的那个我了。

这次顿悟将是通向另一个世界的窗口，但此时的菲尔还没去过那里。这位男孩受到精神世界的感召，但并没有因而放弃那些令人眼花缭乱的美国流行文化垃圾所带来的诱惑。菲尔未来的成就，就是在这两者之间架起一座桥梁。但当时，孩子的兴趣还是占了上风：

接下来有很长一段时期,除了上学我没干什么特别的事——我特别不情愿上学——除了收集邮票打发时间(我现在还在收集),此外,还有其他男孩子的爱好,比如打弹球、翻卡片、打波板球,还有刚刚出现的漫画书,比如《顶呱呱漫画》《国王漫画》《流行漫画》。每周我有十分钱零花钱,我会先花在糖果上(耐克欧威化饼、巧克力棒、枣味糖),然后买《顶呱呱漫画》。大人们很瞧不上漫画,他们估计、也希望这东西作为一种书面媒介会很快消失。但它们没有。接着,就是看赫斯特报纸上那些耸人听闻的周日版面,比如木乃伊还在洞穴里活着、失落的亚特兰蒂斯、马尾藻海传说。这份准杂志的报纸名叫《美国人周刊》[①]。放到今天,我们肯定会把这些文章斥为"伪科学",但在那时,三十年代,这些说法叫人感到可信。我梦见自己发现了马尾藻海,所有的船全都缠在那儿。他们的尸体在横杆上晃荡,柜子里塞满海盗的金子。我现在意识到自己注定失败,因为马尾藻海压根不存在,就算存在,里面也不会被西班牙战舰填满。这些都是孩子气的梦。

但童年时的梦留了下来,并在今后的岁月中不断强化。菲尔通过漫画书和《美国人周刊》,第一次接触到狂野的低俗"伪科学"冒险故事。如果说,"甲壳虫顿悟"让他灵性觉醒,那么这些叫人兴奋的大杂烩则让这份灵性彻底燃烧起来。谈到当年那些认为漫画终将"消失"的"成人",菲尔丝毫不掩饰对他们的蔑视。他为科幻辩护时也持

① 赫斯特报系下的星期日报纸杂志,创办于1896年,休刊于1966年。

有相同口吻，以对付那些贬低科幻的知识分子。菲尔直到十二岁才第一次阅读科幻杂志，但他一下子发现这个“书面媒介”正是自己的家园所在。

在这个媒介中，强加于意识之上的暴政被彻底推翻。任何事都有可能发生，越快越古怪，越好。前妻在或然世界里迷失，或“逻格斯”上帝假装是你的老板在电视上为尤比克速溶咖啡打广告，凡此种种和螺旋式的梦境一样，都是真实的。同一个故事里的角色可以同时是神圣、傻气、孤独、性感、风华绝代并且疯狂的，而你根本无法证明这些不是真的。你只能抬头看看身边。

1938年6月，母子二人回到伯克利。除了几次短暂离开，菲尔之后人生的全部时间都在加州度过。

多萝茜离开首都的决定很冲动。当时，她接到儿童局的指令，前往堪萨斯城开会，便把菲尔带上，好趁机去加州旅行。但她一回到湾区，就想办法留了下来，调到美国林业部伯克利办公室。接着，多萝茜在科卢萨大道560号租了间公寓住下来，阿嬷和玛丽昂也经常过来。玛丽昂爱好绘画，菲尔很高兴看她的画；此外，她还给菲尔带了很多书。值得注意的是，这些书里包括爱尔兰诗人詹姆斯·史蒂芬斯的作品——这埋下了菲尔一生热爱抒情诗的种子。

多萝茜回到加州的时机，也可能受到埃德加搬家的影响：他搬去了帕萨迪纳，加州很南边的一带。这样的话，对于争夺抚养权也就没有了太大威胁。不过菲尔本人异常高兴,虽然只能偶尔去父亲那里,但对他来说,是四年来第一次跟爸爸在一起。多萝茜对这些会面很不安,她仍担心埃德加会把孩子偷走。父子两人一起去了1938年旧金山世界博览会,经过多萝茜推荐,菲尔去了科学展区;而埃德加的眼睛却离不开萨利·兰德的脱衣舞表演。此外,两人还一同在圣华金河和萨克拉门托河钓了一整天的鱼。正是那时,埃德加教会菲尔怎么清理鱼。虽然菲尔享受两人的户外活动,但埃德加仍强调,“你能看到他身上发生了巨大的变化……通过她(指多萝茜)的铁腕控制”。菲尔曾是个“充满活力”的孩子,埃德加坚持认为,但“我想找一个正确的词来形容……他好像不再有那种活力了,那种对生命乐趣的享受。我觉得他比以前反应慢多了……我要告诉你我打算用哪个词。他给我的感觉是:他被困住了……他没法挣脱出来”。

虽然南边埃德加的威胁仍存在,但相对于社交生活保守的首都,多萝茜肯定会发现伯克利是个避风港。诚然,三四十年代的伯克利还不是六十年代以及后来的那个“狂克利”。它当时还是个小镇子。加州大学辐射范围内,有很大比例人群是思想自由的学者,受波希米亚风潮影响的人。多萝茜的女权主义、反战主义跟这环境一拍即合。东部那些高门望族家庭里的败家子在伯克利流亡,过着艺术化生活——当然由有钱爹妈支持——跟这些行为呼应的是二十年代到巴黎去的人。有轨电车在电报大道上上下下,马路旁布满优雅的小店铺、饭馆,为大学知识分子的世界主义品味提供服务。

但同样在伯克利,也有大量工人阶层,这些人过的日子跟大学生活没什么关联。圣巴勃罗大道附近至海湾边,是成堆的二手车、勺子油腻的咖啡馆、修理店,以及蓝领工人(包括黑人和日本人)和过紧巴巴日子的人打发时间的酒吧。将来,正是伯克利工人阶层的生活环境,而非大学的生活圈子,为菲尔的许多长篇和短篇小说提供了素材和滋养角色的养分。伯克利的地势更加强了经济阶层的区分:贫穷人家多住在平地,而家境好的人都住在伯克利山丘上,拥有大阳台、公园和溪流。菲尔曾用"山羊"称呼那些住在山上、骑着单车呼啸而来上学的富家同学。

1938年秋季,菲尔报名伯克利山坡学校四年级高班。他在山坡小学一直上到1939年春季,上完了五年级低班;接着,1939学年至1940学年转学到牛津学校上六年级,这也是一所伯克利公立学校。菲尔在山坡学校期间,得到多萝茜首肯后,曾改名"吉姆";转到牛津后,又改回菲尔本名。改名的具体原因并不清楚。他初中时的朋友,帕特·弗兰纳里(Pat Flannery)回忆,菲尔有时遇到熟人叫他"吉姆"会很高兴。也许菲尔改名的缘故是,作为新来的孩子,吉姆听起来像个更靠得住的名字。

如果"吉姆"想得到别人的认可,那他显然做到了。山坡学校的成绩按照S(满意)和不满意(U)两个级别打分,根据成绩卡记录,吉姆全都是S+。四年级老师对他的评语:“吉姆在集体里获得了很不错的地位。他在玩伴中相当受欢迎。他对什么是‘对的’有很好的感觉,大伙儿看上去也都意识到他的这个特点。”五年级的评语则是:“他有着跟年龄不相称的沉着和自制。”到了六年级,他改回名为菲尔,这时他已当上少年交通巡警。

不过,在山坡学校期间,他仍频繁旷课。举例来说,1939年春季学期,菲尔旷课日占整个学期的四分之一。多萝茜回忆,“他从一开始就对公立学校非常厌烦,学习一点儿也不上心,有任何机会就会找个说得过去的病,旷课待在家里。”不过,其中一些导致旷课的疾病,可能远比“说得过去”要严重得多。菲尔这时的哮喘发作仍很严重。他从来不是狂热的运动爱好者,但现在,即便那些相对温和的男孩运动,比如跑步、骑车、捉迷藏,对他来说都是一种负担而非快乐。年轻的菲尔是个自我意识很强、骄傲的男孩,若是在操场上玩耍得时不时地在同学面前喘着气停下来,会让他感到是种羞辱,而操场本应是交朋友的地方。除此之外,他开始偶尔体验到可怕的阵发性心动过速(心跳忽然快速加速,埃德加也有这种毛病),再加上湿疹发作。心动过速将会伴他一生。这些生理上的问题,肯定会对心理造成负面影响。不过,菲尔从未对山坡学校或牛津学校有过家的感觉,就算端坐在教室里,也如此。后来菲尔回忆,六年级时被诊断为“学习障碍”。无论这诊断结论是否真的下过,它都反映学业中这孩子的真实感受。

菲尔的“自我意识”不仅在学校作业上展露,同时也在跟多萝茜的关系上显露无遗。多萝茜将他看成是家里的小男子汉，这虽跟责任心有关，同时也表明母亲对他的尊重。而从菲尔的角度来说，虽然内心深处希望能得到母亲的喜爱，但对这种有些奉承他的态度也甘之如饴。于是，他用男孩能做到的最大程度来表现自己的尊严。有一次，多萝茜想在邻近的康科德买套住宅。安妮·迪克写道："菲利普对此大发脾气。他说死都不会住到那儿去！多萝茜因此失去了赚一大笔钱的机会。"

作为吉姆，九岁那年，他试水杂志订阅生意。他在征订信里谨慎地列出利润率。他对市面上那些充斥广告的杂志不满，于是亲自办了份期刊：《迪克日报》。售价一美分，印在一张剪裁过的纸上，是吉姆手写的内容，绘有细小的报头。1938年12月的两期保存了下来。其中有篇尖锐的报道，是关于邻居家的狗的：

星期五，23号，狐獴米奇昨天被带去市区兽栏。它因无狗证而被抓了。它没有主人。捉狗队用一条绳子抓住了它。双方经历了漫长搏斗。最终，捉狗队捉住了它。米奇嚎叫着，嚎叫着。

还有一篇画得非常粗糙的四格漫画《条子》(*Copper*)，预示菲尔成熟后对"现实-虚假"关系的疑问大感兴趣，与此相应的，是在区分二者之时，模糊了权威的角色。一位警官正在追捕"伪币少尉"，他盘问加油站服务生——此人可能收了张五美元假钞。"拿出来！"警官要求。"为什么？你是不是以为这是假钞？"服务生问道。"当然！"警官回应，"要不然我干吗要你拿给我？"最后一格定在服务生身上，他回答时，似乎抑制不住脸上浮现的浅笑："当然是为了花掉，先生！"

1940年，埃德加调到商务部洛杉矶办公室，成为本地广播节目《这是你的政府》的常客。十二岁的菲尔，5月份时去看望父亲和他的妻子。他对爸爸感到骄傲，同时也害怕失去他，这种情绪在给多萝茜的信中表露无遗：

老爸觉得如果我能在这里待到周一，然后再坐火车回去，是个很不错的主意。这也意味着要缺一天的课——不过这不打紧，因为我在这儿待的时间实在是太短了……怎么样？我觉得这样安排还不错：老爸也许会去华盛顿——弗里斯克——或是别的什么地方。我也许要很长时间都看不到他了。这就是为什么我想待在这儿。怎么样？

老爸说我快要长到他的尺寸了。我已经跟他差不多高了！

当然，菲尔此时只有一米六高，有着一双蓝色眼睛、砂棕色头发，远未到埃德加的一米八的身高。不过，这封信里透露出来的兴奋，跟他同时期给多萝茜写的那些信形成鲜明对比——那些信都是老老实实的总结，对成绩不好的痛苦解释。不久，事实验证了菲尔对埃德加工作调动的恐惧。美国卷入二战时，埃德加成为美联储在克利夫兰地区的商务顾问，接着，又调去弗吉尼亚州里士满做差不多的工作。直到四十年代末期，菲尔高中毕业之前，两人再也未见过对方。菲尔的第二任妻子，克丽奥·米尼强调，菲尔和埃德加失去

联络——而不是和多萝茜之间的紧张关系,或是简的死亡——是影响他最深的事件:

> 菲利普认为父亲抛弃了他们。这创伤影响了他所做的所有事情。菲利普世界观的基调是对那些不平衡之物的悲伤——同时伴有不可思议的幽默感。这正是他惹人喜爱的地方。但他那种永恒的悲伤,我认为根本原因在于父亲。与此同时,他又认为,父亲和母亲相比,智识层面上要低一等。多萝茜是位非常尖酸刻薄的女权主义者,当菲利普怀念不在身边的父亲时,母亲则会不停地对父亲加以贬低。

1940年春天看望父亲时,菲尔热衷的不是写作,而是绘画。那年6月,他为牛津学校的年鉴手绘封面:一位包着头巾的水晶球凝视者,预言同学们的未来。此外,还有一些当时的素描和涂鸦保存了下来——包括纳粹、弯腰弓背的人、花枝招展的女人,甚至还有个看起来很严厉的科幻色彩外星人,标号为"4162 F"——这基本说明了他当时对绘画的严肃程度。十多年后,当菲尔诚挚地开始写作生涯时,埃德加还是很惊奇——他本以为儿子会走上艺术家的道路。

菲尔这一时期探索、尝试了各种艺术形式。那年夏天,加州卡扎德罗的夏令营中,菲尔参与了三个不同的戏剧。(在这个夏令营里,他还学了游泳,但不久后差点儿淹死——这恐惧经历让他一辈子都厌恶下水。)音乐方面,菲尔勤奋地上钢琴课,并在给多萝茜的圣诞愿望单上列出想要的七十八张唱片,包括贝多芬《雅典废墟》中的《土耳其进行曲》,罗西尼《塞尔维亚理发师》中的《快给忙人让路》,以及瓦格纳《唐怀瑟》的前奏曲(他的科幻小说中引用了很多歌剧剧本,特别是瓦格纳、吉尔伯特和苏利文。)他还继续写诗。1940年11月他写了一首诗《他死了》,这是为家里养的一条狗所写的哀歌。最后两行他写道:"他再也不会蔑视自己的床了。/唉!我们的狗死了。"这首诗后来发表于1942年10月的《伯克利小报》"少年作家俱乐部"的专栏上,编辑为"弗洛阿姨"。

弗洛阿姨做菲尔第一位编辑的时间很短。不过可别忘了,菲尔可是刚到十二岁便开始写作——1940年12月16日满十二岁(菲尔对能跟偶像贝多芬的生日相同一直津津乐道)。十二岁,为了对得起天分,他开始自学打字。同年,他还平生第一次读了科幻杂志:《奇异科学故事》。科幻与他稍早之前发掘的弗兰克·鲍姆的《绿野仙踪》完美衔接起来:"听起来像是无关紧要的小事,我那时候拼命搜集'绿野仙踪'系列所有图书。图书馆员们傲慢地告诉我,他们'不收录幻想书籍',理由是,如果孩子看太多这类书,就会陷入梦想世界,从而分不清什么是'现实'世界。但对'绿野仙踪'系列的兴趣,实际上启蒙了我对幻想文学的热爱;再进一步,就是科幻。"

菲尔成了一名通俗科幻杂志收集狂,他在伯克利书店四处收集二手杂志。1941年,他进入加菲尔德初中时,已收集了一大摞的《大吃一惊》(*Astounding*)、《惊奇》(*Amazing*)、《未知》(*Unknown*)以及《未知世界》(*Unknown World*)。他还定期收集"巴克·罗杰斯"系列。他当时的朋友乔治·科勒(George Kohler)回忆,菲尔是个“很讲究”的读者,他对喜欢的作品的记忆力可以说是无可挑剔。作为画家的菲尔,有时会临摹一些长着圆鳍的火箭飞船。菲尔终其一生,都深深沉迷于收集通俗杂志。1968年的文章中,他写道:

科幻吸引我们的到底是什么?科幻又到底是什么?它紧紧抓住科幻迷,抓住编辑,抓住作者们。这些人从中一分钱也没捞到。每当仔细揣摩这件事时,我的脑海里都会浮现出亨利·库特纳[三四十年代著名科幻和“怪异”故事作者]的作品《仙子棋子》的那段开头和主角眨眼的门把手。揣摩这些时,我还想到——脑海之外,就在桌子旁边——从1933年10月到现在的每一期《未知》《未知世界》以及《大吃一惊》……这些杂志都放在一座九百磅重的防火保险柜里,跟整个世界分开、跟生活分开。就是说,跟衰退和磨损分开。就是说,跟时间分开。我花了三百九十美元买了这个防火保险柜,保护这些杂志。除了妻子和女儿,这些杂志对我来说,比我在世界上拥有——或是希望拥有的任何东西都更重要。

年轻的菲尔还是《生活》和《国家地理》杂志的忠实读者,并密切关注广播新闻中不断涌现的对纳粹威胁的担忧以及二战的爆发。1979年的一封信中,他把对“珍珠港事件”的记忆,和对父母厌烦而产生的持久愤怒联系起来。那种青少年理想化的情绪表露无遗:

我给我妈打了电话,告诉她:“我们跟德国、意大利和日本开战了!”我吼道,而她却很平静地回应:“不,菲利普,我认为没有。”然后继续去照顾她的花园了。我当时才十二岁,但我比成人更直面现实。[略]。这也许是为什么我能跟年纪更小的人相处的原因之一。我觉得人越老就会变得越蠢。[略]你开始跟现实慢慢失去接触,一点一点、渐渐地,直到有一天,第三次世界大战打起来了,你还在后院的花丛里头闲荡。我正是这么想象父亲的,假设他还活着,他会在自己的后院里,根本不关心世界,或是更甚,巴不得自己不关心世界。

随着战争继续进行,菲尔和多萝茜为经济所迫,住进了他们的小屋(位于一所大别墅的后院),地址是胡桃大街1212号。早些时候,因为不了解战争的残虐,菲尔全心全意地站在同盟国一边,但同时又为纳粹所倾倒——它们那些超大型"俾斯麦"战舰,军纪严明的正步,这些印象都来自爱德华·R.默罗(Edward R. Murrow)解说的新闻影片。他热衷于幻想超级武器:比德国梅塞施米特式更快的战斗机;比日本五十厘米口径更大的大炮(在附近山头上,菲尔能看到美军布防的旧金山湾炮塔)。但菲尔非常清楚,那些战时新闻——无论哪一边——并不一定全都反映真实情况。他对戈培尔的宣传技巧十分佩服,并和朋友们推测盟国的类似策略。菲尔后来将这一孩子气的幻想和多疑,以极可笑的方式用在1967年发表的长篇小说《震击枪》(*Zap Gun*)之中,这部小说展现了二十一世纪背景下的冷战神经质。

弄清什么是政府宣传并不难。如何获得女孩的青睐,才是真正的谜题。初中朋友莱昂·雷莫夫(Leon Rimov)回忆,菲尔“无论在哪儿,都会幻想跟屋里每个女孩都有段关系”,至于到底是哪个女孩,“无关紧要”。舞会上,“菲尔会在房间一边排好队,女孩们则排在房间另一边,他也许会请一两个女孩跳舞,然后回家幻想接下来会发生什么,再然后,他会想法找到我,把他的幻想告诉我”。什么样的女孩会吸引菲尔?“完全看相貌。”

不过,据乔治·科勒回忆,年轻的菲尔可没那么傻乎乎,他对现实的了解反映了来自多萝茜的自由主义性教育方针。八年级时,科勒和菲尔在公园看到一只用过的避孕套。科勒想把它捡起来,但菲尔阻止了他,并进一步跟他发表了一番“演讲”,说明避孕套是干什么用的,以及捡它有可能造成的健康威胁。还有一次,菲尔跟朋友解释什么是同性恋。再有一次,菲尔在邻居家举行的聚会上更是大大启蒙了朋友,“菲尔比我们都早熟得多,他摸了一位女孩的胸”。

科勒还证实,菲尔以爱慕心态,对“邻家女孩做过不少白日梦”。不过,菲尔初中时确实约过至少一位当时迷恋的女孩,他一直没有忘掉这段记忆。1974年给女儿劳拉的信中,他写道:

劳拉,宝贝,你知道的。(我从来没跟任何人提过这个。小心了。宝贝,别怕。)劳拉,你出生时,无论你妈妈[安妮]还是我,都没给你准备名字。[略]护士问我:“你打算叫她什么?”我承认我不知道。护士对我皱起眉头。她非常美丽,我几乎要开口问:“你叫什么名字?”——但还好我管住了嘴。接着,我忽然记起来了——像是脑海中突然的闪现——初中约过的第一个女孩,很狡猾的小妞,劳拉·海姆(Lora Heims)。于是,我就以她的名字,叫你劳拉。这件事直到现在,我从来没告诉过任何人。

要是说出去,你就死定了。

菲尔的性幻想——以及偶尔的小成功——是大部分男孩成熟之路上经历的插曲。但在不断成长的精神自我意识之中,也有黑暗的一面。多萝茜这段时间里认定儿子对学习没有兴趣,而诸如焦虑等问题也许能通过精神治疗加以治愈。小学后期和初中时期,菲尔见过不止一位精神科医生。他们采取过哪些治疗措施很难考证了。但有件事可以肯定:这些治疗给菲尔留下一种悲剧性的、在同学之中的"异样感"。科勒回忆,菲尔曾在七年级时谈论过罗夏测试:"菲尔还有自编的测试版本,并跟我一起玩过罗夏测试。菲尔对主题统觉测验(Thematic Apperception Test)也有充分了解。他知道不同种类恐惧症的名称,还告诉我,'我就有其中一些恐惧症,克服不了'。"

不过,菲尔有合适的手段来冲破内向性的悲痛——写作。科勒有台小印刷机,菲尔霸占后,开始了第二次短暂尝试——这次,他和帕特·弗兰纳里合作——发行自出版报纸。《真相》,1943年8月初次登场,售价两美分("虽这么说,但要是利润总额大大增长,我们计划将定价降到一美分")。它的主旨是:"固守民主原则之民主报纸。"菲尔承担了几乎所有写作,包括一份热诚的声明:"这份报纸的誓言是，非确凿真相不印。”报纸包括系列短篇小说《同温层贝奇》（关于一名勇敢的试验飞行员），以及一位连载的漫画风格的英雄《未来人》，他是菲尔笔下第一位充分发展的科幻造物：

未来人，正义的冠军，被压迫者的守卫。没几个匪徒敢跟他作对。胆敢跟他作对，很快就会灰飞烟灭。

未来人，生活在3869年。他利用超级科学，为人类谋福祉；他用力量打击未来的地下世界。

刊登于每期：**真相！**

《真相》的编辑，十三岁男孩菲尔，脸色苍白，体重稍稍过重，常常因哮喘而咳嗽或抽鼻子。显然，他藐视团队体育活动。不过，当偶尔和朋友们玩的时候，他显得笨拙，甚至危险。有一次，他扔标枪打中弗兰纳里，令对方血流不止；还有一次，他把弗兰纳里推搡到了荆棘丛中。菲尔确实曾和科勒一道漫步，爬上过伯克利山丘，直至蒂尔登公园（路过刚建成不久的回旋加速器）。但后来，当加菲尔德初中决定减少体育课时长时，他也的确大为高兴。

多萝茜下班回家很迟，晚上到家后，便会很快上楼钻进卧室的一摞摞书里——大部分是畅销书，也有一些跟营养和健康有关。她床头堆满各种有关肾病和其他小病的处方药。家里四溢的病房气味对菲尔来说并不好受，因为他本人也遭受生理和恐惧症痛苦的双重折磨。他有时会很情绪化，多萝茜的平和常会化解他的勃然大怒。大多数时候，母子二人非常正式地称对方“菲利普”“多萝茜”。

可以想象,两人夜夜都在各自卧室里拼命看书。但母子二人间的连接仍在日益加强——埃德加毕竟身在远方。菲尔这一时期曾考虑放弃“迪克”的姓,用母亲娘家的姓:金德里德。

多萝茜虽很有礼貌,但对菲尔密友们不怎么说话,也极少邀请他们来吃晚饭。即便邀请,这些晚饭也基本都一个样:绞肉、豆子、土豆泥。菲尔乐意受邀去科勒奶奶家吃晚餐,那里能喝到家中被禁止的快乐饮料:巧克力奶、苏打汽水。他到别人家做客,吃完后总在餐盘上留下一点点食物,以示对大萧条时期传统的尊重——意思就是告诉主人,已经饱了,不用再添饭菜。

多萝茜把自己关在楼上隔绝起来,让菲尔和到家里来玩的朋友们能不受干扰地畅所欲言,玩玩具兵大战,听经典音乐,下象棋(菲尔总是在象棋中碾压朋友)。菲尔还能做出鲁布·戈德堡(Reuben Goldberg)风格的电路:用电灯开关打开的手摇留声机,这是向其他同学展示的一个小电子盒——这让老师们吓了一跳。对于他的音乐才能,就连最亲密的朋友也感到极其震惊。有一次,他让科勒坐好,他首先弹了段肖邦的《葬礼进行曲》,然后又弹了一段据科勒回忆是“某种叫人毛骨悚然的东西”。接着,菲尔问科勒更喜欢哪一段,科勒选了第二段。菲尔弹了一次又一次,为了让朋友确认是不是真的喜欢——最后,他承认那一段是自己作的曲。

菲尔的卧室非常杂乱,里头堆满唱片、飞机模型、集邮册,还有一台显微镜和德国皇帝的肖像画。桌子里还有个秘密隔间,菲尔在里面藏了一台小型柯达相机、裸体杂志，以及一张《比利船长奇妙物语》杂志（*Captain Billy's Whiz Bang*）的招贴画。他邀请科勒来卧室自慰，百叶窗当然拉下来。科勒有时也会在菲尔家里过夜，很自然，他们会谈论性。这期间没什么暗示。科勒回忆，菲尔认为“同性恋”是种带贬义的字眼。

多萝茜提供的隐私和自由，培育了青春期的强烈存在感。其中有些想法，后来被菲尔转嫁到他早期创作但从未发表的主流长篇小说《抖擞精神》（*Gather Yourselves Together*，约1949年创作）中。书中有位年轻人，名叫卡尔，有和菲尔相似的特征——包括对哲学的喜好（卡尔针对真理和现实的长篇日记，预示了今后的《解经》）以及对黑发女孩的喜爱。下面这段描述卡尔隔绝在房间里，临摹从杂志上撕下来的一张图：

那张原画，从杂志上撕下来的纸，从他膝头掉下来，滑到角落。他没注意到，也不怎么在意。笔下涌现的女孩，并非来自任何一份杂志。她来自他的内部，从他身体中来。从男孩圆胖、白色的身体中，女性的胚胎诞生了，从木炭、纸张和快速笔画中产生。[略]

屋里潮乎乎的，有股麝香味，男孩像是株植物，成长、延展，又白又软，他丰满的手臂触及一切，毁灭着，检视着，占有着和消化着。但在门窗前，他停了下来。他不会超过门和窗。[略]

正如一株植物，带给他什么，就是在喂他什么。他自己不去拿那些东西。住在房间里，他就是株自己靠自己的植物，吃自己的身体。从他的精魂中发出来的这些线条和形式汇聚纸面之上,它们兴奋、疯狂。他被困住,死死困住。

这让人想起前面提到的,埃德加认为这一时期的菲尔像是“困住了”。

莱昂·雷莫夫回忆菲尔那时本质上是个“内向”、缺乏自信的人。“他走起路来有点儿蹒跚,而且总低着头。”如果有心情社交,菲尔会变得十分迷人,“不过就像是超车时挂高速挡,他只能快那么一小会儿”。他还记得菲尔徒劳无功地想成立石溪俱乐部(名字来自槲树公园附近的小溪),原因是另一个邻居组建的俱乐部拒绝了他。菲尔将朋友们招在一起,宣布他本人为主席,但却没能把大伙凝聚起来。“他总是拖延,老说我们现在不用做决定,而是再聚一下,再研究研究。这么折腾几次之后,人人都开始挠挠头,最后各玩各地去了。”雷莫夫相信菲尔“曾想用政客手腕来操控情势,但他没办法让人跟他走”。

初中时,菲尔宣告自己是无神论者,因为没人能证明上帝存在。他还想让雷莫夫加入他试图成立的一个圣经俱乐部。雷莫夫觉得,菲尔不是那么热衷宗教的人,更像是“对各种事情故意唱反调——不停在找碴儿”。在朋友之间,菲尔常摆出一种权威姿态,比如在海战方面,菲尔找到了最好的参考资料《简氏世界舰船》(*Jane's Fighting Ships*)。但他很少跟大家谈自己的写作。他偶尔跟朋友们展示所写的故事——跟帕特·弗兰纳里展示现代背景下发生的浮士德故事。不过，没有朋友认为菲尔像个作家；恰恰相反，大家会以为他是个古生物学者或政客。菲尔规规矩矩努力的方向，才揭示出了他未来所要从事的职业。

十四岁时，他写完了第一部长篇小说《回到小人国》(*Return to Lilliput*，1942年创作)，这本书大略受乔纳森·斯威夫特《格列佛游记》的启发。该作品的手稿已遗失。在1976年的访谈中，菲尔对这本书的调侃显然对年轻时追寻的梦想有些不太公正：

他们又找到了小人国，你明白的，现代社会，就像是重新发现了亚特兰蒂斯，这些家伙宣称他们找到了小人国。但这地方只有坐潜水艇才能去，因为它沉在地底。你大概会想，就算是十四岁的孩子，也能想出比这更富有原创性的点子。我甚至能告诉你，这些潜艇的编号是什么，这些记忆太鲜明了。它们是A101，B202，C303，这些是潜艇的编号、名称和目的地。

此外，他还时不时地在《伯克利小报》的"青年作家俱乐部"专栏上发表短篇故事和诗歌。1942年到1944年，八年级到十年级间，菲尔的作品共出现过十五次。故事的水准常比诗歌高得多。文字经过打磨，很简约；剧情有模仿痕迹，但想象力非常丰富。《魔王》(*Le Diable*)，设定于一座法国村庄，邪恶的皮埃尔·莫尚德偷窃了一位已故伯爵的城堡。动作场面描写得十分流畅，具有电影感："那天晚上，如果附近有人，肯定能看到胖胖的小个子皮埃尔，带着一支蜡烛，往城堡的一堵墙上爬。他们也许能看到烛光在城堡前左右摇摆闪躲，直到最后，在皮埃尔的帮助下，找到了进入酒窖的路。”皮埃尔遇到魔鬼，后者用伯爵的金子交换了他的灵魂。皮埃尔在潮湿的酒窖中丧命的结局，显然受到坡的《一桶白葡萄酒》(*The Cask of Amantillado*)的影响。

这批作品中唯一具科幻感的元素是“奴隶族”。故事发生于未来，人类创造出仿生人，以减轻人们的苦工。然而，这些仿生人却起来造反，要推翻懒惰的主人。仿生人叙述者解释：“我们把他们的科学加到我们之中，我们继续攀登更高的高峰。我们探索群星和那些想象不到的世界。”不过，到故事结尾，紧随不断扩张的能量的是贪图安逸享乐的惰性，同样的循环也落到仿生人头上：

最后，我们也倦怠了，希望能放松和享受快乐。但并不是每个人都能停下手头的工作去找寻快乐，他们仍在继续研究，想找一个方法来结束他们的苦工。

于是，有人开始讨论，要创建一个新的奴隶族。

我很害怕。

由于人类(或人工)智能的局限导致文明陷入兴衰循环，这是二十世纪四十年代非常流行的科幻主题。菲尔食不厌精的通俗杂志阅读，已让他的写作和这一类型小说的关键气质相通。

《小报》“弗洛阿姨”的编辑偏好，让菲尔觉得恼火。有关证据来自菲尔笔记本中留下的记录。他在这个笔记本里小心贴着所有发表于“青年作家俱乐部”的作品剪报。弗洛阿姨——戴黑帽，特征是常见的贝蒂·克罗克[1]形象——对每篇发表的作品都会加以评价。对《他死了》(*He's Dead*,菲尔为死掉的狗所写的诗歌),她的评价显得十分动感情:"悲怆之情在这首诗的每一行踱步,读完后,我不确定眼眶是不是有些湿润。"这样的评价叫人实在难以承受。但是,当《探访》(*The Visitation*,写了贝多芬的鬼魂回到人间谱下最后一曲)在她的"毕业日"竞赛中仅获第二名时,菲尔对"弗洛阿姨"非常愤怒,因为她说"作品写得不错,但'小作家们'不应当去写那些重大的不可知之事——应该去写他们知道的事!"弗洛阿姨的态度,代表了菲尔后来的众多编辑和评论者——他们都严格要求与已知现实保持一致。菲尔面临的困惑和挑战从未改变:三十年后,王牌出版社的编辑特里·卡尔[2]建议他不要总是反复围绕"什么是现实?"这个主题来创作作品。结果他彻底暴怒。就好像——菲尔肯定如此抱怨——有所谓的真实现实摆在那里,让人随便取用似的。

菲尔十五岁时,终于决定跟"弗洛阿姨"决裂。当时,他发表了《一位伟大作曲家的作品简介》(*Program Notes On A Great Composer*),其中虚构了一位作曲家威廉·弗雷德里克·莫特哈文,整篇小说是对那些包着堂皇护封的传记作品的讽刺。"弗洛阿姨"对这篇小说的评价是:"不够有创意"的纪实文章。菲尔在笔记本中狂怒

---

① 1921年,美国畅销面粉品牌公司沃什伯恩·克罗斯比(Washburn Crosby)为了回复顾客来信而创造出来的笔名。到1936年,她的官方肖像画正式确定。

② 特里·卡尔(Terry Carr,1937-1987),美国著名科幻编辑,曾在1965到1987年连续多年编辑美国科幻年选。

地记道:

这篇把她彻底骗到了——我就知道肯定会这样。指给她看她都看不出来什么是讽刺文学。我本来就料到她会在评语里说些什么蠢话,她真的说了,而且还为在报纸上发表这篇作品而抱歉!

最后一篇投稿,我想是的。已经到了这样一个阶段:她无法理解我写的到底是什么。再投给她已经没有任何意义。

我认为她从来就没理解过!

菲尔为写作投入巨大激情之时,学业一直时好时坏。他在加菲尔德初中的成绩还不错,但他总是得过且过,对老师也充满厌烦。为了鞭策他,多萝茜决定让他去上寄宿学校——位于加州南部奥海的加州预备学校。奥海的学校手册写得非常坦率:“向每位男孩严格强调:对学校主要目标要全神贯注、坚持不懈、竭尽全力。”学校规定,每位学生必须承担厨房杂活儿,必须每周上教堂。

菲尔对此的回应是在1942学年至1943学年期间,在预备学校成绩“优等”;除了体育课,所有科目的表现都良好。违反学校纪律的小错包括:咒骂别人;用一根窗帘杆做射豆枪。但新的日常生活规则带来的紧绷压力很快显现出来。在从奥海寄给多萝茜的信中,菲尔表现出在某个特殊方面极出色的能力——他后来会将其作为创作科幻的巨大优势——那就是,他能以一个简单事实(此情境下,就是奥海的寄宿生活)作为基础,加以不断变换,形成一系列可信和不可信的结论。

一开始菲尔抱怨厨房杂活太多,影响学习,导致数学不及格;个人物品被人偷了;被十八岁学长欺负;因为拒绝一天吃两餐土豆,体重减轻。但当多萝茜建议他回家念书时,他又表现出受到冒犯,认为自己已经是个男子汉,不是动不动想家的男孩。对此,她一定感到左右为难,弄不清菲尔葫芦里到底卖的什么药。1942年,菲尔在信中写道:

我刚把上一封信寄给你,就感到后悔不迭,我根本不该写那封信。我现在才意识到,那封信多么残忍,而且,我认为你一定会意识到我第一周时那么想家,所以收到那样的信也在你意料之中。当然,你想念我,所以你希望我回家,但这个事实并不会压倒你的理性,让你认为我言不由衷。[略]下面是我认为我们应该做的:不要给布拉什博士(校长)寄任何一封这样的信;也不要给我寄;不要下决断认为我不喜欢这里。我对这里不喜欢的地方很多,但相对于写那封信的时候,我已经没那么不喜欢了。最后,如果10月23日左右,我还是不喜欢这里,我就回家。

大概一周之后:

我不喜欢工作,但我不觉得这会对我待不待在这里有什么决定性影响。我现在喜欢这里,即使不用工作,我喜欢这里的程度也一样。

[略]

如果不用工作,我就不会留在这里。否则每个人都会说,"他真是个胆小鬼”。如果你觉得我现在在班上的成绩不太好,光凭这个理由我就该回家,那我最好是回家。除此之外,我觉得这里非常好。

10月22日,他又开始纠结地重新考虑:

天哪,求求你了,不要跟我说我能回家,因为你这样就像是说“好吧,你今天不用非得去学校”。[略]我希望你对我的想念不要影响你的判断力。如果你想让我当个被宠坏的熊孩子,那就让我回家吧。那等于是承认失败,而我一定要证明,我跟这里的其他男孩一样,是一名真正的男人。

同一封信里,菲尔得意扬扬地跟母亲提到英语课上,一篇关于猫的文章得了A,他的英语老师“为了提到一处修正”便向全班大声朗读作文,“他读完第一段,但全班同学求他继续读下去”。菲尔写道:“我觉得我的写作还可以。”

1943年5月,菲尔从寄宿学校给多萝茜的最后一封信中,宣称“只要还活在世上,我就再也不会犯同样的错误,去上什么寄宿学校”。他在1943年秋季回到加菲尔德,继续上九年级;1944年2月,他升学至伯克利高中。但他的困扰并未因为逃离奥海而消失。他对教育体系有种发自肺腑的恨意。1974年,给十四岁女儿劳拉的信中,他写道:

我跟你一般大时,在学校的时间跟在家里的时间正好一样长。学校系统显得[略]将孩子跟现实世界相隔离,教给他们过时的技能。学校压根没有让他们准备好应对迟早或是有可能在脱离学校之后所要面对的生活。某种意义上说，你对学校体系适应得越好，后来当你面对真正的世界时，能适应它的机会就越低。所以，我的想法是，你在学校里适应得越差，最后当你要摆脱学校束缚、必须面对现实时（如果真的会发生的话），你就能做得越好。但我估计我要是在军队里，一定是那种“态度极差”的代表，就是那种会被训斥“要么好好表现，要么走人”的人。我总是选择走人。

菲尔试图在学院教育和真实生活的技能之间画上一条水火不容的界限。他努力为自己在学校的问题加以辩护——或是称颂，以掩饰他当时所体验到的极端焦虑。

在加菲尔德读九年级时，他那些无法抗争的恐惧症（正如他跟乔治·科勒所描述的）开始变得越来越严重。从那时开始，他开始周期性眩晕发作，不得不卧床休息好几天。十年级时，他的一位新朋友，迪克·丹尼尔斯（Dick Daniels），力劝菲尔去给旧金山交响乐团的一场演出当引座员。菲尔热爱古典音乐，但在公众面前亮相让他感到巨大压力。安妮·迪克写道：“多年后，菲尔曾提到，他在[交响音乐会]上出现了严重的眩晕，他引座时，心智受到了无法挽回的影响。[略]他的存在彻底陷入自我之中，像是只能通过潜望镜去看世界，像是身处潜水艇之中。他感到从此以后，失去了直接感知世界的能力。”

这次发作的原因到底是什么？1981年，给女儿艾莎（当时15岁，正是菲尔的病发作的年纪）的信中，概述了其中的利害关系——

生存或湮灭:

> 大约七年级时,人的自我独立身份开始存在;[略]而且(这只是我的想法,有可能是错的),人感觉到有可能这个新的自我,这个独立的身份,也许会被扼杀,也许会在他或她遭遇到这个世界后,被世界所吞噬——特别会被周围各个方面存在的各种身份所吞噬。于是,真正的恐惧,就成了你,你自己——曾经并不存在——也许再次变得不存在;恐惧在你内心深处,恐慌如潮水般一波一波不断袭来,这是一种自我受到吞噬的体验。

被吞噬、被灭绝的恐惧导致眩晕。1965年的文章《精神分裂症与<易经>》(*Schizophrenia & The Book of Changes*)中,菲尔将这些恐惧,与引领他写作奇幻和科幻类型文学的推动力加以联系。《火星时间穿越》一书中,主角杰克·波伦,一位“前精神分裂者”,在地球殖民地火星上当修理工,他十分痛恨学校。然而,他的任务却是去修公立学校的教学模拟人。当其中一个装置“慈祥爸爸”(小说《父怪》的对立面)开始飞快地说出那些生搬硬套的保证时,波伦变得狂怒,开始大肆抨击起来:

> “我是这么想的,”杰克说,“我认为这所公立学校和你们这些教学机打算培养新一代精神分裂者,在我们这批人已经适应了火星之后,你们开始对我们的子女下手了。你们打算分裂这些孩子的思想,因为你们在教他们幻想一种不存在的环境。这种环境就算在地球上也找不到影儿,一去不复返了。问问那个惠特洛克教学机,不

切实际的智慧是不是真正的智慧。我是听它这么说的,智慧必定是一种灵活应变的工具。对不对,‘慈祥老爸’?”

“对,小杰基,必定的。”

“你们应该教育孩子,”杰克说,“怎么样去——”

“对,小杰基,”“慈祥老爸”打断他说,“必定的。”[1]

战线早在菲尔进入伯克利高中时就已清晰无误:要么被吞噬,要么躲避进想象艺术的领域。菲尔会发现——不由自主地发现——他的“特别身份”既不会被驯服,也不会被说服。

---

①《火星时间穿越》,刘未央译,四川科学技术出版社,待出版。

快进到“真实”世界，又或，菲尔开始严肃地跟宇宙对照笔记（1944年－1950年）

从母亲身边挣脱出来(我高中毕业后)获得自由,通过也凭借这一努力的时刻/情况/行动,我最终宣称自己有了一位成年人、一名男性的独立和身份;[略]痛苦越剧烈,胜利越重大;[略]我刚刚离开母亲后的那几年,是我一生中最快乐的时光。

菲尔,1981年11月的日记

我从未吻过女孩,也还没剃过胡子,靠读《大吃一惊》消遣时光。到了二十一岁,我已经结过婚,离过婚了,每天剃胡子,读詹姆斯·乔伊斯、希罗多德的《波斯战争史》和色诺芬的《远征记》作消遣。[略]十五岁时,我以为我知道这一生想要什么,现在我又不知道了。十五岁时,我有很多心理问题;现在还是,不过是不同的心理问题。

1949年12月16日,

菲尔二十一岁生日时写给赫布·霍利斯(Herb Hollis)的信

(菲尔的第一位也是唯一一位老板)

在写作生涯中,我并不知晓我的思考和写作其实是通向启示的漫长之旅。当我还在高中时,我第一次发现空间的虚幻本质。四十年代后期，我发现，因果关系也是一种幻觉。

1979年，《解经》条目

1944年，多萝茜和菲尔搬进伯克利新家，奥尔斯顿路1711号。这是栋临街的双层住宅，房子很窄，有尖尖的屋顶。多萝茜占据顶楼卧室，菲尔的房间在底楼。两人都不怎么做家务，一起吃饭也不算什么重要的家事。两人间的关系非常成人化，以至于他们之间说话的口气有时会把菲尔的朋友惊到——他表达观点的方式极为激烈，对于他们来说，像这么跟父母说话是想都不敢想的。多萝茜此时的褐色头发已有些飘灰，这让她看上去冷漠而疏远。母子间的紧张关系袒露无疑。但菲尔从未跟朋友们抱怨过她——他从来不讨论这类事。

高中同学吉拉德·阿克曼(Gerald Ackerman)回忆这间房子“有些古雅却临时的感觉”。他曾试图跟多萝茜谈论书籍，但却被断然回绝——“她要么不耐烦，要么只是不想给任何人炫耀早熟、自命不凡或令人讨厌的机会。她的卧室可以说有点儿做作：非常窄，床靠着墙，正对着门。当我站着跟她谈话时，她处在房间正中心。这种布置让人不由心生敬畏。”

1944年2月，菲尔升入伯克利高中。迪克·丹尼尔斯，菲尔十年级德语课上认识的同学，回忆菲尔准备上课时，用了“一丝不苟”这个词。“他永远都在找寻一个免于窘迫的状态。他不想让自己处在被需要的位置，而且总是避免曝光。”掌握德语知识对菲尔今后十分有价值——后来他在加州伯克利大学对大学保存的纳粹战争档案做过独立研究,形成了《高堡奇人》的重要基础。

菲尔喜欢的另一门课是高阶英语,由玛格丽特·沃尔夫森(Margaret Wolfson)授课;菲尔对她产生过相当程度的师生恋情愫。即便成人之后,他仍保留着对沃尔夫森的敬意。

1970年的一篇日记中,菲尔提到当时的爱人,说她"聪明到能够挑战我的程度,除了玛格丽特·沃尔夫森,以前从来没有任何女性能做到这一点"。

沃尔夫森证实,菲尔是个智力非常高的学生,常常躲在"安静的壳里",不轻易在班上发言。菲尔掌握一种"具有直觉的想象力",并且,他的功课里,"从来不会满足于那些未经深思熟虑的做法"。有一次,她收到给菲尔布置的文学评析作业,结果他写了篇科幻小说,她想不起来故事的具体内容是什么。"我当然希望他能按作业要求做,但读完他的故事后,我非常清楚刚刚看完的是篇异常出色的作品,我最好不要对此吹毛求疵。"她建议菲尔将作品投给当时的一本科幻杂志,菲尔从没提过自己是否听从了这个建议——菲尔·迪克的小说出现在大众面前,最早要等到1952年。他高中时创作的作品里,其中有一篇留存了下来,是从未发表过的科幻短篇——《稳定》(*Stability*)[①]。这篇故事描写的是二十五世纪的反乌托邦社会,一种让人窒息的"稳定化"原则统管着那个世界,这种原则阻碍任何政治

① 此篇后来收录于编辑出版的《菲利普·迪克中短篇全集》之中,中文版见于《记忆裂痕——菲利普·迪克中短篇小说全集I》。

和技术改变。稳定态的反乌托邦主题在菲尔二十世纪五十年代的两部长篇小说之中也有体现:《琼斯缔造的世界》(*The World Jones Made*,1955)[①]和《嘲弄者》(*The Man Who Japed*,1956)。

沃尔夫森和朋友们都回忆菲尔是一位很阳光的学生;但菲尔在回溯中,常将自己塑造成备受折磨的反叛者,甚至无法对付最基本的作业。1974年给女儿劳拉的一封信里——为了回应她对学校的抱怨——他试图将自己描述为彻头彻尾的蹩脚货:"对我来说,高中非常难。几何测试得F-。拉丁文和体育课都挂了。我每分钟都痛恨这些课。什么也没学到。最后成绩太差,完全跟不上,于是掉进低年级Z组,包括英语。"实际上,菲尔从没挂过任何科目。体育馆里的科目,他大部分拿B;学科成绩要么A,要么B。他还参加学校的文学杂志社和国际象棋俱乐部。真正让他感到高中"非常难"的,是那些眩晕发作的时候。1944年5月到9月,菲尔被反复发作的眩晕侵扰,不得不放弃好几门课,直接导致延后毕业。

同年夏天,乔治·科勒感染小儿麻痹症。菲尔从发作中恢复得不错,于是常去看望朋友。科勒回忆起菲尔的好意,以及他脑海中翻腾的担忧:"我估摸是不是也得了轻微小儿麻痹症。"他没有。但菲尔和哮喘、心动过速及新出现的眩晕间的较量,让他开始意识到:**自己健康不佳**。而这种恐惧,伴随了他一生。

不过,菲尔总能用旺盛的激情抵消恐惧。吉拉德·阿克曼、迪

---

① 原文为 The World according to Jones,疑为笔误,这里指的应是 *The World Jones Made*。

克·丹尼尔斯和菲尔分享对古典音乐的狂热兴趣。菲尔后来写道:"我开始研究,并从整体上理解音乐的大片领域;十四岁时,我几乎能识别任何一部交响乐或歌剧;对我哼上一段或吹几声口哨,我就几乎能辨识出是哪首古典乐。"阿克曼回忆了与菲尔在米罗华留声机前的马拉松式长谈,话题不止音乐,还有菲尔最近在通俗杂志上看过的科幻小说。菲尔此时还没对主流经典文学产生兴趣,阿克曼因此还指责了他。但菲尔已开始对文化自负产生怀疑。他设法让丹尼尔斯相信他们听的是柴可夫斯基的一张唱片(丹尼尔斯不喜欢柴可夫斯基),好让后者对此横加指责——然后,菲尔向他揭露,作曲家其实是柏辽兹[①]。"菲尔总想方设法出鬼主意、设套,好让朋友们无地自容。这就是他风格的一部分,给生活找乐子。"但菲尔也有一身傲骨。"他身上的那种自尊心,跟西班牙绅士很般配。"

菲尔在旧金山交响乐团严重发作的那晚,正是丹尼尔斯陪他去的。他以外人身份,并未见证菲尔所遭遇的困难。但在此之后,无论丹尼尔斯还是阿克曼,都无法说服菲尔跨过旧金山湾。丹尼尔斯回忆:"他会以各种理由食言,比如他会非常担心自己坐在一排人中间,到了一幕开始表演时,要是他想去上厕所,就不得不冒着颜面扫地的风险,麻烦所有人给他让路。对于坐火车来回旧金山,他也有相同的恐惧。这往往导致争吵——我不把他的恐惧症当一回事,而我这种态度又会冒犯他。"

① 艾克托尔·路易·柏辽兹(Hector Louis Berlioz,1803 – 1869),法国作曲家,法国浪漫派的主要代表人物。

菲尔的厕所恐惧很真实，并一直持续到二十多岁。丹尼尔斯感到困惑的不仅仅是菲尔的恐惧症，还有他十分容易受到冒犯：“他会把抱怨连珠炮似的向你倾倒。他会把明明发生在他自己身上的事描述成其他人的责任，大多都是诽谤。菲尔在年纪很小时，就对自己负责——但他有他的方式看这个世界，能从子虚乌有之中捕捉动机，相信有人要对他不利。”

如果说菲尔有种种恐惧，他同时也有不少迷人之处。不过，这并不包括潇洒的外表。菲尔此时已没有婴儿肥，但很少注意着装（丹尼尔斯承认他是个“行走的垃圾桶”），此外，作为刚开始剃须的男孩，脸上常挂着没剃干净的胡茬儿。但他的确也有光鲜和聪明的形象，以及一双有穿透力的蓝色眼眸。此外，如果他在状态，那一肚子瞎扯淡和逗趣的本事也能迷住不少人。但菲尔的朋友圈一直很小。热恋来了又去，他跟人约会的次数不多，而且一直没有固定的女友。

这一点给他留下了持续的痛苦。《精神分裂症与<易经>》中，菲尔用高中时代受到异性的拒绝作为象征，来形容受遮蔽的独立自我（或自我意识）和外部世界（或共享社会意识）间的持续斗争。狡猾的“外部世界”诱使“独立自我”离开它的巢穴，使用的战术包括性渴望。“这种两极内在战争一直持续，永无止境；与此同时，真正的女孩根本不知道你的存在（你猜怎么着？你就是不存在）。”没错，读起来很有趣，但毫无疑问，对于刚学会剃胡子、有颗饥渴的心的男孩来说,被拒绝还是太难接受。

菲尔后来责怪多萝茜,认为都是她潜移默化地向他灌输了一种恐惧:整个高中时期以及之后一段时间中,多萝茜一直担心他会不会是男同性恋,这些担忧反过来令他直到成年都恐惧自己是否真是同性恋。(和菲尔小时候不善体育运动,埃德对此加以蔑视,也有关系。)不过,让多萝茜的担心加剧的部分原因是吉拉德·阿克曼——他在少年时代发觉自己是同性恋。阿克曼回忆自己轻浮的高中时光:

那时,我是我们当中唯一一个认为他是同性恋的。[略]那时我甚至测试了,或是利用了他们的天真。我可以说是把他们都摸了个遍,[略]甚至,有时候跟他们其中一个手拉手走路。[略]有一次,菲尔告诉我,他妈妈抱怨了我们的这种练习;[略]他跟我说这些的时候,只是陈述事实。既没当作丑闻,也不是对我警告,似乎对他来说,并没什么特殊含义。他甚至解释,妈妈也许只是把这些事当作意外。尽管如此,[略]这事只发生过一次——对他而言,并没什么吸引力。他宁愿维持友谊,也许也有一点儿好奇,同时又有点儿受宠若惊。

这件意外说明,菲尔既不是同性恋,也不是恐同人士。不过,也许在阿克曼看来,菲尔非常冷静;但实际上他对身上发现的任何同性恋倾向都极为恐惧。对同性恋朋友的接纳是一回事,放在自己身上则是绝对禁忌。

和同学们一样,菲尔预期将来能上加州大学伯克利分校。不过，他对读大学和今后的职业之路，似乎并不上心。虽然如此，希望获得好成绩而带来的压力，还是制造了经典的“期终考试焦虑事件”（以最菲利普·迪克的风格出现），并诱发了足以让他珍视一辈子的神显。

那是一次物理考试。菲尔考得非常不好。他忘了计算排水量背后的关键原理，而整个考试十道题目里有八道都基于这个原理。时间快到了，菲尔开始祈祷。眼看就要彻底完蛋，脑海里忽然响起一个声音，以非常清晰的方式向他介绍原理——菲尔最后得了A。1980年的《解经》条目中，菲尔指出，此事是他属灵生活的起点：

这一事件显示出了那种萦绕于心、诡异矛盾（甚至有些反复无常和有趣）的本质：它只在你停止追索时，才会来到身边，当你彻底和完全放弃时。[略]是的，从这个矛盾和镜像对立的迷宫中显现，从表象之中，从无尽的变化中，最终，从这里，我找到求索的答案和目标。这一切都开始于我高中物理期终考试，我向上帝祈祷，基督教的上帝——祂一直都在那儿，引领我通向祂。

菲尔并没有将这个声音（二十世纪七十年代时，这个声音会更频繁地对他说话）定性为“基督教上帝”所专有。《解经》中，他将其定义为“A.I.声音”（人工智能）、“狄安娜”“西比尔”[①]“索菲亚”（诺斯替宗教中的智慧女神）、“舍金娜”（犹太卡巴拉哲学中的神圣女性神格），以及许多其他名称。

---

① 神话中的女预言家。

即便高中时代的菲尔不是他后来自我塑造的英雄反叛形象,也肯定历经了地狱般的考验,并从中孕育出成为作家的他。毕业班时期,菲尔经历了严重的广场恐惧、幽闭恐惧和眩晕发作。童年时代在公共场合的吞咽困难,也卷土重来。有一次,他走在教室走道上,发生了极严重的恐慌——他感到地板似乎在倾斜,并远离他而去。这些发作迫使菲尔在1947年2月从伯克利高中退学,后来通过聘请家教在家中学习,才于6月高中毕业。

1946学年至1947学年,菲尔每周都去旧金山的兰利·波特诊所接受心理诊疗。对于频繁去旧金山,他跟熟人的解释是在参与一项对高智商学生的特殊研究。不过,对乔治·科勒这样的朋友,他要坦率得多。乔治回忆,菲尔当时受可怕的晕眩发作影响,让他不得不躺在床上,甚至无法抬头。菲尔的解释是“眩晕”。科勒(后来成为医生)猜想,这种晕眩可能由内耳炎导致,是种内耳感染的炎症。科勒进一步强调,“他的脑筋一直都很正常”。

菲尔后来回忆,他有两年左右,每周都会去见一位荣格学派心理分析师,此人对菲尔的“直觉过程”进行了“过度研究”。菲尔对心理治疗的态度包含极大的愤怒。那些恐惧症虽然偶尔让他无法行动自如,但并没有减弱智力。菲尔不喜欢有人告诉他:他疯了。下面是一段1977年的访谈记录,透过那些故事加工的成分,还是能清楚地看出他对这类治疗有多么蔑视:

我记得我当时还是个少年,去看一位精神病学家——我在学校遇到些困难——然后，我告诉他，我开始对我们的价值体系——什么是正确的，什么是错的——产生怀疑。我不知道它们到底是绝对正确，还是说，只具有文化相对性。然后，他说：“开始怀疑正确和错误的价值，这正是你精神病的症状。”于是我想办法找了份英国的科学期刊《自然》，这是全世界最受尊敬的科学期刊。上面有篇文章，大意是：几乎我们所有的价值观，从根本上来说，都来源于《圣经》，并无法通过实证加以验证；因此，它们也就归于不可测试和不可证实的这一类别之中。我把这篇文章拿给他看，结果他非常生气，对我说：“我认为这东西一文不值，跟马粪一样。就我说的，马粪！”那是四十年代，我是个少年；而他，是个精神病学家。现在回头想想，我发现这个人已经固化到了一种过分简单化的模式之中。我的意思是，要我来断言的话，他的大脑已经死了。

他在1970年的一封信中，描述了1946年的一次罗夏测试：“测试者在她的报告中表示，我心中最强烈的驱动力，是重新找到双胞胎妹妹。她在我们出生后大概一个月夭折[略]。”也许正是这个驱动力形成的精神状态，让菲尔意识到考试时有个声音在脑海里响起。关于这个声音，《解经》中还有个名字：简。

根据菲尔的说法，荣格学派心理医生宣称他有“广场恐惧症”。除此之外，菲尔常用来说那时对他的精神病症的另一个诊断是“精神分裂”。他向第三任妻子安妮·迪克吐露，在高中时被诊断有这样的病——诊断来自荣格学派医生，还是其他来源，则不太清楚。无论如何,他对病症的术语使用并不一定准确。正如安妮指出,“菲尔对他的精神状态疑神疑鬼的”。

菲尔的打工生涯让他挺过了这些疾病风暴的洗礼——从十五岁还在上高中时开始。具体来说就是先在“大学广播”后在“艺术音乐”当店员。这两家伯克利店面,都由赫布·霍利斯拥有。此人在菲尔的生活中成了他一直需要的父亲形象。

在为霍利斯当销售店员的工作场域之中——这是除了科幻作家,菲尔一辈子唯一做过的工作——他打赢了一场针对那些恐惧症的、本来无望取胜的仗;这些恐惧症困扰着他的学习。并不是说,在公众面前卖收音机、电视和唱片,就不会产生焦虑;而是在霍利斯的指导下,日常的音乐争辩、灵魂启示和其他店员同事的无厘头玩笑中,菲尔的青春开始绽放。

霍利斯和他的奇怪雇员们呈现的价值观,塑造了菲尔众多小说中或然、变换现实中的社会信条,包括:工匠精神、忠诚、精神独立、超越无情垄断企业的小人物。菲尔少年时代的伯克利,是孕育左翼和右翼政治活跃分子的温床。二十世纪七十年代末认识菲尔的人之中,没人认为他跟政治活动有瓜葛。他是自由派,1948年是亨利·华莱士[①]的支持者,还推崇查尔斯·赖特·米尔斯[②]对资本主义的左翼社

① 亨利·华莱士(Henry Wallace,1888–1965),美国政治家,曾任富兰克林·罗斯福的副总统,后于1948年退出民主党,成立进步党,参选总统,有很多左翼主张,后选举失败。

② 查尔斯·赖特·米尔斯(Charles Wright Mills,1916–1962),美国著名社会学家,代表作有《权力精英》。

会学批判。不过，对思考世界该如何运作这类大问题，菲尔内心深处积淀的是在白手起家、脾气古怪滑稽、充满保护欲又专横的梦想家和三流骗子赫布·霍利斯羽翼之下所接受的教导。

霍利斯来自俄克拉荷马州麦克劳德。他的个人身份和他运营的零售生意都很极端。他是个完美主义者，每周工作六到七天；还是个亲力亲为的老板，客流拥挤时，亲自上阵安装设备。克丽奥·米尼回忆：“对那些能以某种程度控制外部世界的人，就是说，包括从能用锤子到差不多能干任何事。菲尔总是很崇拜。”客户服务、产品选择以及雇员忠诚这些和经济效益一样，都事关荣誉。至于忠诚道义的象征，是一位名叫埃尔登·尼科尔斯(Eldon Nicholls)的驼背侏儒；他从霍利斯做生意开始，就一直做他的会计；此外，他还充当老板和小喽啰(两个商店里的年轻销售员和修理工)之间善意的情感缓冲。

“大学广播”，位于沙塔克大街和中间路交叉处，销售广播、家电、唱片，并从四十年代末开始卖一种叫作“电视”的新时尚电器。店里还有个电器维修地下室。“艺术音乐”离大学校园更近，位于电报大街和钱宁路交叉口，离经常可见街头演说的萨瑟门只有四个街区——日后，六十年代中期，马里奥·萨维奥[①]领导的言论自由运动也正是在此地引起全国瞩目。四十年代末、五十年代初，“艺术音

---

① 马里奥·萨维奥(Mario Savio，1942–1996)，美国政治活动家，领导言论自由运动，1964年4月2日在伯克利校园发表了著名的演讲《机器运行/将你们的身体放到齿轮上》(*Operation of Machines/Put your bodies upon the gears*)。

乐”成为伯克利的地标，它提供古典乐、爵士乐以及霍利斯本人青睐的民俗音乐和其他新奇类型。

霍利斯年轻时曾梦想过作家生活，他喜欢被各种有创造力的人围绕；他的雇员常是来自伯克利校园的青涩艺术家。他和妻子帕特(Pat)从未有过孩子，也许正因如此，那些迷途羔羊很容易打动霍利斯——往往是那些外表古怪、心烦意乱的伯克利理想主义者易被霍利斯的轨道吸引。其中有霍默·塞皮安(Homer Thespian)，他常赤脚走在大马路上。要是没跟老板辩论哲学或经常消失好几天的话，他本身倒是个顶呱呱的修理工。霍利斯按时给他发工资，从不抱怨。

菲尔既是青涩艺术家，又是迷途羔羊，霍利斯一开始就很喜欢他。菲尔的第一份兼职工作是拆解真空管和适配器，把有用的零件弄出来(战时物资稀缺)以供装配。这工作本身也许很没技术含量，但它——至少一开始——给这个需要喘口气的男孩帮了忙。菲尔后来评价：为霍利斯工作是他的第一个“积极校验”。菲尔对帕特·霍利斯有过一阵纯真的迷恋。菲尔的某个生日，霍利斯送的礼物是让他从店里的库存中任意挑选一张唱片。菲尔挑了巴赫的《圣马太受难曲》，演唱者是他当时最喜欢的格哈德·胡希[1]。

二十一岁生日所写的信中(他第一句就声明“我是下班时间写的这封信”)，菲尔描述他1944年是怎么加入店里的。这封信是一首对霍利斯的指引的赞美歌(以一种费力、自我意识强烈的“男人对男

① 格哈德·胡希(Gerhard Husch，1901－1984)，德国男中音。

人”腔调)：

你跟我说的第一句话是，“如果这两张专辑你都很喜欢，那你买哪张真的无所谓，因为迟早你都会把它们买了。”你说得没错，我的确一周内就都买了。我当时想：这人真聪明。我十五岁。六个月后我开始给你在AMC[“艺术音乐”]干活……[略]

[略]你支持和煽动了我的精神成长，有时又让我吓得往后退好几步，因为我对你说的每句话都很重视；过去如此，现在也是。[略]

十五岁时，我小错不断，现在我二十一岁了，你在AMC，都不用管我怎么干活。[略]

我曾给你画过好几幅小像，你看上去挺喜欢。这些画像现在还挂在UR&E[“大学电台”]。我每次看到它们时都禁不住想：要是我如今二十一岁时再画一次，肯定跟我十六岁时画得一模一样。你也许懂我的意思。[略]

爱你的，

菲利普·迪克

正如信里提到，菲尔一开始很难融入工作。但诱发焦虑和眩晕的是伯克利高中，而不是霍利斯店铺。跟售货员、修理工一起的日子会很有趣，特别是(1945年)得知持续多年的战争终于结束：

我们全都挤进商店的卡车，把那种大个头爆竹装了一纸板箱，然后又捎上几个大兵，开到伯克利把鞭炮全都放了。后来，大家一起跨海去旧金山，整个城市狂欢了差不多十天；我们和全副武装的队伍一起游行,任何会走路的活物遇上了都不免受惊。那年年底,我从扫地升职为清理烟灰缸。总而言之,是个好年头。

迪克·丹尼尔斯(他也在霍利斯店里工作过一段时间)回忆菲尔和老板间没有恶意的玩笑:

菲尔从没在霍利斯身边晃荡过,他更像是国王宫殿里的傻瓜,用来逗乐——只在可以理解的范围内。菲尔扮演傻瓜,霍利斯给予回应。霍利斯对菲尔的喜爱还表现在菲尔的还款上——换句话说,他不还,霍利斯也不追究。菲尔打交道的人中,霍利斯是第一个和他关系那么亲密的长者。

二十世纪四十年代末期,霍利斯赞助了圣马特奥市一家名为KSMO的本地调频电台的新民俗音乐节目,为它提供唱片。菲尔为该节目撰写DJ行话和霍利斯商店的广告。后来他宣称自己主持过KSMO的古典音乐节目,但那时认识菲尔的人,没人记得他上过电台。不过他肯定常拜访KSMO,因为1956年,他写的主流文学长篇小说《席斯比·霍尔特的破碎气泡》(*The Broken Bubble of Thisbe Holt*)中,对调频电台的环境有非常细致的描绘。此外,小电台里亲切的DJ形象,也以动人的方式融入沃尔特·丹泽菲尔德身上,他从绕地卫星(他困在里面,直至死亡)向《血钱博士》中的核战幸存者广播,为人类带来巨大的慰藉。菲尔为KSMO撰写的内容有几页保留了下来,从中能看出他已对美国销售技巧有了敏锐的把握。将来,在他的科幻小说中,外星人会脱口而出这类说辞,让人读了有股说不出的诡异感。在下面这段中，菲尔鼓吹新流行的电视机：

伯克利“大学电台”向您致意。昨天，我们上班时，发现销售员将他的盆栽棕榈移到商店的另一边，这样一来，他就能更好地看到电视屏幕。客户们收到指示，不得以咨询或购买商品等事宜打扰他。如果你想买台米罗华唱片机，请将钞票留在柜台上，并在便签纸上写下你想要的型号。要是走运，他也许会在电视节目间隙时留意到你的留言。

菲尔在霍利斯手下工作的那些年，积累了作家所需的充沛素材，成为他灵感来源的主矿脉。在菲尔的多部主流文学和科幻小说中，都能看到以霍利斯为原型的角色，特别是他五六十年代的作品（参见本书《创作编年纵览》）。面对不可能的可能性之时，暴躁、孤独的“修理工”作为正直、勇敢的象征，在他的作品中不断出现。《解经》中，菲尔发现，他大部分创作都是“很容易看穿的自传——小本生意；父亲形象的老板、世界领袖”。老板-雇员的关系，比如吉姆·弗格森和斯图尔特·哈德利（《街头之声》，*Voices from the Street*，创作时间约1952年至1953年），莱奥·布列罗与巴尼·梅尔森（《帕莫·艾德里奇的三处圣痕》），格伦·朗西特与乔·奇普（《尤比克》），这些都是最明显的肖像，反映出霍利斯和菲尔之间信任与紧张并存的关系。

《街头之声》是部主流文学长篇，新手之作。霍利斯的形象是吉姆·弗格森，“现代电视销售和服务”的老板——“身穿藏青哔叽西服，肌肉发达的小个子，人到中年，红润的脸庞上有皱纹，也显出智慧”。

《街头之声》创作于菲尔在霍利斯手下工作,以及刚辞职的那段时间,因此,老板的鲜明形象仍浮现于字里行间。霍利斯的形象在菲尔的精神世界里到底有多强烈呢?下面这段文字描写弗格森“现代电视”日常开张,套用了《创世纪》的形式:

起初,世上没有生命。[略]他弯下腰,按下主电源;大霓虹灯标志发出噼啪声,接着,窗灯变暖,形成模糊的辉光。他将门大大打开,迎来户外甜丝丝的空气;接着,他将空气吸入肺里,在黑暗、潮湿的店铺中移动。[略]死物纷纷不情愿地重拾生命。[略]他将菲利显示器点亮,它兴奋得发出飕飕声,然后,将它抱到店铺后面。他照亮奢华的齐尼思海报。他为虚空带来了光、存在和意识。黑暗逃走;一阵短暂、不耐烦的狂怒之后,他坐下来安息,领了他的第七日——一杯黑咖啡。

对霍利斯的终极致敬,是《帕莫·艾德里奇的三处圣痕》中的莱奥·布列罗,此人是活泼帕蒂设计公司(Perky Pat Layouts Inc.)的老板,生性贪婪、爱驱使人、嚼雪茄、心直口快。他成了地球抵抗精神入侵的唯一希望(抵抗通过毒品“嚼麻”来实现,这种毒品具有高超的市场营销手段,口号是“上帝承诺永恒的生命。我们能送到家”。)。入侵的肇事者,是威风八面的帕莫·艾德里奇——绝对邪恶的具象化。艾德里奇的产品将布列罗的“糖麻”毒品挤出市场,后者写了段备忘(霍利斯常给雇员们写备忘),是整本书的卷首语——虽然有点磕磕巴巴,却是关于人类精神的纯粹主张:

我的意思是，说到底，你们得考虑到我们只不过是泥土造的。不得不承认，这个基础不大好，我们也不应该忘记这一点。但就算考虑到这一点——我的意思是，虽然这个开头不怎么样——但我们干得还不赖。因此我个人相信，就算我们处在这种糟糕局面中，也能成功。你们明白吗？[①]

菲尔在1977年的一次访谈中驳斥了如《帕莫·艾德里奇的三处圣痕》等作品中表现的所谓“反英雄”概念：

菲尔：我认为，我常被指责将主角塑造成反英雄。[略]实际上我所做的，就是将和我共事过的人、朋友或一同工作的伙计代入到作品中，这样做，让我获得了巨大的满足感。[略]

此外，我一直都在思考，那个，终极的超现实[略]就是将你认识的某个人——比如，某个一辈子最大的野心就是将店里最大的电视机卖出去的人——放到未来的乌托邦，或反乌托邦中，让他去战斗，或是将他放在极高的权力位置。比如说，我就喜欢将我共事过的那些雇主，他们在现实中拥有的只是小商店，在我的作品里则成了超级统治者，掌管整个——

尤韦·安东(Uwe Anton)[采访者]：银河系？

菲尔：银河系，是的。这对我来说非常享受，因为直到现在我仍能想象，这个人坐在桌子前，看着摆在面前的一大堆从来不知怎么开出来的发票，问：是谁批了这些的？

---

①《帕莫·艾德里奇的三处圣痕》，汪梅子译，四川科学技术出版社，2015.5，01页。

菲尔热衷讲述他在霍利斯商店工作期间获得的那些哲学领悟。有一次，十五岁时，正在扫地的菲尔跟一位修理工发生争辩，他们争的是：广播的扬声器是让听众真的听到音乐（修理工的观点），还是对音乐的"模拟"（菲尔的论点）。还有一次，一位修理工向菲尔指出，如果两人都在等红绿灯，那么，压根没办法证明两人看到的是相同的颜色，就算他们都说看到的是红色。比这些争论收获更大的则是把个人本职工作做好所带来的尊严。有一次他们接到修卡帕德（Capard）的活计，这是台不可思议的复杂设备，能自动摆放唱片。花了很多精力后，设备修好了，但去客户家路上的颠簸，让之前所有的努力付诸东流：

接着我们就说，没有账单，我们不会向你收费。[略]我当时感到自豪[略]，因为我们面对现实承认了失败。[略]那时我才十五岁——这事对我影响深远——这台卡帕德是神秘、精致宇宙的终极缩影，它的习惯就是发生意外之事。[略]但人类的伟大价值恰恰在于，人类与这个失灵的宇宙是同构的。我的意思是，他本身也有点儿失灵。[略]他继续向前、努力，当然，这就是福克纳[①]在非凡的诺贝尔奖演说辞中提到的：人不是仅仅忍耐下去，他会取得胜利。

霍利斯同事们的支持和温暖，以及这份工作提供的稳定薪水，都让菲尔做出他后来意识到是他最为艰难——也是最成功、最具挑战性的决定：1947年秋季搬出母亲所住的屋子。

---

① 威廉·福克纳（William Faulkner，1897－1962）美国著名作家，代表作包括《喧哗与骚动》《我弥留之际》等，获1949年度诺贝尔文学奖。

父母有种既定兴趣，将子女等同于那些受压迫的团体，想让他们一直很小、很蠢，将他们拴在身边。我记得，当我告诉母亲要搬出去时，她说：“我要给警察打电话。我会先在监狱里看到你。”很自然的，我问她为什么会这样想。“因为，如果你搬出去，离开我，”她说，“你到头来就会成为同性恋。”我必须再试一次，问她为什么。“因为你很软弱，”她说，“软弱，软弱，**软弱**。”

多萝茜一次又一次听到菲尔这样的谴责，但从未承认过这些指控：

菲尔十九岁搬出家住。和其他事情一样，他的说法跟我的不同。整个过程很友好，实际上原本就是我的建议。搬出去后，他几乎每晚都回家跟我谈个不休。我还记得我们的那只小黄猫，它无法理解为什么菲利普会从前门进来，待上几个小时就走。

不过，菲尔一直都很固执：与母亲的规矩抗争，从而获得自由，这对他而言是典型的勇敢行动。他由此进入了他定义的、可怕的“外部世界”。他意识到这种抗争的性寓意。他曾对第三任妻子安妮吐露：“当我还是少年时，做过一个‘不可能的梦’。我梦见我跟母亲上床。”他对这个梦的解释是：“在俄狄浦斯情结的故事中获得了胜利。”不过，真正的胜利要等离开多萝茜的家才会获得。他和女性之间的关系总是不长久。1981年的日记中，菲尔对这种模式进行了理论总结，认为其根子在于那个事件：“我总是被跟我母亲相似的女性所吸引（高傲、聪明、残忍、爱评判、疑心、严厉），这样做是为了复现那个原生情形。那时,我通过抗争最终断开连接,并彻底分开,达成自治。”但很快,同一段日记中,菲尔又把说辞完全反转过来,“还有更重要的一点值得一记:我在寻找——不是我的母亲,残忍的或坏母亲而是温柔、善良、有同情心和爱的母亲,我从来没有过但总是想有的好母亲。”

无论多萝茜有没有真的在他搬出去时威胁要叫警察,但她对菲尔挑选的住所感到担心,也合乎情理。他在伯克利的新地址是麦金利大街2208号,这是个仓库,上层改建为出租房。这些屋子的租客都是伯克利一带最出名的男同性恋艺术家。这群人的首领是罗伯特·邓肯[①](时年二十九岁),他刚去华盛顿特区伊丽莎白医院拜访过艾兹拉·庞德[②]。来来往往的租客里还包括二十出头的诗人杰克·斯派塞[③],以及菲尔的中学好友吉拉德·阿克曼(将来是位艺术史家),后者后来成了魅力超凡的邓肯的恋人。

阿克曼回忆罗伯特·邓肯(他是加州大学伯克利分校的辍学生)和菲尔之间有很多次长谈:“跟邓肯在一起,就像在上文学课。”菲尔和斯派塞的关系也不错,后者常去菲尔的房间听古典乐。阿克曼写

---

① 罗伯特·邓肯(Robert Duncan,1919—1988),美国诗人,新美国诗和黑山诗人的代表人物。

② 艾兹拉·庞德(Ezra Pound,1885—1972),美国著名诗人,意象主义诗歌代表人物。

③ 杰克·斯派塞(Jack Spicer,1925—1965),美国诗人,旧金山文艺复兴诗人代表人物。

道：“我记得有一次，他们听基普尼斯[1]录制的《鲍里斯·戈都诺夫》[2]，我等音乐停了再敲门，以防打扰。但我还是打扰了他们，他们大声恸哭，都沉浸在情绪中——鲍里斯刚刚死了。”某些租客对大麻的喜爱，那时并没有影响到阿克曼和菲尔，“从门外听到里面的说笑声，让我和菲尔觉得这种‘狂喜’实在是很蠢。”

菲尔有台很珍贵的设备：唱片录音机，是“大学广播”店里的陈列品，它能录虫胶唱片。菲尔的房间里有一种“游戏”，邓肯和其他来访的人会聚在一起录奇怪的唱片。阿克曼回忆：

> 乔治·海姆森(George Haimsohn)以很慢的二二拍开始，“艾德娜·圣·文森特·米莱，米莱，米莱”，这个姓非常女性化。邓肯接着唱“W.萨默塞特·莫姆，W.萨默塞特·莫姆，W.W.W.W.W.萨默塞特·莫姆”，像轮唱一样。接着我继续，以高音，尖声唱“E.E.卡明斯。E.E.E.E.卡明斯 E.E.”，这些都继续时，有人开始高声唱：向国旗敬礼。[略]然后所有人都忍不住大笑起来。

菲尔与邓肯以及其他人之间的友谊，鼓励他走向主流文学之路。与此同时，他对科幻的兴趣下降了。从职业角度来说，霍利斯那里可以提供一个发展路线。菲尔在1968年的《自画像》中回忆：

> 我会一步步往上爬，最后，会负责管理一家唱片店，再到最后，

---

① 亚历山大·基普尼斯(Alexander Kipnis，1891–1978)，乌克兰出生的歌剧低音演唱家，1931年移居美国。

② 十九世纪俄罗斯作曲家莫杰斯特·彼得罗维奇·穆索斯基根据普希金同名戏剧所改编创作的歌剧。

会拥有一家。我忘了科幻,实际上,我都不再读科幻了。就像广播连续剧《杰克·阿姆斯特朗,全美男孩!》(*Jack Armstrong, the All-American Boy*)一样,科幻和其他儿童时期的爱好一起,被丢在了身后。但我还是很喜欢写作,所以我写了点儿文学,指望能卖给《纽约客》(从来没成功过)。同时,我狼吞虎咽地涉猎现代经典文学:普鲁斯特、庞德、卡夫卡和多斯·帕索斯、帕斯卡尔——这么一来我们就开始谈到更古老的文学了,这样的话,我的列表能一直列下去。简单来说,我对从《远征记》到《尤利西斯》的文学谱系有了足够的认知。我不是受科幻教育成才的,给予我教育的是古往今来、举世闻名的作家的严肃作品。

在1977年的访谈中,菲尔承认他一直读科幻,但四十年代末期的伯克利文化气氛,"要求你在经典方面有扎实的基础"。当时,科幻迷的圈子正在形成,但只有"怪胎"才会读科幻——他们被经典彻底无视,正如文学界彻底无视罗伯特·海因莱因的存在。"我选择跟那些读伟大经典的人做朋友,因为我喜欢他们胜过普通人。"早期的科幻迷是"怪物",而且"跟这些人混在一起,就如同但丁《神曲》第一部里提到的——泡在一堆粪便里"。

菲尔在麦金利大街尽情谈论文学之时,生活中却出现了一些困扰:其中一位室友对他表现出极大的激情。在阿克曼的印象中,菲尔住那里时,没发生过任何恋情——包括和同性或异性。"菲尔设想,既然自己和这些人品味趋近,会不会也有相同的情感。我告诉他别担心。”

与此同时，随着霍利斯几家店铺里汇入的新员工，菲尔的社交生活也展开了全新的图景。

1947年，文森特·鲁斯比（Vincent Lusby）加入，负责管理“艺术音乐”，他和菲尔分享了对格列高利圣咏和迪克西兰爵士乐的共同热情。除此之外，鲁斯比在写作上动过真格（他创作了好几篇打磨得很好的关于街头现实的小说，但从未出版）；五十年代早期，他和菲尔交换过手稿，相互批评。鲁斯比是菲尔众多驾驶教练中的第一位，他回忆菲尔开车时“并不稳定”。另一个新人是艾伦·里奇（Alan Rich）（现在是古典乐评论家），智慧和渊博的音乐知识让他成为菲尔有价值的辩论对象。查克·贝内特（Chuck Bennett），来自上中产阶级家庭，装扮时髦，他身上那种“失落一代”的调调，激起菲尔的兴趣（《街头之声》的斯图尔特·哈德利身上，有点儿查克的味道，也有一点儿菲尔的味道）。乔斯·弗洛里斯（Jose Flores），售货员，菲尔和他建立起特别亲密的朋友关系。乔斯是位同性恋舞者，当时接近四十岁，舞蹈技能在走下坡路。后来，因为一次不成功的浪漫关系，乔斯自杀，菲尔因此非常悲伤。

虽然有了些新面孔，菲尔仍是霍利斯店员中最年轻的那个。十九岁时，菲尔已摸索出一套通情达理且自信的销售方式。他的卡通画和涂鸦是店内厕所引人瞩目的出彩一笔。飞快的打字速度，让他分摊到准备账单的工作，这件事他能做得滴水不漏。不过，菲尔也有他的问题,就是情绪多变。早上上班时,他经常径直走入商店里间,头也不抬——鲁斯比回忆他"像是乘电波而来"。菲尔后来将脾气的控制归功于销售工作,这些工作为他提供有益的纪律性。他更喜欢上夜班,理论上,路人会更容易被夜间亮闪闪的电视屏吸引。也因此,通过值夜班,他成了"库克拉、弗兰和奥利"秀的忠实观众。

菲尔有时会去附近的酒吧,比如草原狼、瞎柠檬、假老黑凯利,听迪克西兰和爵士乐。路·沃特斯(Lu Watters)和特克·墨菲(Turk Murphy)所在的乐队当时大名鼎鼎。不过总体来说,他是个很难被叫出门的人。文森特·鲁斯比回忆他有"广场恐惧症"。无论被贴上的是什么标签,都不仅仅是出于对夜生活的厌恶。"艺术音乐"雇员常去附近的真蓝咖啡馆吃午饭。菲尔总是坐在长桌离男厕所门口最近的那端,一方面为了不在别人目光下吃东西;另一方面,确保能随时上厕所。

1948年初,菲尔打算搬出麦金利大街。他喜欢和鲁斯比之间自由自在的关系,于是向他吐露,担心自己是同性恋。(讽刺的是,菲尔一开始很怕鲁斯比是同性恋,这样的话,为了跟这个"老婶子"经理搞好关系,他就得去"舔屁股"。)鲁斯比先指出,菲尔跟他的同性恋朋友之间在文学品味上的区别。但这不管用,于是,鲁斯比采取了更激烈的措施:

那时我们对同性恋有些很奇怪的观点。菲利普是个处男,以为自己是同性恋。我认为这种事情能治得了。一个好屁股就能搞定。

于是我给了他一个好屁股。

接下来，就是菲尔十九岁时的第一次结婚——1948年的这场婚姻只持续了六个月，他一生中极少提及。

她的名字是珍妮特·马林（Jeanette Marlin），金发，鲁斯比熟悉的商店常客。埃德加·迪克婚礼后曾见到过她，回忆她是一位"个子不高、胖胖的女孩"。鲁斯比对她身体的描述一点儿也不讨喜；他还强调，珍妮特对艺术和音乐都不太感冒。她不太像"女孩"，当然，她当时快三十岁，比菲尔大不少。珍妮特说话直白，对两性关系坦率。有一天，她在"大学广播"买唱片，两人经介绍认识。菲尔将她带到试听台，介绍自己最喜欢的古典乐唱片。他们之间的谈话越来越亲密。地下室修理店的隔壁，有间不常用的储物间——菲尔跟珍妮特第一次做爱就在这里。鲁斯比指出，这个房间后来成了《血钱博士》中的一个重要场景（核爆后，"现代电视销售和服务"的雇员们的避难所）的灵感源头。

由于菲尔的年龄达不到加利福尼亚州法律规定的成年年纪，多萝茜必须签同意书才能让他们在1948年春季合法结婚。她虽对这场婚姻持怀疑态度，但让她同意的原因是希望婚姻能让菲尔对自己感觉好一点儿。至少，从她的角度来看，能让他从麦金利大街那种地方搬出来也好。新婚夫妇在艾迪生路找了间极小的公寓住了下来。吉拉德·阿克曼回忆当时那里的样子：

屋里很暗、污秽、杂乱；没有新公寓里常见的那种粉刷，也没看到任何叫人赏心悦目的家具。我有种感觉,虽然他们已经住在里头一段时间了,但整个地方到处都是没拆开的箱子。[略]也许我很生气,因为他居然结婚了,像是对我们那种公社生活的背叛。[略]无论从哪方面讲,我的那次到访都很不舒服,那位妻子,看上去无论跟菲尔或者跟我的生活都格格不入。我只能说,她要么很不友好,要么有点儿受惊;她站在一把堆满东西的椅子后面,双手扶着椅背,好像那是个盾牌。[略]我意识到,他们对自己为什么在那儿,跟我看到他们在那儿一样迷惑不解。

和珍妮特离婚后不久,菲尔创作了《抖擞精神》,其中有一段对婚姻的简短描写,从中不难推测,作者将个人生活投射到了作品之中:"她的财富全都卖掉了。他发现自己结婚了,忽然间,住在一个单间公寓之中;在浴室,看到她乱放的吊带胸罩、内裤;厨房里传出熨斗和淀粉的味道;以及枕边永远存在的卷发器。这场婚姻只维持了几个月。"

菲尔曾告诉第五任妻子特莎,和珍妮特结婚还不到两个月时,她对菲尔说自己有权利去找别的男人。菲尔对此的反应是把她的东西全都搬到公寓外,换掉门锁,拒绝让她回来。"往回看的时候,"特莎写道,"菲尔意识到母亲是对的,就是他们太年轻了,不该结婚。但当时这样的话只会说到他的痛处上。"

不过,让这对新婚夫妇的喜乐彻底泡汤的罪魁祸首,是菲尔对米罗华的热爱。珍妮特抱怨菲尔晚上不停听唱片,让她睡不着觉;珍妮特说她恨这些唱片——那是他们第一天认识时,菲尔为了追求她,在试听间推荐的同一批唱片。有一次，她威胁菲尔，要叫弟弟过来砸碎这该死的玩意。

1948年负责他们离婚案的法官说，自己从没有听到过，比因为威胁要砸碎唱片机而离婚更荒谬的理由，不过他还是批准了。菲尔后来承认，他喜欢珍妮特的一点是在他创作那些故事时，她不怎么打扰——他写的主要是卖不出去的主流长篇。从各方面来说，这场婚姻称不上成功，但它确实培养了菲尔的自信。三十多年后，二十世纪七十年代中期，菲尔还给鲁斯比打长途电话，再次感谢他把自己从对同性恋的担忧恐惧之中拯救出来。

1949年早期，菲尔搬进位于班克罗夫特街的新地点。米罗华和成堆的科幻杂志占据了小公寓里的绝大部分地方。除此之外，他还和鲁斯比一同租了离格罗夫街和沙塔克大街不远的另一间公寓，看谁跟"艺术音乐"的女顾客聊得更好、更走运，谁就去用那个公寓。此时，菲尔刚二十出头，有着孩子气的脸庞——棕色头发懒散地挂在宽阔的前额上，感性的嘴唇，以及那双谨慎、富有穿透力的蓝色双眸。他身穿法兰绒衬衫，走起路来略有些驼背。他会咧嘴而笑，有东扯西拉的闲聊天分。鲁斯比评价道："弄明白女孩子们要什么之后，菲尔在追女孩这方面变得非常能干。"

菲尔是不是真的能跟上鲁斯比（他很快会再婚）的节奏，很值得怀疑。不过，他的确经历了一系列短暂、剧烈、发自内心的恋情。当然，并非每场爱情都有同等回应。他曾疯狂热恋凯·琳迪（Kay

Lindy)。凯也是"大学电台"的员工,但却更青睐鲁斯比。菲尔还喜欢一位名叫米丽娅姆(Miriam)的姑娘,但她却跟一位未来的荣格学派心理医生康妮·巴伯(Connie Barbour)好上了。1949年末,菲尔搬到德怀特街1931号,一处面积更大的寓所,跟米丽娅姆和康妮成了邻居。克丽奥·米尼形容康妮像是菲尔的"大姐姐",她引导菲尔几乎看遍了能找到的所有有英译本的荣格作品。

菲尔后来回忆过一位容貌惊人的情人,名叫玛丽(Mary),是个意大利女人。他对玛丽的感情很深。玛丽在药店工作,感到婚姻不幸福。和珍妮特一样,她比菲尔大好几岁。很快,玛丽斩断了这场违法的恋情:一方面因为罪恶感;另一方面,她感到菲尔对她的需要大过对她的爱。此外,她对菲尔身边的那些朋友也感到别扭,也不喜欢他狭隘的音乐品味(他对流行歌曲不感兴趣),还不信任他对性爱的那种不成熟的老成(他最近刚刚学会的!)。菲尔在信中坚持要跟她再次见面,他相信两人之间有特殊理解。他将这种理解和他设想的、充满假现实的"外部世界"(塑造了他后来的科幻小说)加以比较。成人必须通过"跟人们面对面时,为了震慑对方所炫出的一系列的假-正面个性",来保护他们的"特别意识核心"。每个人都在期盼,有一天能找到跟他在一起可以把所有面具卸下的人。"你一生中,有没有遇到过像玛丽那样的人,在她身边能感到这样的自由?"

不过,后来的年月里,真正让菲尔悲伤的女人,让他最感失落的爱情主角,是贝蒂·乔·瑞维斯(Betty Jo Rivers)。1949年4月的某一天，她站在“艺术音乐”窗外。菲尔和鲁斯比都被她的容貌吸引，菲尔觉得她的褐色短发像是瓦格纳歌剧中的瓦尔基里女武神。她走进商店，想给一刀两断的男朋友（加州大学英文系学生）挑个礼物，菲尔立即挽起她的胳膊，将她带到试听间。她提起布克斯特胡德[①]（男友跟她提过，但她从来没听说过的一位作曲家），菲尔以为她很喜爱古典音乐，于是拿来一张又一张唱片供她挑选。她买好唱片后，菲尔又把她一路送回家。两人热诚地谈了一整天，到家时，贝蒂·乔邀请菲尔进门吃三明治。她后来回忆，菲尔的“脸色变绿”，问道：“在房间里跟另一个人一起吃东西？”

两人的恋情炽烈发展，之后那位一刀两断的男友又出现了。再然后，“我们之间发生了非常夸张、几乎像电影般的浪漫故事。”他们几小时地不停讨论书籍、音乐和各种大议题。菲尔很快适应了和乔一起吃饭，但他不愿跟她一起去餐馆。当他试着参加对她很重要的活动时，发生了不少尴尬事。“菲尔跟我所在的任何圈子都格格不入。很难把他带去任何地方——他极其害羞。”一次社交惨剧之后，菲尔送给她两本自己最喜爱的书，作家签名版的威廉·詹姆斯[②]《宗教经验之种种》和詹姆斯·斯蒂芬[③]《金瓦罐》，“给贝蒂，为了补偿我一次

① 迪特里克·布克斯特胡德（Dieterich Buxtehude，1637－1707），巴洛克时期德国－丹麦裔作曲家及风琴手。

② 威廉·詹姆斯（William James ，1842–1910），美国著名心理学家和哲学家。

③ 詹姆斯·斯蒂芬(James Stephens ，1880–1950)，爱尔兰小说家和诗人，《金瓦罐》(The Crock of Gold)是一本融合哲学和爱尔兰民间故事的滑稽小说。

性犯六个社交错误”。他向她保证,虽然他更乐于在别人看不见的地方分拣唱片,但上班时跟人打交道是没有问题的。菲尔当时在看心理医生,他把身上的种种恐惧都怪罪于简的死。“他总觉得,就像日耳曼神话传说里的人必须找到另一半一样;他自己是个不完整的人,因为出生时是双胞胎。他将进食问题也怪到这上面。”

他们共处的时间大部分耗在菲尔位于德怀特街的阁楼公寓中。房间挤满了通俗杂志,他那时尝试写些不像科幻,更像奇幻的故事给这些杂志,但不太成功。后来,二十世纪五十年代初期,菲尔开始把自己定位为科幻作家后,这些故事当中的一部分经过大幅修改得以发表。不过他的主要精力仍用于写主流文学短篇小说。菲尔这一时期写了几十篇这类小说,都遗失了。这些小说不断被编辑拒稿,肯定让菲尔非常伤心——从那时开始,一直到后来,他都对主流文学充满向往。

虽然此时菲尔仍是位从未发表过作品的作家,但他对写作的热情和全心投入,贝蒂·乔可都看在眼里:“菲尔最吸引人的地方,就是周身沸腾的才华,即将要爆炸的那种。”但菲尔还没准备好将自己当成作家。相反,在他的想象中,幸福未来是这样的:贝蒂·乔成为作家,而他则会悄悄地趁她工作时,把鲜榨橘子汁准备好。“我觉得他幻想自己开始承受写作的压力时,有人能跟他分担,但这种事我绝对不会干。”贝蒂·乔后来获得一项去法国读研究生的奖学金,要在那里完成硕士论文。虽然菲尔在求学这条路上并不如意,但却对此很支持。当他让贝蒂·乔在去法国和与他结婚两个选项间做选择时，她毫不犹豫地选了前者，很快去了法国。

那年秋天，菲尔最后一次尝试回到校园。1949年9月到11月间，他在加州大学伯克利分校念书。这之前，他已独立生活两年。由于他曾在高中校园里犯过可怕眩晕，这样的决定一定经过了深思熟虑。菲尔上大学时刚满二十岁，他选修历史、动物学及哲学（主修科目），以及必修的ROTC（后备军官训练）。一位哲学老师指导他阅读大卫·休谟。休谟那种揶揄、优美的怀疑论，正对菲尔的胃口。他特别欣赏休谟对因果论的批判，即A在B之前发生，并不代表A导致B。菲尔还去上了德国浪漫主义的课，这门课加深了他对歌德和海涅抒情诗的热爱。但他很厌恶ROTC课程。菲尔继承了多萝茜的和平主义观念，公开批评美军卷入朝鲜战争。菲尔后来回忆，他拒绝持步枪参加阅兵式，而是拿了把扫帚。

虽然菲尔后来宣称，因蔑视和不愿参加ROTC训练，或是/以及对夸夸其谈的教授采取同样态度，导致他被大学"开除"，并被告知"永远别回来了"。但实情似乎并非如此，加州大学成绩单显示，他于11月自愿退学，并在次年1月得到自动退学的肄业证书。退学后，菲尔就成了兵役候选人，但因高血压而被军队拒绝。

菲尔五十年代在伯克利的朋友——伊斯坎达尔·盖伊（Iskandar Guy），听到的故事则没那么反叛，而更多是恐怖的大学体验。菲尔在大学期间遭遇了新的眩晕发作——广场恐惧症和高血压都可能

有份。无论贴上什么标签,菲尔经受的都是毁灭性的体验:

他跟我提起上加州大学时的可怕经历。走在教室走廊上,整个该死的世界会从心理学意义上向他整体崩塌。这是某种特别的疼痛——绝不夸张,我们说的是他妈的超级疼——就像整个世界在眼前完全消失,而他变成了这个异常痛苦、脆弱、被重重包围的东西。此外,任何时刻,地板都有可能张开大口,而他作为一个活的存在物,会被彻底灭除。这些都是他跟我描述的体验。显然,他对于跟学校正式教育打交道有种特别的脆弱感,现在又发生了。他感到这些体验完全压垮了自己,他给我的感觉是,他因此变成残废了。

保罗·威廉姆斯在1974年的访谈中,问到菲尔自称导致退学的"神经崩溃"——菲尔承认了反叛行为和恐惧:

PKD:[略]好嘛,我是说那时十九岁,嗯,我不能继续做我当时正在做的事,因为我下意识里不愿意继续做这些事。[略]

PW:"这些事"是指去伯克利念大学,以及ROTC训练,这类事?

PKD:没错!

PW:全都有,那么,不只是ROTC?

PKD:正确。没错,我选了一堆课程,就像一大堆鸟屎。[略]我站在那里盯着显微镜。里头没有任何草履虫,因为载玻片被动过了。而课程介绍让我们"把你看到的画下来",但我意识到下面什么也没有,什么也没有。总之,我没办法有意识地面对这样一个事实,同时也是对我未来四年学习的象征，就是，我要去画一个……

PW：根本不在那儿的东西。

PKD：于是我开始变得极其惊恐，非常焦虑，我也不知道为什么。现在我知道了。我会把整个人生完全搞砸。[略]幸运的是，我听从了自己的潜意识，它的声音太强烈，你根本无法忽视。[略]它把我从这个与世隔绝的领域里推了出来，使我免于跟更加广阔、真实的世界切断联系，驱动我进入真实世界。它推动我有了份工作、一场婚姻、写作生涯，以及更本质的生活。[略]直到现在，我对这些事还是耿耿于怀，你明白吗？因为我没念完大学。

不过，菲尔当时并没有表现出任何耿耿于怀。他的朋友们，没有一位能回想起他当时对退学有过任何悔意，要知道，那儿可是学术氛围非常浓厚的地区。菲尔这种外在的平静心态一部分也是因为他的学识为他在这群饱学之士中赢得了尊重。

二十世纪四十年代末期，他的主要写作成就，分别是长篇小说片段《撼地者》（*The Earthshaker*，约写于1947年至1948年）以及一部完整长篇《抖擞精神》（约写于1949年至1950年），其中反映出对性的发现给菲尔所带来的热烈和不和谐的冲击。《撼地者》只有前两章的一些片段保存下来；他没写完这本小说，但提纲和一些创作笔记展示出菲尔对整部小说创作的想法。这些笔记里引用了灵知主义、秘法（cabala），以及世界之树（Yggdrasill），此外还有一些艰涩不为大众所知的主题。主要角色全都脱胎于荣格的人格原型：游荡者、不可思议的孩子、傻兮兮的智慧老人、大地女性、蛇。文字是一种不加修饰的现实主义风格。至于性，（如创作笔记提及），是一种“无理性、非人格性、非人、非存在的行动”。当一个女人诱惑一个男人发生性关系，之后生下孩子，她也就“彻底完成了对这个男人的控制”。从对母亲恨意的深渊和青春期对性的绝望之中，菲尔孕育了一部极为可怕的小说。不难想象，他压根儿没法写完这部小说。

《抖擞精神》一直未能出版（也许不久的将来能找到出版商[①]），这部小说设定在1949年发生了翻天覆地变化的中国。被国有化的美国公司的三位雇员，正在等待中国军队对公司进行接管。整本书的政治意味很淡薄（结尾处略有展现），书中将信仰无神论的中国人的那种热情，与早期基督徒相提并论；与此同时，美国正在变成新的罗马帝国。不过，小说大部分内容，包括闪回，主要描述了三位雇员——维恩、卡尔和巴伯的心智。在孤独等待中，他们经历了一番狂乱的三人同居生活。维恩是个愤世嫉俗的家伙，他多年前夺去了芭芭拉的处子之身（书中对此进行了强调），让她饱尝怨愤。她试图通过和维恩再次做爱，来填平伤痛。这么做大错特错。接着，她将注意力转向年轻的卡尔，诱奸了他（再现了维恩对她的诱奸）。她在伊甸园公司的泳池游泳时，第一次看到她身体的卡尔，受到了精神冲击：

他失去了所有珍视的图景和幻象，但他现在终于理解了之前

① 《抖擞精神》后来于1994年由美国WCS出版社首次出版。

一直不理解的某些事。身体，他的身体，她的身体，都是一样的。都是同样一个世界的一部分。这个世界之外一无所有，没有魅影灵魂所居的宏大领域，没有崇高之地。只有这个——现在他看在眼里的[略]，那些他长久以来固守的梦想、概念，忽然间都不再存在，熄灭了。悄声无息地消失了，如同破灭的肥皂泡。

鲁斯比引领菲尔进入的性欲旺盛的单身汉生活并未持续很久；很快，菲尔通过跟珍妮特·马林结婚，从中逃了出来。自从离开母亲的屋子，菲尔一直都在寻找一个新家。给写作中的贝蒂·乔端橘子汁的家庭生活幻想，是一种置换(贝蒂·乔察觉到了)，实际上是他自己害怕：如果真的开启作家生活，结束一整天的想象力之旅后，身边没有一位能与他交流的伴侣。

菲尔需要一位妻子。他还需要一位编辑的指引，一位能对将科幻剧情和主流文学风格调和到一起的作品产生共鸣的编辑。

善良的宇宙偶尔会注意到年轻作家的窘境，也许，还会感觉到由他创造的作品会将它撕个粉碎。于是，很快便会将他需要的两样都提供给他。

终于成了一名真正的作家，

菲尔在科幻贫民窟里找到人生真相，

并打算从中冲出来——

结果恰在其中写出了他最好的作品（因而困惑）

（1950年－1958年）

就像生活在《波希米亚人》[1]歌剧里——极其浪漫。我们穷吗?我们有栋房子,但手头从来没什么钱——我们每周或好几周,能吃一次林登鸡汁拌杂碎罐头。我们很爱这罐头!特别喜欢跟烤土豆或蒸土豆拌着吃。

克丽奥·米尼

读这本书中选入的故事时,你不要忘了,其中大部分写于科幻被人极其看不起的年代,看不起到这样一种程度:在所有美国人眼里,它几乎完全不存在。科幻作家遭受嘲笑,这一点儿也不好玩。这让我们的生活变得很可怜。甚至在伯克利——换句话说,特别是在伯克利——人们会问我们,“不过,你还写别的东西吗,任何严肃作品?”我们赚不到钱,极少有出版社会出科幻小说(王牌是唯一一家经常出版科幻作品的出版社)。我们要受到很多强加于身、非常残酷的侮辱。

菲尔,《金人》(*Golden Man*)“自序”,1980年

① La Bohème,普契尼作曲的歌剧,1896年在意大利首演。

你知道[对于二十世纪五十年代早期的科幻作者],你手里拿着的是棍子沾屎的那一端,不过至少你手里有棍子可拿。特里·卡尔(Terry Carr)[科幻编辑]曾说过一句笑话。他说,如果王牌要用双响炮[①]形式出版《圣经》,那么,他们会把《圣经》砍成两部二万字的作品,其中一本基于《旧约》,改名《混乱大师》;另一本基于《新约》,名叫《三灵之物》。

凯伦·安德森(Karen Anderson),

科幻作家波尔·安德森(Poul Anderson)之妻

二十世纪五十年代的美国,对于要开启科幻作家生涯的人,是个很奇怪、也很奇妙的地方,而菲尔正打算这么干。

不错,对那些光鲜、得体、具有文化自负的人,科幻确实难登大雅之堂。但与此同时,热爱科幻的读者群体却在稳步上升(大部分是少儿,但是也有来自二战和朝鲜战争的退伍军人,他们相信原子时代会给未来带来险境)。这不仅因为科幻作品中含有天马行空的动作和冒险场景,还因为科幻意识到——主流文学小说往往忽视——整个社会正在义无反顾地朝着重大技术变革方向奔去;同时,这些技术变革又会重新定义我们身上所发生的一切屁事的尺度。早在电脑成为官僚主义设备很久以前,二十世纪五十年代科幻小说中的疯狂科学家就已经开始向它们咨询了。

① 王牌出版社将两本科幻长篇合订为一本单行本出版的策略。

由此导致二十世纪五十年代前半叶,科幻通俗杂志享受了一段繁荣的时光。一时间,美国书报亭里出现了大量昙花一现的杂志,比如《动态科幻》(*Dynamic SF*)、《火箭故事》(*Rocket Stories*),甚至还有《未来冒险》(*Les Aventures Futuristes*,法语科幻杂志)。把故事卖给小学生,既不能扬名立万,也不会发家致富,但的确能让年轻作家利用他们的学徒手艺,靠写科幻混口饭吃。

也许一开始,菲尔对自己沦为写科幻的感到有些落魄,但他还在磨炼才能。而且,他足够幸运,能遇到两个人帮他度过孤独和不确定的作家生涯早期。

第一位是克丽奥·阿波斯托利德斯(Kleo Apostolides),她1950年6月和菲尔结婚。和她在一起的八年,是菲尔一生中最为宁静的一段时间。另一位是安东尼·鲍彻(Anthony Boucher),《奇幻与科幻》(*Fantasy and Science Fiction*)杂志的编辑,他将菲尔改造为他那个时代最高产的青年科幻作家。

1949年冬天,克丽奥第一次跟菲尔在“艺术音乐”相识时,她十八岁。她很喜欢歌剧,于是,很自然地,她跟菲尔聊了起来。克丽奥是希腊裔,黑发,容貌突出,身材丰满,笑起来让人感觉很舒服,但是很容易就会变为尖尖的咯咯笑。她爱生活,知道自己想要什么,具有强烈的好奇心,很有学识,但丝毫没有自负之心。克丽奥注意到菲尔很害羞。她邀请他去家里听唱片。接着他们就开始第一次真正的约会。

菲尔喜欢带朋友去旧金山唐人街的如珍餐馆[①]吃饭，因为那儿的包厢小、隔板高，私密性很强。有位名叫沃尔特(Walter)的侍应生跟菲尔很熟。克丽奥回忆："沃尔特帮我们点菜。但我们没吃多少——我们俩都很紧张——最后，用餐结束，沃尔特批评了我们，然后把所有东西打包好，让我们带回家去。非常贴心。"

克丽奥成了菲尔在德怀特街阁楼公寓的常客。当时，他有两位室友，高个子、金发的波兰人亚力克斯(Alex)和有土耳其或叙利亚口音的陶菲格(Taufig)。大家相处愉快，阁楼特有的斜屋顶，以及涂了明亮原色(流行的伯克利风格)的墙壁让克丽奥感到赏心悦目。菲尔的房间里都是书籍和唱片，此外还有台荷兰烤箱以及做简餐的煤气炉。最后，亚历克斯和陶菲格搬走，克丽奥搬了进来。

菲尔在"艺术音乐"和"大学广播"两家店轮班时，克丽奥仍在加州大学读书，她经常换主修科目，最后定下来的是通用课程。她抓到什么就读什么，此外，还开始学雕塑。跟大学有关的各种兼职工作，让她能凑合着养活自己；并在后来，成为菲尔早期写作生涯的关键经济支撑。

认识克丽奥之前，菲尔就已经开始为伯克利平原上弗朗西斯科大街1126号的一座老房子付钱。他估计是在1950年5月入住的。菲尔向克丽奥求婚了。克丽奥回忆：

结不结婚我都无所谓，但我们当时处在非常浪漫的时期，菲尔

① Yee Jun 餐馆，1885年在旧金山开张的中餐馆，位于华盛顿大街834号。

跟我提起来,我答应了;不过就算他不求婚,一切也很好——如果两个人住在一起,其他人都会当你们结婚了,所以为什么要大动干戈?不过菲尔有点儿焦虑。比如说,我当时还没到二十一岁,他担心不结婚的话,他妈妈迟早会跟当局举报我们。我不知道,反正这样的想法太古怪了。

多萝茜对二十一岁儿子的第二次婚姻欣然同意。但她跟克丽奥一直都处不来,在多萝茜看来,克丽奥不大情愿跟她做伴。多萝茜想得很对:克丽奥一点儿也不喜欢她,一方面是菲尔诉说的那些童年悲苦,另一方面则来自自身感觉。“多萝茜是个性格鲜明、把握自己人生的人,但她的人际关系源自一种对世界非常刻薄的看法——这一点我无法认同。”

对这场婚姻的小小反对,来自克丽奥家那边。当克丽奥告诉母亲亚历山德拉(Alexandra),她要跟菲尔结婚的消息后,母亲大哭一场——菲尔不是希腊人。她的父亲伊曼纽尔(Emmanuel),一位旧金山医生,婚礼后才知道消息,因为大家都以为他会激烈反对。不过菲尔很快跟岳父母建立起极好的关系,他和伊曼纽尔谈论医学,和有古典学学士学位的亚历山德拉聊希腊戏剧、神秘宗教。

1950年6月,婚礼在奥克兰市政厅举行。克丽奥回忆:

法官对我们非常友好。跟牧师在更正式的婚礼所花的时间相比,他用的时间更长,他用一段小小的演讲忠告我们不要发脾气,并试着从对方角度考虑问题。回家路上,我们要换乘公交车,我身上穿着很逊的棕色外套，正当我们等第二段公交车时，附近高楼上的鸟飞了起来，拉了泡鸟屎，正好落在我的外套上。我问："这是什么预兆？"菲尔笑疯了，他说是他妈派来的鸟。

菲尔在《艾伯姆斯自由电台》(*Radio Free Albemuth*, 1985)这部小说中，描述了他们位于工人阶层聚居的圣保罗大街的两层房屋："房子很旧——伯克利最老的农场房子——只有三十英尺宽的地皮，没车库，盖在地基上，整栋房子唯一的热源是厨房里的烤箱。他每个月只付二十七点五美元，这也是为什么他会在那里待那么久。"

虽然主流文学的退稿信源源不断，但他想成为一名作家的心愿仍非常执着。在这十年的开端之时，主流文学仍对他吸引力最大。当写作时间受到"艺术音乐"工作所限时，菲尔很自律，每晚写到深夜，打磨技艺。他用小小的餐厅当写作空间，桌子和打字机旁是米罗华以及收集的唱片(他总喜欢边听古典音乐边写作)。此外，还有猫，比如富丽猫①。富丽猫有时打瞌睡，从菲尔的文件柜上滑下来。墙上贴满退稿信。克丽奥发誓，有一次，同一天之内，他们竟收到十七份退稿。"我们的邮箱很小，堆不下它们，都掉在走廊上。他马上把它们又寄了出去。我们都知道菲尔有天分。但我们也明白，他的作品能不能卖出去跟他有没有天分毫无关系。"

客厅里有一台大电视(菲尔对他在霍利斯那里卖的东西很信任)，他还专门打了个胶合板电视柜。屋顶漏雨(他们在漏雨处放水

① 菲尔给猫起的名字，Magnificat。

桶接雨),老鼠在厨房的天花板夹层里做窝。克丽奥说:

我们坐在厨房小桌边,抬头看天花板上的老鼠尾巴。你要是砸它尾巴,老鼠就会逃走。后来,一下能看到四条尾巴,我们决定在小食品储藏室里组装一个陷阱——用一根火柴棍支起咖啡罐,棍子上绑着一根线。接下来几个星期,我们抓住了三十二只老鼠,把它们送到空地上,都放了。好几周下来,尾巴越来越小,于是,我们对捉老鼠这件事开始有些反感了。最后一只小老鼠非常古怪,极其聪明。我们仔细思考后,决定就让它住这里了。

菲尔将主要创作精力全部献给主流文学小说,包括大部头的《抖擞精神》以及至少二十多篇未能保存下来的短篇小说。他回到科幻领域,完全有赖于他认识了威廉姆·安东尼·帕克·怀特,又名H.H.福尔摩斯,或称(科幻圈响当当的)安东尼·鲍彻。

鲍彻以本名怀特,在《纽约时报》和《旧金山纪事报》上发表神秘小说书评。作为福尔摩斯,他写神秘小说,并为电台节目《格列高利·胡德冒险》撰写剧本。作为鲍彻,他发表科幻和奇幻短篇小说。鲍彻的小说从未影响菲尔的作品,但他的编辑技巧对菲尔影响巨大。1949年,三十八岁的鲍彻和J.弗朗西斯·麦科马斯(J.Francis Mc Comas)一起创办《奇幻与科幻》杂志。这本杂志强调文学魅力,胜过大部分科幻编辑青睐的自然科学立场——实际上往往是伪科学。这听起来不像什么革命性的文学理论,但至少五十年代早期通俗杂志巅峰时代的读者是这么认为的。

鲍彻是位唱片收藏家，他主持KPFA《歌剧的黄金之音》节目。菲尔在“艺术音乐”店里跟鲍彻相识。菲尔在1968年所写的《自画像》之中回忆，通过鲍彻，“我发现，一个人不仅可以变成熟，还能既成熟又有教养，而且还可以继续喜爱科幻。”菲尔还被这个人本身所触动。鲍彻是位彬彬有礼、温文尔雅之人，信仰天主教，同样信仰知识。他是个读书狂，即便走在伯克利的大街小巷，也手不释卷。

鲍彻在达纳街2643号的家里开一门每周一次的写作课。周四晚上，每个象征性给了一块钱的人（通常有八到十个学生），都能向鲍彻交一篇手稿，经受他严格但亲切仔细的评阅。他会大声朗读大家的作品，声音像迪伦·托马斯[①]那样。他烟不离手，随身带着个电子烟雾化器。作家罗恩·古拉特（Ron Goulart）参加过鲍彻1951年的写作班，回忆他强调奇幻和科幻的规则：“你可以允许有一个假定，接下来所有事情都要遵循这个假定。你可以让人穿墙而过，但你不能在同一个故事中让另一个人隐身。他会引用H.G.威尔斯的话，‘一只猪飞过树篱笆是奇幻故事，但如果所有动物都会飞，那就是别的事了’。”

多萝茜也是这些来来去去的学生中的一员，跟菲尔相比，她在主流文学道路上的努力也没多少好运。虽然菲尔对多萝茜充满愤怒，但仍经常将手稿送给她看。受到她的激励，菲尔也参加了几次鲍彻的写作班，但很快，上课时体验到的恐惧引起他的刺痛。结果，

① 迪伦·托马斯（Dylan Thomas，1914－1953），威尔士诗人，代表作有《不要温和地走进那个良夜》，二战期间为英国广播公司撰稿和播音。

便由克丽奥代他上课，记录鲍彻对他手稿的评语。最后，终于出现了一个突破。《自画像》中继续写道：

他对那些纯文学作品没什么反应，但让我惊讶的是，他似乎非常欣赏我刚写完的一篇短篇幻想故事。他对这篇作品很看重，甚至认为它有经济价值。这让我开始写越来越多的奇幻故事，然后是科幻。1951年10月，我二十一岁时，卖出了平生第一篇故事：一篇短小的奇幻故事。买下它的，就是托尼[①]·鲍彻编辑的*F&SF*[《奇幻与科幻》]杂志。

故事的名称是“沃昂”(Roog)(最早的标题是“星期五早晨”)，鲍彻最终接受前，强迫菲尔多次修改初稿。故事中，小狗鲍里斯意识到，那些将垃圾搬运走的垃圾工，其实是外星人“沃昂”，它们以金属“祭品罐”中的食物残渣为生。鲍里斯大声喊叫“沃昂”以警告主人，但他们却被狗叫弄得心烦意乱，反而打算把它弄走。人类对此漠不关心，让“沃昂”们肆无忌惮：

“沃昂！沃昂！”鲍里斯叫着，蜷缩在门廊台阶底下，吓得全身瑟瑟发抖。沃昂们抬起大金属罐，把它放倒。里面的东西洒了一地……

然后，沃昂们慢慢地、静静地抬起头，看向房子那边，视线沿着白灰墙上移，抵达窗口，棕色的窗帘紧紧拉着。[②]

---

① 安东尼的昵称。

②《记忆裂痕——菲利普·迪克中短篇小说全集I》，于娟娟译，四川科学技术出版社，2017.09，22页。

《沃昂》的故事灵感来自斯诺珀，菲尔家隔壁的一条澳大利亚牧羊犬，每星期五早晨垃圾车来的时候，它都会狂叫不停。菲尔因此睡不着觉，但却写出了让自己喜欢的故事：

因此，我二十七年来专职写作，都是以一种原始的方式为基础的：试图进入另一个人的大脑，或者另一种生物的大脑，并透过他或它的眼睛向外看，而且这个人与我们其余人的区别越大越好。[略]我渐渐开始相信，每个生物生活的世界都与其他生物的世界存在区别。①

菲尔带着高兴之情，一直记得"收到的不是夹着退稿信的手稿，而是另一类信的那天"。他在自己的屋子里，那种有魔力保护隐私的地方，写了个故事(或是飞快速度打字后由克丽奥校对出来的)，鲍彻为此付了他稿费(七十五美元)。

我开始给其他科幻杂志寄小说，你瞧！《行星故事》(*Planet Story*)买了一篇我的短篇小说。一股浮士德式的火焰激励了我，我马上辞掉唱片店工作，完全抛掉唱片店的事业不顾，开始全职写作(到底怎么做到，我那时还不知道，但我每天写到早上四点)。辞掉工作后的第一个月，我就向《大吃一惊》和《银河》(*Galaxy*)卖出了小说。他们的稿费不错，我意识到我会向专职科幻作家的事业努力，永远不会放弃。

菲尔真的因为卖出第一篇小说就辞职了吗？毫无疑问，他当时

① 《记忆裂痕——菲利普·迪克中短篇小说全集I》，601页。

肯定考虑过,但据克丽奥回忆,菲尔实际是因为表现出对霍利斯不够忠心,而被开除的。

事后看来,所谓的不忠心事件实在不值得一提。当初,霍利斯雇了诺曼·米尼(Norman Mini)做“大学电台”售货员。米尼(十年后,克丽奥和菲尔离婚后,他娶了克丽奥)比菲尔大二十岁,是伯克利一位很有故事的角儿,曾是共产党员。二十世纪五十年代初期,米尼宣布放弃与党的一切关系,甚至在加州州议会的非美活动调查委员会上作证。

后来,到六十年代初期,菲尔会以担忧的语气谈起米尼干的那些模糊不清的“共产主义”活动,弄得自己受到监控。不过,五十年代初,菲尔对米尼更多的是崇拜之情——后者是伯克利少有的身穿西服三件套的人,人们常误以为他才是商店老板。霍利斯对于置身幕后没什么怨言,但他无法容忍他认为的对女性顾客不尊重的行为。压垮霍利斯的最后一根稻草,让他下决心赶走米尼的事件是这样的:有一天,一位女顾客问起“艺术展”(kunsthalle)管弦乐队的一张唱片,米尼一语双关地回复:“喔!你问的是不是德国的那个全女孩[①]管弦乐队?”

尽管有广场恐惧症,但菲尔仍在有关米尼的解雇聆讯上作了证(他本人过去曾激烈反对霍利斯的专横风格)。几个月后,米尼路过“艺术音乐”门店,菲尔跟他寒暄了两句,结果让霍利斯的副手埃尔

① all-girl,听起来像是Art Gallery。

登·尼科尔斯看见了。虽然尼科尔斯和菲尔关系不错，但他效忠的首要对象是霍利斯，他觉得有必要跟老板汇报这种不太适宜的亲密交往。结果，霍利斯大怒之下，炒了菲尔的鱿鱼。该事件给菲尔带来很大痛苦。(他后来在1965年出版的《血钱博士》中，以尼科尔斯为原型创造了霍皮·哈灵顿这个角色；此人是基因怪胎，毁灭文明的核战后时来运转。)

眼光放远看的话，菲尔刚开始卖出科幻短篇小说的同时被老板解雇，可以说是命中注定之事。后来他两次短暂地尝试回到唱片店这一行。刚解雇不久，菲尔就应聘去了"艺术音乐"的最大竞争对手"百乐与簧舌"。不过，他几乎立刻辞职。菲尔后来形容这是他第二次"精神崩溃"(第一次是在加州大学)：

> 我买了栋房子，我结婚了，我感觉自己应该跟其他人一样，早出晚归好好上班。当我到了上班地点，唱片店时，我的潜意识用焦虑把我完全浸透，我根本无法理解为什么会这样。于是，我晕倒了。
>
> 现在看来，原因很明显，[略]歇斯底里转化症，为了让你离开你根本不想处于的境地。后来我才意识到，我的上帝，我差点儿就回去干唱片零售这行了。[略]结果，我被迫回去继续写作。

据克丽奥观察，"百乐与簧舌"十分注重礼仪，让多年来一直在霍利斯手下的菲尔很难适应，也对他产生了重大影响：

> 他的广场恐惧症发作时，症状主要是有某种闷热感，还有呼吸和吞咽困难——菲尔会搞混身体领域和社交领域；进一步说，社交

领域的问题会放大那些身体症状。和母亲共进晚餐时,他会有各种身体上的症状发作,不得不提前离席。不过,跟三四个朋友随意吃顿晚饭,他会感到很舒适。那种大家站着吃喝聊天的聚会也没问题,只要能随时来随时走就行。但"百乐与簧舌"的气氛太紧张,它在二楼,铺着地毯,风格迎合更富裕的顾客群体。菲尔没法在那种环境工作,而他本来又想在家里写作,于是他辞职了。

后来还有一次尝试。1953年末,赫布·霍利斯去世,遗孀帕特让菲尔回去照顾生意。菲尔试了几天,不过他已经尝到自由的甜头,很快又辞职了。后来菲尔还提到过,当时,国会唱片[①]给他发过A&R(艺人和制作)的工作邀请。也许是真的,但克丽奥记不起来了,无论怎样,他肯定拒绝了这个机会。

菲尔会幻想自己能在广阔世界出风头,但内心深处,让那个世界从身边匆匆流过也自有趣味。更准确地说,他想象自己能平心静气地写作,从而让世界向他走近。说一千道一万,他现在能把科幻小说卖出去了。

有了这个,再加上克丽奥的支持,他可以勉强维持下去。

1946年,受战后纸张短缺影响,市面上能常规出版的科幻杂志只有八家。1950年,有近二十家;1953年,数字增加到二十七家。这些杂志一眼就能被分辨出来——封面往往是鼓着虫眼的怪物,以及

① Capitol Records,1942年成立的美国唱片公司,1955年被英国唱片公司EMI收购。

通俗杂志风格的名称:《惊魄奇谭》(*Thrilling Wonder Stories*)、《幻想故事》(*Fantastic Story Magazine*)——跟那些受人尊敬的大众杂志,比如《科利尔周刊》[①]《星期六晚邮报》[②]大相径庭。

什么导致了科幻大爆发?部分原因是美国战后经济复兴,通俗杂志全行业随之兴旺。与此同时,世界遭到原子战争毁灭的可能性、奇异性和可怕前景也让大众着魔。早在广岛、长崎轰炸之前,“核战末世”就已是科幻作品的常见主题。美国社会的极大繁荣和科幻中晦暗未来的汇集,促进了科幻生命力的勃发——它既是一种光荣的逃避,也会产生严肃的预言。

《沃昂》之后,菲尔动作奇快。1952年5月,他凭一己之力卖出四篇短篇小说。到了该找代理的时候了。斯科特·梅雷迪思(Scott Meredith)当时刚刚成立代理业务,他从通俗杂志的作者中发掘了不少客户。菲尔一开始提议对方只代理主流文学作品。但梅雷迪思坚持也要代理科幻作品。菲尔让步了。二者间的合作关系持续了菲尔的整个创作生涯(只有过几次小摩擦)。

梅雷迪思代理与位于纽约的通俗杂志编辑的良好关系,再加上菲尔创造惊人可能性的速度和数量,像是给早有准备的市场投下了一颗炸弹。科幻史学家迈克尔·阿什利(Michael Ashley)观察,1953年中期“科幻作家遇到前所未有的机遇:日新月异的科幻杂志,让他

---

① *Collier's*,美国周刊杂志,创立于1888年,1957年休刊。

② *The Saturday Evening Post*,创刊于1897年的美国周刊杂志,后改为双月刊。

们创作的作品总能卖得出手。新作家们不仅有充分机会打造作品,同样有机会进行试验创作”。

1952年,市场上出现了四篇菲尔·迪克的短篇小说(科幻和奇幻都有)。1953年有三十篇问世;其中,1953年6月,他同时有七篇小说发表。1954年他又发表了二十八篇。1955年,英国里奇和考恩出版社(Rich&Cowan)从菲尔的作品中选了十五篇出版精装作品集《一捧黑暗》(*A Handful of Darkness*)(在当时的美国,科幻作品能出精装版是罕见的荣誉)。1957年,王牌出版社出版他的第二本作品集《变量人》(*The Variable Man*)。和后来的作品相比,菲尔倾向于对早期短篇小说的质量加以嘲弄,这种态度当然难以反驳。它们之中最好的作品,跟后来的那些复杂得多的“菲利普·迪克世界”相比,也不过是小试牛刀而已。不过,的确也有不少作品质量非常高——充满悬念、好笑到死,或二者皆有。菲尔以每周一篇的速度将它们弹奏出来。在1977年出版的《菲利普·迪克最佳作品集》(*The Best of Philip K. Dick*)后记中,他写道:

这本合集中的大部分作品,都是我在生活比现在简单得多以及靠谱得多的时候写的。那时候,我还能分辨我笔下的世界和我所在的现实世界之间的区别。我那时候常在花园里挖来挖去,对于挖杂草这件事来说,既不可能有什么幻想的余地,也跟超维度无关……除非你是个科幻作家,这样一来,就连对杂草,你都会起疑心。[略]有一天,杂草的伪装会彻底脱下,而它们的真实身份就会暴露。到那时候，五角大楼就会到处都是杂草，那就太迟了。[略]我早年写的小说，很多都有这样的前提。后来，我的个人生活变得复杂起来，犹如一团不幸的乱麻纠缠不清，对杂草的担忧就不知道丢到哪里去了。我的经历教育了我：最强烈的痛苦，并不会来自远方的行星，而是从人心深处升起。当然，两件事可能都会发生：你的妻子和孩子也许会离开你，而你坐在空房子里感到生无可恋；与此同时，火星人正在你的屋顶上钻洞，准备把你抓走。

菲尔的《殖民地》（*Colony*），正是罩着科幻外衣的出色短篇恐怖故事——与上述杂草故事最为近似。这篇小说发表于《银河》杂志1953年6月号，编辑是霍勒斯·戈尔德（Horace Gold）。1956年，这篇小说还改编为广播剧，在“X减一”节目中播出。故事中，人口过剩的地球需要向更多世界殖民。指挥官莫里森（女指挥官在二十世纪五十年代科幻作品中非常罕见）推动大家向一颗新星球殖民，该星球此前已通过所有科学测验。接着发生了意外——霍尔上校的显微镜试图勒死他。人们怀疑霍尔得了“高度精神错乱”。但是这类攻击还在继续，每次都由假物体发动——这些物体都是星球上恶毒生命的某种拟态。

毛巾缠在他的手腕上，使劲把他拉到墙边。粗糙的织物压在他的鼻子和嘴上，他疯狂挣扎着把它拉开。毛巾突然放开了他。他跌倒在地，脑袋撞到墙上。他眼冒金星，随即感到一阵剧烈的疼痛。

霍尔坐在一池温水中，抬头看着毛巾架。那条毛巾现在一动不动,和其他几条一样。三条毛巾排成一行,全都一模一样,全都纹丝不动。他刚才是在做梦吗?

[略]腰带缠在他的腰上,想把他勒死。它十分强大——由强化金属制成,以固定他的紧身裤和手枪。[①]

故事结尾处,全体探险队队员赤身裸体(他们连自己的衣服都没法相信),被一艘假救援飞船狼吞虎咽下去。菲尔后来对《殖民地》写道:“妄想狂的极端情形,不是你发现周围每个人都在跟你作对,而是你发现周围每件东西都在跟你作对。不是‘我的老板在给我小鞋穿’,而是‘我老板的电话在暗算我’。”

有段时期,菲尔和《银河》杂志的戈尔德关系很好。1954年,他们曾在信中分享了共同的广场恐惧症困难。菲尔还向戈尔德吐露,有九年半时间(自从他和多萝茜从华盛顿搬到伯克利后),他感到自己在“情绪成熟年龄段”受阻。对戈尔德来说,以传统通俗杂志编辑的作风,他的习惯是不征求作者意见,自作主张对作品大肆更改。这种行为让不少作家(他们的财务状况依赖于戈尔德好心给予的稿费——每个单词三到四美分)叫苦不迭,菲尔也是其中之一:“虽然《银河》是我的主要收入来源,但我还是告诉戈尔德,要是他再不停止改动我的故事,我就不会再卖小说给他们——[1954年]之后,他再也没从我这里买过任何作品。”

这些就是科幻作家搬不到台面上的现实生活,就算是遇上最优

①《记忆裂痕——菲利普·迪克中短篇小说全集I》,523页。

秀的编辑也避免不了。不过，戈尔德对菲尔最好的奇幻小说《精灵国王》（*The King of The Elves*）的结尾的更改，菲尔却宽宏大量，承认改得好。这篇小说发表于1953年9月号的《奇幻之外》（*Beyond Fantasy Fiction*，《银河》杂志的姊妹刊）。谢德拉克·琼斯，生活在偏僻小镇上，他为一群衣衫褴褛，前来避雨的精灵提供栖息之处。后来，病重的精灵国王死在谢德拉克的床上。而精灵们正跟山魔进行着一场残酷的战争，被打得节节败退；此时，正需要一位国王领导。谢德拉克的邻居菲尼亚斯·贾德试图说服他，相信精灵存在完全是丧失心智的表现。然而菲尼亚斯本人却在如同妄想症发作变为现实那样，成了邪恶、恐怖的大山魔。故事结尾处，随着菲尼亚斯和他的山魔部队在一场残酷战斗中被打败，谢德拉克放弃了精灵王座。后来，正是由于戈尔德的提议，让结尾处谢德拉克改变主意，决定回来领导精灵。经过菲尔修改后，结局如下：

精灵们点燃火把，快乐地围成一小圈。在火光的照耀下，他看到了一个平台，就像老精灵国王曾经乘坐的那个。但这一个更大，大到足以容纳一个人类，几十名士兵抬起平台，自豪地挺起胸膛等待着。

一名士兵高兴地朝他鞠了一躬，“请您上座，陛下。”

谢德拉克爬了上去。不如走路舒服，但他知道他们希望这样带着他前往精灵王国。①

①《记忆裂痕——菲利普·迪克中短篇小说全集Ⅰ》，515页。

奇幻和科幻类型的区分,历来有不少讨论。1981年,菲尔宣称此举“几乎不可能办到”:“奇幻涉及的是人们普遍观念里认为不可能的事;而科幻涉及的是人们普遍观念认为在特定正确情境下,有可能做到的事。从根本上而言,完全凭经验判断[略]”。回到1954年的时代,作为年轻作家的菲尔对两者的区别十分清楚。他将笔下的奇幻角色看作荣格人格原型的映射。“我曾经用过一个术语。内在映射故事。这些故事是内在心理内容,投射到外部世界,从而变为三维、真实、具体的。”菲尔在1954年9月的一封信中吐露,奇幻创作是他的“私密爱好”,但它“从市场上消失了”。“作者不能在真空中工作,如果人们不想要或是不喜欢他写的作品,创作的热情也就熄灭了。”

《伪装者》(*Imposter*,1953年6月发表)是菲尔唯一一篇卖给《大吃一惊》的小说,主编是当时执科幻界牛耳、大名鼎鼎的约翰·W.坎贝尔。地球正在和“外太空人”打得热火朝天,斯宾塞·奥尔海姆,地球防御工程的研究人员,被怀疑是“外太空人”的“人形机器人”(菲尔后来采用仿生人,而非机器人这个概念),将真正的人类斯宾塞谋杀了。这个机器人的体内植入了一颗铀核弹,会被一句特定的话启动。机器人“会从身体到思想上都跟奥尔海姆一模一样。他会被植入人工记忆系统,假的回忆。他会跟他一模一样,有他的记忆,他的思想和兴趣,做他的工作”。安全部门奉命追杀斯宾塞,后者无法向其他人证明自己真的是人类。不过,他真的不是人类,而当他意识到这一点时，铀核弹随即引爆。植入记忆后来成为菲尔钟爱的主题，他利用该主题探索“虚假”现实的种种可能性。

《伪装者》中，相对于急吼吼要对机器人斩尽杀绝的人类，机器人斯宾塞更能赢得读者的同情。而《今为人类》(*Human Is*,《惊奇故事》1955年冬季刊）同样是外星人侵占人类身体的故事。莱斯特·赫里克是位对妻子十分恶毒的坏丈夫，妻子更为青睐占据丈夫身体的外星人——善解人意，浪漫至极。当局发现外星人的身份后，是她救了外星人的命。菲尔对《今为人类》的评语：

从我在二十世纪五十年代写出这篇小说起，我的观点并没有怎么改变。身为人类，无关乎你的样貌，无关乎你在哪颗星球上出生，只与你的本性有关。善良的品质，对我而言，把我们与石头、木棍、金属区分开来，并将永远如此，不论我们是什么形态，不论我们到哪儿去，不管我们变成什么。就我而言，《今为人类》是我的信条，也希望是你的信条。[①]

科幻编辑坎贝尔坐镇《大吃一惊》的时间长得前所未闻——从1937年直至1971年。他创立了所谓的“原型科幻故事”：“我想要的是那种到了公元2000年还能刊登在杂志上的故事，人们作为当代冒险故事读，不会大惊小怪，只会把里面的技术看成理所当然。”菲尔回忆，坎贝尔“认为我的写作不仅毫无价值，而且，照他的说法，就是‘胡说八道’”。坎贝尔还告诉菲尔，他认为超能力（比如传心术、心

① 《命运规划局——菲利普·迪克中短篇小说全集II》，肖铥泉译，四川科学技术出版社，2018.01，617页。

灵遥感、心灵预知)是“科幻小说的必要前提”。菲尔在这一时期的确写了不少应用超能力的短篇小说——值得一提的包括《超能世界》(*A World of Talent*,1954),《超能者》(*Psi Man*,1955)[①]。他对超能力的兴趣那时还没达到顶峰;直到1960年代,超能力才在他的杰作中起到关键作用(用它们充当多重现实的剧情工具再好不过),包括《火星时间穿越》《帕莫·艾德里奇的三处圣痕》和《尤比克》。

离开有关短篇小说的话题前,有必要提一下《乌布》(*Beyond Lies the Wub*),它是菲尔首次发表的短篇小说(《星球故事》1952年7月号)。这篇小说是个可爱的寓言,讲的是一头猪形火星生物“乌布”,它口水直流,姿态笨拙,却有一个善良、智慧的灵魂。来自地球的飞船出现食物短缺,船长佛朗哥(暗讽西班牙同名的大元帅)下决心吃乌布肉打牙祭。乌布对此的反应彬彬有礼:“吃我?难道不应该跟我谈些更重要的问题吗,比如哲学,艺术——”佛朗哥杀乌布,然后吃了它的肉;结果,恰巧让乌布成功占据船长的人类身体。十六年后,菲尔在另一篇故事,《别看封面》(*Not By Its Cover*)之中,继续采用了已经无法阻止的乌布。故事中,一家地球出版公司销售包着“烫金火星乌布皮”书封的经典作品。等他们发现那些乌布皮还活着时,已经太迟了,这些乌布悄悄篡改了经典文本,以宣示永恒生命的真相。

1954年,菲尔的注意力转向长篇小说写作——科幻和主流小

① 即《超能者,救我儿!》,原名《外围势力》。

说。对此,他以全部精力投入。通俗杂志的大爆发,犹如褪掉的树皮,很快枯萎脱落。对其造成致命打击的是彻底的商业因素。经销巨头美国新闻公司(American News Company)负责大部分通俗杂志的经销。但这家公司当时遇到一家财务入侵者的资产清算,后者发现美国新闻公司的仓储资产作为房地产价值远远大于杂志利润。科幻作家弗雷德里克·波尔(Frederick Pohl)描述此事造成的混乱后果:

出版商冲进许多独立经销商[都是相互竞争的经销商]的办公室,帽子在手,眼眶含泪。大部分都被无情拒绝。市面上杂志数量太多,独立经销商只能消化有限部分,所以得挑挑拣拣。《生活》《时代》杂志肯定是首选。这种情况下,谁想要什么刊登太空飞船和怪物的双月刊呢?特别是出版商的财务状况相当难看,习惯了请求经销商预付费用以支付印刷开销。

即便按照菲尔的写作速度,短篇科幻小说也不可能带来高收入。再加上克丽奥的兼职工作,两人的收入最多可以勉强维持收支平衡。对克丽奥而言,手里缺钱不是什么惨绝人寰的烦心事。她回忆两人共度艰难时日的故事,古里古怪:

看电影有点儿小困难。大学和圣巴勃罗附近的洛克希(Roxy)是家很有艺术气息的影院,常放些奇怪的外国电影。我们想去看,但并不总是有钱。影院大厅负责糖果贩卖机的经理,往往在第二部电影开始后几分钟去楼上数钱,我们会趁机溜进影厅。偶尔会错过时机,这时菲尔就会感到极其窘迫,大张旗鼓地给我买一张票,然后跟我郑重其事地说再见,自己回家——他觉得要是我也回家,就太不合适了。

从菲尔的角度来看,贫困的滋味可没那么好受。并不是说他是追求奢侈的人。对他来说,穷是一种羞耻,无力——也无意——扮演家庭收入支柱的美国男性,是他的标签。菲尔知道自己的天职是作家,也清楚,正是写作令他能避开世界。1978年5月,他给女儿劳拉的信中,解释为什么不能参加她的高中毕业典礼时说:

我的穿戴相当不好,而且身处这类正式场合会感到很不舒服。我猜测,造成这样感觉的根本原因在于我一直以来都很穷,并为此感到羞耻。我的妻子[指克丽奥]曾和我以吃狗粮维生。我没上过大学,而是在一家广播和电视零售店上班。对于某些特定领域,我有极其广博的知识,例如文学、神学和古典音乐,但在其他方面,可以说很无知。[略]

只要身处有权和有钱人身边,我就会感到很不舒服,反倒是在我们称为街头的那些地方感到自在。[略]我唯一的野心已经实现了:我的写作,于此我非常骄傲。根据我对成功的定义,我的确做到了,但写作之外,我的生活可以说非常失败。

菲尔为了避免旅行,常在信中借题发挥,抒发沮丧之情。不过,对于早年贫困(1978年时,他已经没那么穷了)的羞耻之情,的确是真的。他在1980年短篇小说选集《金人》的引言中又提到了这种感觉,他重述了上面说的“买狗粮”往事:

总之，五十年代，我在加州伯克利，圣巴勃罗大道上的“幸运狗狗”宠物店里买一磅[1]磨过的马肉。我之所以要当一名活在穷困中的自由撰稿作家(这是我第一次承认)，是因为我对权威形象，比如老板、警察和老师都怕得要死；而当自由撰稿作家，我就能当自己的老板。[略]然而，忽然间，随着我把三十五美分递给“幸运狗狗”宠物店的店员，我发现又一次遇上了自己的宿敌。毫无预兆，我再次跟一位权威形象面对面了。世上没有人能躲过自己的宿敌——我当时忘了这一点。

那人说：“你买这些马肉，是为了给自己吃。”

按照克丽奥的回忆，宠物店卖马肉给人从来不问什么问题，而且那些马肉烤起来很好吃。至于菲尔感到羞耻这回事，“我能做的就是告诉你，那时候，他一点儿也不感到羞耻。我们摸索出的一套生活方式，毕竟持续了近八年。所谓‘噢，贫穷是多么可怕啊’之类的说法，都是后来对那些日子的重构。”

菲尔有妻子，有房子，有猫，有米罗华，还有他每天直至深夜(往往到凌晨两点)的倾心写作。白天早些时候，他会狼吞虎咽地阅读，从福楼拜、巴尔扎克，到屠格涅夫、陀思妥耶夫斯基，从形而上学到诺斯替宗教，还有雷·布拉德布里和范·沃格特所写的最新科幻小说。他能凭自己的德语能力阅读德文诗歌，并有不错的拉丁文底子(奥海时期打下的底子)。所有散文典范之中，菲尔最推崇色诺芬

① 一磅约为零点四五千克。

《远征记》的平实风格和内容密度。他迷恋乔伊斯的《芬尼根的守灵夜》，对此做了很多阐释，比如整个文本都是伊厄威尔[1]的一个梦，他在小说结尾醒了过来。照克丽奥的说法，“如果以象征手法来说，菲利普当初就想成为詹姆斯·乔伊斯——而且没瞎”。

菲尔后来和格雷格·瑞克曼（Gregg Rickman）对谈时回忆起那时他跟克丽奥提过自己新近的阅读发现——摩西·迈蒙尼德（Moses Maimonides）的《迷途指津》（*Guide for the Perplexed*，一篇中世纪犹太教论述，探究理性信仰的局限）。“她［指克丽奥］说，我跟一位教授说起来，结果他说当前整个美国恐怕找不到第二个人在读摩西·迈蒙尼德。”

克丽奥不记得这段插曲。她对菲尔讲述这些事的解释，跟他其他朋友的看法一致（并非是一样的说辞，但本质一样）：

> 我不能说这是假的。如果我们谈的是菲利普，那么从根本上来说，就是真的——只不过从没发生过。这是一种菲利普式的情境建构，这类情境本身存在，但他在描述时，并不会跟真实生活的细节严格关联。不过，他就是这么做的。

或者，也许菲尔会马上接着说，现实恰恰就是这样的。

根据克丽奥的描述，菲尔没有正式的宗教信仰，但拥有“与整个宇宙的神秘合一感”。两人共享的世界观是“万物有灵论”，因而，他们会留心日常发生的小事，并很容易为之感到愉快。菲尔有几次灵

---

①《芬尼根的守灵夜》的男主角。

魂出窍的经历。1977年，他在一次访谈中回忆了其中一次："我刚刚开始写科幻时，有天晚上正在睡觉，忽然醒了，发现有个人形轮廓站在床边，它俯视着我，我惊奇得很，开始咕哝起来。这时，我妻子突然醒了，开始尖叫——她也能看见——我意识到了，于是向她保证，只有我和她在屋子里，不用害怕。"克丽奥（1987年）补充："接着我发现，那是月光透过楼梯上的窗户，反射到通向卧室的多格玻璃门上。"菲尔在访谈中继续说道：

那时，大概是1951年。在过去两年中，我几乎每晚做梦，梦见自己回到那个房子里。我有种奇怪的感觉，就是1951年到1952年，我在那个房子里看到了未来的自己，他有种我们无法理解的——我不想称之为神秘魔法，我只会说，他身上有某种你无法理解的东西。我能通过梦见那个房子，以未来的自我的身份骤然回到过去，回到那里，又看见自己。这种事要是放到五十年代早期，我就会把它写成奇幻小说。

和克丽奥的婚姻期间，菲尔维持着和自己家庭的联系，不仅联系多萝茜，还有阿嬷和姨妈玛丽昂。姨妈和约瑟夫·哈德纳（Joseph Hudner）结婚，约瑟夫是位雕塑家，通过奥克兰造船厂的工作养家。玛丽昂本人既是演员也是画家，很有天赋。1944年，她生了一对异卵双胞胎，琳恩（Lynne）和尼尔（Neil）。她是充满热忱、有爱心的母亲。二十世纪四十年代末期，玛丽昂开始有一些令人不安的发作；后来，她在纳帕（Napa）的州立医院被诊断为紧张型精神分裂。1952

年,玛丽昂的发作开始变得更加频繁,更为严重。

多萝茜为妹妹介绍了一位有点儿不正统的女医师,在约瑟夫和玛丽昂首肯之下,医师将玛丽昂带回家。不久,多萝茜告诉菲尔和克丽奥,玛丽昂在医师家里有许多美妙幻觉,补偿了她个人生活中的痛苦境遇。正如简的意外死亡,玛丽昂所遇到的症状的严重性并未引起重视。她会连续站上好几个小时,当有人问她时,她会表达对无法呼吸的恐惧——多萝茜将这种抱怨看作是精神状态的特征。琳恩·塞茜尔[①]回忆:"多萝茜在她去世时和她在一起。玛丽昂说她无法呼吸,而多萝茜试图让她平静下来,等她意识到,妹妹是真的无法呼吸时,已经太迟了。多萝茜告诉了我这些。当她意识到到底发生了什么时,很快叫了医生。"

玛丽昂于1952年11月11日去世。对多萝茜在此事上的处理方式,菲尔极为愤怒。长期以来,他一直把母亲看作是某种狂热的健康邪教信徒(她的兴趣包括赖希倭格昂盒子理论[②]和戴尼提[③]。玛丽昂的悲剧更是火上浇油。不过无论如何,都不能认为菲尔的指控真有其事;毕竟玛丽昂和丈夫都首肯了那种治疗方式,而这之前的住院经历也对她的好转基本没有帮助。多萝茜——玛丽昂去世后一个星期——试图在日记里解释事情的来龙去脉。她聚焦于灵魂里"两个世

① 即琳恩·哈德纳·塞茜尔,菲尔的表妹,后为继妹。

② orgone box,心理学家威廉·赖希发明的一种有电话亭大小的六面盒子,盒子里面是金属,外面是木质,病人坐在盒子里可以吸收集中起来的倭格昂,能治疗疾病,据说杰罗姆·塞林格曾痴迷于这种疗法。

③ 美国著名科幻作家L.罗恩·哈伯德创建的一种自我心理调节技术。

界”的解释，和菲尔对“独立自我”和“外部世界”概念的痴迷恰好呼应。虽然本人可能不认可，但母子二人也许是精神上的同类：

[略]我认为我们永远也不能发现她身体上到底发生了什么，但我们已经知道她精神上发生的事：她决定不再活下去。[略]她的另一个世界，包含了我们认为具有创造力的一切，以及其他事物。那里对她的吸引力是如此强烈。[略]她有意不惜一切代价守护那个世界，但她以为这样做的同时还能在周围保留那个真实的、物质的世界。[略]但我越是深入了解其他人的想法，我越意识到一个普遍真理，就是每个人之中都有另一个世界，世间没有人真的属于这个世界。换句话说，我们都是异类。我们之中没有一个人属于这个世界；这个世界也不属于我们。答案是通过这个世界来填补人的另一个世界，[略]

多萝茜很快有了一个特别机会实现这种填补。玛丽昂去世前，多萝茜和约瑟夫·哈德纳之间的关系很冷淡。不过，哈德纳意识到自己具有某种不寻常的精神天赋：妻子死后，他收到了玛丽昂的信息，令他大吃一惊的是，这个信息竟是让他娶多萝茜。多萝茜毫不犹豫地拒绝了他好几次。然而不久后，她自己也经历了一次奇特体验，明白了到底是怎么回事——于是她也就不再坚守原来的想法。两人于1953年4月结婚，共同度过了十八年美好幸福的生活。到头来，多萝茜终于成了双胞胎的母亲，为琳恩和尼尔的成长付出了全部。

菲尔再一次感到痛苦和愤怒。他将哈德纳看作闯入者，最终取代了埃德加,以及(通过那对双胞胎)取代了他自己的位置。菲尔的好友,黑人作家和艺术家伊斯坎达尔·盖伊和妻子在乔[1]和多萝茜的房子后院租了间小屋,据盖伊的说法:“乔努力想找到一个位置,好让菲尔能接受他,并允许他们之间建立关系。菲尔压根儿不给他这个机会。”菲尔有时会去看多萝茜(如果哈德纳在那儿,他就会有意避开),结果儿子和母亲双方都很难办——菲尔会满腹怨言地离开,而多萝茜则会好几个小时都显得疲倦、脸色苍白。

菲尔和亲生父亲间的关系也没给他带来多少慰藉。埃德加此时已搬至帕洛阿尔托,菲尔和克丽奥去看过他一次。除了两人间激烈的争吵之外——埃德加是坚定的保守主义者,菲尔和克丽奥则是伯克利一脉的自由主义——相互间的谈话可以说是死气沉沉。克丽奥回忆:“和埃德加在一起,你会奇怪这个人到底有没有情感可言。而和多萝茜在一起,你又会感觉她有很多情感,但都压抑着。”那次探望到头来,“让人感觉不到有任何产生连接的可能”。埃德加此后再也没邀请过他们。

不过,菲尔和克丽奥在一起,成功地建构了自己的世界。他沿着圣巴勃罗大道走着,时不时瞅一眼路过的咖啡店和其他店铺,在二手车场地上踢轮胎。一条小小的商业街(沿着沙塔克大道,霍利斯的“大学广播”唱片店所在地)是他五十年代好几部主流小说的背景。菲尔还喜欢坐在门前台阶上,看着马路对面孩子们玩耍,直到

① 约瑟夫的昵称。

他开始担心邻居们可能会有什么想法。(他在七十年代初期有相同的恐惧,当时菲尔帮助了一位邻居家的女孩搬报纸。无论菲尔在童年时代是否遭到过侵犯,他在这个主题上总是明显负担着某种内疚和焦虑。)

作为发表过不少作品的科幻作家,毫无疑问,他名声在外。1953年,菲尔嘲讽地记道:“总算成了个作家。成群的小男孩,全都是狂热的科幻迷,在大街上跟我打招呼。啊! 名气!”“精灵-小矮人-小人科幻-杂烩和行军社团”是伯克利当时最活跃的科幻迷团体。菲尔宁愿什么团体都没有。虽然他能卖出去的作品都是为这类人所写的,但他拒绝融入类型文学的隔离区之中。“早期的科幻迷都是些怪物和疯子。他们都是些极为无知和古怪的人。”不过,菲尔也偶尔为幻迷杂志写文章。他的文章《科幻之中的乐观主义》(*Pessimism in Science Fiction*)出现在1955年12月号的《斜杠》(*Oblique*)上。菲尔在文章中宣称,虽然对后核战毁灭科幻的“阴沉腔调”表示敬意,但是,“作家在科幻小说中,不应当只倾向于把自己当作是卡珊德拉[①]那样的角色,他绝对有义务这么做——当然了,除非他诚心实意地相信,一觉醒来后会发现高尚的火星人为了我们的利益,已经悄悄地把我们所有的炸弹和军备全都偷走了”。

尽管对“怪物和疯子”很反感,但他还是参加了1954年的世界科幻大会,他在那里认识了一位年轻的科幻迷,哈兰·埃里森(Harlan

① 古希腊神话中的预言家。

Ellison);两人后来成为非常亲密的朋友。他还遇到了A. E.范·沃格特,这次见面对他冲击很大。《非A世界》(*The World of Null-A*, 1948)是菲尔最喜爱的科幻小说,其中的点子包括超级智能变种人、通用语义以及(菲尔最喜爱的主题)植入假记忆。菲尔在1964年发表的短篇小说《水蜘蛛》(*Waterspider*)中,回应了范·沃格特向他提到的如何构建小说情节的方法——时光倒流回1954年的科幻大会,当时范·沃格特对菲尔说:"好吧,我告诉你一个秘密。我开始写的时候,想好了一个情节发展路线,但是写到半截写不下去了。所以我不得不另想了一段情节,嫁接到原来的情节上,以便完成整个故事。"菲尔凭自己的本事,也发展出了一样的写作方法。克丽奥回忆,范·沃格特当时穿着一套他们从未见过的聚酯材料外衣。"那件外衣闪闪发光。我们都震惊了。"

伯克利科幻作家波尔·安德森与菲尔成为密友。两人有段时间曾考虑合作写一部科幻长篇。他们聊天时,会谈起科幻作家的日常生活:编辑对故事的削砍,讨厌的版税,幻迷群体之外无人知晓。安德森回忆:

不光我发牢骚,人人都发。你别忘了,当时作为科幻作家——除非你是海因莱因——你就是图腾柱的最底端。要是你想在这行干,就得写出其中最好的作品。不过,我们一点儿也没成为牺牲品的感觉。我完全不记得当时我们有过自怜自艾的想法,那可是最可鄙的情感。我们那时很年轻,总有明天值得期待。好嘛,也许命运待你不公，但总有一天命运会补偿你。

谈到书时，菲尔尊崇纳撒尼尔·韦斯特（Nathanael West），并钦佩托尔金的《霍比特人》。他的幽默感往往是面无表情地下断言，让听众摸不清他到底是在开玩笑，还是在揭示新的真相——这是菲尔最喜欢的一招。

对于“艺术音乐”里的那些老同事，菲尔和文森特·鲁斯比保持的关系最紧密。文森特结婚不久，妻子生了一个有自闭症的儿子。菲尔和克丽奥帮忙照看那个男孩，他对《火星时间穿越》中的角色曼弗雷德有重大影响（曼弗雷德也是一位自闭症男孩，被困于精神分裂的“坟墓世界”）。菲尔倾向于不参加聚会，但他对鲁斯比家里的那种散漫的波希米亚风格小聚，感到很适应。弗吉尼娅·鲁斯比（Virginia Lusby），1954年和文斯结婚，她回忆道：“菲尔分析所有事情，他擅长于此。别人打断他，他也不恼火。但只要他抓到机会开了头，就会滔滔不绝，很难被人打断，你只有坐下来听的份。我觉得他才华横溢，真的才华横溢。”不过，鲁斯比家也有过一次堪称灾难的聚会。一位建筑批评家，艾伦·特姆科（Allan Temko）当着菲尔的面，用醉醺醺的歌舞模仿那些写科幻的人，挑衅他。文森特·鲁斯比说：“这经历太可怕了，就算你不是菲利普·迪克也受不了。”另一次聚会上，菲尔遇到了主流文学作家赫伯·戈尔德[1]。他后来回忆，“（戈尔德）在一张档案卡上给我签名，写道，‘给一位同仁，菲利普·

① 赫伯特·戈尔德（Herbert Gold，1924－ ），美国作家，代表作有《三人一组》等。

迪克'。我一直保留着这张卡片，直到上面的笔迹褪去、消散。我至今仍对他的仁慈心怀感激。（是的，那时就是如此，对科幻作家以礼相待，便是仁慈。）"

菲尔的邻居中，有位主流小说家杰奎·桑德斯（Jacquin Sanders），他曾到菲尔家里跟他们一起看电视实况转播的麦卡锡听证会。1952年，桑德斯回纽约时，将他的斯图贝克车赠给菲尔夫妇。这辆车有独特的全景式后车窗，让人很难分清到底哪边是车头，哪边是车尾[①]。菲尔超爱这辆车，决定学开车，他跟不少热心帮忙的人学过车，包括来调查他和克丽奥跟共产党关系的联邦调查局探员。

麦卡锡时代的伯克利，受联邦调查局监控和质询并非天方夜谭。萨瑟门前，是各派别政治演说的老地盘——通常是左派演讲。联邦调查局探员常躲在附近楼顶上拍摄人群，正如他们十年之后在自由运动时所做的一样，跟他们今天所做的也一样[②]。克丽奥热衷吸纳各种不同观点，是萨瑟门听众中的常客。菲尔从没跟她一起去过，而且也极少参与任何政治聚会。

无论如何，1953年或1954年某一天，联邦调查局探员乔治·史密斯（George Smith）和乔治·斯克鲁格斯（George Scruggs）来敲门了。"他们着装非常正式。"克丽奥回忆，"一身灰色西装，头戴斯泰森毡帽，跟我们所处的圈子截然不同。"他们非常有礼貌，开始询问这

① 此处指的可能是斯图贝克1947年推出的"星光"双门小轿车。

② 本书初版出版于1989年。

对夫妻，让他们指认一些萨瑟门监控照片中的面孔。克丽奥认出了其中一些人人都知道的伯克利政治活跃分子；接着，还有她自己。然后，菲尔和克丽奥开始向他们发问，结果夫妻俩十分惊奇，探员们对那些各自为战的小派别十分熟悉。后来有更多来访，克丽奥形容她和菲尔都有些“紧张，但并没有感到威胁——他们明显只是钓鱼”。斯克鲁格斯变得更为友好，开始教菲尔开车。克丽奥提起：“我们本来会跟斯克鲁格斯有更多交往，但他年纪比我们大多了。真的，他们能看出来[克丽奥说到这里爆发出一阵大笑]我们只不过是一对笨蛋，不想跟我们有太多瓜葛。”不过这对探员的确想从他们身上得到些什么。他们向菲尔和克丽奥提议，要给他们提供全额费用上墨西哥大学，条件是监视那里的学生活跃分子。菲尔和克丽奥感到这样的机会很有吸引力，除了当间谍那部分，于是拒绝。之后，来访逐渐减少。

对菲尔来说，探员的来访，毫无疑问造成了持续的重要影响。从1964年开始，他频繁相信自己受联邦调查局或其他机构探员的监控。伯克利“红小队”（他以此称呼史密斯和斯克鲁格斯）为这些信念提供了鲜明基础，也给菲尔带来无尽焦虑，并成为“2-3-74”事件的核心要素。

菲尔后来宣称，这些探员曾让他监视克丽奥。克丽奥认为这样的说法基本上不可能是真的。

至少，菲尔终于学会了开车。他们将斯图贝克换成一辆普利茅斯[1],还紧跟五十年代风尚,自驾游去见识了一番美利坚。1956到1957年间,他们分别进行了两次驾车旅行——这是两人结婚多年中菲尔唯一的休假时刻——包括重返奥海(菲尔对他在那里上过的学校深恶痛绝,但爱它的山景),并游览了落基山脉(菲尔的许多长篇小说都写到了怀俄明的夏延市,因为菲尔喜爱驾车经过这座城市),往东,抵达过阿肯色的瑟西,那儿的女性还戴着阔边女帽。他们蔑视所谓的"景观",比如大峡谷。"我们对那些畸形物不感兴趣,"克丽奥解释,"我们想看看这片国土。"正是在这些旅途中,他们第一次有了搬离伯克利的想法。

菲尔的前-克丽奥时代的旧爱,贝蒂·乔·里弗斯,1956年回到湾区时发现,跟1949年所认识的菲尔相比,他成了一个更自信的人。他能自在地走在大街上,此外,幽默感也变得更为出色。克丽奥十分保护菲尔,努力将那个家维持为菲尔的工作室。菲尔开始迷恋运动跑车,将普利茅斯换成了雷诺。

不过,菲尔对身处公共场合仍感到困难。克丽奥买了贝克特的新戏剧《等待戈多》的票,菲尔无法说服自己去看。即便是来家里吃晚餐的客人,也要小心挑选。有这些困扰烦心,更让他常对多萝茜爆发怒火。伊斯坎达尔·盖伊回忆,菲尔曾告诉他,"他心理上之所以残废和衰弱到这种程度,都因为父母亲。似乎他被当成野孩子对待。"

二十世纪五十年代,为有焦虑症和抑郁症的病人开安非他命类

---

① 克莱斯勒旗下的轿车品牌,二十世纪在美国家喻户晓。

药物(例如甲安非他命)是常见之事。我们并不清楚菲尔在伯克利期间服安非他命的程度。不过,菲尔至少有一次曾从克丽奥的医生父亲那里开过甲安非他命。伊斯坎达尔·盖伊回忆,菲尔常服用这类药物,剂量很低,通常只有五毫克的处方剂量,而且,他的药物学知识老练得很。但克丽奥坚持认为,除了从她父亲那儿得到过一次甲安非他命,菲尔从没吃过任何类似药物。他唯一长期服用的药物是为了对付心动过速的利舍平(一种肌肉弛缓药),以及一片阿司匹林配上一茶勺苏打水,每晚上床前吞下去。

最终,这场平静的婚姻迎来了一次冲击。1957年,结婚七年后,菲尔有了第一次外遇。那个女人是鲁斯比的朋友,婚姻不幸福,并且有孩子。她满头黑发,十分性感,个性阳光开朗,为人直率,一点儿也不害羞。克丽奥得知他们私通的事之后,便坐上开往盐湖城的巴士,留下菲尔好好想通。“我们都必须知道,他是不是想要别的什么东西,如果他真的这么想……我没再想下去。”过了几天,克丽奥回家,菲尔感到困惑——他和那女人之间的关系已经淡了,而克丽奥的心平气和更让他心烦意乱。“他指望我会跟别人一样,大闹一场。”结果,克丽奥反倒跟那女人吃了顿晚饭,对方向克丽奥吐露:“除非我跟男人上床,否则永远也不会觉得了解他。”

这场外遇从来不是他们婚姻的严重威胁,但对菲尔却是一次十分愉悦的经历。直到六十年代早期,当他已经第三次结婚,和安妮在一起时,这个女人还去拜访过他们在雷伊斯角站的住所好几次。

据安妮回忆,菲尔会自豪地说:"他的前任情妇正在来的路上。"

更重要的是,她为菲尔塑造那位极富魅力的莉兹·邦纳提供了灵感来源,这位角色来自五十年代的《在小岛上瞎转》(*Puttering About in a Small Land*,1985),这是他伯克利时代创作的诸多主流长篇小说中最优秀的一部。

没错。纷纷扰扰中,菲尔从1951年写到1958年,共创作了八十篇奇怪的短篇小说,以及十三部长篇小说——六部科幻和七部主流文学。六部科幻都陆续出版了,而七部主流文学长篇全部折戟。

对他来说是折戟,然而,从这折戟惨败之中,他最杰出的作品呼之欲出。

菲尔从未放弃写短篇,实际上,他那些最优秀、以短篇形式存在的作品,都是六十年代以及更后期创作的。同样,他也从未放弃写长篇,即便在1952年和1953年他以炽热速度高产科幻短篇的两年中,菲尔仍写完了两部长篇小说:一部大部头主流文学《街头之声》(*Voice From the Street*),另一部则是奇幻题材的《宇宙傀儡》(*Cosmic Puppets*,1957),同时还开始创作第三部主流长篇《玛丽和巨人》(*Mary and the Giant*)(详见《创作编年纵览》)。

但从1954年开始,他的创作重心有了明显迁移:从这一年开始,菲尔将绝大部分精力投入长篇小说创作。1968年所写的《自画像》中,他坦白:

除了极少数例外，我那些“杂志发表长度”的小说排到了第二位。五十年代早期科幻小说的标准很低，我不知道那些写小说需要关注的基本写作技巧……比如说视角的问题。没错，我还继续卖小说，日子过得不错。1954年世界科幻大会，人们很容易就能从人群中认出我来……我记得有人给我和A.E.范·沃格特照了张合影，旁边有人说：“老人和新人。”不过，要是用“新人”来做借口也太凄惨了！[略]范·沃格特可是写出《非A世界》的人物，他写长篇；而我没有。也许那就是了，也许我应该试着写部科幻长篇。

我花了好几个月时间精心准备。我聚合人物和情节，将好几个不同情节加以编织，接着，力所能及地把所有东西写进一本书中。后来王牌出版社的唐·沃尔海姆买下这本书，命名为《太阳系大乐透》(*Solar Lottery*)[1955年出版]。托尼·鲍彻在《纽约先驱论坛报》上写了书评，加以赞扬；《模拟》杂志上的书评也夸赞有加，达蒙·奈特(Damon Knight)在《无限》(*Infinity*)上写了整篇专栏谈这本书——赞不绝口。

当时处在那个时间点上，我仔细考虑了一下。对我来说，给杂志写短篇小说似乎已经开始走下坡路——而且稿费也不高。写一篇短篇小说你大概能赚二十美元，而写本书能赚四千美元。于是我决定把全部赌注压在长篇小说上。我写了《琼斯缔造的世界》，以及后来的《嘲弄者》。接下来对我来说是真正的突破之作——《天空之眼》。托尼给了它年度最佳科幻小说的褒奖，特德·斯特金(Ted

Sturgeon)在另一本杂志《冒险》(*Venture*)中称之为"那种极少见的好科幻,证明了我们读那些没价值的作品也是合理的"。那么我的选择是对的。我作为长篇小说作者,比短篇小说作者更好。这跟钱多钱少完全无关,我喜欢写长篇小说,而且写得都还不错。

于是,菲尔·迪克,从科幻作家摇身变为科幻小说家。以上回忆包含了常见的菲利普·迪克式不精确和疏忽:梅雷迪思代理1954年3月收到《太阳系大乐透》手稿,早于当年的世界科幻大会,也就是说,早于菲尔遇见范·沃格特。不过这段回忆的核心没错。1954年开始,他所写的便是长篇小说,并且以小说家来定义自己。

虽然如此,科幻长篇并非他的初恋。他对主流文学用力极深,对他来说也非常重要,以至于1956年到1957年间,他几乎完全放弃写科幻。据克丽奥所言:

> 出版主流文学长篇小说是他最痴心的梦想。不一定非要是主流,只要不是科幻小说就行。他并没有过于期待——而是将其看成上帝的礼物。他知道自己未能出版的严肃文学长篇小说跟流行小说毫无相同之处,而且也不能划归到任何一个类型中去。斯蒂伦[①]——菲尔爱他的《躺在黑暗中》(*Lie Down in Darkness*),还有马拉穆德[②]、西格莉德[③]。这些人的小说出版,让我们燃起了希望,也许也会

① 威廉·斯蒂伦(William Styron,1926–2006),美国作家。

② 伯纳德·马拉穆德(Bernard Malamud,1914–1986),美国作家,长篇处女作《自然》(*The Natural*)出版于1952年。

③ 西格莉德·利马(Sigrid de Lima,1922–),美国小说家,二十九岁时出版第一部长篇小说《船长的海滩》(*The Captain's Beach*)。

有伯乐发现菲尔的长篇小说。

伊斯坎达尔·盖伊回忆，菲尔竭力要在主流文学野心和科幻作品的尊严之间找到平衡：

我当时的印象是，他写科幻小说的原因只是：他写了科幻小说，然后发表了——但他又在心里祈求上帝，他的严肃作品能有机会出版。他写了，但出版的是科幻小说。对他而言，科幻只是展现点子的形式，他并不认为科幻这种形式能承担严肃智识探究——没门。谁他妈会拿平装本当回事？

最后，当他终于认识到能用科幻写社会，能用科幻来批判人类精神之后，他便能随意运用这种方式了。他会在小说中告诉读者到底发生了什么，好的、坏的，还是无关紧要的。有时会非常糟糕——当痛苦到某种程度，便会激起你记忆中的一切，这时，人很难继续保持清醒和想象力。

菲尔有时会谈起"吠檀多"。世界由你的意识所创。现实存在有赖于意识对其构建。他对这一理念说得再清楚不过，特别是他会说：去他妈的，我也不知道到底能不能当个像模像样的作家，那我就把知道的所有东西都写进科幻小说。

菲尔对自己被划入的类型感到羞耻，但并不代表他对自己的才华有任何怀疑。终其一生，菲尔很少对所谓的获奖和高度评价表现出自负。就算同行科幻作家拿着比他高得多的预付版税，他也很少嫉妒他们。与此同时，他对自己的才华又有相当程度的自大。作家同伴鲁斯比(菲尔和他常交换手稿)认为,菲尔“对完美有着相当复杂的感觉——他认为他的书都是完美的。里头当然有瑕疵和缺陷,但他从来发现不了”。

加州大学出版社的文学编辑,约翰·吉尔德斯利夫(John Gildersleeve),是他主流长篇小说的志愿读者。书中的逻辑漏洞让他苦恼:“他所谓的严肃写作,一开始很优美,但读着读着,就会发现他又回到从科幻小说写作学来的花招上。”菲尔有时很难相处,吉尔德斯利夫回忆他曾受菲尔威胁,要把他写进某部小说中,“而我绝对不会喜欢这个想法”。不过吉尔德斯利夫也发现了菲尔千变万化的才能:“我的上帝,他打字的那种样子!他能在一分钟内打七八百个单词——他能一边打字一边把故事编下去。而且因为打字速度太快,不管是向前还是向后,他都必须比自己更快一步。”

菲尔对他的科幻事业是充满自负,还是感到害羞,某种程度上完全取决于他在什么人周围。1956年,《嘲弄者》出版后,菲尔很骄傲,特地去了多萝茜那儿,把书拿给她。不过,“艺术音乐”时期的密友查克·贝内特回忆菲尔的一次意外来访——菲尔进门时便把一本平装本扔到地板上。

于是我看着他,这行为太古怪了。接着,他走进来,完全不理扔在地上的书。我走了过去,捡起来,发现是本菲利普·迪克写的科幻小说……“这是什么?”“噢,没错,”他说,“我把这玩意儿出版了,这东西出版了。”你明白吗,就像这世上他最后要做的一件事,就是用这种煞费苦心到有些可笑的办法，你明白吧，把这本书扔过半间屋子，然后若无其事地走过去。

贝内特记得那是菲尔第一本出版的小说，应该是《太阳系大乐透》。果真如此的话，这个故事也就能圆得上。据克丽奥回忆，王牌出版社的出版样书寄到时，菲尔告诉她："你不觉得吗？叫人完全受不了，他们居然挑了这本。"以现在的眼光来看，《太阳系大乐透》是范·沃格特风格的传统科幻冒险，而且是菲尔二十五岁所写。菲尔这么羞辱它并不公平，只能说，那些堆满灰尘的主流文学手稿对他伤害太深。

既然菲尔从根本上将他的科幻和主流文学看成两个不同的事业，那么还是将两者的发展历程分开来看更为明智。

对于长篇科幻小说，对他产生主要影响的是范·沃格特，而非那些青睐"硬"科幻的作家，如阿西莫夫、海因莱因和克拉克。菲尔认为，关注科学可能性——而非关注情节可能性——说明作家没有尽职。菲尔对科技的看法非常简单，就是生造任何他需要的小玩意儿，好让笔下角色的诸多现实能适应极端状态。除了科学之外，从短篇小说转向长篇小说，也意味着叙事策略的根本变化。菲尔认为，科幻的核心依托于令人震惊的"假如"所引出的前提背景。短篇小说无须在人物发展上花费太多笔墨，就能直接对这个背景设定进行发挥；长篇小说则需要能让人引起共鸣的主角。1969年，菲尔写道：

科幻短篇小说存在的是科幻动作，而科幻长篇小说存在的是一个世界。[略]作为作家，随着构建长篇小说的方方面面，这些内容也会将他禁锢，让他不再自由；他笔下的角色开始获得控制权，并按照他们的意愿行事——而不是去做作家想让他们干的事。这一点从一方面来说是长篇的优势；但从另一方面而言，也是劣势。

由于科幻短篇具有显著的科幻"动作"特点，菲尔常能从写过的短篇小说中拆分一些部分，来满足长篇小说剧情引擎所需(创作编年纵览回溯了此类系谱)。

五十年代的科幻长篇市场(完全是平装本)上，只有两个真正的玩家：王牌出版社和巴兰坦出版社。相对王牌每月出版两本科幻(以"双响炮"单行本形式)，巴兰坦的出版规模可没那么大。王牌出版社的负责人是唐·沃尔海姆。巴兰坦则给的钱多一些，但直到1964年，它才第一次买下菲尔的长篇小说《火星时间穿越》。简言之，沃尔海姆共为菲尔出版了二十本书，包括长篇小说和短篇集，分别以王牌出版社和DAW[①]出版社名义。所以事实是，菲尔头二十年写作生涯的生计，几乎全都仰仗沃尔海姆喜欢他的作品。

通俗科幻杂志战争年代最顽固的老兵，非沃尔海姆莫属。1934年，十九岁时，他就将第一篇科幻短篇卖给了《惊异故事》(*Wonder Stories*)杂志。1936年，他在费城组织了第一届世界科幻大会(共有九个人参加)。他还是纽约的科幻爱好者俱乐部"未来人"

① 唐于1971年离开王牌，和妻子埃尔西创办DAW出版社(DAW为沃尔海姆姓名首字母)。该出版社运营至今，现任负责人是唐的女儿伊丽莎白。

(Futurians)的创办人之一,这个俱乐部里有许多未来的科幻作家,例如弗雷德里克·波尔、西里尔·考恩布鲁斯和艾萨克·阿西莫夫。菲尔平生买的第一本科幻杂志《奇异科幻故事》(*Stirring Science Fiction*),就是沃尔海姆编辑的;同时,沃尔海姆还是有史以来第一本平装本科幻年选《科幻口袋书》(*The Pocket Book of Science Fiction*,1943)的编辑。沃尔海姆回忆:"这是第一本封面上写着'科幻小说'四个字的书。他们那时想叫它'科幻浪漫口袋书',真要这么干的话,早就死透了。"1952年,通俗杂志巨头怀恩(A.A.Wyn)任命沃尔海姆为王牌的图书总编辑,并向这位年轻编辑传授了搞商业吹捧的不传之秘。"怀恩教我的那些秘密,到现在还有用。我不能把什么都说出来。其中一个秘密是,你不要总结短篇或是长篇小说,而是用一点点内容去挑逗,让他们去猜。"

沃尔海姆一开始就察觉到菲尔的才华:

我是科幻小说爱好者,能看出来菲尔在写些什么,我很爱他的作品。但其他编辑就不是了。他们觉得他的作品什么都像,就是不像科幻小说。菲尔总是非常特别。他的写作技巧很高。前两章,或前三章,你会遇到两到三个角色,读上去压根就没有任何关联。等全书看完时,所有人全都纠缠到一起——我非常喜欢这种写作技法。当然,跟常见的科幻观点相比,他对未来世界的观点总是与众不同。我喜爱他的作品,它们精妙绝伦。出版他的作品是我的平生乐事。菲尔、安德蕾·诺顿,以及塞缪尔·德拉尼,都是我的心头好。

菲尔和沃尔海姆第一次也是唯一一次见面,是在1969年。当时,他们间的职业关系已延续了十四年。"哇,我还以为你有两米高呢!"菲尔对身材细长的沃尔海姆说。后者正是他眼中的"权威形象"之一。和对霍利斯的感觉一样,菲尔对沃尔海姆的总体态度是钦佩——沃尔海姆是生气勃勃的生意人,对科幻的热爱补偿了他粗暴的一面(例如那些要求修订文字、咄咄逼人的信件)。

即便有沃尔海姆撑腰,跟王牌出版社讨口饭吃也没那么轻松。沃尔海姆回忆:"怀恩为人不慷慨。这一点是我在王牌期间遇到的主要障碍——因为他从没跳出过从通俗杂志行业带来的那种思维。"1969年,怀恩以百万富翁的身份去世。他在世时,利用一条关键策略来对付与之合作的作家们:他们永远都需要钱,而你能利用这点通过快速付给他们一点儿微不足道的预付金,诱使他们答应可悲的版税比例。图书出版后,版税到底能不能兑现是另一回事,但这套策略的目的在于驱使作家不停地写。沃尔海姆重述了标准的王牌合约:

我们将你的小说买下来,以"双响炮"的形式出版,付给你七百五十或是五百美元,你签下来的版税比例是百分之三到百分之四。这交易的确不怎么样,但却是这行里唯一能达成的交易。接着,如果我们要出单行本,你就能多拿点,大概一千二百到一千五百美元,版税大概在百分之五。[略]我记得有些书出版后只拿到两美元的版税——接着什么都没有了。太荒谬了。[略]有时会出现这种情况:

同一本"双响炮"的书,(按照王牌的版税清单数字)居然能算出来其中一面的小说比另一面的那篇卖得更多。

"王牌双响炮"——如今已是收藏家珍爱的品种——包含两部两万英文字左右的长篇小说,像汉堡那样拍进一本书里,前后有两个封面,两套标题。它的封面延续经典通俗杂志主题:鼓眼外星人、火箭飞船、强壮的男人和尖叫的女人。沃尔海姆有更改菲尔小说标题的习惯:《测试主持人掌管一切》改成《太阳系大乐透》;《另一个发源地》改成了《琼斯缔造的世界》;《敞开之意识》改成《天空之眼》,以及《黑暗之镜》改成了《宇宙傀儡》。他早年的长篇小说中,只有《嘲弄者》以菲尔最初的定名问世。

沃尔海姆坚持认为,他从未对菲尔的情节胡乱修改:

他的小说由我或我的助手校订。主要针对拼写和标点。我觉得我们从来没改过他写出来的情节——除了标题。我做梦都不敢想自己能告诉他该怎么写。他写的是什么,就是什么。他的思维非常特别——我觉得对他的情节进行修改只会把他变成另一个平庸的写手——我不可能这么做。

实际上,沃尔海姆要求菲尔对好几部小说进行了大量修改,包括《太阳系大乐透》《琼斯缔造的世界》和《伏尔甘之锤》(*Vulcan's Hammer*,1960)。菲尔对沃尔海姆的要求很重视,但也并非全盘照做。有时修改意见直接来自怀恩的坚持。对于《天空之眼》,菲尔自认为是一部"突破之作",但怀恩却表示了反对意见,不过,沃尔海姆却给了它最高礼遇——以“双响炮”的图书标准,为它出单行本。

菲尔痴迷的主题“什么是真实?”正是通过《天空之眼》第一次以长篇小说形式成功阐释。1955年初,他以极快速度在两周内写完《天空之眼》。这本书对该主题的处理方式,达到哲学上的高度成熟。他吸收了休谟的观点,认为我们无法验证因果律(B接着A发生,不能证明B归因于A),还有贝克莱主教(Bishop Berkeley)所证明的物质现实无法通过客观实在加以确定(我们拥有的,只是知觉印象,像是真实而已),以及康德对本体(不可知的终极现实)和现象(一种先验类别,比如时空,通过大脑强加于现实之上)的区分。他还借用荣格投射理论:心智内容对知觉有强烈扭曲作用。如同最后一击,菲尔通过对吠陀、佛教的哲学研究,引出摩耶的魅力:真正的现实,躲在愚昧人类意识的面纱背后。我们根据自身的恐惧、欲望,创造出诸多幻象之域。因此,难怪菲尔最早将《天空之眼》命名《敞开之意识》,以描绘这些领域的构造。

此外,《天空之眼》含有明显的政治主题,这源自菲尔被联邦调查局监视的直接感受。小说一开头,参与国防工作的杰克·汉密尔顿遭到解雇,原因是当局认为他的妻子玛莎参与了太多跟党派争斗有关的活动。负责调查玛莎的麦克费夫,是位麦卡锡时代风格的探员,也是汉密尔顿的朋友。故事结尾处,玛莎被证明清白,而麦克费夫反倒是秘密党员,他的所谓“发现真相”,跟参议员的猎巫行动一样可耻。结尾处,汉密尔顿放弃武器研究工作,跟黑人比尔·劳斯创业，开了一家组装高保真音响的公司。故事最后一幕——劳斯喊道："我们还等什么？让我们开始工作吧！"——反映了菲尔当时的某种固定观念。一位或好几位角色决定奋力拼搏，将社会变得更加正确（或美好），这类结局出现在《抖擞精神》《街头之声》《太阳系大乐透》《琼斯缔造的世界》以及《嘲弄者》中。

寻求改变的行动基于这种危险：事情并非看上去那样，手握大权的人渴望没有问题被提出来。五十年代科幻疆域中，菲尔的激进名声让他既感到紧张，也感到自豪。他在私人笔记《解经》（1979年左右所撰写的条目）中，如此定义五十年代的写作立场："我现在不是CP[共产党员]，从来不是，但我当时的作品体现了马克思主义对资本主义的基本社会观点——否定。很好。"

不过，讨论这类问题的书籍早已汗牛充栋。菲尔能做的是把它们全扫进一部科幻题材的或然宇宙惊险小说中。吹捧人师沃尔海姆对炒作《天空之眼》十分得心应手："世界嵌套着世界！""受困于疯子的宇宙中！"这些吹捧之词其实并没有言过其实。

小说一开头，贝尔蒙特的贝伐加速器发生了一次爆炸事故。八个人（包括杰克、玛莎和麦克费夫）全都穿过质子束导向板的影响范围，坠落地面。一个接一个，他们从各自的无意识阴霾中攀升——经历了许多不同世界：宗教狂世界、无性的拘谨之地、精神病的妄想狂世界、喋喋不休党员路线的世界。这些世界都源于各自的心智:每当一个人苏醒过来,他或她就能将现实投射到其他人身上,并困住他们(这到底是怎么发生的?靠的是科幻里允许存在的那么一点点伪科学式跳跃思维)。菲尔在一份从未发表过的“序言”里,借用《天空之眼》中的八位角色,以他们各自视角来评价这本小说,强调了即便阅读体验也有主观性。

老兵亚瑟·西尔维斯特的宗教狂世界把大家都卷进去时,汉密尔顿和麦克费夫找到一位牧师,此人将圣水洒在伞上,让他们飞上天空,来一场托勒密宇宙的太阳系之旅。他们看见地狱熔炉,接着,又看见天堂的无垠伸展:

> 这不是湖。这是一只眼睛。这只眼睛,正盯着他和麦克费夫!
>
> 不用说,他也知道这是谁的眼睛。
>
> 麦克费夫发出尖利的叫声,脸色发灰,腹中吐出的气流震得声带不住发抖。[略]巨眼的视线集中到伞上。随着一声“噗”和焦臭味,雨伞变成了一团火焰。一瞬间,燃烧的雨伞残片、伞柄以及两个尖叫的男子,都像石头似的从天上掉下。[①]

A.A.怀恩为什么反对这本书?西尔韦斯特的宗教狂宇宙中,工程师们正在解决如何“为主要人口中心持续提供未受玷污的恩典”问题,这类描述也许会惹火美国退伍军人协会和原教旨基督徒们。于是怀恩坚持,要称西尔韦斯特世界中的上帝为“Tetragrammaton”(四字音神名),而原来特指穆斯林的异教,也被改名为“Babiist”(巴

①《天空之眼》,孙加译,四川科学技术出版社,待出版。

比教)——不改的话,谁知道有多少狂怒的伊斯兰教科幻读者呢?

菲尔后来在追溯时,将《天空之眼》看成柏拉图洞穴墙上的投影:让我们将视线从摩耶转开,达成对——如果不是真相——我们自身无知的认知:

我的写作都与幻觉世界有关,叫人逃避和兴奋的毒品、精神错乱。但我的写作扮演的角色是解毒药——净化——而非中毒——解毒。[略]

[略]正如《天空之眼》,真正的救援就在眼前,但他们却无法醒来。没错,我们都在沉睡之中,正如他们在《天空之眼》里,而我们必须醒来,审视(看透)梦境——拥有自己的时间的伪造世界——回到解救的外部——现在的外部,而非之后的外部。

《天空之眼》令二十八岁的菲尔一举进入最优秀的科幻作家之列。实际问题则是,王牌对菲尔所有作品统一支付一千美元——外加不知道有没有的未来版税金。菲尔有其他科幻写作的收入。据他回忆,大约1957年,曾收到邀约,为“视频队长”节目写广播剧剧本,报酬为每周五百美元,但这个工作要搬到纽约,这样的恐怖前程菲尔考虑都不会考虑。(克丽奥对此的说法是:“一派胡言!”——从来就没有什么工作邀约,他们只是让菲尔写份剧本而已。)1958年,菲尔至少给“共同广播系统”的“探索未来”节目写过一份广播剧剧本。

不过,除了经济问题,菲尔更希望能在主流文学市场有所斩获。他对此极度渴望,梦寐以求。于是,1957年,正当《天空之眼》的炽热评论接踵而来之时,菲尔通知沃尔海姆和鲍彻(两位编辑苦心鼓励他在科幻领域更上一层台阶):他要放弃写科幻,把全部身心投入主流长篇小说中去。

并不是说,那年之前菲尔没尝试过。1952年到1958年间,菲尔共写了八部主流长篇小说:《街头之声》(1952年至1953年创作),《玛丽和巨人》(1953年至1955年创作,1987年出版),《乔治·斯塔夫罗斯的时代》(*A Time for George Stavros*,1955年创作,手稿遗失),《山上的朝圣者》(*Pilgrim on the Hill*,1956年创作,手稿遗失),《提丝贝·霍尔特的破碎泡沫》(*The Broken Bubble of Thisbe Holt*,1956年创作,1987年出版),《在小岛上瞎转》,《尼古拉斯和希格斯》(*Nicholas and the Higs*,1957年创作,手稿遗失),以及《在米尔顿·伦基的领地》(*In Milton Lumky Territory*,1958年创作,1985年出版)(以上作品的剧情简介见创作编年纵览)。代理人梅雷迪斯用尽一切办法宣传这些作品,其中有几次差一点儿成功。王冠(Crown)出版公司和朱利安·梅斯纳(Julian Messner)出版公司都对《玛丽和巨人》极为感兴趣(菲尔还为梅斯纳专门对这本书进行了大量改写);哈考特-布莱斯(Harcourt Brace)[①]有意出版《乔治·斯塔夫罗斯的时代》。总有鼓舞人心的回应:继续提交新书稿,年轻人,你很有才华,马上就要成了。

因此,也难怪他在1957年决定弃科幻而去。同年,菲尔告诉鲍彻,他跟梅雷迪斯分道扬镳。即便真的,这次分手时间也很短。也

① 美国知名出版社,1919年创立,出版了许多著名文学家的著作,例如伍尔夫、艾略特,并引进了欧洲文学大师格拉斯等人的作品。

许代理人劝阻他不要固执地在主流作品上投入太多精力，伤了他的自尊心。不过与此同时，他也收到大家对他决定转变的支持。沃尔海姆和鲍彻都写信给他打气。但当沃尔海姆读了《玛丽和巨人》和《尼古拉斯和希格斯》之后，他毫不留情地批评了它们，并力劝菲尔继续坚持写科幻："我感觉他的科幻作品十分杰出，而他的主流文学作品则并非如此。"

菲尔去世后，他五十年代在伯克利写的绝大部分主流长篇小说都出版了。那些幸存下来的作品，毫无例外，描绘的都是工人阶级的晦暗生活；理想挫败；爱很罕见；性导致令人懊悔的自我对抗。菲尔的科幻小说中处处可见绝妙的幽默，而他的主流长篇小说中却绝少见到一丝笑容——目标瞄向主流文学似乎让他收敛了一些光芒。还有，他当然得按照普通现实的预想来规划情节。主流文学里可不允许有贝伐加速器爆炸。

他的每本主流长篇小说都塑造有卓越的角色——粗糙、奋斗的灵魂，例如斯图尔特·哈德利，《街头之声》中的电视售货员，他认为现实脆弱得让人痛苦；玛丽·安妮·雷诺兹，费尽心机要在《玛丽和巨人》的世界中出人头地。这批小说中最好的一本——当初就值得出版——《在小岛上瞎转》，1957年菲尔创作它的时候，正是《天空之眼》问世之时。

罗杰和弗吉尼娅·林达尔是对不幸福的夫妇，他们首次相遇在华盛顿特区（菲尔度过童年的地方），现在要搬去洛杉矶郊区。他们将患有气喘的儿子格雷格送到加州奥海的寄宿学校上学。弗吉尼娅身上有不少多萝茜的影子,罗杰则像是菲尔和埃德加的混合体——至于小格雷格,小说的发展途中,他干脆消失了。罗杰是个修理工,开办“现代电视销售与服务商店”(这家商店在《街头之声》和《血钱博士》中都出现过),但由于对自由模模糊糊的渴望,威胁着他的生意和家庭,让他总是有些稳定不下来。

罗杰和莉兹·邦纳有了外遇,后者是格雷格同班同学的母亲。莉兹有颗淳朴的心,她没有弗吉尼娅的智识,或那种叫人恼火的顾忌。因而,她对罗杰崭新和温暖的爱,就更让他感到舒适。莉兹全心沉浸到做爱的享乐之中,她如同莫莉·布卢姆[①]那样,是纯粹的永恒女性:

我爱你,她说。我有了你。你我之外的世界,人们慢慢变老。她感到他们的年龄;她听到他们发出的嘎吱声;她听到他们骨头折断的声音。在不同的房间,灰尘早已堆满碗底、覆盖地毯。狗没认出他来,他离开太久。没人认识他。他离开了这个世界。

[略]她让他张开嘴巴;她将张开的嘴凑近他的嘴,她的牙齿靠近他的;当他进入她时,她紧紧抱住他,接着,当她感到体内深处那种感觉第三次降临时,她将他的嘴紧紧贴住自己的嘴。你以前做过这么多次吗?跟她?她将他的嘴紧紧贴着自己。你在我之中,我也在你之中,她说着,将舌头伸入他的嘴里,极尽所能地伸进去。我已

① 詹姆斯·乔伊斯的作品《尤利西斯》中男主角利奥波德·布卢姆的妻子,该书最后一章是莫莉的意识流独白。

尽力进入到你之中，我们相互交换。我还是我吗？也许我是那个必须回去找她的人，耗尽和空虚。不，我是永不耗尽之人。我在这里，永远，躺在这里的地上。紧紧抱着你，能碰到你，够得着你，进入你。

这段得留给菲尔来解释，激情四溢的意识流文字，让人很难分清两位爱人到底谁是谁。

弗吉尼娅将这场外遇曝光，结果让丈夫受到永久伤害。比对渴望自由更模糊的理想，因而破碎。你可以称之为婚姻中固有的恐惧感。弗吉尼娅当场捉到他，这样的情形使他无法承受。于是罗杰决定流浪——他从自己曾拥有的店里偷电视攒了些路费。

菲尔此时已成为成熟的文体家。1958年，他决定在一点儿也不放弃主流文学野心的前提下，利用那种文体写一部科幻长篇。他把这本小说命名为“及时传记”，1959年，利平科特出版社（Lippincott）最终在出版时（菲尔在美国的第一本精装图书）将其改名为《时间脱节》（*Time Out of Joint*）。这本书当时没有以“科幻小说”，而是以“危险小说”名义营销。菲尔一直关注《时代》和《纽约时报书评》，希望能看到写作生涯第一篇正式的严肃书评。没有严肃书评，销量也很差。六年后，这本书的下一版换成了贝尔蒙特（Belmont）的平装本，典型的科幻书封面，包括太空人和从天而落的月亮。

不要紧。菲尔在《时间脱节》中达成的成就是既满足科幻对未来世界的想象，又能集中精力描绘1958年的现实——这让他可以充分利用在主流文学写作中锻造的才华。故事的张力——《时间脱节》读起来十分引人入胜——在于眼睁睁地看着那个完美塑造的1958年世界转化成别的什么东西。

瑞吉·甘用精神上的天赋解决报纸上名为“小-绿-人-接-下-来-会-去-哪-里?”的日常竞赛游戏:瑞吉在家工作,那些有正经职业的人都觉得他有点儿怪。(瑞吉和科幻作家之间有不少共性。)结果,他的所谓比赛挑战全都基于1998年地球军队防御月球导弹的策略。在1998年的现实中,战争带来的压力已让瑞吉精神崩溃。于是,军方特意建造了一座来自他童年记忆的1958年假城镇(类似《等待去年来临》中的小天地,华盛-35),好让他能在幻象中安居乐业,同时继续为国防效力。故事结尾处,瑞吉知道了真相。这样的结尾不错,但无法解释书中那些奇妙的超现实事件。举例来说,下面这个场景中,瑞吉的1958年现实开始分解,但军方对此毫无预见:

“有啤酒吗?”他[瑞吉]说。他的声音听起来很怪。微弱、疏远。戴白帽子,穿着白围裙的柜台服务员盯着他,盯着他却一动不动。什么也没发生。四下里没有任何声音。孩子、猫、风;全都切断了。

五十分硬币掉了下去,穿过木头,沉没不见。消失了。

我正在死去。瑞吉心想。或是别的什么。

恐惧紧紧抓住了他。他想要开口,但嘴唇却不听使唤。像无声之中被缠住。

不是又来了吧,他想。

不是又来了吧！

这事又在我身上发生了。

软饮摊，洒落成点。分子。他看见了分子，无色、无质，构成它的分子。接着，他看穿了，看到它之外的空间，看见后面的山峦、树木和天空。他眼看着软饮摊消失于存在之中，与之一起消失的，还有柜台服务员、收款机、卖橘子饮料的大自动售货机、可乐和根啤的龙头、堆瓶子的冰箱、热狗烤架、芥末罐、圆锥蛋筒的一个个架子、一排沉重的圆形铁盖，下面都是不同的冰激凌。

它原来所在的地方有张小纸条。他伸手抓住这张纸条。上面是打印的印刷体字：

软饮摊

他转过身，步履蹒跚地走回去，路过玩耍的孩童，路过长凳和老人。他走路时，将手放进大衣口袋，找到了他放在那里的金属盒。

他停了下来，打开盒子，看着盒子里放着的一沓纸条。接着，他把那张新的加了进去。

一共六张。六次。

菲尔写《时间脱节》的灵感来源是有一天，他在弗朗西斯科大街的一家浴室里，伸手去够一根不存在、也从未存在过的灯绳——浴室里的灯原本由墙上的开关控制。这种情况，可以解释为是一阵异想天开的冲动，或是潜意识察觉到或然世界的存在。作为小说家的菲尔，自然会选后者。正如他后来注意到，《天空之眼》和《时间脱

节》相互间类似:作为人类,我们也许会被自己所存在的现实蒙骗。他在《解经》中写道:

"眼""节""三圣痕""尤比克"和"迷局"[1]都是不断重写的同一本小说。这些书里的角色全都失去知觉,都躺在地板上☆。(☆大规模幻象世界。)为什么我把这样的事写了至少五遍?

[略]必须克服的错误观念在于,不要认为一个幻觉只是一件私事。我的主题是共同幻觉和假记忆,而不只是幻觉。

如果说,主流文学的失败带来痛苦,与克丽奥在弗朗西斯科大街的生活则带来不少慰藉。他们穷困但快乐,是典型的伯克利波希米亚-自由主义夫妇,对智识有无尽好奇。1958年2月,菲尔给苏联科学院的亚历山大·托普切夫(Alexander Topchiev)写信,关注苏联研究,据称那项研究会让爱因斯坦的相对论威风扫地:"我对相对论屹立不倒没什么特别兴趣。实际上,我倒是希望看见有现实的细节可以表明相对论的主要部分跟现实并不契合。"直到1975年5月,菲尔按《信息自由法案》(*Freedom of Information Act*)提出请求后,才了解到,这封信被CIA(中央情报局)拦截。没错,有时候,他们真的在监视他。

菲尔和克丽奥一直都有离开伯克利、展开新生活的渴望。五十年代中期,他们曾试验性地在旧金山湾北岸的索萨利托租了间公寓,结果只待了一晚上。这间公寓位于二楼,窗外就能看见海湾,菲

① 此处引文中,PKD缩写了自己的几部长篇作品的书名,分别指的是《天空之眼》《时间脱节》《帕莫·艾德里奇的三处圣痕》《尤比克》和《死亡迷局》。

尔早晨醒来时，只见眼前除了大片海水什么也没有。作为忠实的荣格信徒，宽广无边的海面犹如势不可挡的自我无意识力量的标志。他们转头回了伯克利。

接着，阿嬷于1958年夏末去世，让菲尔悲伤不已。随着阿嬷的离世，菲尔和伯克利之间的纽带进一步消失。那年九月，他们决心搬离此地。他们的新家是个小房子，后院有一列真正的守车[①]（完美的写作工作室），位于雷伊斯角站的马纳娜大街和洛林大街交界处。这是个偏远的奶牛场小镇，处在圣安地列斯断层刺入太平洋的花岗岩指状半岛——雷伊斯角站的南边。

对他们来说，这里似乎可以逃避伯克利的圈子，是田园诗般的居所。“菲尔很喜欢这里，他感到舒适，能散步去镇子上。”克丽奥回忆。

他们在雷伊斯角站的家里，有过一段短暂的幸福生活。接着，一切都被搅得天翻地覆——从俩人的婚姻开始。

① 列车末尾供列车职工使用的车厢。

菲尔陷入热恋，成了乡下正经人，开始写伟大著作，并有了第三次“精神崩溃”（爱是能让人跌下去的无底洞）（1958年－1963年）

我的菲尔就是那种会写出《高堡奇人》的人。谦逊、敏感、风趣，无论开口说话，还是当听众，都顶呱呱——你说的每个字，他都深深陶醉。他告诉我，我有多么聪颖、多么有趣，说我是多么好的母亲。他是个绝顶爱人，在家里非常好，特别慷慨，极令人愉快。我们顶着日头，一聊就是好几个小时，什么话题都谈。

对安妮·迪克的访谈

你可以用以下这些话，向你那些有头有脸的乡村亲朋好友描述我："他在俄国和英国颇有名气……实际上，在德国、意大利和法国也挺出名——以及南非和阿根廷(当然通过翻译)……另外，他很快在美国也要出名了。明年春天利平科特要出版他的一本书。"你还可以含糊地提一提，"《纽约先驱论坛报》上有好几篇评价不错的书评"。你还可以提，"《哈泼斯杂志》好几年前就注意他了，在一期社评中……跟一本选了他短篇的年选有关"。你还可以提，"他的代理人也是特拉文那家伙的代理人——你知道，就是写了《碧血金沙》(*The Treasure of the Sierra Madre*)的那伙计，后来得了奥斯卡奖"。(你能看出来，我在拼命拉名人垫背。管他娘的。)把我的爱带给孩子们。

菲尔，1958年12月给安妮的信

接着，那时我的私人生活开始变得暴力、错乱不堪。八年婚姻毁于一旦，我搬到乡下，遇上一位有艺术天分的女性，她丈夫刚去世不久。

菲尔，1968年，《自画像》

从伯克利搬来一位作家和妻子的消息在雷伊斯角站不胫而走。很快，当地的一个小团体邀请他俩参加聚会，这些人相信世界很快会灭亡，具体时间是1959年4月22日。而他们都会被外星生命拯救，方式是把大家在因弗内斯聚会的屋子变成一架飞碟。这个团体的领袖是一位黑发美女，菲尔既被她吸引，同时也有点儿怕她。于是，他拒绝了她的邀请。等她再次来叫他去时，菲尔干脆躲起来了。

住在梅萨路附近的安妮·威廉姆斯·鲁本斯坦（Anne Williams Rubenstein），也起了好奇心，想会会他们。她的丈夫理查德是位受过良好教育的诗人，家境富有，曾资助和编辑过一本名为《神经》（*Neurotica*）的小型杂志。那年夏天，理查德在耶鲁精神病院去世，死因是对开给他的镇静剂起了严重的过敏反应。安妮猛然发现自己要独立照顾三个幼小的女儿。与隔壁的作家结识，似乎是让她分散注意力的不错方式。

安妮当时三十一岁,中等体格身高,金色头发过肩,蓝色双眸,WASP[1]知识分子,有燃烧不尽的精力和自信。她父亲出身新英格兰[2],族谱可以上溯到"五月花号"[3],是位成功的华尔街经纪人。他很喜爱安妮,但在她四岁时,就去世了。大萧条时期,母亲在圣路易斯抚养了安妮。安妮后来在华盛顿大学获心理学学位,并在那儿认识了理查德。他们的婚姻非常幸福,但安妮并未因而俗尘蒙心。

她过来打招呼,迪克夫妇热情招待了她。菲尔当时二十九岁,很瘦,一头浓密棕发,高额头,有双富有穿透力的蓝眼。他的标准打扮是穿着法兰绒衬衫、工装裤和军靴。安妮和正统文学杂志《神经》之间的联系,让菲尔感到震动。他介绍自己的成就时,特别强调所写的主流文学小说。"我只是偶尔充当了科幻作家。"他坚持这么说。

菲尔和克丽奥一起回访安妮,接着,菲尔开始单独去安妮家。克丽奥每周要通勤三次,回伯克利做兼职秘书;而菲尔大部分时候晚上写作,这样,他白天就空了出来。安妮的"现代时髦旧金山式豪宅"(菲尔在主流小说《一个废物艺术家的自白》中的叫法),配置有面朝起伏山丘和草地的玻璃墙厨房和客厅;环形开放式壁炉;嵌入墙壁的高保真音响。第一次接触到真正的美国梦,菲尔不由得眼花缭乱。同时,他也不禁联想这个梦的脆弱一面——整栋房子建在混

---

① 盎格鲁撒克逊白人新教徒的简称。

② 美国大陆东北角和加拿大相邻的区域,是美国历史最悠久的地区。

③ 1620年从英格兰出发,是第一艘抵达新世界的清教徒殖民船只,成员在船上签订了著名的《五月花号公约》。

凝土板上，保暖费肯定高到天上去。不过，跟“幸运狗狗”宠物店打了八年交道后，和安妮有关的一切都让他觉得昂贵。

安妮称他是“伯克利垮掉的一代”，菲尔喜欢这个叫法。他们相互倾诉各自的人生故事，都听得入迷。安妮在她未出版的回忆录，《寻找菲利普·K. 迪克》[①]中回忆：

我发现，他是我遇到过的最有魅力的说话对象！他是我遇到的第一个能让我停下来闭嘴的时间长到能听进他讲话的人。

我们发现有无数共同想法，相同态度和一致的兴趣。[略]我俩都很害羞，于是，各自为对方的害羞打掩护。我俩都对人极度信赖，到了容易上当的程度，我们都极为浪漫。菲尔跟我提起他死去的双胞胎妹妹，出生三周夭折——而他直到现在都对此有罪恶感。他感到，不知怎么的，妹妹一直活在体内。

“而且，她是个女同性恋。”他非常严肃地告诉我。

对于简是女同性恋这个说法，克丽奥回忆：“菲尔经常会面无表情地说话，结果，过了一阵子，其他人就会把他说的话当真，这样就太惨了。他偶尔会说，‘好吧，我想通了，我所有的问题都是因为我其实是个女同，因为这就是我妹妹的身份和属性’。然后，他会大谈特谈一会儿，接着岔开去聊别的话题。”菲尔是认真的吗？安妮认为是。当然，菲尔的惯用手段就是模糊好玩和认真之间的界限，而其他人把这点看得太过严肃(这样就能让真实以好玩的形式自由自在

---

① *The Search for Philip K. Dick*，此书于1995年出版，中译名为《菲利普·迪克传》。

地隐藏起来)。在菲尔1974年出版的小说《流吧!我的眼泪》中,艾丽斯·巴克曼就是位很有腔调的皮装女王打扮的女同性恋。她的死亡撕碎了双胞胎哥哥,一位警察的灵魂。

与安妮认识两周后,菲尔宣告他的爱情,而两人接下来要走的路也就定了:

我们各自坐在长沙发两端聊天。忽然,菲尔抓住我的手,以一种低沉和紧张的语调说:"你代表了我梦想的所有事物。"

我大为惊讶,差点儿从沙发上跌下来。我盯着地板,像是维多利亚时代的少女。我不知道该说什么。

菲尔把我拉近,吻了我。过了一会,我回应了他的拥抱,也吻了他。我们又是亲吻,又是谈天,又是接吻。[略]我感觉像是神话中的女豪杰,一直蛰眠于魔法中,刚刚被一位跳过火环的英雄吻醒。

很快,小小的雷伊斯角站里,两人的婚外情成了一则小型丑闻。安妮向精神科专家求助(之后将称其为X医生,他1971年还给菲尔进行过零星几次诊疗),以应付心中的罪恶感;医生和菲尔也见了面,菲尔简直叫他入迷,安妮将医生的反应归功于菲尔不可思议的"个人魅力"。但到了1958年12月,尽管喜悦之情满溢,而且医生安慰她,让她不要恐慌,但安妮仍决定跟菲尔一刀两断。菲尔祈求她重新考虑。为了平息安妮的罪恶感,菲尔辩解,克丽奥拒绝生孩子——按罗马天主教的教条,这足以解除婚姻效力。(克丽奥否认了这类推卸责任的说法;而且,和菲尔离婚后,她和第二任丈夫诺曼·米尼不久就有了孩子。)

安妮的立场逼迫菲尔与克丽奥摊牌。他使出浑身解数,罗列一大堆必须离婚的理由,甚至暗示他必须为安妮怀孕负责。但克丽奥一点儿也不吃这套谎言,而且,她对菲尔似乎完全受安妮掌控感到愤怒:“遇到这种情况,菲尔就成了软蛋,一坨狗屎。”菲尔一度要求克丽奥把他所有的照片全部还给他,并说是安妮坚持的。(安妮否认了这点。)不过最后,在正式离婚手续中,克丽奥表现出极大善意,她放弃对马纳娜大街房子的所有权,也放弃两人婚姻期间菲尔创作作品的所有版税权利。惹毛她的是菲尔声称她在1957年的那次独自去盐湖城的旅行,是对他的不忠。但明明是她离开一段时间好让菲尔想清楚自己出轨的事。《一个废物艺术家的自白》书中,菲尔用亲身体验描述主角内森·安泰尔上法庭那天的思绪:“我说的话里有一丝一毫真相吗?内森心想。有一些真相。一部分真相,一部分是编造的。奇怪得像是看不清,一切都混在一起。[略]他大声说,‘如同莫斯科审判。他们想要什么就供认什么’。”

最后,克丽奥决心离开雷伊斯角站,只要求开走他们的1955年版雪佛兰。有一天,菲尔本该把车的注册单带给她,但却忘了。克丽奥说,这就是“压垮骆驼的最后一根草”。她发怒了,菲尔仍在不断嘀咕,于是克丽奥扇了他一巴掌。“两人都震惊了。”

菲尔又去见X医生,据医生的说法,如果安妮想要个丈夫,她就会去找个最好的——就跟选块肥皂一样。菲尔发现医生的洞察力太搞笑了。安妮听了之后却没觉得那么可乐,但这只是小事一桩。他们计划让安妮和女儿们回一趟圣路易斯,以和她去世的前夫理查德的家族达成一项子女抚养协议。安妮离开的那段时间,菲尔给她写了许多热情似火的信件。第一封信(1958年12月21日),菲尔讲述由于安妮离开,在送她们去机场回来的路上,他得了"战栗症"。第二封信(12月27日),就在安妮刚跟他打过长途电话后不久。菲尔的爱以一种终其一生都保有的方式表达出来:女性,所爱的那位,是真实的根本源泉——离开她,一切都将消散:

你根本无法想象,你的长途电话对我有多大影响。之后有一个小时(更像是两个小时),说句大实话,我处在一种可以称为电话祝福的状态中——这种感觉我一辈子从来没有过。实际上,整个屋子的墙壁像是完全消解了,我感到自己能看穿整个时空,直抵无垠。这是一种身体上的感觉,不仅仅是智力思考。对我来说,是种真实的存在感。很显然,因为好几天没听到你的消息,让我开始产生一种跟你之间的分离感。[略]接着,你的电话打来,这种距离感立即消失,你作为物质实在的回归,让我产生实实在在的转化,如同我从一个世界跨越到另一个世界。[略]无疑,这跟宗教意义上的皈依非常类似,并且,某种意义上,听到你的声音,的确让我经历了皈依过程。我听到你的声音,和宗教信仰者经历传统的独处、斋戒和冥想后,"听到"了"神"的声音非常相似。两者间的区别在于,你存在,而对于"神"那家伙,我还存有疑心。

菲尔如同对待笔下的角色一般，展开了一段“自省”，承认自己有极“偏执”的倾向。他继续写道：

我是个极其盲信和宗派性强的人，有上帝的话在我左右——你是不是还没注意到？[略]并不是说，我比你更神圣，只是说，神的精神之怒充盈了我——诚然，这糟透了，而且也是许多人类痛苦的根源。我眼里，我的形象是位文质彬彬的圣人贤者，浑身散发书卷智慧——实际上，我更像个党派的下层官员，每天起床想的第一件事就是去攻击“寄生于威士忌酒之中的西方社会，泡在血污里的鼻涕虫、堕落的同性恋虱子”。理论上来说，我是位相对主义者，但在各种情形下，我又是绝对主义者；不幸的是，你的圈子和观点往往引发后者。[略]这种精神之怒也存在一些美德，因为它允许我把某些与实际利益背道而驰的坚定信念付诸实践——它给予我精神上的必要能量，以成为真正的理想主义者，而非仅仅做些理想主义思考。贝多芬走的也是相同的路。

三天后，菲尔给一位高中时代朋友的信中，以自认为合适的方式，描绘了一幅仍与克丽奥一起生活的图景，并未泄露最近发生的变动。信中他还追加了几句对当时风头正劲的旧金山文艺复兴运动的看法：“……我对《在路上》极有好意，但对那些诗歌、爵士乐就不一样了……”“垮掉的一代”的社会风情对菲尔没多大吸引力。不过，他后来也曾回忆，这一时期跟加里·斯奈德[①]、罗伯特·邓肯（1947

① 加里·斯奈德(Gary Snyder，1930-)，是二十世纪美国著名诗人、散文家、翻译家、禅宗信徒、环保主义者。

年,麦金利大街的室友)等人有过几次会面。

安妮从圣路易回来,带回财务上的一纸协议,一切继续如常,顺利得很。菲尔和安妮的三个女儿相处非常融洽,她们分别是八岁的海蒂(Hatte)、六岁的简妮(Jayne)和三岁的谭迪(Tandy)。她们叫他“爹地”(鲁宾斯坦是她们的“第一爸爸”)。菲尔为她们做早餐;在牧场大小的后院里玩“怪物”游戏、打棒球;给她们读听了要做噩梦的“洛夫克拉夫特”睡前故事;发自内心地从《小熊维尼》和《当我们年幼时》两本书中摘录段落与她们分享(菲尔克制了过继这三个女孩的冲动,因为那样的话,鲁宾斯坦家族的财务支持就会切断)。这个新组建的家庭常玩美国人熟悉的游戏:“生命之旅”中,菲尔从来不选要经历上大学的那条线路;“强手棋”里,他的标记物永远都是旧鞋。

最后,菲尔搬进安妮的“摆阔豪宅”,他随身带的财产(除了珍爱的宠物猫“肚肚”)屈指可数:皇家牌电子打字机;忠诚的米罗华留声机;巨量的唱片和书籍;收集齐全的杂志《大吃一惊》《惊奇》《奇幻与科幻》《疯狂》(*Mad*),以及《魔术师曼德雷》(*Mandrake the Magician*)漫画书。菲尔一方面跟女孩们分享对收藏通俗杂志的钟爱,另一方面也顾虑她们应该看些好书。简妮回忆,“他会说,‘别读垃圾’。他有时故意拿自己的书开玩笑——他会说,‘这本书我一个星期写完的,也是垃圾’。”通过米罗华留声机,女孩们每天都能得到音乐鉴赏的熏陶:瓦格纳、巴赫、贝多芬、亨德尔、吉尔伯特和苏利文的音乐充盈整个房子。他最痴迷的唱片是费舍尔-迪斯考(Fischer-Dieskau)灌制的舒伯特歌曲(他六十年代的科幻长篇,常有从中摘录的词句)。

菲尔搬进来的,还有另一项收藏:一堆堆的药丸。他把这些都放在一个大壁橱中,女孩们感冒时,他就会从中给她们开处方药。菲尔每天吃两片甲安非他命(他告诉安妮,这都是多年前开的处方药),以及为了应付周期性复发心动过速的奎尼丁。菲尔对细菌极为恐惧,任何一位女孩生病都会让他极度焦躁。简妮回忆:"他告诉我,大人常常感到不适。他还会告诉我,生活总是拐弯抹角,当大人并不是件了不起的事,孩子的时光才更好。"

1959年3月底,菲尔和安妮开车去墨西哥恩塞纳达找了一位法官;他们在愚人节那天结了婚。回来的路上,菲尔向安妮坦白,他有疝气——他怕要是之前透露了,安妮就不再爱他。安妮建议他去医院治疗,但菲尔一听要去医院,表示坚决不干。过境时,菲尔决定不申报在墨西哥买的一加仑龙舌兰酒(只花了他们大概三十美分),而是偷偷藏在行李里。开进美国境内二十分钟后,他们听到车后传来的警笛声,菲尔吓得脸色惨白,直到警车超过他们才喘过气来。

婚姻十分美满。安妮不反对菲尔蓄胡,让他感激不尽。他帮忙做饭、打扫清洁,而且还会做最棒的马丁尼酒——安妮每晚要喝两杯,菲尔只抿几口红酒(他最爱布宜诺维斯塔仙粉黛干红)。他们养鸭子、珍珠鸡、矮脚鸡。菲尔对安妮的夸特马有点儿畏惧,他特别渴望能养只猫头鹰——菲尔平生最后创作,但生前未能完成的小说,名字就叫《白日之枭》(*The Owl in Daylight*)。他们第一次真正吵架,是因为菲尔仍在不停维护在马纳娜大街的房子。安妮想让菲尔把重心转移到他们的房子上。菲尔卖了那套屋子。之后,他对没分给克丽奥一份卖房所得的钱深感内疚。

那年晚些时候,婚后的一天,菲尔和安妮吃午饭时,忽然对她说:“我有过一位完美的妻子,却拿她换了你。”分手后不久,菲尔和克丽奥恢复了友善关系。照克丽奥的说法:“你不能把好朋友就这么扔了。菲尔和我是最好的朋友。”然而,将近二十年后,菲尔在《解经》中仍保留着一份内疚:“正因我那样对待克丽奥,所以才会遭到惩罚。”

为了让菲尔安心追求他的主流文学事业,安妮和他精打细算,计划怎么用钱。此外,他仍涉足科幻,花时间将两篇五十年代的平庸中篇扩展为长篇:《伏尔甘之锤》和《未来博士》(*Dr. Futuriy*, 1960),两者都以“王牌双响炮”形式出版。他告诉安妮,“王牌是纽约低端通俗出版社中最低端的那家”。有一次,来吃晚饭的客人问他写的什么作品,他拒绝回答,然后又对他们横加羞辱,逼得人家以后再也不上门了。如果非要给自己加一个类型标签,他宁愿是“幻想作家”。

但他真正想要获得肯定的是主流文学作品。如果这对年轻的夫妻善于打理,靠菲尔卖房所得,以及他的科幻作品收入(每年约两千美元),再加上鲁宾斯坦遗产的两万美元,也许能撑上好一阵子。

按照伯克利时期的预算水准，菲尔算了算，大概能撑二十年。安妮回忆："菲尔说，'你明白，要想成为成功的纯文学作家，你就得花二三十年工夫'。他居然肯下这么长时间的工夫！我觉得这样的态度实在是太棒了！不过，问题在于，我的词典里没有'预算'这个词。"

安妮并不是那种发狂的挥霍无度之人——她心目中的"好日子"，跟马林郡的乡邻并无太大区别。但他们还有三个女儿、一座豪宅、一匹马、一群矮脚鸡、黑面羊，当然，少不了偶尔的奢侈。虽然她为菲尔的魅力倾倒，对他的才华充满信心，但她仍对金钱感到担忧。这一来，更让菲尔恐惧不已，他比谁都清楚，凭他的才华，能挣大钱的机会到底有多少。

无论如何，这仍是段美好生活。应安妮要求，菲尔更改了写作习惯，从夜间创作改为朝九晚五的作息。这样的话，晚上就能花更多时间和家人在一起。吃午饭时，他会从研究中抽身，点上一支"科里纳云雀"雪茄，和安妮聊天。她写道：

我们谈得太过尽兴，以至于我经常忘了烤炉里的两块芝士三明治。我们谈叔本华、莱布尼兹、单子论、真实的本质，或是涂尔干将康德理论应用于澳大利亚原住民，或菲尔滔滔不绝地讲三十年战争和华伦斯坦。这些还算轻松话题。日耳曼文化对菲尔有很深影响。菲尔告诉我，他有四分之一的德国血统，具有狂飙时期的那种浪漫主义思想。

实际上，他的血统来自英格兰和苏格兰-爱尔兰，不过，爱就是爱。这些午饭谈话,为他即将创作的长篇小说做好了准备。比如,康德-涂尔干理论,就为菲尔创作《火星时间穿越》中的布利克人部落提供了描述框架。

菲尔开始和哈考特-布莱斯出版社的编辑埃莉诺·迪莫弗(Eleanor Dimoff)有书信往来。哈考特最终没接受《一个废物艺术家的自白》,但那本小说让他们看出菲尔的潜力,于是跟他订了合同,预付五百美元定金,如果他新写的小说能被接受,则再付五百美元。这一次,菲尔感到主流文学近在咫尺。在1960年2月给迪莫弗的信中,菲尔表现得温文尔雅:

我们离旧金山四十英里,经常去那里逛逛,比如在唐人街吃个饭,或是在百老汇大街和格兰特大街那边喝个咖啡,或去波特雷罗山会会朋友。我几乎每次都会去城市之光书店,买个大概三十美元的平装书。我妻子从她认识的地毯商人那里,买那种上面有很多洞的东方地毯。要是我们有时间到费尔默区,就会去一家小小的日本五金店,买些质量上乘的日本碟子。要是有时间,我会去"海角车厢"那儿兜一圈,试驾一些新到的外国车,这是我最喜欢的业余爱好。当然,如果我有钱的话,还会补充些埃及雪茄。如果你觉得这就是我的形象,那么我得提醒你,在他们把西尔斯体育馆推倒前,我去旧金山的主要目的是为了看棒球比赛。

并非只有安妮享受美好生活。俩人都兴致勃勃,菲尔更是愿意抛头露面,在外面找乐子。安妮甚至感觉不到他以前受过广场恐惧症折磨。只有一件事菲尔不肯干。哈考特想让他去纽约跟迪莫弗当面商讨新小说事宜。没门。五十年代不会为“视频队长”去，现在就算为了主流文学也不会去。

他给迪莫弗描绘的自画像中，有一个明显疏漏（会不会是怕她担心自己心思不能用在新书上？）：安妮怀孕了。寄出那封信的同一个月，1960年2月25日，劳拉·阿彻·迪克，菲尔的第一个女儿，安妮的第四个女儿出生了。

劳拉出生前的几个月，迪克的神经紧张到极点，催促安妮按阿德勒·戴维斯[①]食谱进餐，并给自己制订了一套维生素摄入计划，结果让自己整个舌头都变黑了。（医生诊断的结论是吃了过量的维生素A。结果，从那以后，菲尔再也不相信所谓的健康食品“疯话”。）去医院接劳拉回家前，菲尔把老福特旅行车整整擦了六个小时——“我的意思是，连车灯都擦了”，简妮回忆。

安妮回忆，菲尔第一眼看到劳拉的脸庞时，说道：“现在我妹妹得到了补偿。”接着，他们回到家里的第一天，多萝茜和约瑟夫·哈德纳来看外孙。菲尔只让他们跟新生儿接触了一分钟，就把他们赶出了房间。

哈考特的合同没能成功往下进行。菲尔向他们提交了《牙齿完全一样的人》（*The Man Whose Teeth Were All Exactly Alike*，写于

① 阿德勒·戴维斯（Adelle Davis，1904－1974），是现代食品时尚中第一个拥有正式专业背景的“健康权威”。

1960 年，出版于 1984 年），《蠢蛋在奥克兰》（*Humpy Dumpty in Oakland*, 1987），后者是他在1960年根据1956年的另一本早年长篇小说《乔治·斯塔夫罗斯的时代》改写的。哈考特把这两本书都拒绝了。本书的创作编年纵览会加以讨论，而它们也都有各自的闪光点。

不过，菲尔最好的主流文学长篇小说，是写于1959年夏天的《一个废物艺术家的自白》，当时，他正和安妮处于激情似火的浪漫之中——安妮称之为他们的“蜜月”。1960年，克诺夫（Knopf）差点就买了这本书，但要求修改。菲尔的代理梅雷迪思告诉他，这是千载难逢的机会。“我不能修改这本书！”菲尔对安妮解释，“并不是我不想，而是我做不到。”《一个废物艺术家的自白》最终由恩特威斯特尔书局（Entwhistle Books）于1975年出版，减轻了他的一些痛苦。

也许菲尔不能修改《一个废物艺术家的自白》的原因，恰恰是它不需要改写。《一个废物艺术家的自白》是菲尔第一次肆意运用多视角叙事的作品。他曾向安妮描述，自己早期的主流长篇是“临界超现实主义”。实际上，从《一个废物艺术家的自白》开始，他的作品中才真正具有超现实主义的影子。如同雷蒙德·钱德勒将四十年代霓虹灯下的洛杉矶搬上纸面，菲尔也将湾区在临近六十年代时的那种摇摇欲坠之势付诸笔下。然而，读者借助的视角不是威士忌诗人菲利普·马洛[①]，而是杰克·伊西多尔——菲尔后来这么描绘他：“精神

① 雷蒙德·钱德勒所有的七部长篇小说以及一些短篇小说中的人物，是私家侦探。当上私家侦探之前，曾是洛杉矶地检处卫尔德检察官下面的一名调查员，后来因不服从命令而被解雇。

分裂症患者、不合群的人”，以及“上帝宠爱的愚人”。

《一个废物艺术家的自白》，在记叙的不断变换的现实之下，是一本关于男性心智与心魔斗争的杰出长篇小说。伊西多尔这个名字来自塞维利亚的伊西多尔（560–636），西班牙人，他的著作《语源论》（*Etymologiae*）被认为是中世纪通用知识之纲领。不过，书中现代背景下的伊西多尔，则被通俗杂志所吸引，例如《惊魄奇谭》——和少年时期的菲尔臭味相投。伊西多尔的姐姐，菲·休姆是个瘦长结实、侵略性强、极具魅力的女人；她在和查理·休姆的婚姻中感到不幸福，后者是个甘当替罪羊的美国商人，负责支付家里的账单，又犯了心脏病；妻子的索取、背叛，驱动他杀了家养动物以及他自己。纳特·安泰尔是一位个性被动，受过大学教育的知识分子，和亲爱的妻子过着清贫生活；然而，这种生活却被他对菲的激情一扫而空，不过，这场激情刚刚一开始，纳特就已经感到后悔。但当你已经寻找到自己一直以为想要的东西时，后悔已经太晚了。

1980年9月，在送给朋友克里斯·阿里纳（Chris Arena）的一本《一个废物艺术家的自白》的题词里，菲尔列出了一些小说中用到的叙事技巧，以及自传性质的来源。菲尔和查理一样，也担心会猛然栽倒，成为心脏病发作的牺牲品。更根本的是，菲尔亲自承认自己和伊西多尔、纳特·安泰尔之间的联系：“杰克是对我青少年时期的戏仿，他的知觉和思考都基于十六岁的我。”他接着提道，“纳特也基于我，是成年的我；而杰克是我发育不良的青春期的一面。纳特更成熟,但心理上羸弱,从而陷入菲的掌控之中。”

菲,则基于安妮。在他们的“蜜月”期,菲尔就把手稿拿给她读,并告诉了她这点。

在第三章,查理先是退了一下,然后出其不意地朝着菲的胸口猛打了一拳,因为他感到被她羞辱——她当众让他去给她买丹碧丝[①]。“现实”生活中,菲尔也给安妮买了丹碧丝,但什么也没说。安妮读这本小说时,不禁问菲尔,要是那么在意给她买,为什么不说出来?七十年代,菲尔会告诉男性朋友,在不得不给安妮买她的丹碧丝之后,他退了一步然后猛打了她一下。1963年,《一个废物艺术家的自白》完成四年后,菲尔和安妮之间开始有一些不太严重的动粗,两人都有份。而《一个废物艺术家的自白》里,预知了这样的事迟早会来。菲尔在七十年代宣称,他早年的长篇小说显示出对后来的预感。听听纳特怎么想的:

我想知道自己最后会不会打她,他想。他这辈子还从来没打过女人;可是,他感到菲是那种会逼男人打她的女人。她会让他别无选择。毫无疑问,她对此一无所知;因为从她的角度而言,并不具备洞察这种事的优势。

第十一章一开始,纳特就在疑惑,菲“和他纠缠在一起,是因为她的丈夫正在死亡线徘徊,她想确定,丈夫死后,能有另一个男人替代他的位置”。纳特理智地意识到,菲挑选丈夫跟挑肥皂没什么区

① Tampax,月经棉塞品牌。

别——这原本是X医生开的玩笑——但这洞察力对他的实际行动并没什么帮助。1963年时，菲尔告诉朋友，安妮杀了前夫，现在想要杀他。

菲不仅是纳特亲爱的妻子，还是伊西多尔的姐姐。纳特/伊西多尔“压在一起”，(借用菲尔在《解经》中的提法，他往往以此来形容角色和想法的结合)就是一幅男人-男孩与诱发童年恐惧的妻子相互对立的情形：

我经历了那么多的烦恼，他[纳特]心想，跟家庭决裂——特别是我母亲——脱离家庭全靠自己，经济独立，成立自己的家庭。现在我又跟一位强势、索取无度、精于算计的女人纠缠在一起。如果我被逼到原来那种境地，她眼皮都不会抬一下。实际上，对她来说，把我逼入绝境简直是最自然不过的事。

所谓“原来的境地”，是怎么重现的呢？也许是菲/安妮让伊西多尔/纳特/菲尔扔掉那些《惊魄奇谭》，去找份正经工作。查理·休姆描绘菲：“她嗓音里的那种尖利的轻蔑叫他战栗。那是她最有效的音调，充满全然的权威感；让他想起学校里的老师、他的妈妈，所有这一切。”1980年，菲尔记录道：“菲说话的模式非常真实——基于一位真人。”

安妮在她的《寻找菲利普·迪克》中，这么描绘菲：

我这人很直率，也不拐弯抹角，但没那么粗鲁，一点儿不像菲那么爱欺诈。如果说菲的形象从我而来，那一定不是只截取了我的一些缺点,而是把它们放大到极致。菲尔把菲描绘成一个需要给自己找个丈夫,给孩子们找个父亲的形象,所以她才会捕获纳特。但纳特似乎从未想过:菲爱他。

现在你能想象,菲尔肯定会露出笑容:将他的小说和安妮的回忆一一对比下来,令他主观中的真相有了证据。通过他们各自对伊西多尔的感受,充分放大了他们爱情的本质,以及相互间的区别。1975年1月,菲尔在信中写道:"……塞维利亚的杰克·伊西多尔在加州,比我更无私、更善良,从最最根本的角度说,是更好的人。"安妮对这封信的回应则是:"杰克·伊西多尔是个古怪、偏狭、无性的家伙,满脑子都是科学幻想垃圾!菲尔跟伊西多尔比起来就是极乐鸟和蝙蝠的区别。菲尔是纳特!"

菲尔试图将严格的写作纪律和新出现的家庭生活需求相调和。他白天工作,和安妮、孩子们共度晚间时光。作为一位合格的供稿人,他能保持每年写两部长篇小说,每部小说花六周写初稿,然后再用六周修订第二稿(重抄并进行少量修订)。两部小说之间他会花上大概六个月时间,完全用来思考下一部的情节。他警告安妮,绝对不要看他好像只是安静地坐着,就去打扰他。他会说,"当心来自珀洛克的人"——指的是敲门问珀洛克怎么走的陌生人,打断了柯勒律治构思叙梦诗《忽必烈汗》。

小说一旦动笔,就会写得非常顺畅。菲尔的打字速度仍旧快得惊人。他告诉安妮:“文字从我手中,而非脑海出现,我用手写作。”菲尔也许会准备些笔记素材,但整部小说的形态,只有在真正开始创作时才汇聚成型:

我采用的那种直觉方式——或许可以称之为格式塔化——使我能同时“看见”整体的趋势。有证据表明,历史上有采用这种方式的先例,非要指名道姓举出一位能工巧匠的话,莫扎特就是这么创作的。对他来说,唯一要做的就是把作品写出来。如果活得够长,他就会继续写下去;如果活不了,那就没有了。[略]第一次写下草稿时,想法已经在那里,从头至尾都没变过,只是根据不同阶段和程度逐渐涌现。如果我相信第一次写出来的草稿就已经完整地包含所有想法,那我就不是小说家而是诗人了。我相信,必须用六万字篇幅,才能将我最初的想法以绝对完整的形态呈现出来。

一个接一个回合的高强度写作,必然有身体上的代价。劳拉出生后几个星期,菲尔因为胸口疼痛(有点儿像查理·休姆的经历)住院。他保持乐观心态,告诉安妮:“我要么是快死了,要么就是有了宝宝。”诊断结果是幽门痉挛,医生告诫菲尔少喝咖啡,建议冥想。不知诊断期间有没有提到过服用甲安非他命的事?这时,它已成了菲尔写作的稳定动力源。

对菲尔来说,“美好生活”中最为享受的是运动型跑车。他们买了辆二手“标志”,然后又用它换了辆53年的白色捷豹Mark Ⅶ轿车:桃花心木面板,灰色皮革内饰,外加天窗。菲尔在高速公路上尽情开到时速一百五十公里。不过,这辆车后来出了故障,天窗坏了,秋天下雨时,雨水漏进车里,蓝色地毯上甚至长出蘑菇。菲尔拒绝帮忙建个车库,于是安妮把捷豹卖了,买了辆沃尔沃。菲尔气疯了。

家中不时发生这类琐碎争吵。有时不过是为了占个嘴上便宜——精神上的竞争,好明确到底谁才是家里的老大。但是,争吵开始变得越来越凶。菲尔在多萝茜身边长大,从没体验过大声吵架是什么样;和克丽奥一起的生活也以平静为主。大声吼叫和说脏话对菲尔来说,是一个全新领域。一开始,他还挺享受:“我们就像地中海地区的家庭,每个人都挥舞双手,向对方吼叫。”直到有一天,安妮将战争升级,把一半的盘子都摔到地上。后来,为了表示悔改,她建议全家去一趟迪士尼公园,调解家庭气氛。

菲利普·迪克在迪士尼公园……里面的亚伯拉罕·林肯“模拟人”让他大感兴趣,这个词后来他用在《模拟造人》(*We Can Build You*)这部小说中。它写于1961到1962年间,综合了科幻和主流文学元素。旅行对家庭的确有好处。一个新的和平时代开启。他们买了架斯皮内琴,菲尔用它弹奏古典乐片段 。他时而有灵魂出窍体验(跟伯克利时代一样):看见自己在客厅里或坐在床边。他还看到过一个意大利老人的鬼魂,他怀疑这个人曾住这座豪宅中。

1960年秋季,安妮又怀孕了。她深信俩人没法负担更多的孩子,于是告诉菲尔她打算堕胎。她在访谈中回忆:

我感觉这是唯一能选的路。医生认为这对菲尔可能会有不好的影响——也许菲尔告诉了医生，他不想让我堕胎。但我坚持要，因为我想这么做。对他来说，这肯定是件极端困扰的事，现在回头去看，我意识到《模拟造人》里有关这件事的体验；还有，看看那本小说的那个女人［指普利斯·弗劳恩齐默，“精神分裂性格”］。疯狂邪恶，对吧？

已经有了四个孩子，我们没办法养第五个孩子。我觉得他很清楚，从财务角度来说，他没办法以父亲身份对这个复杂的中产大家庭担起责任。那是我的直觉。

如果谈的是什么知识分子理论话题，菲尔肯定会有他的强烈主张，即便他明明错了，也会固执己见，只有这样才能证明他不是懦夫。最后，他终于承认，这是最好的选择——他说，“我同意”——于是，我们去了西雅图，还好好地下了顿馆子——《模拟造人》里都有提到。这本小说里，普利斯用高跟鞋踩死了一个小机器人。

我觉得那次堕胎让他联想起可怕的出生经历，妹妹简的夭折。我有位女儿曾说：“他那么反对堕胎，却没亲自抚养自己的孩子长大。”

正如安妮指出，堕胎之后那年写完的《模拟造人》一书，其中赤裸裸的心理描述包含菲尔对妻子持久的爱和恶毒的恨。《模拟造人》中，主角路易斯·罗森正在进行一系列精神病的诊疗，其中包括使用迷幻剂诱发的神游状态。诊疗过程中，罗森和普利斯经历了多个不同的幻想生活。最后，在一次神游中，他们有了个孩子，路易斯欣喜若狂:“我面对他们坐着,处于一种几乎幸福至极的状态,似乎所有的焦虑和悲伤都消散不见。”但回到正常意识状态后,路易斯发现,普利斯“同时是生命,又是反生命,是死亡、残忍、切割与分裂,然而也是存在精神本身”。

1960年2月给哈考特-布莱斯出版社编辑埃莉诺·迪莫弗的信中,菲尔承认——甚至早于创作《模拟造人》之前——写主流小说时,他感到在创造女性角色时自己有困难:“我倾向于想当然地认为,一部小说中,男人的妻子从来不帮他的忙,而且总是叫他没好果子吃,处心积虑对付他。她越聪明,就越在谋划什么。”这个“邪恶女性问题”(菲尔自己下的定义)在他和安妮结婚前就已存在。他的愤怒之源来自母亲多萝茜。不过,虽然菲尔早已意识到存在这样的问题,邪恶女性仍在他六十年代的科幻小说中反复出现。无论是生活细节还是说话模式,其中许多都很像是安妮。这个“问题”的最高水位线来自菲尔发表于1974年的短篇小说《未成人》(*The Pre-Reasons*),这篇小说反映菲尔强烈的反堕胎立场。书中描述的对女性的恨意登峰造极。父亲对儿子解释堕胎的女人:“这帮女人,从前人称‘阉割派女性’。这个名称,从前是很合适的。不过,现在,这些女人,这些心肠冷硬的女人,要杀掉的不仅仅是男性器官,而是整个男孩子,或者男人——她们要男性这一性别全部死绝。”[①]这话说得就好像女性胎儿完全不存在一样。

---

①《全面回忆——菲利普·迪克中短篇科幻小说全集V》,孙加译,四川科学技术出版社,2019.03,448页。

菲尔后来对这样激烈的立场表达了悔意。在1980年的后记中，他写道："《未成人》中想要表达的是我对孩子们的爱，而不是对那些会把他们摧毁的人的恨。我的愤怒源于爱，是受困的爱。"准确地说，源于"受困的爱"而产生的愤怒，是被安妮的堕胎所激起。

总之，一切似乎又回到某种正轨。其实是，一种陌生的新力量进入了菲尔的生活，让他专心对付《易经》，一本变化之书，根脉三千年之久，却又如昨日之新。真相与读者对其理解的能力相辅相成。也许，根本没有真相，也许所谓神谕，只是些恶毒的胡说八道。阴阳之力螺旋往复，绝无可能有确然答案。这正是菲尔的完美载体。1961年夏天，他每天至少用《易经》占卜一次，甚至梦见层层叠叠相互重合的中国圣贤；他坚信，这是因为许多世纪以来有多位圣贤为《易经》做出了贡献。

不过，伊斯坎达尔·盖伊在1961年去看望菲尔时，听到他抱怨：神谕也说骗人的谎话。盖伊回忆："我告诉他，'这本书的源头至少能追溯到公元前1165年。这样的实体如此经久不衰，我们算老几，凭什么质疑它？'他说，'他妈的，我要把它弄好——我要根据它写本小说。'"这正是小说《高堡奇人》(写于1961年)，通过向神谕询问的方式获取剧情线索。它是菲尔最优秀的作品之一，后文会加以探讨。

只要不在全力对付阴、阳，菲尔就会全身心投入到一些傻里傻气的活动中去。1962年愚人节(菲尔和安妮结婚三周年纪念日)，菲尔和女孩们为了跟安妮做恶作剧,跑进屋子,声称看到刚刚着陆的飞碟。菲尔特别喜欢这个恶作剧,几个月后又玩了一次。(菲尔对飞碟目击事件的真实想法怎样的?他在《一个废物艺术家的自白》中戏仿了当地UFO小组邀请他参加的故事;然而,到了1980年,他又在笔记中指出,那个小组坚信超级智能生物为了救赎我们而将我们引向毁灭,“跟我把它写下来那时相比,我现在觉得没那么疯狂了”。)

即使天空中没有飞碟,也会有别的暗示。有时,天上会出现远比飞碟更奇怪的东西。有天夜里,菲尔觉得看见了一颗流星。第二天全家出动找流星碎片,结果一无所获。1962年耶稣受难日[①],菲尔又看到完全不一样的东西。当时,他刚听完亨德尔的《弥赛亚》,拖着婴儿车里的劳拉,在院子里做园艺。他跟安妮描述自己看到的是“条巨大的黑色条纹,席卷整个天际。有那么一瞬间,一种彻底的虚无将整个天空划成两半”。后来她回应道:“我想他肯定看到了什么东西。”这个“虚无”景象会在菲尔心中流连,从而令他确信,无论有多恐怖,他确定自己能看见现实的灵性基础。后文我们会看到,一年之内,“虚无”会被更为严酷维度的景象取代。

这一时期,还有个百分百的地球事件,和一只老鼠的死亡有关。这只老鼠的求生欲望让菲尔受到情感冲击,也令他想起三年级时折磨甲壳虫所遇的“开悟”。一切从老鼠开始偷吃花园有机堆肥

① 复活节前的星期五。

开始。一只老鼠——菲尔赞赏它的勇气和毅力，甚至把它写进了《解经》里——开始在墙上啃洞。菲尔放置老鼠药，结果老鼠反而更活跃了。接着，他设下陷阱，老鼠避开多次，直到最后被抓住，脖子断了，但还活着。菲尔试图把它淹死在洗衣房的水桶里。老鼠拖着身上的捕鼠夹，疯狂地游着。最后，它死了。菲尔为它挖了个坟，还在里面放下自己的圣克里斯托弗勋章。

1962年夏天的雷伊斯角站，流浪狗残杀羊群，引起大伙抗议。菲尔买了把步枪，保护他们的一小群羊。其他邻居也是如此。据安妮说，菲尔用枪很莽撞，看到流浪狗从街上走过，没瞄准好就开枪打。最后，她把枪送了人，菲尔倒也不怎么反对。菲尔对家里那群羊的感情显而易见——到了需要宰杀绵羊时，他充满同情心的腕关节就会忽然麻木。

菲尔和安妮的整个婚姻期间，会定期去伯克利看多萝茜和约瑟夫·哈德纳。菲尔卖掉马纳娜大街的房子后，哈德纳夫妇将临近因弗内斯的一栋小屋的产权转让给菲尔。他们的慷慨，或许帮助菲尔和母亲开启了一段关系最融洽的时期。安妮回忆："菲尔在我面前从没说过母亲一句好话，但当他们在一起时，我能看出两人间的那种亲密，就像同一套神经系统同时作用于两个人体。多萝茜对菲尔很溺爱，对他的写作非常骄傲。"1962年，多萝茜和约瑟夫打算搬去墨西哥，菲尔向安妮抱怨妈妈要"抛弃"他。后来他们并没有搬走。之后不久，多萝茜的布莱特氏病恶化，几乎因此丧命。菲尔忧心如焚，甚至计划好，如果最坏情况发生，他要给约瑟夫安个家。

菲尔这时遇到的最严重危机，来自安妮和邻居一起创办的家庭作坊首饰生意。菲尔一开始对他们的工作非常支持，甚至跟认识的伯克利奢侈品店联系，帮他们卖了第一单。就连他本人，也以游戏心态参与到首饰设计、制作中。安妮喜欢运用随机熔化的形体，菲尔也狂热地采用这种技巧。他有件心爱的三角饰品，送给了邻居杰里·克里希(Jerry Kresy)。后者回忆，自己曾把它固定在门上当衣钩用。这件饰品总是叫人联想来自菲尔的凶狠“巫毒凝视”。这毫不奇怪。菲尔极为喜欢这件饰品，以至于放进《高堡奇人》，成为田芥先生救赎式的现实转换试金石：“一个小巧的三角形银饰，下黑上白，闪闪发光，上面还装饰着镂空的挂件。”[1]随机形态的技巧运用了“悟”(智慧，道)，而非“侘寂”(智力，工匠)，菲尔从一本日本园艺书中找到这两个概念。

不过，菲尔在首饰生意上看到了某种威胁，它可能会从经济角度让他的写作事业黯然失色，最后，它导致了菲尔自称的在1962年三十三岁时的“第三次精神崩溃”。菲尔和安妮对于关键事件的叙述大相径庭。照安妮的说法，菲尔对首饰事业极其狂热，以至于她不得不跟他强调，这是她的事业，不是他的：

我觉得他当时的想法是，这件事有可能让他办成一桩真正的生意。那时他发现自己被写作困住了，因为他没法通过写作来养家糊

①《高堡奇人》，李广荣译，译林出版社，2017.11，301页。

口——对此,我感觉他非常敏感。他是个优秀的首饰制作者,这方面他有天赋。我把他从这里头推开,让他气疯了——这就是为什么他一直都对这件事恶言恶语。

现在切到1974年保罗·威廉姆斯对菲尔在沙发上的采访,其中提到,所谓的“第三次精神崩溃”并非是真的:

PW:你称之为精神崩溃,那到底让你联想起什么具体事件呢?

PKD:[停顿]嗯……最最深刻的那种。举例来说,我没法再,继续适当地应付我的责任……

PW:照你妻子的定义。

PKD:照我妻子的定义。而且,设想我有精神崩溃比设想我没法面对当时情形的真实情况要更容易些。直到[一年]后,我的精神科医生[X医生]告诉我,真正的情形是——那人也是她的精神科医生——我没出任何问题,就事实本身来说,当时的情形已经无可救药……我指的是,跟她在一起。

PW:对你来说。

PKD:换句话说,我没办法再对付下去了,因为我对付不了。[略]不过你可以说我不想面对现实,我不想面对“是我的错”这个事实。[略]但我当时并没有意识到,我以为自己又精神崩溃了。实事求是地说,我没崩溃,但表现特殊。我展示的是面临可怕压力后造成的结果……

什么“可怕压力”?想想看:安妮刚刚萌芽的生意收入,很快就要威胁并超过菲尔十年写作生涯达到的水平了。

到开始创作第一部杰作的时候了。菲尔创作了《高堡奇人》,这本书由普特南于1962年出版精装本,帮助他经受住了酝酿在心中的自我怀疑风暴。在1976年的访谈中,菲尔回忆:

我当时实际上已经放弃写作,开始帮妻子做她的首饰生意。我很不高兴。她总是指使我干杂活。于是我决定去假装写本新书。我说:"那么,我正在写一本非常重要的书。"为了让这种伪装能说服人,我真的开始打起字来。我既没有笔记,脑子里也一片空白,除了很多年来一直有的一个想法,就是假设日本、德国赢了美国。因为手头没有任何笔记,我只能坐下来,开始写,这么干就是为了不去做什么首饰生意。这就是为什么首饰生意,在那本书里有那么显著的位置的原因。因为没有笔记,我脑子里对这本书的情节怎么展开完全没概念,于是就用《易经》帮我发展整本书的剧情。

为了让逃避进行得更彻底,菲尔准备了一个小小的隐匿处。讽刺的是,正是安妮的促使,让菲尔最终在外租了这个"茅舍",位于当地警长比尔·克里斯滕森(Bill Christensen)房产的旁边。菲尔在家里养成习惯,经常从书房里钻出来,给安妮读刚写好的段落。安妮感到筋疲力尽,才会建议他在家外找个常规写作地点。

菲尔将皇家牌打字机、米罗华、书和桌子都搬进茅舍,还准备了一堆糖果,以便女孩们过来玩时给她们吃。菲尔刚离开,安妮马上后悔不已。虽然自己也对分开感到难受,但菲尔绝不肯改主意。多萝茜曾教育过他,让他接受自己行为的后果——他的解释是,“我从来不吃回头草”。而且,他还尖刻地将《高堡奇人》题献给安妮:“给我的妻子安妮,没有她的沉默,这本书永远也写不出来。”

搬出去这件事,加深了两人之间的裂痕。然而,菲尔在那间遥远孤立的茅舍中,他作为作家,不只是重生,而是彻底转变了。

菲尔常谈起他小说的两个主题:“什么是人类?”以及“什么是真实?”在茅舍的十八个月中,他写出两本小说,实现了对这些主题最初的伟大探索:《高堡奇人》和《火星时间穿越》。《高堡奇人》是菲尔在“什么是人类”这个主题上最杰出的作品——在纳粹德国和日本帝国获胜的世界中,一个有关道德的脆弱性和勇气的微妙故事。

美国被分为好几个政治区域(如同我们世界中的德国[①]):东部由纳粹统治,西部由较人道的日本人占领(后者没有种族主义神话,而且对待《易经》如《圣经》一般),两者间是低限度自治的落基山国,作缓冲区。《高堡奇人》是第一部参考《易经》的美国小说,并利用《易经》为情节驱动(以及设计情节)的装置。许多六十年代对《易经》顶礼膜拜的人,都是通过《高堡奇人》第一次听说了这本书。

虽然《易经》在全书剧情中占支配地位,但书中还有另一个文本比《易经》的重要性更高,那就是《蝗虫成灾》,《高堡奇人》中的另一部小说。《蝗虫成灾》(书名来自《圣经·传道书》)描述一个盟军而非

① 1949年,德国分裂为东德与西德,1990年(本书初版为1989年)两德统一。

轴心国获胜的世界。(菲尔从沃德·摩尔1953年的小说《把银禧带来》中学来这种反转方式,南方联盟在那本书里赢了美国内战)。《蝗虫成灾》中描写的或然世界,跟我们所在的"真实"世界并不完全一致——比如,是雷克斯·塔格维尔(Rexford Tugwell)而不是罗斯福领导美国赢得战争。《蝗虫成灾》作者霍桑·阿本德森利用《易经》帮他构建小说情节,结果让人震惊:虽然小说是禁书,但却广泛流传,从纳粹首领到逃亡犹太人,几乎人人都读过。《蝗虫成灾》指出了令人战栗的可能性:我们看到的世界可能不是真的,只要闭上眼睛,我们就身处束缚之中。

由于它假定的前提太过可怕,《蝗虫成灾》被禁,作者阿本德森也不得不藏在怀俄明州夏延市。阿本德森只在全书最后一章露面,菲尔根据对A.E.范·沃格特的印象塑造了这位作家。"高堡"形象本身的关键灵感来自维塞城堡(Vysehrad),那是新教徒在起义反抗天主教徒统治的神圣罗马帝国时占据的一座捷克城堡。菲尔通过研究纳粹政策,进一步揭示出更多城堡隐喻(五十年代,菲尔为小说寻求素材,曾专门阅读伯克利大学收藏的党卫军德文原始文件):

有好些古代国王和皇帝的美丽城堡,位置很高,被党卫军占据,用来训练党卫军年轻军官,以将他们塑造成和"平庸"世界区别开来的精英分子。这种做法的理论基础是将会有一批超人(Ubermenschen)横空出世,统治第三帝国。[略]书中的两类城堡互为两极:象征三十年战争时期新教徒自由和反抗的传奇高城堡和培养年轻党卫军军官的邪恶城堡系统。

菲尔对纳粹策略的熟悉，为《高堡奇人》增添了一份令人恐惧的维度。他不必用夸张的描绘，便创造了一个邪恶如死亡般易被察觉的世界。

他紧接《高堡奇人》后所写的那些小说，将探索“真-现实”看作圣杯式的终极任务，但这点在《高堡奇人》中却并非核心。这本书围绕的反而是被巧合、良心和渴望所限的个体。全书自始至终采取第三人称视角，然而，作者以一种密切和徘徊(intimate and hovering manner)的方式，快速转换诸角色间的主导地位。菲尔在1978年7月的信中点评了他的“多重叙事视角”技巧：

四十年代我读了些东京大学法语系学生写的小说。这些日本学生研究法国现实主义小说(这些书我也读过)，重新设计‘人生切片’结构，创造出一种更紧凑、更协调的形式。[略]后来，当我开始写《高堡奇人》，我问自己，这本书该怎么写——用什么结构——假如日本赢了战争？很显然，要采用这些学生当时运用的多重叙事视角[略]。

多重视角为《高堡奇人》提供了丰富的质感，角色身上即便最微妙的情感转变，也充斥着这种质感。这部小说令人信服地表明，就算我们最微小的间接作为，也会对人类同类造成影响——无论好坏——这种影响我们永远也不会充分知晓。举例来说，罗伯特·齐尔丹，旧金山古董商人，他的生意依附纳粹梦想的“白种人至上”理论,同时,又对直接统治他的日本战胜者卑躬屈膝。然而,齐尔丹经历了某种救赎,因为他能从一件手工首饰中认出某种本质意义和价值(悟)。而这件首饰的工匠,是位身份受歧视的犹太人弗兰克·弗林克,对此齐尔丹并不知情。此外,还有位田芥先生,齐尔丹的客户,他后来用一把据称是古董的柯尔特点四四口径手枪(实际上是弗林克非法仿造的)杀了三名纳粹杀手,目的是为了阻止纳粹煽动新的战争——德日之间的战争。通过田芥的勇气,将弗林克的欺诈行为转变为对一个更美好世界的贡献。

"业",正如菲尔在《高堡奇人》中的描绘,并非单纯的因果关系。美德并不一定能确保心灵平静。田芥对于杀人这件事极为痛苦,虽然他也是被那些纳粹杀手逼得别无选择。为了通过美学沉思让自己平静下来,田芥从齐尔丹那儿买了个首饰(与现实中菲尔雷伊斯角站邻居家门上挂的一模一样)。不过,就在弗林克的手工制品给田芥带来内在和谐之际,它也将田芥传入了一个让他本人恐惧不已的世界——《蝗虫成灾》描述的世界,盟国战胜的世界。与那个世界的对质,令他想起他对自己所在领域的伦理责任。他拒绝签署会让纳粹杀死弗林克的引渡文件。

田芥是菲尔整个写作生涯中创造的最优秀人物之一。他是位中层贸易官员,在自身官僚身份中,持有一种对生命和道的敬畏。正是这种敬畏让田芥产生了剧烈的痛苦——移情的代价。有关德国领导人的一次简报会议中(继承希特勒的鲍曼死了,由戈培尔继

任),田芥承受的痛苦让人联想起菲尔在学校教室里的经历:

田芥先生心想,我觉得我快疯了。

我得离开这儿。我犯病了。我感到体内有东西在往上涌,快要喷出来了——我快死了。他挣扎着站起来,费力地沿着过道,经过一把把椅子和一个个听众,向外走去。他几乎什么也看不清。去盥洗室。他快步沿过道向门口走去。

有几个人转过头来看到了他。羞耻啊。居然在这么重要的会议上发病了。丢尽了脸。他继续往前跑。大使馆的工作人员为他打开门,他走了出去。

恐慌立刻消失了。他眼前的景物不再旋转,又变清楚了,地板和墙都静止不动了。

刚才眩晕症又犯了。中耳失调,毫无疑问。

田芥先生想,是间脑——古老的脑干——运转失常。

突发性的机体瘫痪。

想想那些确定的事情。想想日常的生活。[略]

邪恶!实实在在的邪恶。像水泥一样坚固。[略]

邪恶是我们身体的一部分,是世界的一部分。它倾倒在我们身上,渗透进我们的身体、我们的大脑、我们的心脏,甚至渗透进路面。

为什么?

因为我们是盲目的田鼠,只知在泥土里用鼻子摸索前进。我们一无所知。我看出了这一点……现在我不知道该往哪儿走,只能惊慌地大声喊叫,意欲逃离。

真可怜。[①]

并非只有田芥在邪恶面前退缩。瑞士的贝恩斯先生(名字借用《易经》英译者卡里·拜恩斯)的真实身份是鲁道夫·韦格纳,是位德国双面间谍,他的目的是避免和日本开战。他在火箭飞行途中和纳粹同仁聊天时,历数了自己的恐惧:

他们[纳粹]想成为历史的代理人,而不是被历史抛弃的人。他们认为自己拥有和上帝一样的力量,像上帝一样无所不能。这就是他们疯狂的根源。他们被某种原始意象征服,自我疯狂地无限扩张,不知道什么时候取代了上帝。这不是狂妄自大或傲慢得意。这是自我的极度膨胀——一种顶礼膜拜者和被顶礼膜拜者的混乱状态。人没有吃掉上帝,而是上帝吃掉了人[②]。

《高堡奇人》中还有一位双面间谍。弗兰克·弗林克的前妻朱莉安娜。此人与乔·辛纳德拉有一段情事,后者被证明是位德国杀手,他的目的是利用朱莉安娜的魅力(阿本德森和菲尔一样,钟爱某类女性,“那种风情万种的黑皮肤女人”),以进入“高堡”,干掉让人憎恶的作家。乔本人却忍不住要读这位作家的作品。当她意识到被下套之后,朱莉安娜的第一反应是自杀。自杀失败后,她反而割了乔的喉咙。后来,在《易经》建议下,她独自一人去了夏延。虽然独自一人前去探访“高堡”,显得有特别优待,但她却只发现一栋平常的郊区宅

①《高堡奇人》,123-124页。

②《高堡奇人》,52页。

邸。阿本德森多年前就抛弃了他的城堡——他意识到，面对举世的恐怖时，并没有真正的避难所。

但朱莉安娜寻求的并非避难，她要找的是真相。与阿本德森面对面相见后，两人决定求教《易经》确定《蝗虫成灾》这本书到底揭露的是什么真相。整本书的角色多次用《易经》占卜，但这是菲尔第一次让他们用铜钱起卦，并让角色应对结果。最后一章，朱莉安娜和阿本德森占到“中孚”卦（内在的真实）：

霍桑抬起头审视着她，脸上呈现出近乎愤怒的表情，“这是不是意味着我写的东西全都是真实的？”

“没错。”朱莉安娜说。

霍桑愤怒地说：“德国和日本战败了？”

“是的。”

霍桑合上书，站起身，什么也没说。

“甚至连你也不能面对这个事实。”朱莉安娜说。

霍桑沉思良久。［略］

他嘟哝道：“我什么都不相信。”

“你还是相信吧。”朱莉安娜说。

他摇了摇头[①]。

在1976年的访谈中，菲尔指责《易经》是“恶毒精神”，主要因为它在面对《高堡奇人》最后一章的结局时，“完全摈弃了它”：“那是个

①《高堡奇人》，343页。

谎言。它满嘴谎话。”(尽管做出这种声明,菲尔直到死亡,仍经常求教《易经》;当然,他使用《易经》最频繁的时候还是在二十世纪六十年代和七十年代初)。虽然众多评论家对小说毫无保留地称赞,菲尔仍对最后所揭示的真相感到困扰——盟军赢了二战,这样的结果无法消除萦绕角色们心头的不祥之感。朱莉安娜依旧孤独;阿本德森继续活在恐惧中;纳粹的压迫感仍然存在。仅有真相,不足以解放灵魂。1978年8月的一封信中,菲尔力图让《高堡奇人》的结尾显得更协调些:

朱莉安娜告诉霍桑·阿本德森,他的书道出了真相,这让他非常愤怒。[略]这只不过是因为他明白,如果这个女人、这位陌生人、这个庸人都知道,那么法西斯权威一定也知道;那么,他的生命就有危险了。阿本德森对他的小说有两种截然不同的态度:很显然,某种程度上他喜欢这个真相,但同时又把他吓瘫了;因为既然他知道真相并向公众阐明了真相,也就意味他是个Geheimnisträger——秘密的携带者(我的意思是知情者)。让他害怕的是,这竟然是个秘密。

作为“秘密”的“知情者”,他对此感到惊恐。自1974年始,一直贯穿了整部《解经》。正是同一年,他曾短暂计划写《高堡奇人》的续作。1964年他曾写过一个开头(有两章共二十二页手稿保存下来,详见《创作编年纵览》),但他当时无法忍受继续深入研究纳粹的秘密策略。1974年口述磁带里描述了其中一个场景:阿本德森被纳粹残暴审讯,他们(和朱莉安娜一样)试图找到真相,那个所谓盟军胜利的或然宇宙；不过，阿本德森无法给出真相，因为他并不知道。这个秘密永远也无法弄清楚。

《火星时间穿越》，写于1962年，1964年由巴兰坦出版。本传记第二章中曾提到过菲尔和《火星时间穿越》主角杰克·波伦之间的映照关系：两人都痛恨学校，并在面对现实接缝时看到可怕景象。但《火星时间穿越》并不只是映照了菲尔自身的成长而已。这本杰出的小说充满有趣的想法，而且，作者用一种仁慈、诙谐的态度描绘地球半死不活的火星殖民地（这跟通俗小说时代对红色行星的梦想截然不同）。本书的核心主题：精神病的本质，以及当我们定义“真实”时，对其最细微的共同意见为何。

《火星时间穿越》以科幻小说平装本形式出版，这对菲尔是个打击。1974年，他回忆：

写完《高堡奇人》和《火星时间穿越》后，我以为我找到了一条衔接实验性主流文学小说和科幻小说之间的桥梁。忽然之间，作为作家，我找到了一条想干什么都行的路。我脑子里开始构思一系列书，浮现出由这两本书进一步发展出的一类新型科幻小说。接着，普特南拒绝了《火星时间穿越》，然后所有我们尝试接触的精装本出版社都拒绝了这本书。

保罗·威廉姆斯的《不过表面真实》（*Only Apparently Real*），是一部兼具传记和对菲尔几次访谈的记录的合集。保罗在书中注意到,菲尔对《火星时间穿越》这本书的记忆并非完全准确。向主流文学出版社提交并被拒稿的是《模拟造人》,这本书直到1972年才由唐·沃尔海姆的DAW出版社出版。菲尔给《火星时间穿越》最早起的书名是《火星好成员阿尼·科特》,梅雷迪斯代理从头至尾都将其作为科幻进行推介,它首次问世的形式是通过杂志连载(刊于《明日世界》(*Worlds of Tomorrow*),更名为《我们这些火星人》,比菲尔起的名字更烂),后来才卖给巴兰坦出版社。

但就算菲尔弄错细节,他对《火星时间穿越》被当成科幻对待的感受却很真实。

实际上,即便被当作科幻也有问题:沃尔海姆在王牌期间——他1960年买下菲尔最烂的两本科幻小说,《伏尔甘之锤》和《未来博士》——拒绝了菲尔最优秀的科幻小说之一《火星时间穿越》。为什么?因为这本书的设定是1994年,"这么写对我的科幻常识是种冒犯,"沃尔海姆指出,"在他设定的那个时间点,人类不可能已经有火星殖民地——要是再往后放一百年,我就喜欢了。"以科幻之道,还治科幻之身。

评论家将《高堡奇人》归类于《奇幻核子战》(*Fail-Safe*)①这样的政治惊悚小说(《纽约时报》的评语是"惊吓"),然而销售情况很差。随着《火星时间穿越》寻求出版,菲尔又回到科幻类型这个贫民窟。

① 尤金·贝狄克和哈维·威尔勒创作的畅销小说,1962年出版,描绘美苏之间发生核战争,同名电影于1964年上映。

接着发生了奇怪的事情。1962年，普特南将《高堡奇人》出版权转授“科幻小说俱乐部”(Science Fiction Book Club)。结果，正是科幻迷挽救了菲尔，他们对《高堡奇人》称赞不已。1963年9月，他们把它推向科幻界荣誉之巅——雨果奖。

如果菲尔待在贫民窟里，那他至少是那里的王者。当地一家报纸采访了他，还刊登了他和那座火箭形奖杯的合影。

与此同时，1963年1月，梅雷迪斯代理终于筋疲力尽，将所有没卖掉的菲尔的主流文学长篇小说放入一个大箱子，全部退回，丢在他家门口的台阶上。这些退稿，再加上雨果奖带来的希望之光，让一切终于有了定论。菲尔经过七年努力，对主流文学的突破和挑战正式告终。

就这样吧。菲尔马上开始写一部新的科幻小说(主流文学下地狱去吧！)，跟这本书中曲折的剧情、形而上学的离奇比起来，《高堡奇人》和《火星时间穿越》要算小巫见大巫了。

接着，他在天空中看见象征绝对邪恶的景象。

而他的婚姻，似乎开始变得越来越糟。

菲尔的婚姻模仿“现实”，开始在缝隙处瓦解；

天空景象激发他创作有史以来最出色的入侵地球故事；

跟乡下豪宅再见，菲尔搬到东奥克兰（Gak！），

人变古怪了，还找了个新老婆

（1963年－1965年）

而且,我以不可思议的速度写作;两年里写了十二本长篇小说……这怎么说也算某项纪录了吧。我再也没法这么写了——身体压力极其巨大——但雨果奖杯就在身边,它提醒我,我想写的书,有一大堆读者在等着读呢!这似乎也太惊人了!

菲尔,《自画像》,1968

我一度要养活四个孩子和一个妻子,而且这个妻子的品位还很高端。比如,她买了辆捷豹汽车,等等。我只能一直写作,况且这是我唯一能干的事。还有,你知道,我很想说:不吞那些安非他命我也能写出来,但我实在是不清楚,要是没那些安非他命我能不能写出那种量级的作品。

1977年乌韦·安东对菲尔的访谈

好吧,我手里有份东奥克兰健康指南,它来自我吃了七年的药品的附带手册(要么是九年?我的意识古怪得很,有点儿失真),这种药物是盐酸异丙肾上腺素(semoxydrine hydrochloride),现在我知道了,它其实是盐酸甲基安非他命(也就是盐酸脱氧麻黄碱的另一种名字),因为,你瞧,上次补药的时候——我一天要吃七点五毫克,七点五是最高剂量——药剂师忘了扔掉手册,结果,经过这么多年,我第一次有机会读了读有关这服药副作用的说明。在“人体毒性”小标题下有一句话还真是塑造了我这十年。它是这么说的,朋友:过量服用,也许,此外,会造成幻觉、精神错乱、神经末梢血管瓦解和死亡。(呃格,嘎卡,瓦斤,发格,谷股,沃赫!)

菲尔,1964年10月写给特里·卡尔和卡洛·卡尔的信

1963年和1964年两年间,菲尔写了十一(而非十二)部科幻长篇,其中包括三部他最好的作品《血钱博士》《模拟人》(*The Simulacra*, 1964)《阿尔法卫星上的家族》(*Clans of the Alphane Moon*, 1964),一部他最烂的作品之一《太空裂缝》(*The Crack in Space*, 1906),以及,一部即便用高标准来看也是毫无疑义的杰作《帕莫·艾德里奇的三处圣痕》。此外,他还写了十一篇短篇小说,两篇论文,以及两部小说的剧情概述。这两部剧情概述后来分别成为和雷·尼尔森(《木卫三接管》, *The Ganymede Takeover*, 1967)和罗杰·泽拉兹尼(《愤怒之神》, *Deus Irae*, 1976)合作的两部长篇小说。更不用说数百封信件,以及上帝才知道的那些损毁和丢失的创作。

之所以有必要在一开始把这些罗列出来,是因为,鉴于这两年狂乱时期的故事——无论是菲尔叙述的,还是安妮叙述的,抑或朋友和对手叙述的,都会让人忽略一个核心事实:菲尔不仅是极有天

分的作家,同时还是高度自律的作家。混乱生活的旋涡从未将他从信赖的皇家牌打字机前卷走太久。的确可以说,菲尔在混乱中得到成长,他的长篇、短篇小说充分从混乱中汲取了营养。

菲尔和安妮之间有过平静和幸福的生活。那是肯定的。只不过,他们渐渐地在愤怒和相互谴责中迷失了。安妮承认,他们俩都有"一点就着的火暴脾气"。她想不起来到底是什么具体事情让他们争吵不休,或者说,也许是各种鸡毛蒜皮的小事。平常对话上升为口角之争,接着又升级为彻底狂怒。安妮在访谈中说:

他的才华极为卓越,比我聪明多了——能开口同时说八十件不同的事。你很难理解他。你忍不住要爱他。他很可怕。你永远摸不准接下来他会做什么出格的事。他让我也变得生气。还有,菲尔一面是迷人的爱人,另一面却糟糕透顶。你没法理解到底在发生什么。我跟菲尔之间一直都较着劲,我有大学学位,而且,我特别有,你明白的,"这下我抓到你小辫子了,你这狗娘养的"这种不依不饶的劲儿。我想那些年我肯定让菲尔吃了不少苦头。我肯定这么做了。

到底是谁开的头,因为什么,是什么时候,都无关紧要。两人深陷对对方的爱,以至于将各自的心魔都勾了出来。菲尔和安妮都对各自的朋友坦诚他们之间的愤怒和暴力。安妮回忆:"我那时嘴巴很毒。谁在什么情况下打了谁并不重要。我知道我参与了精神暴力。"她承认两人不止一次打了对方。菲尔虽然相对来说更能把控自己,但也对日益严重的紧张关系感到恐惧。他好几次跟朋友宣称安妮要杀了他。

安妮否认了这种说法，当初认识他们的人，也没有一个认为这种讲法有任何可信性。不过，毫无疑问，菲尔已经到了被安妮吓得魂飞魄散的程度。首饰生意不仅让他作为作家受辱，同样也让他作为养家的支柱深感羞耻。菲尔深陷进退两难的悲惨处境，无论怎样都会被抱怨：一方面挣钱极少，另一方面花了大量时间写作还不能陪伴家人。

没错，1963年他的确担心安妮会杀了他。女儿海蒂回忆他们争吵时，菲尔会大吼：“你杀了［前夫］理查德，现在你打算杀我。”安妮回忆某天，菲尔打开车库门，让她开过去，她踩下油门，开始慢慢向前开。菲尔一阵惊慌，猛然跑开了。“我厌烦地心想，‘他现在又要干什么？’等我开上马路，他走了过来，进了车里。我甚至都没问他，他有没有想到自己刚才在干什么。”他想的是——未来许多年都会用这个来指责安妮——她要开车把他轧倒。

菲尔长久以来都有一种感觉：理查德·鲁宾斯坦对他存在威胁，一方面是理查德在主流文学界的地位，另一方面是他的财富。当他不去毫无根据地揣摩安妮谋杀了鲁宾斯坦时，就会担心自己当初其实只是个紧急备胎。安妮写道：

但我的确记得菲尔说过好几次，“你不爱我，你只是想要一个丈夫，给你的孩子一个爸爸。”

无论什么回答都对他毫无影响。我感到愤愤不平：“我的确也爱你!”后来当我没法让他接受我的坦诚后,我到头来只好回应:“好吧,我当然只想要一个丈夫,和给我的孩子找个爸爸。否则干吗要嫁给你?”

菲尔找了两个盟友来帮助自己执行他心知肚明、必须要做的事:和他忍不住去爱的妻子分开。第一位是他和安妮每周交替去见的X医生。第二位是他“茅舍”的房东,当地警长比尔·克里斯滕森(《牙齿完全一样的人》书中的警长克里斯滕)。安妮记得,有一次两人吵架,到了互扔家具的阶段,最后激化到顶点,菲尔打了她。他们的女儿们就在身边看着,吓坏了。安妮打电话给克里斯滕森警长。警长开着警车来了。菲尔出门去跟警长说话,与此同时,安妮站在走廊上怒目而视。不管他说了什么,警长肯定很满意,因为之前菲尔早就跟他诉过苦:安妮情绪波动严重得有问题。

安妮的首饰生意发展得很好,这对菲尔来说却并非完全是好消息。他还在以一千五百美元一本的贱价把科幻长篇卖给王牌。(1964年他会享受一阵子获雨果奖后的短期好光景,那年他挣了一万二千美元[①],不过好日子并没有持续太久,而且也姗姗来迟,对挽救婚姻已没太大意义。)1963年,要么菲尔,要么安妮(两人都指认是对方)决定把因弗内斯的小屋卖了。这间小屋原本由多萝茜和约瑟夫·哈德纳转让给菲尔,当时的共识是,将来有一天,小屋还会再还给他们。多萝茜因为此事对他俩极为不满。

---

① 1964年美国平均年工资为四千五百七十六美元。

安妮回忆，菲尔在这段时期曾告诉她，自己受够了当作家的苦；他提议抵押他们的房子，投资开家唱片店。安妮指出，菲尔在X医生和多萝茜面前都声称抵押房子是安妮的主意。多萝茜立即反对这个方案，X医生则告诫安妮，她有夸大妄想症。两人都指责安妮试图让菲尔斩断写作生涯。

1963年夏天，全家人计划去约塞米蒂国家公园游玩，然而菲尔却在出发的前一刻不干了。在安妮看来，这是他婚后第一次受广场恐惧症折磨。与之对照的是另一件事：据哈兰·埃里森回忆，也是在同一时期，菲尔来洛杉矶见过他好几次。他们头一次认识是在1954年世界科幻大会，埃里森当年是个朋克科幻迷，菲尔则是年纪轻轻的科幻高手。到了六十年代初期，作为科幻作家同行，他们的友谊比以前更深。两人甚至一起打过猎：

有一次我跟他提起来，我以前打过野猪。[略]我们就这个聊了一会儿，然后我说：“咱们去吧。”

我认为那是我第一次深刻理解他是怎么看这个世界的。他对世界的看法的确非常特别。他的短篇小说已经有了那种非常奇怪的倾向性：给人一种我们的世界旁边还存在一个影子世界的感觉。直到很多很多年后，我才意识到，那是种妄想；我没那么聪明。总之，菲尔很享受打猎的经历。我们什么也没打到。我们在内华达州开着吉普，随身带猎枪；他对那些枪很着迷。

埃里森感觉菲尔这一时期有“妄想狂”倾向，有这种感觉的并非

他一个人。伯克利时代的老友伊斯坎达尔·盖伊回忆:

菲尔谈一些极为反常的事,死也讲不通。什么他体验的东西,什么东西出了问题——我觉得根本讲不通。他在完全沮丧和几乎躁狂两端拼命动荡。他说,"安妮把高保真音响绑在捷豹汽车上,拖上大街。"这种事理论上是会发生,我不知道——但也太扯了。他还说安妮要杀他。等我看到她本人后,我的老天,安妮真的是个很温柔的人。待人很好的一位夫人。菲尔跟我谈起她,总是一会儿说遇见她是自己经历过的最好的事;又一会儿说她是个伪装的恶魔,是毁灭性的世界女性主义。

此外还有通常的妄想宇宙论——云层中的脸、政府、联邦调查局。你尽管往下列。好像他为了抵抗邪恶力量,在坚守一座堡垒似的。

菲尔开始依靠多萝茜做他逃避妻子的避风港。无论多萝茜曾经有过什么错,但她至少一直都全心全意支持菲尔的写作事业,现在,他认为安妮对写作事业产生威胁,多萝茜当然表示同情。菲尔去多萝茜那里常常表现得很绝望:闭口不言,坐着盯着前方。要是他开口说话,语调也是毫无生气。对于他精心编制的故事,多萝茜也只能相信到某一个特定程度。琳恩·塞西尔,当时仍和她的姨妈/继母住在一起,据她回忆:"菲尔不仅夸大事实,还把很多书做戏剧化渲染。妈妈以前对他的说法是,要是他不在写一本书,就在编造一本。我觉得他从来都不知道在做什么,而且他的想象力太丰富了，很难区分真假。”

儿子为了改善情绪和提高写作效率，不断增加安非他命的使用，让多萝茜开始警觉。她知道他在五十年代开过处方药盐酸异丙肾上腺素。但现在，她发现自己被动成为他药物的来源。琳恩·塞西尔回忆：“妈妈说她宁愿给她的药柜上把锁，因为他会到家里来打开药柜——妈妈什么药都有，因为她身上有各种毛病。他更想要安非他命，但我觉得他也愿意尝试所有东西，想知道是什么感觉。有时候他就像个小孩子。”

多萝茜的药柜并不是菲尔唯一的药物来源——他还在继续以抗抑郁的名义获得各种处方药。虽然他相信安非他命和镇静剂的功效似乎有些孩子气，但他绝不像他有时候想要假装的那样幼稚。菲尔对药物非常了解，而且，到了六十年代初，安非他命的毒性副作用已经得到广泛讨论。但他发现很难承认该由自己承担起责任。直到生命结束前，他都还在指责，是安妮加剧了他在这一时期的安非他命使用量。同样受到指责的还有多萝茜。有一次，从多萝茜那里回来后，菲尔告诉安妮：“我怕多萝茜药柜里的那些药物会把我弄死。她把那些药物就这么放着，迟早会杀了我。”

1963年夏末，菲尔坚信，跟安妮之间的关系已经彻底失控。X医生让他相信，婚姻里出的问题很大程度上是因为安妮的精神状况。安妮回忆X医生的诊断结果是“躁狂抑郁”。克里斯滕森警长，有一次安妮打电话叫他过来，结果亲眼见证了她暴怒的情形，所以，也不会对诊断结果表示异议。菲尔还告诉两人,安妮的开销已经完全脱轨,而且她还试图用车撞死他,还有一次拿着刀威胁他。

于是,有天晚上,克里斯滕森警长来到他们家里,出示了一张由X医生签署的非自愿监管文件。在女孩们的注视下,安妮被带去罗斯精神病院进行七十二小时的观察。

对于什么是真实,菲尔做了一个毫不含糊的决定。

安妮解释,为什么即使有了那场痛苦的经验,也没有停止对菲尔的爱:“我扎根在我的婚姻之中。我有四个孩子。我感觉,无论如何,都只能想办法把事情解决。对家庭忠诚是我的价值观中占据主导的一个。”

罗斯医院的精神病医生相信安妮的说法,夫妻间的吵架是一回事,发疯又是另一回事。但事情既然都到了这份上,她只有两条路可以走:对她心智正常与否进行一场全面的听证;或是在兰利·波特诊所进行两周评估。她选了后者,住在上锁的病房中。菲尔和孩子们每天都来看她。女儿海蒂(当时十三岁)回忆,在其中一次开车去医院的路上,“菲尔说:‘我今天要跟医生谈谈。我敢肯定他们会告诉我们,我才是应该待在那儿的人,而不是你们的妈妈。’在回家的路上,他说:‘他们就是那么跟我说的。我早就想到了。’好吧,也许是真的,也许不是——他总是会说类似那样的话。”

诊所对安妮住院期间的记录(根据安妮的转录)显示,迪克先生“非常不开心,他说他从来没有看过妻子的状态比这更遭。迪克先生感觉他才是伴侣中有精神问题的那位,应该入院。他感到也许自己是精神分裂”。负责记录的男医生特别注明:迪克先生的问题是他“无法控制妻子”。

两周后,安妮出院回家。回家路上,菲尔坚持要去看X医生;后者告知安妮,尽管在兰利·波特诊所待过,她仍患有“躁狂抑郁”。诊所期间,安妮将每日要吃的三氟拉嗪吐掉;因为她进去的第一天曾顺从地吞了下去,结果整个人变得迟钝。据安妮的说法,X医生坚持她回家后一定要继续服用。菲尔威胁,要是她拒绝,就会离开她。菲尔诚心相信三氟拉嗪(一种吩噻嗪镇静剂,用以控制特定精神障碍和高度焦虑),他自己偶尔吃,感觉很有用。安妮服用一般的剂量,她的体验是:“它们把我变成了一具僵尸。一旦我开始吃这些东西,我就不再有足够的判断力去拒绝继续吃。”两到三个月里,安妮持续服用三氟拉嗪,并为记忆受损所折磨。她和菲尔开始去看婚姻顾问,但顾问对于到底发生了什么一点儿头绪也没有。三氟拉嗪的阴霾消散后,安妮清醒过来,变得无比愤怒,但她仍决定挽救婚姻。菲尔对此表示怀疑。

后来的岁月中,虽然菲尔一直称安妮“精神分裂”,缺少人类善意,但他从来没有公开提起或暗示过那份非自愿监管文件。1960年的那次堕胎一直让他耿耿于怀,无法消散的愤怒也是会让他产生这些指责的部分原因。不过,他对安妮非自愿监管这件事的沉默(与之呈鲜明对比的是他反复、激烈提及首饰生意惨剧),某种程度反映他内心深处的不安。不过,菲尔对真实的人生事件表示回避和沉默时,却用浓墨重笔在科幻小说中重绘了那次监管的记忆。六十年代,他大批小说的女主角都有至少部分灵感来自安妮,菲尔对此毫不掩饰。下面提到的三个例子分别是来自《帕莫·艾德里奇的三处圣痕》中的艾米莉·赫纳特,《阿尔法卫星上的家族》中的玛丽·里特斯多夫,以及《等待去年来临》中的凯瑟琳·斯威特森特。

《帕莫·艾德里奇的三处圣痕》中的艾米莉和丈夫理查(来自安妮第一位丈夫的名字)正在进行一项E疗法(E指进化)。E疗法风险很高。治疗对象要么进化——大脑容量变大,看上去像是长了个"泡泡头"——要么退化,变成之前自我的一副躯壳。结果,理查进化,而艾米莉退化了。安妮发现,这是菲尔在比较两人对三氟拉嗪的不同反应。理查的高瞻远瞩,令他对所爱的妻子采取了一种温和开明的态度。艾米莉的衰退是种不可避免的悲痛。此外,艾米莉这个角色同样受菲尔第二任妻子克丽奥的影响。特别是艾米莉前夫在两人婚姻走到尽头时的悔恨,让人联想起菲尔本人对克丽奥的感觉:他失去了一位"完美的好妻子"。

不过,后面两个例子中,安妮的形象占据明显位置。《阿尔法卫星上的家族》一书中,倒霉的查克·里特斯多夫和才华横溢的精神病学家妻子玛丽,在进行一次精神侧写测试。结果,玛丽被迫承认查克"没有一丝一毫精神扰动",而她自己则是抑郁型。她承认:"我老是给你施加压力,让你找份薪水更高的工作——那肯定就是因为抑郁。在我的妄想中,所有事情都一团糟,我们必须做点儿什么,要不然就完了。”①

爱情在《等待去年来临》一书中接受了考验。埃里克·斯威特森特博士是个充满困惑但好心肠的人器(人造器官)外科医生;妻子凯茜是位极其杰出的咨询师,脾气火爆,工资比埃里克高。凯茜爱埃里克;虽然他努力想从婚姻中挣脱出来,但她却想努力保住他。她开始对JJ-180上瘾,这是一种具有毒性副作用和令人陷入时空循环的迷幻剂。凯西下套让埃里克也服用了JJ-180,目的在于鼓动他找解药。虽然埃里克付出了忠诚的努力(凯西并不配得到),但真相却是——正如未来的埃里克在JJ-180之旅中告诉他的————凯西深受科尔萨科夫综合征困扰(“由于长期酒精中毒造成的大脑皮层受损”②),由早在JJ-180之前她服用的镇静剂导致。他们的情况根本无解,但正如未来的埃里克注意到的:“在吩噻嗪药物的镇静作用下,她现在很安静”③。

《等待去年来临》结尾处,埃里克和一位飞行出租车谈起了“博爱”。正如菲尔在他的很多科幻小说中展现的那样,机器的话直指人心:

他突然对出租车说:“如果你妻子病了——”

“我没有妻子,先生。”出租车说,“全自动机械从不结婚,这是众

---

①《阿尔法卫星上的家族》,李天奇译,四川科学技术出版社,待出版。

②《等待去年来临》,李天奇译,四川科学技术出版社,2019.12,261页。

③《等待去年来临》,262页。

所周知的事实。”

“好吧。”埃里克承认确实如此,“如果你是我,而你妻子病了,病得很重,完全没有希望康复,你会离开她吗?你曾经去过十年后的未来,知道她损伤的大脑永远也不可能恢复,还会留在她身边吗?和她继续待在一起意味着——”

“我明白您的意思了,先生。”出租车插嘴,“这就意味着,您的生活只剩下照顾她这一件事,除此之外别无其他。”

“没错。”埃里克说。

“我会留在她身边。”出租车说。

“为什么?”

“因为,”出租车说,“生活就是由种种已经被制定好的现实组成的。如果您离开她,那就相当于在说:我忍受不了这样的现实。我只能适应特别简单的处境。”

“我同意你的看法。”过了一会儿,埃里克说,“我会留在她身边。”

“老天保佑您,先生。”出租车说,“看得出,您是个好人。”

“谢谢你。”埃里克说。

出租车继续向蒂华纳皮草染色公司驶去。[①]

这些小说的价值并不依赖菲尔对安妮精神状态评估的准确程度。他是虚构小说家,甚至会想象和阐释自己生活中的事件。不

---

①《等待去年来临》,328-329页。

过，丈夫-妻子之间的心智碰撞，也显然说明，将安妮监管，菲尔不仅采取了他认为必要的措施，从根本上，他也认为这是对安妮的爱。值得郑重声明的是，安妮从未受精神错乱或脑损伤折磨；菲尔离开之后，她不仅成功地拓展首饰生意，还养育和教育了四个女儿。

监管事件后，甚至在服用三氟拉嗪后，两人间的争吵仍未消停。1963年秋天，菲尔和安妮参加了因弗内斯一座大宅里的派对。安妮回忆，菲尔那天表现反常，灌下好几杯马丁尼酒。回家路上，他转弯时把车开出了陡峭的路沿——前轮悬在空中。安妮写道：等待救援时，“菲尔抓着我的手臂，试图强迫我坐到驾驶位上。他说，‘坐进来，我来推车。’要是他真的下去推，车会掉下山崖。当然，山坡上有树，车不会跌落太远”。

1963年末，两人间的紧张关系到达顶点。菲尔离开家，回到伯克利和多萝茜住在一起。不久后，安妮来接他回家，菲尔温顺地跟着她走了，似乎被她展现的爱意融化了。但幸福时光一去不复返。肯尼迪总统十一月遇刺，对菲尔打击颇深，当他得知新闻时，震惊得瘫倒在地，接下来好几天都非常沮丧。菲尔钟爱的猫咪“胖墩”失踪后，他们买了一对暹罗猫，结果死于瘟热。菲尔整个成人阶段都和猫生活在一起，这件事发生后，他拒绝为它们再找替补。

安妮建议他去参加教堂活动，认为也许有帮助。他们加入因弗内斯的圣公会教堂——圣哥伦巴教堂，并且（要是菲尔就会说）“虔诚”地参加每周日活动。他有时会宣称，参与这些纯粹是为了帮安妮结交权贵:“她说,如果我们想要认识法官、地区检察官和其他重要人士,我们就必须得是圣公会教友。”

不过,菲尔对圣公会活动短暂、密切的参与,主要推动力并非来自安妮,而是1963年下半年看到的一次恐怖异象,令他面临灵性危机。二十世纪七十年代末期,菲尔回忆:

> 一天,就跟平常一样,我走在乡下小路上,准备去我的小屋,对付眼前的八个小时写作,和所有人类完全隔绝。这时,我抬头看天,忽然发现一张脸。我并不是真的看见这张脸,但它就在那儿,而且它不是一张人类的脸;它是彻底邪恶的巨型面容。我现在才意识到(我认为那时也隐约意识到)是什么导致我看见这张脸:长达几个月的孤独;缺乏与人类的接触;事实上感官也同样恶化……但无论如何那副面容的存在不可否认。它巨大无比,占据四分之一的天际。它双眼空空,由金属制成,透着残酷气息;另外,最最糟糕的是,它是上帝。
>
> 我开车去我所在的教堂[略]和牧师谈起这件事。他得出的结论是,我瞥见了撒旦;于是给我施了涂油礼,并不是至圣涂油,只是治愈涂油。一点儿作用也没有;天空中的金属脸照样存在。我每天都要走那条路,而它就那样,从天空中盯着我。

这个异象——并非“真正”看见,而是明确遭遇——持续了好几天。孤独、婚姻失败的阴影并非全部缘由。菲尔当时也在服用他一会儿声称是“某些化学药物”,一会儿声称是“迷幻剂”的毒品。到底是什么毒品,现在已经很难考证。不过,1967年的一封信中,菲尔的确提到，肯定不是LSD；如果只是安非他命，剂量够高，也的确可能造成这类异象。到七十年代，他对这次异象的解释已不再提起毒品；也许因为那时他对毒品体验的态度已发生转变。

尽管如此，这个异象的核心并非药物，甚至也不是孤独，而是对父亲埃德加戴上防毒面具的记忆，当年埃德加曾向四岁的菲尔描述第一次世界大战的恐怖画面。“他戴上防毒面具的样子，和他解释的那些肠子挂在体外，被弹片撕碎的人的景象糅合在一起——几十年后，1963年，当我每天独自一人走在乡间小路上，没人可以说话，无人陪伴，那个金属、盲目、非人性的面容又在眼前出现了，但这一次，它超越一切，成为无边无际的绝对邪恶。”

这个面容——后来成为帕莫·艾德里奇——和菲尔的教室恐惧一样，同属于对内的精神崩溃。不同之处在于，菲尔现在作为作家，具备回应和整合的手段。即便如此，挑战也十分严峻。菲尔后来说：“我们必须让我们的‘独立自我’保持理智；现实[外部世界]必须由其进行过滤，通过大脑运转机制来小心控制。当我看见帕莫·艾德里奇日复一日，越过地平线，延绵不散时，我会想到，正是因为我们不能直接掌控它，才会导致这类事发生。”

菲尔没有告诉安妮这个体验。她写道：“要是他跟我说了，我也许会告诉他：‘你很可能吃了什么跟你不对付的东西。’”

1963年圣诞节，菲尔和安妮给了女儿们“芭比”和“肯”的玩偶当作礼物。同月，菲尔（在《惊奇》杂志）发表短篇小说《活泼帕蒂时代》，这篇小说叙述荒凉和惨败的地球上,那些幸存者古怪、滑稽的生活,他们活下来全靠火星胜利者投送的救济物资。为了保持残存的理智,幸存者们流行玩一种做模型和玩偶的游戏,并将它们放到精心设计的"活泼帕蒂微缩世界"中,它的风格显然来自芭比和肯的衣柜、配件。女儿海蒂回忆,菲尔特别量了芭比娃娃的尺寸,确定她们不可能存在于现实世界——她们的头相对于身体太小了。

天空中的异象、芭比娃娃、对埃德加的记忆,以及圣公会教堂的教诲——所有这些都将汇聚到一部长篇小说之中:菲尔将在圣诞节后,1964年年初动笔写作。

最后一块碎片来自将世界倾倒的诺斯替理论,它是一种历经多个世纪流传的宗教思想主题,虽然受天主教教会穷追猛打,但仍顽强生存下来。菲尔和安妮这时正在上坚振礼班,圣公会弥撒的教义让菲尔非常感兴趣,特别是圣餐礼中的圣餐变体论。这种兴趣引导他十分独立地阅读荣格的论文《弥撒中的符号转化》。荣格推断,在基督教认为基督为了洗清我们的罪而死的观点之下,隐藏着诺斯替意味的罪罚一致——由于创造了一个有缺陷的世界,因而,一位神圣存在受到公正的惩罚。荣格总结:"处于很容易理解的动机,你不能期待从正统基督教那里得到满意答案。[略]但是,从特定的诺斯替体系中,可以清楚看到,auctor rerum [创世者]是一位较低阶的统治者,他错误地臆断自己创造了一个完美的世界,但实际上却很不幸,那个世界充满了缺陷。"

诺斯替世界观认为我们的世界是由邪恶、低阶神格创造的幻象现实，这对菲尔来说太有吸引力了。这样才能解释得通，为什么人类会遭受痛苦，以及出现那些令人震惊的现象，比如天空中的“绝对邪恶”异象（诺斯替神的真实面容！）。这并不意味，菲尔标榜自己是诺斯替主义者。但作为小说家，菲尔天生受这类理论的吸引，它不仅能刺激想象力，还能给他的个人体验提供一个有用的框架——诺斯替正好能完美满足所有要求。

1964年1月，菲尔、安妮和孩子们都正式受洗。不过安妮回忆：“我们开车回家的路上，菲尔高兴地告诉我，‘受洗的那会儿，我看见从受洗池里偷偷溜出来的红色小魔鬼，双腿夹着尾巴，那种经典款，头上长角，尾巴长刺。’”

1964年3月，菲尔将《帕莫·艾德里奇的三处圣痕》邮寄给梅雷迪斯代理。此时，菲尔正处于安非他命加持的飞快写作时期，即便以他的标准，也是炽烈如火的日子。在创作《帕莫·艾德里奇》之前的十二个月中，菲尔写完六本科幻长篇：《血钱博士》《泰坦棋手》《模拟人》《等待去年来临》《阿尔法卫星上的家族》《太空裂缝》。之后五个月中，又写了三本：《震击枪》《倒数第二个真相》以及中篇《未传送的人》（*The Unteleported Man*）。（详见《创作编年纵览》）

的确，为了养家，他感到压力很大，所以才会以超快速度写作，否则以当年科幻作家的收入，他不可能靠科幻生存下来。但菲尔当时也的确处于他写作能量的巅峰时期。尽管他的小说今后拿的还是可怜的预付版税,尽管到了七十年代早期他还在服用安非他命,但在这之后,他再也无法以这种不可思议的炽热节奏创作。见鬼,低预付金从来就没有改变过。

不过,《帕莫·艾德里奇的三处圣痕》让创作之闸彻底打开。菲尔跟主流小说之间的纠缠已经结束。《高堡奇人》获得雨果奖。市场上的科幻读者吃他这一套。而且,只要你能让他们惊掉下巴,他们就让你尽情去写。没什么比这更容易的了。

菲尔的剧情不需要什么花里胡哨的太空探索装置。大部分情况下,他把角色“扑通”一声,直接放到临近的火星殖民地,或是核战浩劫后的地球。他所谓的未来科技包括会飞的“振翅机”(flapples),以及会说话的自动平衡装置(总是徒劳地想要帮倒霉的人类主人理清他们的生活)。要是菲尔真想要加点儿料做出改变,就会引入心灵感应者(teeps)和预知者(precogs),或是具有邪恶和圣洁信念的外星人,或是不管承诺的是什么但总会把事情弄得更糟、更古怪的全新毒品。面对这些,角色们就会趋于——谁不会呢?——疯狂、困惑、暴躁、颓丧,以及,甚至有时会对人类善行充满绝对信念。那就是!菲利普·迪克式的世界。

《帕莫·艾德里奇的三处圣痕》是菲尔第一次抓住了科幻这个类型,扼住它的喉咙,按自己的路子写出来的小说。约翰·列侬看过这本书,非常钦佩,甚至有兴趣把它改编成电影。正如菲尔多次提到,在他所有作品中，这本书最有机会永世流传。《神圣秘密》在形而上学和心理学上比它更胜一筹；《尤比克》的后形而上学式闹剧比它更杰出；《暗黑扫描仪》探索地狱一般的领域，更让人信服。

不过，如果你想读一本引人入胜、让你屏住呼吸的书，读一本关于地球被远超我们理解能力的外星力量入侵；与此同时巴尼·梅尔森穿过数不清的或然现实，努力在其中之一，只需要在其中之一，赢回前妻；而且，绝望的火星殖民者渴望着活泼帕蒂明亮、光泽的世界；还有，莱奥·布列罗转向让人疑心大起的“微笑大夫”求助，好以此摆脱巨型老鼠；此外，帕莫·艾德里奇至少有那么一小会儿，被证明是世上的每一个人；把所有这些都加起来——趁你还没注意时——放进一个有关现实的本质、我们永恒灵魂挣扎的不断变动的寓言之中，那么，你就必须要读《帕莫·艾德里奇的三处圣痕》。

小说时间设定是二十一世纪初期。地球酷热如焦土——五月的纽约，气温高达八十二摄氏度。预知者巴尼·梅尔森在一张陌生的床上醒来，身边睡着一位不认识的女人；他立即下床打开手提箱精神科医生——“微笑大夫”，巴尼希望它能证实他疯了，这样就能免除世界政府强征他前往火星开拓殖民地的苦差，那里的情况比地球更糟。“微笑大夫”向巴尼解释，那个女人是罗迪内拉·福盖特，是巴尼在活泼帕蒂微缩世界公司的新助理，而且，她想要顶替他。

活泼帕蒂微缩世界（PPL）的正经生意是出品完美的微缩模型（微模）“场景”——带阁楼的公寓、阔气的敞篷车、豪宅——那些服用非法“糖麻”毒品的火星殖民者,在体验了转瞬的陶醉阶段之后,可以经过微缩场景“转化”进入沃特(对小伙子们来说)和活泼帕蒂(对姑娘们来说)的完美身体之中。当三对夫妻坐在“茅舍”——菲尔以自己写作的“茅舍”来命名他们的阴冷住处——中时,三个男人能同时进入沃特,而三个女人则同时进入活泼帕蒂。神秘的是,如同三位一体的上帝,难以揭晓,到底谁是那个“一”。下面是糖麻作用下,海滩场景里的某天:

他们两人一起安静地躺在沙滩上,海浪拍打着他俩,[略]。

活泼帕蒂站起来,说:“好吧,我觉得我最好去游个泳。待在这里也没事做。”她下了水,逐渐远离他们,他们在沃特的身体里看着她远去。

“我们错过时机了。”陶德·莫里斯讪讪地想。

“这怪我。”萨姆承认道。他和陶德合力站了起来。他们跟着她走了几步,水没过脚踝时停了下来。

萨姆·里根开始感觉到药物的效力快要过去了。他意识到了这一点,顿时感觉既虚弱又害怕,还有点恶心。这也他妈太快了,他心想。[略]

微缩世界旁边有一个褐色包裹,里面原本装的是糖麻。那五个人已经把它嚼光了。他不情愿地看到每个人不受控制的嘴半张着,嘴边挂着一丝闪闪发光的褐色汁液。[1]

---

①《帕莫·艾德里奇的三处圣痕》,汪梅子译,四川科学技术出版社,2015.05,48—49页。

巴尼·梅尔森的预知能力让他能预测到——至少大部分时候——哪种“微模”时尚能够捕获渴望幻想的殖民者的心。梅尔森的老板，PPL的所有者莱奥·布列罗，不是常见的典型英雄形象。他是大名鼎鼎的糖麻推动者，当殖民者们将“转化”体验等同于宗教时，布列罗清楚明白，正是糖麻给那些人的凄惨生活带来一丝慰藉，这一点同时也令他正当地推广毒品。不过，最终正是莱奥·布列罗拯救了地球和所有人。

威胁来自帕莫·艾德里奇的回归，此人是位叛变的实业家，他待在比邻星系已有十年之久，现在回来了，但飞船却在冥王星神秘坠落。艾德里奇幸存下来，但没人知道他到底以什么形式活了下来，因为他总是把自己和其他人隔离开。不过，他随身带回来一种新型毒品——嚼麻，它严重威胁糖麻在市场上的地位。每个火星殖民者都会告诉你，使用糖麻后，体验结束回到茅舍的过程太快了；而且，它还需要大量昂贵的“微模”来让体验变真实。但是嚼麻却能一直一直持续下去，你在其中体验到的一切，都和现实毫无二致。嚼麻的市场口号是：“**上帝承诺永恒的生命。我们能把它送上门。**”

艾德里奇给布列罗服用了嚼麻，结果非常可怕。为了逃离那里，布列罗造了一个无限循环向上的台阶，直通天际，然后下降到纽约，PPL的总部所在地。最后，他总算回到了办公室中，正如一位好领导应该做的，他试图向巴尼和罗妮·福盖特保证：

“我现在知道这个新冒出来的嚼麻大概是怎么回事了。它绝对比不上糖麻。我可以毫不犹豫地强调这一点。可以确定这只是一种幻觉体验。现在说正事。艾德里奇说嚼麻能够带来真正的转世,[略]。所以联合国买账了。这是个骗局,因为嚼麻并不能做到这一点。但嚼麻最糟的一点是'唯我'。糖麻可以让你进入真实的人际体验,在那个世界里,你的棚屋的其他人——"他恼火地停下了,"什么事,福盖特小姐?你在看什么?"

罗妮·福盖特低声嘟囔道:"抱歉,布列罗先生,您的桌子下面有个东西。"

莱奥弯腰察看桌子下面。

有个东西挤在桌子底部和地板之间,一双绿色的眼睛一眨不眨地看着他。[略]

莱奥说:"呃,就这样吧。对不起,福盖特小姐,你回自己的办公室去吧。用不着讨论对嚼麻即将上市应该采取什么行动,因为我没有跟任何人说话。其实我是在这儿自言自语。"①

慢慢地,所有人(无论他们有没有吃过嚼麻,不过,到底谁又是"他们"?)开始有了帕莫·艾德里奇的"圣痕",正基于菲尔在西马林天空所见:不锈钢牙齿、空洞的人造眼、黑色的机械手臂。小说对这些部件的解释是,它们是"冥王星坠毁"事故后提供给艾德里奇的假体。但它们成了受艾德里奇控制,无处不在的幻象的标志。梅尔森看到了邪恶面容背后的真相:

①《帕莫·艾德里奇的三处圣痕》,95–96页。

……都一样，都是他，造物主。他意识到，这就是帕莫，他是造物主。他拥有这些世界。我们其余人只是居住在这些世界里，他也可以随心所欲地住进这些世界。他可以扰乱环境，现身，按他的心意让事情朝任意方向发展。甚至可以随心所欲地成为我们中的任何一个。事实上是我们所有人，只要他乐意。永恒，超越时间，超越所有其他维度……**他甚至可以进入一个他已经死了的世界**。

去比邻星系的帕莫·艾德里奇是人，回来的却是神。[①]

如果艾德里奇是神，那他也是位阴郁的神。无论栖息于多少不同的领域，他都是孤独的。梅尔森不知要如何承受嚼麻带来的永世，艾德里奇建议（作为绝对邪恶来说，能给出的最接近善意的建议），他可以将梅尔森变成一块岩石。

不过，小说以一段商务备忘的警句结束——抑或是开始。它向读者保证，莱奥·布列罗，这位贪婪的企业家，同时也是人类的终极救星，将会取得成功。这段备忘的时间设定在整本书可怕的故事之后，它承认人类“只是由尘土而造”，看上去“不是什么好的开头”，接着又忽然下了结论：“所以我个人对此抱有信念，就算是面临如此糟糕的情形，我们也能撑过去。你明白我的意思？”本书第三章曾讨论过布列罗像菲尔的第一个老板，赫布·霍利斯。不过，这里还埋着更深的线索，它最早在五十年代的小说《父怪》中出现过：

我的父亲在这篇小说中同时以两种形象呈现：帕莫·艾德里奇

---

①《帕莫·艾德里奇的三处圣痕》，196页。

(邪恶父亲,魔鬼面具父亲),和莱奥·布列罗,温柔、粗鲁、温暖、人性,有爱心的男人[略]书中表现的恐怖和惧怕,并非煞费苦心虚构的情绪,用以吸引读者;它们来自我内心最深处:渴望一位好父亲,害怕邪恶的父亲,那个离开我的父亲。

帕莫·艾德里奇是菲尔第一部卖给双日(Doubleday)出版社的科幻小说,二十世纪六十和七十年代,包括这本书在内,双日出版社一共以精装本形式出版了八部菲尔的长篇小说。虽然直至六十年代末,仍由王牌继续出版他的大部分小说,但双日是菲尔首次发掘的王牌之外的稳定市场。虽然双日付的钱并不比王牌多多少——平均预付版税为两千美元——但他们至少提供尊重人的精装护封。因此,从市场角度而言,《帕莫·艾德里奇》也是菲尔的突破之作。

更重要的是,通过它,菲尔明确了他在科幻类型上可以如何施展拳脚。帕莫·艾德里奇把他吓坏了——菲尔宣称,收到书稿小样时,他甚至不敢读。安妮笑称它是"黑弥撒",因为菲尔正是在参加坚振礼班那段时间写的这本书。1974年访谈中,菲尔称嚼麻领域"不是梦,甚至不是幻觉。而是那些人物进入的一种状态……以及他们试图寻找回归'理智'的路"。

当然,这本书本身就很适合解读。比如帕莫·艾德里奇(Palmer Eldritch)这个名字。按照基督教符号体系,棕榈(palm)枝暗示殉道者战胜死亡。帕莫是曾前往圣地(或是未来的太阳系)的朝圣者,带着棕榈枝(或是嚼麻苔藓?)归来。艾德里奇[①]这个名字,明显是洛夫克拉夫特以及二三十年代《怪异故事》(*The Weird Tales*)通俗小说时代青睐的形容词。至于莱奥·布列罗,则是“以西结”预言中的狮子,是基督的象征、生命之主,和重生有密切关联。嚼麻领域也许可以看作和基督教圣餐平行的诺斯替可怕真知,按照荣格描述,圣餐“正如其根本核心,包含神秘、奇迹般的上帝转变,在人类范围内成型,成为人;接着,他又回归到自为的绝对存在之中”。

《解经》中,菲尔频繁转向诺斯替教义,试图向自己解释帕莫·艾德里奇。举例来说,艾德里奇是“自大的那位,盲眼的上帝(即非自然),却假定自己是唯一的真上帝”。真正的上帝——真正的父——已经抛弃了这个世界。不过,最为根本的一条,是1978年写下的这段:“莱奥·布列罗击败帕莫·艾德里奇,是救世主/信使(人子)击败这个牢笼(和幻象)世界的造物主。打破他强加在人身上的力量。”

除了以上所有,《帕莫·艾德里奇》还是一本杰出的入侵地球小说。上帝保佑科幻。

到1964年初,菲尔和安妮的婚姻几乎已经走到尽头。菲尔去伯克利和多萝茜住一起的次数越来越频繁。3月9日,菲尔正式申请离婚(判决直到次年10月才最终生效)。之后,菲尔也回过雷伊斯角站几次,意图和解,待的时间从一小时到一两天都有,但每次去了

① 意为怪异、可怕。

之后,都加重了他对这场婚姻的失败感。

离异最糟糕的部分是抛下劳拉和三位继女。虽然有过那么多混乱,菲尔一直都是非常尽心的父亲,将海蒂、简妮和谭迪视为己出。但从根本上,菲尔决心做出改变。他明显并不适合将自己限制于中产阶级家庭生活之中。对孩子们的爱,也不足以补偿因难以驾驭安妮带来的痛苦。跟那个时代大部分男人一样,离婚后,菲尔几乎不可能考虑分享监护权,养育孩子是女人的事。菲尔后来怨恨安妮不愿让劳拉去看他。但他也从来不反对由安妮负担主要养育义务,包括经济上的负担——离婚后的十年中,菲尔一直躲避应付给安妮子女的赡养费。自从1964年3月和安妮分手之后,他的主要精力花在开始新生活上。

菲尔很享受回归城市生活,也打算放松一阵子。此外,他一生中第一次也是唯一一次,成了湾区科幻圈的中流砥柱。一开始,菲尔和哈德纳夫妇住在伯克利。接着,出现一次偶然的通信,由此引出菲尔新的一段浪漫情事。

格拉妮娅·戴维森(Grania Davidson,后来的名字是格拉妮娅·戴维斯,出版过三本科幻小说),年方二十,住墨西哥。她嫁给菲尔的朋友,科幻作家阿夫拉姆·戴维森(Avram Davidson),不过,这场婚姻正在友好地走向终结。她给菲尔写信,称赞他的《高堡奇人》;此外,格拉妮娅也经常求问《易经》。这么一来二去,两人便发展出一段鸿雁来往的情爱。1964年,格拉妮娅和儿子搬到湾区,她和菲尔一拍即合，决定分享位于东“Gakville”（即奥克兰）莱昂大街3919号的住处。这是个很小的老房子，邻居们也谈不上有什么时尚可言。对外来说，为了避免办离婚期间的尴尬，由菲尔租下这栋房子，格拉妮娅只是住在后院的小屋里。

他们之间的关系一直持续到万圣节，让菲尔尝到了跟安妮在一起完全不一样的生活感受。格拉妮娅是个无拘无束的爱人，她敬佩菲尔的写作，也不跟他提什么让人为难的要求。格拉妮娅回忆，菲尔十分深情，无论对她还是儿子都很关切。他还给格拉妮娅的儿子在后院做了个沙盒。给她的礼物则更实际：一辆老雪佛兰车和一个沙拉碗。不过，他对爱情的宣言却十分震撼。格拉妮娅说：“菲尔有种非凡的能力，用爱的旋风来冲击别人，表达出不可思议的强烈感情——我觉得这是女人们和朋友们被他吸引的主要原因。当他爱你时，他真的非常爱你。”

她描绘那年夏天，菲尔被“内在恶魔”困扰。他会在夜里因为极度痛苦而忽然醒来。其中一个担忧，是怕安妮监视他，以获得对她有利的法庭判决证据。他向朋友们吐露，安妮不知用什么办法在他的米罗华里装了个窃听器。安妮的确用锯子锯掉了茅舍的门锁，好帮她的律师拿到菲尔的财务记录。菲尔知道后大怒，跟法庭申请了限制令；此外还买了把点二二口径的柯尔特短筒手枪，为了免受来自安妮的任何潜在暴力威胁。格拉妮娅回忆他“变得对那把枪极度喜爱，经常拿着它在别人身边挥来挥去”。包括有一次，安妮带着劳拉来莱昂大街时,也这么干。格拉妮娅不清楚那把枪在这些场合中有没有装弹。据她观察:“菲尔对暴力很感兴趣,受暴力吸引。这成了那时他整个人生模式的一部分——害怕中央情报局和纳粹在周围出没。”

菲尔的确跟朋友们多次暗示,纳粹、中央情报局和联邦调查局在监听他,安妮也有所谓的监视行为(对此安妮予以否认)。菲尔就是菲尔,当他讲述这些故事时,也很滑稽——面无表情地控诉中央情报局在猫盒里放了窃听器。

虽然菲尔以坏脾气口吻跟安妮和那些威胁他爱人的人说话(正如格拉妮娅强调,菲尔这时爱很多不同的人,包括和好几位女性保持柏拉图式爱慕),但他还是尽量避免暴力冲突,而且,常在局面即将失去控制之际,见风使舵地开起玩笑。举例来说,获得对安妮的限制令后不久,菲尔给了她自己没有登记的电话号码。后来,安妮来访时,菲尔让格拉妮娅躲进壁橱里。接着,他跟安妮友好地喝了杯茶,整个过程里,格拉妮娅一直藏着,她回忆,时间长到“人类膀胱能容忍的极限”。

格拉妮娅说菲尔有“天使和魔鬼两面,他能让两者理性地共存,实在很有趣”。她接着笑道:“他当然很疯——疯得像个嗷嗷叫的猫头鹰。不过,菲尔也远不止疯而已——他是个非常丰富和复杂的人。疯,不过是这个极度复杂的人的一面而已,他同样才华横溢,神秘莫测,极为人性。”她回忆菲尔乐于“暗示他周遭的所有人都是疯子——否则他们[她大笑]就不会跟菲利普·迪克纠缠得这么近，或是他们已经跟他纠缠得太近了。"他常常给刚认识的人做詹姆斯·本杰明格言测试(《模拟造人》中有重要作用的心理诊断工具)，用来测量他们的个人素质。不过，格拉妮娅回忆，菲尔对被测试者答案的解读，很大程度上依赖于他一开始喜欢还是不喜欢这个人。

1964年一次导致受伤的车祸，让菲尔善变的情绪雪上加霜。他开大众甲壳虫拐弯时，把车弄翻了，格拉妮娅当时也在车里，但没什么大碍。菲尔却打了石膏，手上绑了两个月的绷带。离开安妮后，他的写作节奏本来已大大慢下来，车祸更让所有还在继续的写作全都暂停。打石膏的痛苦生活，再加上结束一场婚姻开始新生活面临的恐惧，让他有了自杀的念头。1964年7月，格拉妮娅一封充满焦虑的信描绘了他当时的绝望情绪。写完后，格拉妮娅立即后悔其中的语调，马上把它扔了，但却被菲尔从垃圾桶里捡回来，保存下来。下面是摘录：

他跟孩子们分离了……肩膀的痛苦持续折磨着他……各方面都很无助，不能开车，不能写作，不能洗澡，不能自己系鞋带，[略]……并非都是他脑子里胡思乱想，你明白吗……他有他的理由……平凡、正常的理由让他有现在这种感受……只不过，还有别的东西……那些在他脑子里的东西……这些又给他的日常生活平添了问题……[略]直到那个亲爱、讨人喜爱、聪明绝顶和有趣的菲利普变得[略]认不出来了……

她还写了那些和阴郁情绪交替出现的“愤怒”,菲尔在这种状态下吃东西会被呛到——童年时期吞咽困难的重现。

不过他们相处期间还是有许多快乐时光。另外,菲尔也很擅长写那些格拉妮娅称之为“美丽、热情和愧疚”的信弥补他的坏情绪。后来,十月份的一封信中,格拉妮娅向朋友吐露,后悔她对菲尔的情绪产生出的恐惧“被装进湾区大喇叭中,以不可思议的夸张比例被传了出去”。格拉妮娅并非是谣言的唯一来源,菲尔本来就善于表演夸大和把生活里的事件散播出去。但许多认识他的人都发现,很难区分菲尔到底有几分在讲冷面笑话,几分真的活在备受惊吓的生活中。他流传在外的名声是(正如他在一封信中抱怨的)“高级精神分裂妄想狂,相信每个人都在密谋加害他。所以,对他来说,任何人有可能在任何时候成为敌人。(事实上,这些描述让我本人非常困惑,我无法想象到底是谁到处传播这种形象,又为了什么理由宣扬这种谎话。[略])”

菲尔在东奥克兰的屋子,实际上成了平和的科幻圈社交俱乐部。菲尔受够了马林郡乡下的长久孤单,现在可以尽情享受和同行的相聚。星期天下午,不同风格的作家齐聚屋里,包括雷·尼尔森(Ray Nelson)、马里昂·齐默·布拉德利(Marion Zimmer Bradley)、杰克·纽科姆(Jack Newkom)、波尔和凯伦·安德森夫妇、阿夫拉姆·戴维森,还有其他很多人,都聚在菲尔和格拉妮娅的住所,头脑风暴科幻剧情点子。受其中一次聚会的谈话启发,菲尔和雷·尼尔森合作撰写了长篇小说《木卫三接管》。这些谈话还促使他计划写一本名叫《鲸鱼嘴殖民》(*The Whalemouth Colony*)的小说,后来他把点子放进了《未传送的人》。

不过,在东奥克兰的屋子里酝酿的最重要的作品是《火之戒》(*Ring of Fire*),菲尔把它当作《高堡奇人》的续作来构思。尼尔森后来提到,小说的名字来源于“环北太平洋的火山和地震断层,这一地区相当于在日本的范围”。故事中,“出现了一个具有惊人创造力的社团,名叫美亚,它创造了一些综合东西方影响的不朽艺术杰作,接着,整个社团除了一位艺术家、一位作家和一位音乐家之外,全部在第三次世界大战的第一天被摧毁。这也是《火之戒》的结尾”。当时他还谈到过这个系列的第三本书《富士之冬》(*Fuji in Winter*)。尼尔森回忆,那本小说“叙述了短暂的、毁灭性的战争,人类几乎灭绝,但废墟中却诞生了一个新宗教,将之前所有宗教中最好的元素统和起来。”三部小说连起来,可称作“美亚三部曲”。

想法很多,但菲尔第一次感受到来自作家瓶颈期的折磨。他担心这个瓶颈期会永远持续下去。和其他作家合作看上去是很不错的解决之道。菲尔整个写作生涯中只有两部小说与他人合作——《木卫三接管》和《愤怒之神》(先跟特德·怀特合作,最终和罗杰·泽拉兹尼合写)——都始于这个时期。

菲尔还有一位科幻作家好友,罗恩·古拉特(Ron Goulart)。1964年夏天,菲尔给古拉特写了封长信,这封信描绘了菲尔小说结构的蓝图,是他在相关文字中写得最明确的一篇。并不是说他所有的长篇小说都能严丝合缝地跟信中的蓝图对应——当菲尔进入炽烈的写作状态时,他完全可以跳出任何预定计划。但是,这封信对于了解菲尔用何等策略创造多视角菲利普·迪克式世界极具启发性。此外,对于正处在创作瓶颈期的作家,写出这封信本身也是一桩惊人成就——也许通过总结,让菲尔确信自己能够照这路子再干一场。

菲尔认为,在头三章,需要介绍三个关键角色。第一章会有:

第一个角色,不是主角,但是个"次人",比活生生的人生百态少那么一点,是那种贯穿全书存在的角色,但很被动;我们通过整个世界或整个背景如何作用在他身上,了解这个世界或背景;他是"那个买单的人",是"交税先生",等等。好。从戏剧角度而言,他没什么太多贡献,但是,重要之处在于,我们通过他,看到即将要生存的世界,从这里开始出现长篇、短篇小说的分界点:长篇小说不会在一个场景,或一个冲突中将戏剧发展到顶点,但要我说,长篇小说得利用一整个世界达到这个目的……就像何塞·奥特嘉·伊·加塞特(José Ortega y Gasset)说的:"要堵住所有的洞。"

第二章,"主角"登场,他得有双音节的名字,比如"汤姆·斯通塞弗"(S先生),以和第一章的"次人","艾尔·格伦奇"(G先生)的单音节标签相反。那么,主角

为谁工作——现在需要登场的是机构,或组织,或商业生意

——几乎什么都行,只要它能提供以下内容:它告诉我们S先生是干什么的,以及它本身是做什么的——它的功能。我们还知道了:S先生的个人生活(或私人生活、家庭生活)。他的婚姻问题、性问题,不管什么问题,反正某种让他困扰的事情,但跟那个他工作的大组织毫无关系……这么一来,我们所看到的就不再是背景、群众,或抽象;我们有了当下,有了即刻,有了这个而不是那个;问题紧急,而且牵扯到他人,比如妻子、兄弟,等等,明白了吗?

第三章需要有一个新的形象,相对于前两者,他的地位要高的多得多,整个小说的尺度因而发生了转变:

我们改变了轨道,现在,从这里开始,我们发展了一种短篇不可能涉足的方式。我们继续S先生和次人格伦奇先生的线索……某种意义上而已。但是,在另一种意义上,虽然技术上来说,我们继续讲述S先生,但我们已经处于另一个维度了:超人的维度。这里出现了他们面临的所谓的大问题:比如,地球遭到入侵;另一种有意识的种族,等等。而且,通过S先生的眼和耳,我们第一次瞥见超人的那个现实——以及人类,我们是否可以称之为超人先生(U先生)?——他存在的领域。[略]正如G先生是缴税的;S先生是“我”,那位处于中间的人;U先生是上帝先生、大人物先生[略]打个比方,他是阿特拉斯,肩负整个世界的重量,但他是邪恶的——他也有可能很沉重——或善良的;无论如何,力量带来责任,同时也让人很受伤;那种重量,会令他变老……至此,他已经重要得与整个高高在上的办公室相配了;他能忍受;他是完满的。

菲尔强调,“整本书的戏剧线取决于U先生和S先生之间的冲突”。读者在第三章第一次瞥见这种冲突。因为这三个角色之间的相互影响,“我们现在深入到一本书中,而不是一篇小故事中[略]”。正是S先生的命运,“戏剧性地演化发展,并令他最终和U先生正面对抗——此后的选项也将决定事物(比如U先生)会最终向哪个方向发展,并在讲述危机的一节中,落到S先生肩上。”

下面,轮到不同世界之间的伟大交融,这也正是叙事的指向所在:

第二章时,S先生以为自己有各种问题(他确实有,各种个人问题)。但现在,到了第四章,我们再看看他。他的肩上已经有了一些阿特拉斯所背负的重担:可以说,问题的实质飞跃了。但是,最初的那些个人问题并没有消失;实际上,变得更糟糕了。这样一来,我们就有了真正的复调:两个问题,前一个是个人问题,与之平行的是后来的那个世界性问题;两者都给对方造成伤害、损伤,或让对方的问题恶化。

接着,最重要的戏剧时刻终于来临,U先生此时已与S先生紧紧联系在了一起,也深陷之前讲述的S先生的个人问题中。所以,整本书后期,两个不同世界,两个问题,两条戏剧线,融合了。

彻底的纠缠,令戏剧性得到加强:

接着,结局的结构机制昭然若揭:S先生的个人问题对U先生来说,恰是他要找的公开解决方案。无论S先生跟U先生站一边,或势不两立,这点都会发生。现在你看,已经结构性地显示出有深度的多样性。举例来说,假如S先生为U先生工作一段时间后,忽然辞职——然后为了对付他,又重新加入了PPI[显性产品公司,或是不管什么发明“可疑道德观”的公司都行],为求生存而奋斗——又回到了原来的老板那里,会怎么样呢?

菲尔建议,一个可能的“最终戏剧发展”,可以以某种S先生和U先生之间的冲突形式存在。但“S先生幸存下来,一切都还好……除了我们特意留下来的一些尚未解开的松散结尾:S先生也许解决了他的个人问题,或世界性问题;但在这本书中,无论他解决的是哪一个,讽刺的是,另一个现在都变更糟了……这时,我们结束全书”。地球最终“从来自猎户座参宿四的毁灭性绿豆巨人手里被拯救……所以我们能松口气,全世界也都如此,我们能暂时轻松下来,从S先生的角度好好感受一下”。

“终曲”部分是对G先生的最终一瞥——“他这段时间怎么样?……我们在整个混乱期间差不多忘了他。”他很可能跟原来一模一样,也许有个稍微好一点儿的工作。下面是总结:

总之,亲爱的挚友,这就是PKD从打字机里敲出五万字(足够的体量)的:通过三个角色;三个层次;两个主题(一个外在或世界性的;另一个内在,或个体规模),然后将它们全部融合起来,最后,再来点儿人道的休止符。这也就是我的结构。无须多言。

这封信就像菲尔笔下众多男性角色的精彩画廊(令人惊奇之处在于,虽然女性角色的地位也很关键,但这封信中只略微暗示她们不过是为情节服务的棋子而已)。实际作品中,男性角色的范围远不止那三个明显简单化的例子:G、S和U先生。举例来说,《帕莫·艾德里奇的三处圣痕》中,G是第一章中的巴尼·梅尔森,但相对而言,他做S先生更适合。帕莫·艾德里奇,毫无疑问属于邪恶那类的U;莱奥·布列罗同时具有S和U特征——非常人性化,同时也是与艾德里奇对抗的"阿特拉斯"式人物。即便是遵循这些构思所写的长篇小说,也找不出完全一致的精确模式可循。

古拉特回忆,比起打电话,菲尔更倾向写信。去太平洋高地看望古拉特更是没门。"菲尔会说,'只有从我家到精神科医生那里来回的路上,我的车才动得了——只要一过桥,它就坏了。'"他们打电话时,"菲尔会时而窃声私语,说什么'你们听到了吗?'或是'你要我把那个名字拼出来吗?',他说FBI在窃听他的通话。"古拉特不知道到底该不该信,但菲尔不按常理出牌的确把古拉特和妻子吓到了。与此同时,他也认为,菲尔是个"妙极的喜剧演员"。他留起胡子后,像是狄更斯那号人物,同时,又会把一群听众逗得笑出眼泪。

如同命中注定的巧合,1964年世界科幻大会正好在奥克兰举办,地点离菲尔和格拉妮娅的屋子不远。纷至沓来的科幻作家和粉丝们听闻小道消息后,预想跟菲尔的见面会有糟到极点的结果。大会期间,一位著名作家(后来成了菲尔本人和其作品的崇拜者)评论:“只是瞥了一眼,我就觉得他肯定是疯狂透了。”

菲尔和格拉妮娅决定举办一场大会前夜派对。聚会非常成功,除非你要算上跳进蘸酱里的那些猫。王牌的编辑特里·卡尔刚从纽约赶来,他是唐·沃尔海姆的下属,与他同来的还有妻子卡罗尔·卡尔,菲尔立即爱上了后者。反正,人人都在大会上调情。菲尔喜爱调情,也擅长调情:一双摄人魂魄的蓝眸,不动声色的幽默感,全神贯注的倾听者。偶尔,他也会动真情;面对卡罗尔,这位热情、富有魅力、有趣的女人,就是一例。菲尔并非真要跟她发展一段婚外情——这不是要点所在(卡罗尔也不是,她乐见菲尔对她献殷勤,但很清楚自己有个幸福婚姻)。菲尔爱她。

爱对菲尔来说是件要紧的事:他爱得热烈,爱得滑稽。当时,他跟格拉妮娅同住,但却邀请了安妮(有过短暂的和解努力)和他一起参加第二天晚上的大会。不过在派对上,他却摇身一变,成为彬彬有礼的求爱者,忽视身边所有窘处,自始至终都在跟卡罗尔调情。

无论是特里本人的涵养,还是菲尔的喜剧才能,都值得称赞;有了这两者,才让这场调情进行得无比顺利。特里和卡罗尔抵达后第一晚,住在菲尔东奥克兰的屋里。卡罗尔回忆,第二天早上,“菲尔起床后,打给电话祷告服务,选了一个区,不喜欢,挂掉电话后又打给另一个区”。据特里回忆,接下来一整天,菲尔“一直提议要给卡罗尔买件什么东西,或是跟她交换什么。最后我为了惹恼他,故意说:‘走开,菲尔,走远点儿,我是爱吃醋的那号人。’”第二天凌晨四点,他和卡罗尔被菲尔打电话吵醒,他严厉斥责特里(他在王牌的编辑!),认为那种嫉妒心很不恰当。那天晚些时候,菲尔跟他们道歉,但到了晚上,他又来劲儿了,把特里关在特里自己办的派对门外。

迪克·埃林顿(Dick Ellington)是位知识渊博的科幻迷,他在这届大会上,第一次认识菲尔:

“我那会儿的信念体系是——”菲尔喜欢这么说话。他经常在各种想法之间跳跃,对此一点儿也掩饰;一点儿也不觉得尴尬。“啊,没错,我有阵子挺沉迷那个。”比如毒品。菲尔涉足不少毒品,但我从没有见到过他被毒品弄得稀里糊涂。他有时候会谈起某种迷幻剂,但我从没看到过他趴倒在地。偶尔他会承认,自己有过一些这样那样的毒品,但它们似乎对他没什么影响。跟他谈话,和跟任何完全正常的人谈话没有区别——博学、机智、诙谐,是个很好相处的人。跟普普通通的路人没什么区别。菲尔的举止,无论哪位心理医生都挑不出毛病,说他有什么行为不妥之处。

1964年大会上,很多人享受毒品。埃林顿办了场派对,有个参加者带了一位下班的伯克利警察来:

菲尔穿着一身三件套出现,衣服上有很多口袋,而那个警察正好在附近转悠。我向上帝发誓,菲尔这些口袋里塞的国内外化学物质,足够开家大药店,余下的还能再开家巫毒店。无论效果、背景,菲尔对各种药物如数家珍。最后,那警察总算走了——我以为有人会告诉菲尔,但没有人跟他说!接着,有人说:“感谢老天爷,那个条子走了。"菲尔喊了声:"耶稣基督啊!"我告诉他没什么要紧。"我他妈才不管呢!"他被那个带警察来派对的人气疯了。

大会后,特里和卡罗尔回到纽约,这么一来,正好给菲尔名声在外的奇怪情书有了发挥的完美机会。1964年末到1965年初,菲尔旋风般地写了一大批信,混合了发自内心的表白和纯粹的文字游戏。信中提到菲尔严重的抑郁发作,数次去找心理医生的事;还有和雷·尼尔森的创作合作,以及对雷的妻子,柯尔丝滕(Kirsten)的爱;以及和密友杰克·纽科姆的彻夜长谈和写作,还有掏出点三八口径手枪瞄准威胁朋友生命的"生物"。至于灵性慰藉之方面,菲尔既在疑惑中迷失了,而且他还恼火到了极点:

上次领圣餐时,我拒绝说出平常的告解词:"吾等恳切忏悔,为所犯之错由衷致歉;其记忆令吾等痛苦,其负担无法承受。怜悯吾等,怜悯吾等,最慈悲的圣父。"现在,我再也不能恢复常态了。我不相信。①

格拉妮娅在万圣节前后搬了出去,寄宿在马里昂·齐默·布拉德利在伯克利的公寓。这对菲尔是个重大打击,他痛恨独居,而且,他跟格拉妮娅挑明了愿意结婚。格拉妮娅回忆:"菲尔相信单配偶关系。他的想法是你跟人做爱,接下来就要结婚。"她并不想从此以后再也不跟菲尔见面,但菲尔大起大落的情绪也着实让她疲惫。

十二月,为了填补菲尔的独居生活,杰克·纽科姆和妻子玛尔戈

① 原文为拉丁文。

(Margo)搬了进来。这种尴尬的情况只维持了一个月;玛尔戈独自离开后,菲尔最后让杰克也搬走了。不过两人继续维持亲兄弟般的友谊。不管怎么说,菲尔可是把《高堡奇人》的手稿送给了杰克,以作“保单”(菲尔推断得很对,这份手稿将来会成为收藏家竞逐的高价藏品)。杰克发誓,会在菲尔有生之年保存这份手稿,而他也信守了诺言。总之,他们做室友的那段时间,找了不少乐子,比如开着菲尔那辆1956年的别克车,按着里头装的加尔各答出租车喇叭,呼啸而过格拉妮娅的新家。还有,那些寄到马里昂·齐默·布拉德利家,放在门廊上的尿布,也许也是被菲尔偷走的。这让马里昂大为光火。街头胡闹,两个男人的夜生活。纽科姆说,1964年某个时候,他让菲尔第一次尝试了迷幻剂。

菲尔从来都不怎么喜欢LSD。虽然谣传他经常在吞了迷幻剂后开始写作,但他一生只用过几次而已——菲尔痛恨这个谣言,但他本人却是始作俑者。

1964年,他至少用过两次迷幻剂,一次跟纽科姆,一次跟雷·尼尔森。尼尔森回忆那次迷幻剂之旅:菲尔冒汗不止,感到无比孤独,体验了罗马角斗士的人生,张口便是拉丁文,还体会到一根长矛刺穿身体。1974年7月的信中,菲尔明确,《死亡迷局》(*A Maze of Death*,1970)包含“我本人1964年服用LSD后产生的幻象,内容描述得非常精确”。下面是那封信中对书的摘录,这是菲尔编辑后的版本:

她喃喃地说着:"羔羊颂,你消除世间的罪孽。[①]"她不得不把目光从那个撞击地面的旋涡挪开,回头朝下看去……那里是一个深渊,里面是一大片被冰雪和圆石覆盖的土地。那里狂风肆虐,卷起大片冰雪堆在岩石四周。她想,这是一个新的冰河时代。[略]她的脚下出现了一个裂口。她开始往下坠落,身下地狱里那片冰封的土地离她越来越近。她再次高喊:"主拯救我,救我离开永恒的死亡!"[②]但是她还在急速下坠,眼看就要触碰到地面了,没有任何东西过来托住她。[③]

1967年8月的另一封信中,菲尔详细描述迷幻剂幻象:

……我感知他是个愤怒、悸动、寻求复仇的权威形象,要查我的账(就像形而上学化的国税局人员)。幸运的是,我还能表达出正确字词[指上面摘录的"主拯救我"],所以才能过关。我还看见从十字架上升天的基督,那也很有趣(十字架的样子有点儿像一把弩,基督像箭;他刚被放到那个位置,弩就把他以不可思议地速度射了出去——一切发生得非常迅速)。

1964年秋季,菲尔为特里·卡尔的科幻迷杂志《灯塔》(*Lighthouse*)写了篇论文,名为:《毒品、幻觉和寻求现实》(*Drugs, Hallucinations, and the Quest for Reality*),发表于当年11月号。在这

① 原文为拉丁文,出自罗马天主教的安魂弥撒曲《拯救我》。——中译本注

② 原文为"Libera me, Domine,de morte aeterna",意为"主拯救我,救我离开永恒的死亡",疑《死亡迷局》中译本错译,在此更正,以便读者理解此处。

③《死亡迷局》,朱宁雁译,四川科学技术出版社,2015.04,152页。

篇文章中,菲尔敏锐地提出:“幻觉,无论是精神病、催眠,还是药物、毒素等引起的,也许跟我们亲眼所见的现实,只有量的区别,而非质的区别。”他的理由是:所谓幻觉,也许只是真正现实的某些方面,只不过日常生活中,它被康德式的先验神经组织类别(比如时空)所过滤。当幻觉(无论以什么方式触发)出现,并和心智发生对抗时,就会超越这些类别——虽然我们尽最大努力坚守标准现实,但新的感知仍无可避免地如潮水般涌来。这样的超越会让我们变得无比孤独、恐惧。“无名的实体、形貌会接踵出现,接下来,个体既然无法辨识它们到底是什么——到底叫什么,有什么意义——也就无法跟其他人具体交流所看到的是什么。”对菲尔来说,为了获得启示而要忍受孤独,这个代价太大(但实际上,他一次又一次这么做了)。

真实还是虚幻,根源在于感知系统;是因为那些,比方说,平常在大脑的新陈代谢中并不呈现和活跃的化学成分。我们称之为“引发幻觉”的、无法分享的世界,它具有摧毁性:陌生感、孤独感,一种所有东西怪异、变化、黏合的感觉——这些由逻辑判断得出结论;直到这个个体,之前是人类文化的一部分,现在则成了有机的“无窗单子”[1][略]

不用依赖幻觉,人也有很多种别的方式可以变疯。

离开安妮后,菲尔尽力避免孤独。他找到的最好办法,是爱上别人。12月,在给柯尔丝滕·尼尔森的信中,他打了(正如给卡罗尔·

① 不可分割的实体。

卡尔的那样)好几页最喜欢的诗歌,包括叶慈的《快乐牧羊人之歌》,以及卢克莱修、欧里庇得斯、斯宾塞的词句,以及舒伯特《冬之旅》剧本的摘录。他甚至还写了首长诗献给她。

他们经常煲电话粥,菲尔甚至特意给她买了根加长电话线,方便她打电话时坐得更舒服。柯尔丝滕从挪威移居美国不久,常感孤单,并在社交场合感到不安。她回忆:“我不知道他到底是爱上了我,还是收养了我。我觉得他把我投射成他那位夭折的妹妹了。他感到必须要照顾好我。”菲尔是最体贴的守护者。“有一次,我得了肾脏感染,病得厉害。菲尔打电话时,我独自在家——雷在别的地方忙。菲尔气急了——他给我做了蛤蜊浓汤,打车从奥克兰带到我家,还帮忙照顾孩子,给他洗澡,哄他睡觉。”

不过,菲尔心里很清楚,他和已婚的柯尔丝滕不可能有什么未来。而菲尔渴望的不仅是远距离的爱慕,他要的是近在身边的妻子。

1964年初,菲尔和玛伦·哈克特(Maren Hackett)相识,她是个出色的女性,当时也参加因弗内斯的圣哥伦巴圣公会教堂活动。有一次,她到菲尔和安妮家做客,带了继女南希·哈克特(Nancy Hackett)。南希是位害羞、异常美丽的黑色长发女子。后来,到了年末,菲尔在玛伦家做客,再次遇上了南希,还有她姐姐安。菲尔同时感到南希和安两人对他的强烈吸引。不过,让事情变得更为复杂的是,玛伦感到菲尔对她的吸引。很快,菲尔集中全力,对南希展开专一的爱情攻势。在索邦大学读书期间,南希结识了一位男友,她觉得跟那人的关系还未了断。此外,法国求学时,南希因精神崩溃被送到医院,被迫退学回美国,接受家人照料。

南希担心(玛伦也如此)自己才二十一岁;对三十六岁的菲尔来说,年纪太小。但菲尔都因为受这位美丽、善良女子的强烈吸引,丝毫不愿减轻她们的担忧。这段时间,他写过一首诗,《致南希》,开头是:"高高的花儿,薄如/不稳定的青春。"结尾处借用卢克莱修式的景象:"我们是你的原子/你是友好的全世界。"12月16日,生日那天,菲尔给南希写了封信,试图故作沉着:"我认识到,我爱的是你现在的样子,是你能给我的,和已给我的,而不是你也许或将来会给我的——换句话说,不要去想你跟我之间未来的关系;不要担心什么外在的终极承诺形式。"

不过,三天后,12月19号,菲尔却恳求她搬去跟他住一起。南希想追求绘画、诗歌;跟菲尔住可以给她提供平静环境,以及经济支持,陪伴她的还有"杰克·纽科姆和我,再加上差不多一打的小伙和他们的姑娘[略],他们总在后屋"。接着,菲尔鼓足勇气把话挑明:

正如我说过,让你搬进来,是为了我好,否则我就会丢掉所有温和的机智,吃越来越多的药片,睡越来越少的觉,吃得更差,各种心理问题一起爆发——也没有真正的写作。我离开妻子后,没写出过任何重要作品;我想继续写,我需要你在身边,成为激励和缪斯……

一位我的写作对象,因为……明白吗?我想让你看我写的东西,告诉我写得好不好;如果你喜欢,那就是好,如果不喜欢,就不好;我需要有人在外面对着黑暗的房间吹口哨。如果你不搬进来,我担心我必须要找点儿别的什么东西,才能继续下去,但究竟要找到什么,要往哪里去,只有上帝知道……他似乎根本不存在。但人总得试试。

菲尔,已历经三次婚姻,他很清楚,这么做面临的风险有多大。圣诞节当天,他给卡罗尔的信中坦承:“总有一天她[南希]会让我心碎。我对她爱得太深。”

不过,勇于面对爱情冒险,当然胜过变为“无窗单子”。1965年3月,南希搬进东奥克兰的后院小屋。1966年7月,两人正式结婚。

不偏不倚,正是那六十年代的中心。

新的开始，平静的生活，

接着，所有东西再次垮掉——

而菲尔没法找到那称手的尤比克喷雾剂

让这一切连贯起来

（1965年－1970年）

菲利普·迪克[略]目前居住在圣拉菲,对迷幻剂和鼻烟很有兴趣。[略]已婚,有两个女儿和一位年轻、有魅力、紧张、不敢接电话的妻子。[略]大部分时间他都花在:首先,听斯卡拉蒂[①],其次是杰弗森飞机[②],然后是《诸神的黄昏》;他企图将它们全部整合到一起。有很多不同的恐惧症,极少出门,但很欢迎别人来他那栋小小的水边屋子。欠了一屁股债,都还不起。警告:不要借他一分钱。此外,他会偷你的药片。

菲尔,

1968年早期的《自传素材》,可能是应某出版社之约而写

对我来说,最要紧的是写作,是构造整部长篇小说的实际行动;因为,当我写作时,那个特殊时刻,我身处我写的世界中。这对我来说是真的,完整、绝对。接着,一旦写完,必须停下来,得从那个世界

① 指亚历山德罗·斯卡拉蒂(Alessandro Scarlatti ,1659–1725),意大利作曲家,近代歌剧之父。但也有可能指其六子,多梅尼科·斯卡拉蒂(Domenico Scarlatti,1685–1757)。

② 旧金山最早为全美国熟知的迷幻摇滚乐队。1967年2月,乐队参加了金门公园的海特阿伯莱音乐会,引起轰动,被传媒当成一个神圣文化潮流的领袖。

中永久撤出——这会毁了我。[略]

我向自己保证:再也不会写另一本长篇了。我再也不会想象那些人物了,因为终有一天我必须要跟他们彻底分离。我跟自己是这么说的……然而,神不知鬼不觉,我又开始写下一本。

菲尔,

"一位疲倦科幻作家的深夜笔记"(1968)

正常服用,尤比克提供酣畅睡眠,早醒不再昏沉。

头脑清醒,精力充沛,琐碎问题不再烦人。

勿超推荐剂量。

——尤比克广告[①]

二十世纪六十年代,人们敞开心扉地活着,时代向这些人做出许多伟大承诺。爱与和平,是每个人与生俱来的权利。不用遵守精神纪律的繁杂琐事,也不用小题大做;光靠毒品,就能扩展意识领域。政治领域邪恶丛生,原因只不过是台上那些人是被灌输着贪婪和恐惧长大的。如果好好教育孩子,未来一代将会崛起,他们会大行仁政。一切只不过需要时间。

回过头看,现在去嘲笑六十年代的幼稚观点,当然没那么难。令人痛苦之处在于考虑我们从那时到现在,变成了什么。

---

①《尤比克》,金明译,译林出版社,2017.11,167页

威廉·布莱克的《地狱箴言》写道："踏上毫无节制之路，便可通向智慧殿堂。"对有些人而言，六十年代的毫无节制也不过如此而已。对另一些人，正如布莱克预言反讽的那样，一路通向地狱。

对于极少部分人，是条双向之路——通向地狱，再折返回来。

菲尔便是其中一位。混乱更让情势雪上加霜。

有些时候，地狱看起来就像天堂。

另一些时候，他似乎永远也回不来。

菲尔和南希，一对相爱新人，互相照顾对方，为之欣喜不已。毕竟，两人都经历过不少痛苦的童年时光。

南希的生父是个酒鬼，既很迷人，有时又虐待人。她的母亲结束婚姻，获得三个孩子的监护权，其中包括哥哥迈克尔（Michael）、姐姐安（Ann）。南希是家中老幺，也是母亲最宠的孩子。之后，她的妈妈还有过一段短暂婚姻，继父仍是酒鬼和虐待狂。接着，1955年，南希十二岁时，母亲得了脑瘤；很不幸，直到1961年去世时，她都处在昏迷中。

这些事件令南希的生父重获孩子的监护权。幸运的是，当时他已跟玛伦·哈克特结婚，这位继母待人如沐春风，很有智慧，将孩子们置于她羽翼之下保护。不过，这场婚姻后来也以离婚告终。南希学习成绩很好，人很害羞，也很冷漠，后来送到旧金山一所寄宿学校念书。之后，她考上圣何塞州立大学。大三时，前往法国，在索邦大学学习。她在那里,开始出现教室中的痛苦体验,如菲尔在加州大学伯克利分校经历的一样。南希回忆,她在那年尝试了大麻和其他毒品(正如六十年代的大多数学生一样):

当时的情形足以让我感到越来越恍惚。我退学了……我没办法坐在教室。骤然间,你感到要死了,或马上就要疯了,或别的什么;毫无理由、忽然涌现的胆战心惊。你感到得马上离开这里。教室显得非常大,我甚至感觉不到自己的存在——就像是正在融化。我记得当时对着自己画了一幅画像,好确定我真的在那里。

南希回美国前曾短暂住院。回国后,她住在玛伦位于圣拉菲的家里。(这里必须强调一点,南希今日是位成功的职业女性和富有爱心的母亲。她早已不再受跟菲尔一起,以及更早之前的那些痛苦所折磨。)

1964年年初,南希第一次遇到菲尔,她的印象:"他看上去是个很悲伤的人。头低着,像是十分抑郁。他满脸的灰长胡子很显眼。我觉得他看上去就像个作家。"直到那年年末,在玛伦那里,她和菲尔开始相互了解。此时的菲尔远比之前更有活力,他开始热情求爱。圣诞节期间,菲尔和杰克·纽科姆邀请玛伦、南希和安来吃晚餐。南希回忆:

那次菲尔非常亢奋,我觉得他肯定服用了不少安非他命。对我来说,让我最震惊的是他的心理学知识极为广博。我跟什么东西都很疏远。他似乎对此十分理解——所有这些恐惧症,他一个也不缺。这方面我俩有很多共同点,于是,我们成了朋友。我开始留在那儿。

1964年圣诞节那天,菲尔给卡罗尔·卡尔的信中狂热地写道:

她的身体不可思议地可爱。我觉得她一定是凯尔特人,简直是个奇迹,如同那些轻盈、高挑的猎人中的一员重生在我们这个世界——她有一米七高,她的大腿非常光滑、结实,当她站着时,大腿总是有一点儿弯曲,仿佛随时准备弹跳起来,去追逐,去激烈搏斗,在某地,某个野性、未知之地;她会去任何地方;她什么都不怕,就算死亡,就算是绝对的孤独和痛苦;她是那么卓越超群。

他们在一起的头几个月有种欢快气氛。因为不仅是他俩在一起了,还一同形成一个全新的家庭,包括南希的姐姐安,哥哥迈克尔和继母玛伦。1965年2月,菲尔在信中向卡罗尔解释了最近发生的让人眼花缭乱的行为:

明天晚上南希的姐姐安会过来过夜。哇哦耶!是真的!(东奥克兰的快乐的游戏之年。)有天晚上南希和她姐姐[略]把我用粉红色厕纸包了起来,喷满了瑞斯[一种剃须膏]。接着南希爬上了屋外的树,卡在那里了。接着她[略]掉进了一个泥巴坑里。安和我进行了一场枕头大战,我赢了。[略]每个人记得的事情都不一样。不过都很有趣。

1965年3月,南希搬进菲尔为她装修一新的小屋中,里面准备了颜料(南希当时在奥克兰艺术学院上学)和他亲手打造的书架。

那年春天，去看安妮和女孩们时，他自豪地对前妻称自己是“南希的配偶”，对安妮来说，她原先认识的那个菲尔“变成了一个不负责任的十九岁青年”。

菲尔开始恢复写作，他当时正在将《未传送的人》的篇幅扩展成长篇小说，新增的内容中明显受他本人的LSD痛苦幻觉影响。（对于随后发生的担忧，以及1967年出版的没有“幻觉”的版本，参见创作编年纵览。）但菲尔即使不用迷幻剂，也能写得像菲尔。据南希观察：

不用LSD，他经历的那些特殊体验就已经够奇怪了。他一直都对审判日怀有恐惧。我一点儿也不相信。但他似乎非常害怕，总是谈它有多么恐怖——一旦这样，我再怎么做也没法让他平静下来。

不担忧审判日时，菲尔和南希则会享受家庭生活的赐福。当问起菲尔是否笃信宗教，南希回答：“不，只是幽默罢了。只有在害怕时，他才笃信宗教。”他叫她“舒心”，她叫他“毛毛”。相互溺爱对方。南希说：“我们谈论心理学、看待事物的观点以及未来的计划。我们开了很多玩笑，做了很多恶作剧。我们俩之间不像那种浪漫关系……几乎像是，我不能说像父亲，但他对我来说像家庭成员，强烈的希望……我对他有很深的依靠，他也依赖我，不过以不同的方式。”

他们很少出门。菲尔的广场恐惧症开始以最大力度复发。和湾区科幻圈混了几个月后，菲尔开始回归到一个稳定关系之中——

任务完成——在家待着,十分安心。此外,他上一年夏天才把车子开翻,现在更是能不开车就不开。公共场合进食是种折磨。南希生日那天,他在最后一刻打了退堂鼓,没法带她出去,最后让她姐姐顶替自己的位子。就算是有人上门做客,菲尔也会恐惧,并在最后关头取消聚会。他最享受的社交场景,是"作家菲尔的完美实验室":跟几位密友无拘无束地聊各种点子,不断抛出一堆傻气到家的想法。

焦虑不能阻止菲尔频繁地去唱片店。雨果奖让他的收入短期增长,但到了此时,钱又开始紧张起来;不过,菲尔在购买经典专辑上毫不吝啬。回到家中,他会大声播放这些唱片,坐在扶手椅里,全神贯注地听,身边放着伸手可及、五花八门的斯威夫特总铎鼻烟罐(菲尔和安妮在一起时,学会用鼻烟,现在这成了他一大嗜好);此外,还有两只猫贺拉斯·金、约翰·坎贝尔坐在膝头。他身处这种姿态时,南希不会打扰;就这样,菲尔安静地孕育新长篇,偶尔阅读、写笔记。

他仍继续求问《易经》,几乎成了日常功课——如果他察觉到什么危机,就会问得更频繁——他经常察觉危机。米丽娅姆·劳埃德(Miriam Lloyd)是他那时结交的朋友,据她观察,"不管怎么说,菲尔都是个危机上瘾者——他爱危机"。虽然菲尔已经不再靠《易经》帮助来构建剧情结构,但应对这些危机时,《易经》仍是很有价值的试金石。1965年,菲尔写了篇文章,名为《精神分裂症和<易经>》,他在文中提出，神谕并不能预言未来——这反而是走运的事，因为全知会让我们彻底僵住（正如精神分裂症患者，他的“内在自我”被“外在世界”完全压垮，僵住）。但它能揭示会涌现未来的格式塔。文中暗示的个人格式塔，显示出菲尔对和南希未婚同居的疑虑：

如果你现在是个彻底的精神分裂症人士，无论如何都要用《易经》决定一切事，包括请教它什么时候洗澡，以及什么时候给你的猫开一罐金枪鱼猫粮。如果你只是轻微精神分裂（请勿对号入座），那就会在某些情形下用这本书——适度地，并不会太过分依赖，只是用来回答大问题，比如：“我该娶她，还是这样继续有罪地跟她生活在一起？”等等。

1965年末，菲尔和南希搬到海湾对岸的圣拉菲。他们租了栋不大，但迷人的房子，位于牧场路57号，就在一条运河边上。1965年11月的一封信中，菲尔提起南希在邮局打工，每小时工资2.57美元，比他挣得还多。他还谈到，在一次迷幻剂幻觉中驳倒一位朋友：“他怀疑我是不是要‘阻止他获得解脱’，或是什么类似的事；对此，我猜我很煞风景。”菲尔用了七十五毫克，希望能有一次“多少有点儿真实感”的幻觉。他成功了：“我看见形形色色、叫人开心的色彩，特别是粉色、红色，非常明亮和兴奋，此外我还对自己有了好几次很好的洞察（例如，我有过两次严重的精神分裂，一次六岁，另一次十八岁，而我最根本的恐惧便是怕再次发作）。”菲尔很快放弃了LSD，毕竟，那些如冰冻地狱一样的记忆占了上风。

这段菲尔绝少参加社交活动的日子里,出现了一位对他有重大影响的新朋友:詹姆斯·A.派克(James A. Pike),加州圣公会主教。1964年,玛伦·哈克特请菲尔写了封令人眼花缭乱的信,寄给派克,以说服他为她所在的美国公民自由联盟(American Civil Liberties Union)组织做个演讲。这封信成功了,但却带来一个意想不到的结果,派克(当时已婚)和玛伦成了一对恋人,并在旧金山田德隆区秘密租了间公寓。玛伦的公开身份则是他的秘书。菲尔和派克在哈克特家的家庭聚会上认识,两人惺惺相惜:相互钦佩对方在基督教真正本质上所持有的惊人观点。

菲尔和派克说起话来都跟连珠炮似的,他们尽情享受神学思考的广阔尺度和美。两人谈话中,经常出现一个话题:派克试图通过降神会和别的办法,和去世的儿子吉姆进行沟通。吉姆于1966年2月自杀。派克在他的书,《另一边》(*The Other Side*,1968年出版,叙述了他认为成功的那些沟通努力)的前言里,特别感谢菲尔和南希的协助。菲尔的帮助,具体来说,是1966年10月的一次降神会(为了跟吉姆沟通),他详细记录了当时的对话。在场的人包括菲尔、南希、玛伦和一个灵媒——乔治·戴斯利(George Daisley),派克敬重此人的能力。菲尔也对戴斯利的洞见感到震惊,比如:“N.[南希]和P.[菲尔]正在经历一个不被物质事物所祝福的阶段;事情会发生改变……灵魂会照顾N.和P.,无论物质还是精神上。灵魂会利用菲尔个性中反抗的一面。”菲尔的记录包含那些降神会之外的体验。最令人震惊的

是下面这段:

当时,正在播放J.[吉姆]收藏的一张唱片,P.有种清楚无比的印象:J.站在屋里电唱机正对面,略微歪着头在听音乐。他身穿一件柔软、棕色、没熨过的羊毛西装。他的形象非常实体化,一点儿也不像鬼魂。(后来M.[玛伦]证明他的确有这样一件西装。)

终其一生,菲尔都对通灵现象持怀疑态度。不过,他曾大略论述过,并表示他并不喜欢那些回避严格分析的"神秘"解释。菲尔对死后世界的看法反映在1966年2月,吉姆自杀后,他写给派克和玛伦的这封信中(发出去前,他仔细地把草稿改了两次)。下面这段在两份草稿中都有出现:

我有种感觉,死亡后的一瞬间,所有真实的事情,都会变得显然;所有的牌都会被翻过来,游戏结束,我们会清楚地看到以前那些只是猜测的事……那些没理由的疑心全会被擦除。[略]现在,对我来说是个谜,一块黑玻璃。[略]保罗说:"听着!我告诉你们一个谜。我们不应当都睡下。"[①]诸如此类。我相信这个,实际上,这几乎是我相信的全部。即便如此,即便无法证明,如同所有事一样,必须等待它的试炼。不过,就算我错了,卢克莱修[②]是对的[吾之不存,吾感不存(We shall not feel because we shall not be)],我也心满意足;我别无选择。

① 《新约》加拉太书,5:2。

② 提图斯·卢克莱修·卡鲁斯(Titus Lucretius Carus,约前99–约前55),罗马共和国末期的诗人和哲学家,以哲理长诗《物性论》(*De Rerum Natura*)著称于世。

把所有牌翻过来,一睹现实的全貌——没有比这更叫菲尔渴望的事。

1966年7月,菲尔和南希结婚。派克参加了婚礼,但这场婚礼违反了圣公会的教会法规,因为菲尔和安妮间的婚姻从未正式宣布取消。不过,世俗婚礼结束后,派克宣告了对婚姻的祝福。多年后,菲尔在《解经》中坦陈他的痛苦:派克和玛伦当初有婚外恋,而他菲尔可是诚心实意跟南希结婚,换句话说,派克"给的恰恰是我不能领的圣体!"

派克对菲尔的影响非常深远。最为显著的证据是菲尔1982年以派克和围绕他的事件——包括和玛伦的关系,以及儿子的自杀——为灵感写成的长篇小说《神圣主教》。实际上,派克对他的影响要比这更深。菲尔在《死亡迷局》的"作者前言"中特别感谢通过和派克主教的谈话,获得了"神学材料的宝库"。

这里所说的"神学材料"指什么?精确细节很难考证。但派克曾多次前往以色列,考察历史上的耶稣行迹,他当时正在经受信守教义的危机。菲尔在1974年的一封信中回忆:

吉姆[1]死前不久,他正接受异端审判[这场指控最终撤销],后来从主教位置辞退。无论媒体到底有没有报道过,但最基本的问题,教会最害怕他的一点,不仅是他否认"三位一体",而是他找到了琐罗亚斯德教的教义,也许是他在研究"死海古卷"时发现的。

① 这里是派克的名字,詹姆斯的昵称。

"如果我不是一名基督徒,"1964年12月,我在恩典坐堂听他讲道,"我就会是个犹太人。如果不是犹太人,那我就会是个琐罗亚斯德教徒。"接着,他向圣会说了一句话,我知道,那句话来自琐罗亚斯德教讲道词:"走到光明中来。"(他张开双臂,向所有人张开双手。)"走到光明中来。"诸如此类。这是欧马兹特(玛兹达)[①]的教义,祂是波斯人的光明之神,象征太阳。

类似这样的思索刺激着菲尔,他在《解经》中曾考虑过一种可能性:"2-3-74"系列事件,也许包含了派克的灵魂(于1969年死亡)和他自己灵魂的相互结合。

1964年离开安妮后,菲尔一直受写作低潮折磨。现在,他开始摆脱低潮。如果非要给他六十年代末期的长篇小说总结出一个支配情绪,形容起来便是:暗夜之魂。这么说并非因为这些长篇缺少幽默——菲尔是杰出的黑色幽默大师,而且他偶尔也会忍不住对那些科幻中令他困惑的剧情发笑。黑夜的源头,来自菲尔的绝望:是否有朝一日能弄清这一切。对"什么是现实"的兴奋追寻,开始变得乏味。一本接一本的长篇,他不停追问有关上帝和真理的终极问题。那该死的终极答案到底在什么地方?他难道没有花足够长的时间在上面吗?

后来他在《解经》中回顾这一时期:"我没有任何可以说的,也没

① 琐罗亚斯德教的善恶二元论中的善神,至高神。

有任何可以提供的，因为我什么也不知道。哦，我感到自己如此无知！”

不过，至少写作的感觉回来了。即便深陷在自我怀疑之中，菲尔仍可以写出精彩绝伦的作品。

1965年后期，菲尔同时进行两部长篇的创作——与尼尔森合作的《木卫三接管》，以及《逆时钟世界》(*Counter-Clock World*, 1967)。1966年，他完成了《木卫三接管》的写作，并写完了《仿生人会梦见电子羊吗？》(*Do Androids Dream of Electric Sheep?*, 1968)，以及一本儿童科幻《犁夫星上的格里蒙格》(*The Glimmung of Plowman's Planet*, 1988)，虽然只是初步涉猎相关设定，但其中一些材料后来被用于另一部科幻杰作《宇宙补陶匠》(*Galactic Pot-Healer*, 1969)。

不过，远超所有这些作品的，是翱翔九天之上的《尤比克》(写于1966，1969年出版)，正是这部小说，令法国人将菲尔推选为啪嗒学院(College du Ptaphysique)荣誉成员。该社团的创立，出于热爱阿尔弗雷德·雅里(Alfred Jarry)的偏好：将严肃思想戏仿为奇怪和下流的戏剧，如《愚比王》(*Ubu Roi*)。[1]

---

① 阿尔弗雷德·雅里(Alfred Jarry, 1873-1907)，法国著名小说家、剧作家、记者，被视为超现实主义戏剧的鼻祖，欧洲先锋戏剧的先驱，对后世的达达主义、荒诞派戏剧、残酷戏剧都产生了深远的影响。他的代表作闹剧《愚比王》于1896年上演，完全颠覆了传统戏剧的结构、观念与模式，引起了轩然大波。雅里自创了“啪嗒学”(Pataphysique)，是对形而上学(Metaphysique)的戏弄和超越，用于讥讽技术神话。1948年法国成立了啪嗒学院，啪嗒已成为一种独特的文学、艺术和哲学现象。

不过,《尤比克》中极少有下流内容。菲尔谦逊得多,他小心翼翼地从时空中慢慢凿出极小的裂缝,直到整个社会——及现实本身——分崩离析。简单来说,“屁股着地”(书中有一艘宇宙飞船被命名为“屁股着地Ⅱ”)。和《血钱博士》等长篇一样,菲尔将《尤比克》的时间设定为他应当会经历的时代:1992年。最新的主流文学公认“杰作”描绘的全是当代之事;他这么做,也许是为了迫使顽固读者接受他的科幻描述的也是当下。

全书开篇第一章,描述了很多不相干的剧情,但很快,我们就看到许多叫人喜爱的角色。格伦·朗西特,朗西特公司的老板,生机勃勃、心地善良,他雇用许多“反超能师”(inertials,这些人有超能天赋,能将其他超能力者的超能抵消),用来和“心灵感应师”(teeps)和“预言师”(precogs)对抗;后者的雇主是人渣,雷·霍利斯(名字是菲尔在“艺术音乐”打工期间老板的变体)。生意遇到挑战时,朗西特就会向亡妻埃拉咨询。埃拉的尸体被放入冰棺,保持“半命”存在状态(这种形式来自《西藏渡亡经》描述人死后的“中阴身”概念)。保存埃拉的地方是赫伯特·肖恩海特·冯·福格尔桑运营的亲友亡灵馆。但埃拉的生命力正在衰减,她冰棺旁的邻居,名叫乔里的大男孩,正在吸收她的生命之力。

乔·奇普是个小个子,朗西特的忠诚职员,负责测试反超能师。最近一位应聘者是位美丽的黑发女孩,名叫帕特·康利,她有一项崭新的能力——能改变过去,这样的话,霍利斯的那些预言师就会看到不一样的未来(或是根本没机会着手去看)。这项能力对朗西特公司来说可能是个关键突破。不过,乔·奇普到底能不能打开自己公寓的门,好让她进来测试呢?你看,他的魔力信用钥账单大部分都过期了。不过,乔已经准备好了一身商务打扮:“栗色运动晨衣,套一双翘头舞鞋,戴一顶流苏毛毡帽”[1],然后,便遇到了挑战:

门打不开。“请付五分钱。”

他翻遍口袋。找不到硬币。用得一个不剩。“明天付吧。”乔冲着房门说。他再次揿下按钮。房门岿然不动。“给你钱是赏你的。没必要付钱。”

“错了,”房门说,“请查阅您签的购房合同。”

乔从书桌抽屉里翻出合同。自从签署这份协议,他发现得经常查阅。合同规定:开关门必须付费。不属小费。

“你看我没说错。”房门得意地说。

乔从水槽边的抽屉里找出一把不锈钢刀,开始有条不紊地拆卸吸金门螺丝。

“我要告你。”当乔旋下第一颗螺丝时,房门说道。

“被门起诉还是头一遭。你能把我怎么着。”[2]

菲尔从他五十年代的科幻作品中翻箱倒柜找出来的剧情设计,将这本书的整体气氛渲染得十分欢乐、嬉闹。坏人霍利斯给朗西特、乔·奇普和其他反超能者下套,将他们引上一艘开往月球的死亡

①《尤比克》,金明译,译林出版社,2017.11,25页。

②《尤比克》,25–26页。

飞船(借自《太阳系大乐透》),因此发生一场爆炸事故,将他们所有人抛进飞速变换的现实中,而这个现实也许是、也许不是由帕特·康利、或朗西特、或霍利斯或别的什么人,或别的什么东西控制的(借自《天空之眼》中的情形)。不过,《天空之眼》中的伪科学理性方案,最终允许那些安分守己的角色找回自主性。但在《尤比克》中,却没有答案可言。朗西特是不是死了,身处冰棺?还是乔·奇普和那些反超能者躺在棺材里产生的幻觉?朗西特认为他知道真相,于是画了幅涂鸦,好让乔明白:"跳进小便池,然后倒立。/我还活着。你们死了。"但朗西特凭什么如此确信呢?特别是,当他最后发现口袋里的硬币上出现了乔·奇普的脸的时候。

一位学生曾问威廉姆·巴勒斯,是否相信来世。巴勒斯反问他,你怎么知道你是不是已经死了?《尤比克》并没有就巴勒斯的问题给出解决方案,因为没有方案。不过,有了神秘的"尤比克"(来自拉丁文的ubique,无处不在之意),对于我们这些身处"半命"状态的人,也许足够了。但是尽管"尤比克"这个名字很诱人,但它却并不容易得到。只有经过不懈努力(《天空之眼》也会如此强调),此外,还得有某种宗教信仰(《天空之眼》嘲弄过的)。朗西特,那个"进入存在之中"的力量,力图分享一些给乔·奇普,但"脱离存在"的熵却紧紧抓着乔:牛奶变酸,香烟腐烂,死亡若隐似现。

朗西特凭借各种计谋传播信息——洗手间的墙上,火柴夹的盖子,俗气的电视广告:

“没错。”朗西特低沉的声音再次响起,“利用现代尖端科技,我们可以逆转退化进程。尤比克经济实惠,共管式公寓屋主都能承受。全球各大居家艺术门店有售。请勿内服。远离火源。谨按说明。乔,别傻坐着,赶紧入手一罐,随时随地尽情喷洒。”

“你知道我在这儿。你能看见或听见我吗?”乔站起身来大声说道。

“当然不能。广告在录像带上。[略]①

什么是尤比克?最后一章,它宣告了自己的身份。

我是尤比克。在有世界之前,我就存在。我创造了太阳。我创造了世界。我创造了万物及其栖身之所。我让它们搬来此地,将它们安置于此。按我说的走,照我说的做。我就是这个词,从没人说起,因为这词没人知晓。我叫尤比克,但这不是我的名字。我存在。我永远存在。②

评论家彼得·费廷(Peter Fitting)注意到这段跟《约翰福音》的开头很像。不过,急着下教义结论有些不太明智。1977年11月的《解经》条目中,菲尔将《尤比克》和《帕莫·艾德里奇的三处圣痕》连起来:“所以,朗西特和尤比克,等同帕莫·艾德里奇和嚼麻。我们看到一个人类转化成普遍存在的神(似乎没有人注意,帕莫·艾德里奇和尤比克一样,都是普遍存在,同样的主题支配这两部小说)。”接着,菲尔继续描述《尤比克》的主题:“救恩的信息穿透我们世界的‘墙’,

①《尤比克》,149页。

②《尤比克》,252页。

而发送这个信息的实体所具有的特性表现出一种生命和现实所支撑的类存活力量。”

菲尔的长篇小说总是有那种只是看上去像现实的感觉,那种很假、很靠不住的感觉。1978年《解经》的一个条目中,菲尔声称:“我并不优美地写作——我只写那些报告,报告我们离开冰棺的条件。我是个分析者。”这些报告一定采取了垃圾般的科幻形式,正如朗西特发现有必要采用电视广告——幻觉世界对灵知(对神圣智慧的直接体验)没有用处;因此,伪装很有必要。菲尔在1978年的另一段条目中,聚焦了这个策略。他写得极为坦诚,可以说是菲尔对写作方法做过的最具启示的陈述:

[略]我的确受垃圾吸引,就好像线索——那个线索——藏在里头。我一直都能从中搜索到晦涩的观点、诡异的角度。我自己写的东西有时狗屁不通。里头布满耍宝、宗教、精神病恐怖,如同一大堆形形色色的帽子。此外,还有社会和社会学趋势,而不是倾向硬科幻那个维度。整体来说,给人的印象是孩子气,但很有趣。这些作品不是世故之人所写。所有事情都同等真实,如同小巷里卖的假珠宝。一个富饶、有创造力的意识,看着持续变换的场景,严肃中孕育出趣味,趣味中孕育出悲伤,恐怖正如这般:彻底的恐怖如同测验何为现实的试金石,恐怖是真实的,因为它能造成伤害。[略]我当然能看出我作品中的随机因素,此外,我也能看出,只要对可能性不停洗牌,最终,也许给予足够时间后,就能揭露某些重要事物,或将他们

并列而置,并且能自动地以更有序的思考方式来展望。[略]既然没有任何绝对之事可以被排除在外(或不值得被包括在内),那么我递上的就是个无比巨大的杂烩袋子——我将投币口和上帝搅在一起晃动。完全是他妈的马戏团。我就像目光锐利的乌鸦,密切地监视任何闪闪放光的东西,全都抓起来放进我那堆东西里。

任何抱有和我一样态度的人,通过尝试对地点和事物的奇怪组合,可能也会纯粹靠运气和机会偶然发现——在真实生活中,也即他的意识生活——那个真正伪装的上帝,那个自隐的神;就像一台运算一切事物的高速电脑,他也许会让一个谨慎的神感到目眩;也许因为戳了戳什么出乎意料的地方,让神注意到了他。如果真正的(绝对真实,而不是似是而非的)答案是我们最意想不到的答案,如果这是真的,那么这个"全部尝试一遍"的技巧,就与最陈旧、经过最多研究、显而易见又早已被抛弃的所谓的神秘的关键,一样正确。[略]

这种陶醉、轻信、有创造力的人,也许会得到最伟大的礼物。能让他看到制造了他的所有玩具的那位制造者,而这位制造者,要么和那些玩具在一起,要么就是其中一员。毕竟,神性是个玩具制造者——谁会真的相信这些呢?[略]

除非太过愚蠢,否则不可能不知道,你只会在天堂,而不会在排水沟的垃圾里寻找上帝。

菲尔渴望一个启示。六十年代一年年过去,他的长篇小说出产稳定(对任何人来说都很多产,但以菲尔的标准则不是),始终没能得到"最伟大的礼物",让他感到苦恼。《仿生人会梦见电子羊吗?》《宇宙补陶匠》《死亡迷局》,并非因为这些作品缺乏力量或敏锐度而掩盖了其所佩戴的不懂世故的面具,而是因为,在他六十年代的科幻长篇中"现实"主题总是反复出现,菲尔自己也意识到——在重要的决定性时刻——他在彻底地装模作样。1981年《解经》中谈到《宇宙补陶匠》:

[略]因此,写作"陶匠"时,我已经到了最低谷——筋疲力尽,作为作家的我已经死了;开始刮桶底,创造力死了,精神上也死了。太悲惨了!

[略]如果"陶匠"显示出精神错乱的迹象,它的确如此——并非因为我体验,或是认识了上帝;恰恰相反,因为我没有。[略]因为,在某种真实的意义上,我的理智全然依赖于我对上帝的体验;就逻辑而言,我的创造生活需要它——但是,正如[一位心理医生的名字]所说,我的理智依托于我的写作。

当写作开始令他失望时,似乎,所有其他事情也如此。首先,渐渐发生,接着速度陡然加快。

菲尔和南希结婚的主要原因是南希怀孕了。他们的女儿,伊索尔德·弗雷亚(Isolde Freya)出生于1967年3月15日,他是南希的第一个女儿,菲尔的第二个。孩子出生时,距婚礼八个月多一点。

南希回忆:“我并不是那么相信婚姻的人,但我们决定要个小宝宝来做伴——我们自己就像小孩子。我觉得有了小孩不结婚也没关系,但菲尔认为我们应该结婚。后来我很高兴我们结了。”

孩子出生前几周,菲尔和南希参加了一次“面向对峙”心理小组,成员是“适宜”的人。菲尔感觉参加这个小组的活动让他们更强大。他还对电视剧《入侵者》[①]的剧本进行了修改,这部电视剧的剧情设定是外星人已经秘密接管地球,只有孤独的主角注意到发生了什么。菲尔被这部剧集吸引一点儿也不奇怪,不过他的修改没能卖出去。这一时期,伯克利出版社以平装本形式出版《逆时钟世界》,封面上有位黑发女子形象,很像南希(此外,书中的角色洛塔也基于南希创造),这个意外发现让菲尔大为高兴。

似乎出于本能,潜意识中察觉生活会有重大变故发生,菲尔买了一个四抽屉的防火保险柜,用来保存珍藏的《未知世界》《大吃一惊》杂志,以及书信、照片、集邮册、珍贵的录音带、多卷诗集,以及自己的书和短篇集。这是他青少年时代秘密抽屉的成人版。1967年2月,菲尔在信中写道:

不包括那些抽屉在内,这个文件柜重七百磅,得四个男人才能把它抬到一个推车上。我是四个男人中的一位,为了抬它,我疝气复发,让我苦恼不已,就像上帝在跟我说:“你做不到,菲尔;你没法保护这世上的任何宝物。”总之,因此弄得我疼痛缠身;我知道这多半跟歇

① 1967-1968年在美国播放的科幻剧集,一共两季。

斯底里和身心失调有关，因为新生的孩子，由此带来的责任……虽然在服用镇静剂和可待因[①]，但我的身体还是出现了很多由压力引发的症状。

1967年3月，预产期临近，菲尔的焦虑日益上升，正如1960年劳拉出生前那样。自从1964年发生车祸以来，菲尔越来越觉得开车像是个威胁。一想到要自己开着车把南希送去医院，更是让他惊恐万分。临产前几天，他让迈克尔·哈克特跟他们住在一起，以便最后关头能当驾驶员。迈克尔回忆：

我相信最后是菲尔把她送去了医院，后来我也去了，跟他一起待在等候室。总之，几个月后，他跟我展示了一些他写的东西，里头描绘了他美丽的女儿伊莎[②]，然后，他说："我的内弟辞了工作，跟我们坐在一起，等候伊莎出生。"我的确辞了工作，但本来也干不长。这就是菲尔的脾性，说我是为了伊莎才辞的工作。

伊莎的出生令这一对儿的关系彻底改变。他们的早期关系中，菲尔将自己看作是南希年长、睿智的保护者。当然，这看法本身也有基础：他深爱着她，并在她经历了在欧洲的混乱时期之后，给她提供了一个稳定的家。从南希的角度看，则是爱上一位"感性、关切和有趣味的人。他接受我原原本本的样子。我不用博学多才、口齿伶俐、身材修长，或别的什么。他从不贬低我"。

不过，即使在相处的早期，两人关系中实际上也无疑包含了双

①自鸦片中提取的碱质，用以镇痛、镇咳、催眠等。

② 伊莎是伊索尔德的昵称。

向依赖。“菲尔是真正的救助者。”南希回忆。他擅长这个吗?“这个嘛,并非完全如此,因为他并非那种特别强大的人。世上并没有人能真的救助你,而且他也有许多本质相同的问题。于是,最终,有人能理解你,对你来说确实是个巨大的安慰,但这样一来,两人像是相互拖累了对方。”一开始时,南希去邮局工作、给邻居的幼儿园当志愿者时,菲尔还会把晚饭做好等她回来。但随着时间的流逝,特别是伊莎出生后,他对她出门在外的容忍度减弱了。“他从来不想让我出门,甚至包括出去吃早饭,任何事。我在那里没太多自由。”

这时期,琳恩·塞西尔跟菲尔和南希的关系都很好,据她观察:“南希是会让菲尔全身心关注的那个人。那种迫切想要照顾她的欲望源于他不能很好地照顾自己。”琳恩回忆那场婚姻有种“孩子式”的气质,“他俩就不像两个在一起的成年人。伊莎小时候,对他来说似乎是个威胁。对菲尔来说,很难和孩子分享南希。”迈克尔·哈克特也有类似记忆:“伊莎出生后,他们间的关系变了。南希变得越来越独立,关注点转向伊莎;那么,再说菲尔,他很喜欢照顾别人,但同时他自己也有很多需要别人照顾的地方。有了伊莎之后,南希就没那么多时间应付他了。”

尽管自身有那么多焦虑,菲尔仍是位充满爱心的父亲。这一时期,他很少去见大女儿劳拉。菲尔对安妮本人的敌视,以及安妮对菲尔生活方式的敌意,两者结合起来,令父女探访成了稀罕事。

有了伊莎后,雷伊斯角站岁月里催生的父亲对孩子的溺爱之情又回来了。不过,由于和新生儿分享南希而产生的紧张感,体现在奇怪的喂奶争执上。南希回忆:“我一开始给她喂母乳,就会开始争论她到底要喝多少奶,菲尔想[用瓶子]一天给她喂两次奶。结果伊莎一下子什么也不喝了,医生来了之后说:‘你们家的气氛太紧张。’”这让人无法不去联想双胞胎简当年的营养匮乏。此外,更让人惊讶的是在另一种形式下,出现了跟过去的对比:菲尔坚持,要是小宝宝每次一哭就抱,会惯坏她——这正是他妈妈曾贯彻的育儿理念(而菲尔在回忆中往往对此嗤之以鼻)。

1964年初,和安妮决裂后的那几个绝望月份,菲尔对多萝茜的感情柔软了不少。但随着和南希结婚,他对母亲的感觉又回到厌恶的老路上。多萝茜仍十分担心菲尔——她有充分理由——菲尔在大量服用安非他命和镇静剂,并且总是以狂怒回应她的警告。由于菲尔自身的恐惧,这个话题本身就容易挑动敏感神经;而随着服用毒品,他的恐惧更是水涨船高。

尽管如此,当菲尔全家搬进大一点儿的房子时,仍是多萝茜和约瑟夫·哈德纳付了房子的首付。新家位于圣拉菲的圣威尼斯区,哈希恩达街707号,典型的郊区风格,占地面积大,有草地、花园,不过新主人并没有让花园兴旺起来。1969年,格拉妮娅·戴维斯和丈夫一起来访,经历了一次菲利普·迪克式的游览:“他带我俩逛了逛,说,‘这是死柠檬树,这是死玫瑰丛,这是死草地。邪恶四轮马车,下周就来接我上路。'"

因为菲尔的信用度太低,这栋房子登记在哈德纳名下。不过,虽然母子间的关系相当紧张,但南希强调,无论她还是伊莎都得到了多萝茜最善意的照顾,她还提道:

菲尔和多萝茜之间有很多误会。他会扭曲她说的话,然后到处跟人说。有一次,她过来看我们,我跟菲尔习惯了摔打嬉闹,她看见后写信告诉他,说担心他伤害我。她用的并不是那种刻薄语调——她不懂怎么直来直去把话说清楚;必须通过写信跟他交流。他因此愤怒极了。

菲尔和多萝茜之间在毒品上的斗争始终激烈。谈及细节前,有必要指出,即便是今天的狂热吸毒者,也缺乏六十年代的时代风潮精神:在当年,使用毒品,蒙着一层荣耀、冒险的光泽。菲尔使用和谈论毒品,认为是跟随时尚(1969年春天,蒂莫西·利里[①]博士还以粉丝身份给他打过电话)。迷幻剂、大麻、大麻麻醉剂,没有哪个对他有特别的吸引力。不过,药片……啊,药片。他能混合、配对、调整它们的效果:三氟拉嗪;肌肉和胃部弛缓药;利眠宁、安定和其他镇静剂;地塞米尔和种类繁多的安非他命——他偏爱处方药,不过也能接受白十字架(安非他命药片)和街头兜售的玩意儿。南希说:"好像他给自己

① 蒂莫西·利里(Timothy Leary,1920-1996),美国心理学家。他因宣扬LSD对人类精神成长与治疗病态人格的效果,以及提出"审视内心,关注社会,退出世俗"的口号,成为二十世纪六七十年代颇受争议的人物。菲利普·迪克后来在《神圣秘密》一书中提及过他。

开药,为的是要达到什么明确目的。”

他想达到的目的(往往成功了)是为了获得内在的专注状态;只有在这样的状态下,菲尔才能以自己的方式写长篇小说——连续不停,写上两到三周。南希说,“当我们需要钱时,比如伊莎出生,或是我们破产了,他就会坐下来,开始写一本书,然后弄到钱。”和南希在一起的几年中,菲尔共写出九部完整的长篇小说和另外三部长篇的一部分,以及一批短篇小说和论文。这和1964年的写作速度不能比,但仍是极惊人的产量。1970年,菲尔写《流吧!我的眼泪》期间,在四十八小时内倾泻了一百四十页手稿。安非他命让他能极少睡觉,并让他从灼痛的抑郁深渊中浮上来喘口气。南希回忆:“他的抑郁会把整个人定住。连着三天,甚至四天,一句话也不说。”一旦开始写一本新书,菲尔会极端认同笔下的角色。南希说,《仿生人会梦见电子羊吗?》写作期间,“菲尔整夜工作,上床时,说起话来就像另一个人。他有这样一种体验——写作时,他是别的什么人,或身处别的什么地方。”

菲尔的主要药物来源,靠一群被他循环利用的医生开的处方药——为了得到药物,他对每位医生不断重复自己的症状。这曾经是、现在也是这类人的惯用伎俩。米丽娅姆·劳埃德指出:“去任何一个‘匿名戒毒’[①]小组,你就会发现,那些有毒瘾的人,都是你能想象出的最聪明的家伙。而菲尔比大多数人更聪明。滥用毒品的圈子里,通

① Narcotics Anonymous,1953年在加州成立的互助戒毒组织。

过处方药搞到毒品是最常见的手段。”不过,菲尔还有其他动机去咨询精神科医生,南希回忆:

他似乎有种可怕的恐惧,担心自己疯了。所以,精神科医生会对他说,你没疯。所有医生一直在告诉他,他没问题。他需要听到这些话——他太焦虑了,但他没有疯。就算他有时有些疯狂的想法,但他心里很清楚真正在发生什么。他从来没跟现实脱节。

菲尔对安非他命的嗜好,将他引向街头毒贩。这些毒贩往往是青少年,或二十出头的年轻人。1967年,他们几乎无处不在。菲尔的继女海蒂当年上圣拉菲高中,连她都从学校朋友那里听说,继父的屋子是当地闻名的毒贩巢穴。

从1967年开始,直到六十年代结束那几年,菲尔和南希在一起的生活变得极其困难和绝望。毒品是部分原因,只是一部分。这个往日平静的家庭,正被熵的力量撼动。首先,他们面临所有父母有了新生婴儿后都要面对的挑战。接着,菲尔的两只猫都死了。不久,凶恶的潮汐悲剧性地放大。1967年6月,玛伦·哈克特自杀。之后两年,又有两位关系密切的人死亡——安东尼·鲍彻和詹姆斯·派克主教,两位菲尔生命中的导师。此外,再加上美国国税局的检查,经济收入的不稳定,婚姻的不忠,六十年代加州普遍的扭曲怪异。还有构思能镜像模拟这些现实的科幻小说剧情时带来的急转弯式的精神风险。虽然曾是那么相爱的一对儿,面对这些,菲尔和南希也不得不屈服。

穿梭于这些危机之中的，是那些影响情绪的药丸——让你兴奋，让你抑郁，让你十足地被抛到现实之外。菲尔消耗药丸源于他近乎盲目的自信，认为在正确时间使用正确的药品是种恩赐。一个典型例子是1967年7月，他给自己开处方药，对付“精神崩溃”。促使崩溃的主要原因是玛伦·哈克特于6月的自杀。玛伦的痛苦，一部分源自派克主教和她的私情以痛苦分手告终。菲尔和南希，虽然预感会有不好的事发生，但她的死还是让他们心碎。玛伦一直是这一对儿最信任的人，也是激励他们的源泉。

就在“崩溃”前一周，菲尔已经有“轻度妄想，并对人很有敌意”，接着，“我的精神科医生说的那种‘边缘精神失常症状’火力全开，十分明显”。完全崩溃持续了半天，包括“严重的感知扭曲”——可怕的味觉、失忆、失去时间概念、身体上的无助感、喂伊莎时产生的强烈恐惧、自杀欲望。除此之外，菲尔还找不到“重要的国税局文件”。这种扭曲感如此栩栩如生，以至于菲尔让南希把他的点二二口径手枪藏起来。不过他努力搏斗了一把——“我吃了一大把吩噻嗪，撑到能去见医生。”（1963年，菲尔强烈要求安妮吃的抑制药三氟拉嗪，也是一类吩噻嗪。）菲尔开始感到“活力四射，精力充沛，甚至兴高采烈——因为我跟它正面抗衡，还战胜了它（尽管是临时的）”。和菲尔经历多次危机一样，这一次也现出自相矛盾的扭曲：

现在我回过头来看那一天，最有趣的是我居然能做那么多事。早上九点钟，一位T人［来自财政部的条子］到我家里，要求我交出所欠的税款。我跟他达成了一项协议。[略]医生听说这种情形下我居然能对付T人,他觉得实在太不可思议。因为无论是地球还是其他星球的生命形式中,我最怕的就是他们。

菲尔有充分理由害怕国税局。无论他以为他达成了什么样的协议,都很快便土崩瓦解了。对菲尔1964、1965年报税情况的持续稽核(这两年他分别申报了一万两千美元、五千美元收入),导致要他缴更多的罚款。1967年的一封信中,菲尔恳求:"怎么会这样,一直停不下来?我几乎一分钱也不剩了。"不过,菲尔接下来的勇敢行动,让他从火烧屁股直接恶化成火烧眉毛——他(和另外五百个人)在1968年2月《防御》杂志联名签署了"作家和编辑抗议战争税"请愿书。签名人反对越南战争,誓言:"1. 我们当中无人同意自行支付所提议的10%收入附加税,以及任何特定战争增税;2. 我们当中许多人不会缴现在所缴的收入税之中的23%,因为它们被用作越战资金。"菲尔的这一做法当然可以让他不用面对出门的心理折磨也能影响公共舆论。可是,这样做也让他付出了代价——1969年,国税局没收了他的车;此外,还引发了他剧烈和持续的恐惧。1979年的《解经》条目中,菲尔反思:"回过头来看这些事,我意识到,《防御》的请愿,以及持续到战争结束前的拖欠税款,这些并不只是反战行动和提出异议,甚至不是公民抗命,而是对我本人职业和自由的完全牺牲——惩罚不可避免,如同耶稣进了耶路撒冷。以及,我就知道,1974年的时候,我活在担心被他们逮捕的恐惧中。[略]"

《防御》请愿并非菲尔焦虑的唯一来源。他不知具体如何，但推断自己的科幻小说意外地描述了某些生死攸关的国家秘密——从而让政府对他起了疑心。对这一点，菲尔常怀疑他的两部小说：《倒数第二个真相》（*The Penultimate Truth*，1964）和《父辈的信仰》（*Faith of Our Fathers*）。后者出现在哈兰·埃里森主编的科幻年选《危险的幻象》（*Dangerous Visions*，1967），其中描绘了一位极权主义领袖，通过在供水系统里投放迷幻剂，掩盖其真实形态。后来，菲尔指控埃里森，说他在《危险的幻象》的“导语”[1]中的虚假陈述，威胁到自己的安全和名誉。埃里森在书中写道：

> 多年来，菲利普·迪克一直照亮属于他自己的风景，发射他对惊人维度之未知领域的想象所产生的强烈弧光。我跟菲尔·迪克开口，他答应。一篇有关LSD，或是在其影响下（如果可能的话）的故事。接下来的结果，就如他那本不同寻常的精彩小说，《帕莫·艾德里奇的三处圣痕》，成就了一段迷幻之旅。

埃里森回忆，菲尔向他保证，《父辈的信仰》和《帕莫·艾德里奇的三处圣痕》都受LSD启发而成；此外，双日的编辑劳伦斯·阿什米德（Lawrence Ashmead）——负责《危险的幻象》项目——当时的信件也表明，菲尔并没有对收到的“导语”样稿做修改。1967年，菲尔在《父辈的信仰》的“后记”[2]中强调了这篇小说的LSD主题（虽然他并

① 《危险的幻象》是科幻新浪潮时代，乃至科幻史上最重要的一本年选，哈兰·埃里森在每篇短篇小说的开头，都写了一篇“导语”。

② 每一篇选入《危险的幻象》的作品都附有一篇作者所写的“后记”。

未说自己是在其影响下写出来的)。不过,从1975年开始的《危险的幻象》版本中的"后记"都扩充了部分文字,菲尔明确反驳了所谓的受迷幻药启发写作。看上去似乎菲尔在1975年的否认更像实情,而1967年的版本则是因为那时候这么说很有趣。

虽然有过后来的怒火中烧,但电话沟通和偶尔在科幻大会上一起参加聚会,仍不断为菲尔和埃里森的友情添柴加火。埃里森此时是科幻界最炙手可热的头号角色,他将菲尔看成是业内极少数,无论热情、才华都远超他本人的作家:

对我来说,菲尔像个外来者,肩负一种神圣使命。他被疯狂和魔鬼紧紧攥住。那恰是我被他吸引的原因。我知道这么做对我来说有多痛苦,但我是个他妈的打不死的小强,我知道怎么搞定——我知道怎么打回去。菲尔,我觉得他是这行的比目鱼。他不知道该怎么摆平商务和生活那方面的事。但当他坐到打字机前时,十分纯粹、纯净,能把事做成;他受他的疯狂鼓舞,也因此得到启发。除此之外,所有其他事情他都能办砸。大部分是因为他的社交无能。在我看来这是种很奇怪的感觉,他跟我并非平起平坐,很可能是比我出色得多的作家……是那种我想认识的作家。从这个角度而言,我看着他,就像萨列里看着莫扎特。

菲尔的敬业、专业,在埃里森这样的同辈作家中,无疑是佼佼者。但在他全部的个人生活中,药物已占据相当地位,他从中寻找慰藉,也寻找灵感。菲尔有时会十分夸张,甚至围绕药片谋划小小的庆祝活动。比如,菲尔曾设法弄到处方药利他林[1],这是一种缓解轻微抑郁的兴奋剂(主要副作用在于,会导致高血压、低血压、情绪波动、心律不齐)。对于有显著焦虑的人士,利他林是种禁药。菲尔会存一个月的量,攒到亲近朋友来访,然后一股脑儿全吃下去;如此带来的能量爆发,能让他的点子如连珠炮迸发,狂野幽默感爆棚。结果导致了一种矛盾:药品既让菲尔和世界疏远,同时又大大加强了他和那些同好之间的社交关系。

1968年的某一天,米丽娅姆·劳埃德决定扔掉一大摞存放的药片时,菲尔冲过去帮忙(为了打捞他想要的那些):

于是,他帮我把它们冲掉。轮到最后一瓶时,我说:"我都不知道这里头装的什么。"菲尔说,"噢,这些药丸——你压根儿不会想吃它们。我吃过一次,结果发现自己不知怎么就到了联合市[2],这地方你绝对不会想去,特别是吃了这些药丸后。"他晃荡了一会儿,吞了点儿药片,喝了些啤酒。他这人很搞笑。

米丽娅姆指出,六十年代的毒品文化有种接纳和分享的伦理观,菲尔对毒品的迷恋与这点不无关系:

吸毒的圈子营造的氛围之一就是迅速激发的那种亲密性。你有一帮称兄道弟的人,你有这种团契的感觉,因为你知道,大麻从你我手里传来传去,一条条白粉线也从手里传来传去,有人要喝红酒但手头没有——快去搞点儿过来。每个人无论有什么需求,其他人都

① 一种中枢兴奋剂。

② 加州北部一座城市,多为亚裔居民。

会尽量满足。

菲尔特别乐于助人——他很爱这么做。他的平等主义简直不可思议。无论他喜欢什么,都会彻底爱上。他不是幼稚——他既世故,也信奉平等主义。他的政治观是良善以及高度的人道主义。他真的非常关心别人。

1968年9月举办的"湾会",又被很多参会人士称为"毒会",菲尔在这次大会上似乎踌躇满志。不少参会者,包括菲尔在内,咽下他们以为是THC(大麻活跃成分),结果实际是PCP的东西,它是种给马用的镇静剂,后来又称"天使粉"。总之,菲尔在大会期间活跃地跟各路作家密切交流,包括雷·布拉德布里、罗伯特·西尔弗伯格、弗里茨·雷伯(Fritz Leiber)、菲利普·何塞·法玛(Philip Jose Farmer)、诺曼·斯宾拉德(Norman Spinrad),并还第一次见到罗杰·泽拉兹尼——上一年10月,菲尔已跟他联系,并确定合作完成《愤怒之神》。

那次大会围绕当年席卷科幻界的"新浪潮"运动的争论很值得注意。埃里森对运动推波助澜,和刚问世不久的《危险的幻象》一起宣传。菲尔对所谓的"新浪潮"写法的实质有他的怀疑。不过,他也担心——作为五十年代过来的老兵——会被圈内看成"明日黄花"(尽管不久前他刚卖出第一个电影改编权,《仿生人会梦见电子羊吗?》)。他给双日的编辑阿什米德的信中提到,有赖《帕莫·艾德里奇的三处圣痕》的名气,他的地位在1964年大会后有所上升,也算让他松口了气。

伯克利初出茅庐后，菲尔常对自己作品的价值没有把握，因此所受的折磨到了这一时期比其他任何时候都更强烈。他把《帕莫·艾德里奇的三处圣痕》之后创作的长篇系统性地低估了。1969年，给继女谭迪的信中，他写道："自1964年后，我没写过任何重要的书。我对此非常不高兴。"后来，菲尔意识到《尤比克》是一本有深远意义的创作——前文讨论过。至于"重要"作品，不得不提《电子蚂蚁》（*The Electric Ant*），1968年晚期的一篇短篇小说，它是菲尔创作生涯中最优秀的作品。主角加森·普尔认为他是人类，却无意中发现自己其实是个"电子蚂蚁"（有机机器人）。他体内有个塑料打孔带用以实现"现实供给"。普尔问，假如"扫描仪下没有带子经过，没有带子——什么都没有。光子径直往上，没有遇到任何阻力"[①]会怎么样？技师告诉他，他仅仅会"跳闸短路"。不过普尔并未退却。"我想要的，是终极的绝对现实。只要一微秒就行。之后，什么都无所谓了。之后，我就知晓了一切，再没有未知或未见之物。"普尔利用微型工具将自己打开，满足了愿望。你亲自读这篇故事，去发现结局吧，连菲尔都说，那个结局把他吓坏了。

不过，按照菲尔的标准，1969年简直可以说是无所事事；那一年，他唯一写完的长篇是蹩脚的《有朋自弗洛尼克斯8来》（*Our Friends From Frolix 8*），买下它的是王牌的唐·沃尔海姆。1969年3月，他在信中解释产量为何骤减："我有个理论——我不能坐下来一

---

①《全面回忆——菲利普·迪克中短篇小说全集V》，孙加译，四川科学技术出版社，2019.03，365页。

本接一本地写小说;两本长篇之间,我必须从壳里钻出来跟人待在一起,否则我的小说就会太过相似。"然而,菲尔却在读一切和"死海古卷"有关的文献。结识派克,激发了他对神学的兴趣,这种兴趣此时已发展到白热化程度。

1969年3月的另一封信中,菲尔强调了他酝酿小说剧情的漫长过程。前期,他会手写一些笔记,包括未来世界的技术和文化细节。然后根据想到的顺序,他会将这些笔记打出来和修改。最困难的步骤是创造角色。男主角基于现实中好几个人"合成"。女性角色则"会得到精妙的充分发展,极具复杂度和矛盾点——换句话说,是真正的女人"。剧情则放到最后:

> 真正开始写之前,我最多将剧情设计到第一章,越往后发展,我越会依赖于写作时刻"当下涌现的灵感"(有时根本等不来,有时来得太迟,书都已经付印了)。[略]对我来说,只有开始写一本小说时,才会真正理解笔下的人物;我得听到他们实际说些什么,实际做些什么,等等。[略]于是,我常发现自己陷入这样的处境,就是笔记(如果有提纲,那就是提纲)上计划让主角说"是",但实际上,他作为他自己,却会说"不是",于是小说中,他就会说"不是",而我必须从这里继续往下构思,沿着他的本性抉择发展……这样会把原本计划好的剧情线弄得一团糟。不过,我觉得好的小说就得这么写。其他作家也许不仅不赞同我,他们听了之后甚至会感到惊恐。

菲尔的"当下涌现的灵感"需要对创作怀有炽热激情,而他当时却很难有这种心境。太多与他亲近的人离开了人世。

1968年4月，菲尔一生的导师，安东尼·鲍彻因癌症去世。菲尔此后写了两篇文章纪念鲍彻，并将《尤比克》题献给他。直至离开人世前，菲尔对鲍彻的回忆从未断绝。首先，是因为鲍彻最早慧眼识人，鼓励菲尔，说他能成为一个作家。此外，二十世纪五十年代的科幻是个似乎充斥“怪物和疯子”的圈子，而鲍彻的雅致和智识，支持菲尔在那看不到希望的年代精进努力。接着，1969年9月，派克主教在犹大旷野[①]探寻耶稣历史真相时死去。派克主教对菲尔的影响无比深远，正是他放大了菲尔对终极知识的那种义无反顾，充满激情的追寻，而正是这类追寻浇筑了他最优秀的作品。菲尔后来在访谈中回顾两位朋友的逝去：“我跟你说，太可怕了，他们发出嘶哑的声音——就像在第一次世界大战的战场，在我身边倒下，你明白吗，就像《西线无战事》的结尾。”

这些死亡为菲尔和南希的婚姻增加了更多紧张感，而两人此时已开始对双方各自的看护角色充满戒备。1964年曾困扰南希的精神紧张，此时复发了；除此之外，菲尔不断地摄取安非他命，也让她恐惧。1969年8月，由于服用从街头弄来的来路不正的安非他命，导致菲尔胰腺炎和严重肾衰竭发作，住了院。身体严重虚弱，也令菲尔直到下一年才有机会恢复写作。菲尔的胰腺炎也许会复发的前景，让南希备受折磨。“我特别怕他死。我以前也这么想我的父母——后来

① 耶路撒冷以东的荒漠，位于以色列和约旦河西岸。

我母亲去世了。接着,我感觉自己完全承受不了这一切了。”虽然有严重风险,菲尔仍继续从街头买安非他命。他曾短暂想戒,但不成功。南希回忆:“我试着把那些安非他命都藏起来。接着他就会经受那种可怕的痛苦。我无法承受。随后,我也住院了,我意识到自己再也不能回去,继续过那样的生活。我不可能不受他的抑郁和别的事情的影响。”南希后来的确回去过几次,但待的时间都不长。

菲尔描述他们的最后一年也是充满痛苦。他后来在访谈中解释,服用安非他命是因为他必须逃避:

那时我服用安非他命,是为了掩盖为什么我会有虚假的记忆,为什么我的行为那么古怪,以及为什么我的感知会那么受扰。感知受扰的缘故是创伤冲击,以及更深一层的机制,比如失忆症。但我要是不吃那些药物,就要直接面对这些问题,而且其他人也得面对它们,所以还不如把注意力完全转向另一条路,“他精神恍惚,都是因为服用安非他命导致的”。

不过以上只是菲尔在找寻托词。他很清楚,安非他命对他的影响远不止掩盖他的问题。它将这些问题放大了。恐惧发作、恐慌,以及不断席卷的痛苦,源头都来自安非他命。无论他怎么回避药物的负面影响,他根本无法避免如此大量服用所带来的副作用。

创作的源泉枯竭太久。1970年7、8月间,菲尔申请救济和食物券,这对他的傲气是一次打击。不过,那时他已经开始创作一部新的长篇小说。

理解菲尔如何承受再次失去家庭的痛苦，有助于理解《流吧！我的眼泪》的创作起源。1970年3月到8月期间，他写完这本长篇小说，并如狂风骤雨般地重写了多次。

1970年5月，菲尔服用过一次墨斯卡灵。他之后似乎再未用过这种毒品，但那次经历却让他大为叹服：

服用迷幻剂从没让我有过真正的洞察，但吃了墨斯卡灵后，我却被强大到可怕的感觉所淹没——我猜是一种强烈的情感。我感到一种压倒性的爱，对他人的爱，后来我把这种情感写进了小说[《流吧！我的眼泪》]：这部小说涉及不同类型的爱，结尾处，它揭示了一种终极的爱的形式，我之前对此一无所知。我想说的是，“为了回答‘什么是真实？’这个问题，答案是：是一种压倒性的爱。”

这本小说的故事是讲述电视明星杰森·塔夫纳——富裕、有名、才华卓绝、极为英俊——失去了所有身份证明，被卷入一个或然世界。新世界中，根据警察国度将军费利克斯·巴克曼的看法，塔夫纳在官方意义上并不存在。

《流吧！我的眼泪》具有黑色气氛，全书弥漫着一种恐惧感，它是1964年之后菲尔所写的一系列小说的巅峰——《逆时钟世界》《仿生人会梦见电子羊吗？》《宇宙补陶匠》《有朋自弗洛尼克斯8来》，这些书中，警察通过监视和监控对角色们的生活进行全方位支配，人人都惶恐地生活在“背叛”中。但是，这里面只有《流吧！我的眼泪》拥有为之自豪的角色，那位精明能干的费利克斯·巴克曼，菲尔在他身上同时倾注了对权威的刻骨仇恨和恐惧,以及对失落和孤独的人类同胞的深切之爱。

正是巴克曼实践了这本书的标题[①],他的泪为双胞胎妹妹,乱伦的妻子艾丽斯·巴克曼所流,她是一位双性恋、皮装女王,吸毒成瘾,沉迷于脑模拟带来的纵欲狂欢快感,最终死于过量服用神秘的时间约束药物,KR-3。菲尔后来在《解经》中明确艾丽斯的死和简的夭折之间的对应关系。菲尔经常想象简是个女同性恋,他一直认为她非常强大和勇敢。言辞毒辣刻薄的艾丽斯,痛恨冷漠、精干的哥哥——这正是菲尔体内的妹妹找到了自己的虚构形式。

费利克斯和艾丽斯的确深爱对方。探索不同形式的爱,是《流吧!我的眼泪》一书探索的宏大主题。1969年,菲尔在文章中指出,科幻小说最严重的弱点,就是它“无力描述两性之间的那种微妙和复杂的关系”。菲尔试图通过《流吧!我的眼泪》来纠正这个情况。男主角塔夫纳在这个地狱般的新世界中遇到许多形形色色的女人——新欢旧爱,黑发女子,甚至一位朋友——《流吧!我的眼泪》是两性风格的肖像画廊。塔夫纳开场时是个冷酷的低音歌手,到了结尾时,也仅仅改善了一点点。《流吧!我的眼泪》一书的核心,正如菲尔本人所明确的,存在于巴克曼将军恸哭的场景之中。

午夜,巴克曼驾驶奎波飞回家,途中试图应对永失艾丽斯的痛苦——她是双胞、是妹妹、是妻子。他无法应对。后来,他将奎波停

① 这本书书名直译为“警察说,流吧,我的眼泪”。

靠在通宵营业的加油站，遇到一位黑人，蒙哥马利·L. 霍普金斯。巴克曼说不出话来，在纸上画了幅“一支箭穿心而过”，然后递给那个黑人。最后，霍普金斯理解了，是一种绝对悲痛让这位陌生白人无法开口说话。接着，他们拥抱。就这么简单。

1970年8月，菲尔意识到，虽然《流吧！我的眼泪》需要进行最后一次修订，但他已经做不到了，他太疲倦。9月，南希和伊莎离开了他。他们苦心维持的幸福生活终于走到尽头。这是菲尔第四次失败的婚姻，第二个和他割裂的家庭。他四十二岁，穷困、肥胖、为失去所爱悲伤和疲倦不已。接下来两年中，继续写作已是不可能的任务（1971年，在最悲伤的时刻，他将《流吧！我的眼泪》手稿交给信任的律师。直到1973年他才有机会将最终定稿打出来交给双日出版社）。

不过，1970年5月的那次墨斯卡灵体验带给他的不仅仅是《流吧！我的眼泪》的情节灵感，还给了他正需要的愿景。1970年9月，他写道：“一种我以前从未想到过会存在的爱，对陌生人的神秘的爱。这对我来说是全新的，这是神圣之爱；它充满我整个人，我再也不恨任何人，包括杰克逊先生，南希的情夫。”

南希和霍诺尔·杰克逊（Honor Jackson）有段婚外情，他是住在街对面的邻居，是个黑人。并不是对另一个男人的爱让南希最终决心离开菲尔。尽管如此，菲尔后来在信件和访谈中，还是说杰克逊是个“黑豹党”成员，拐走了南希。

杰克逊,仍住街对面,听说当年的“黑豹党”谣传时,爆发出一阵大笑。南希也证明完全没有此事。当时杰克逊和菲尔关系不错,南希离开后,菲尔甚至还向杰克逊买过一辆二手车——63年款的红色庞蒂亚克。杰克逊记得菲尔是个“不错的家伙”,看起来“有点儿发疯”,因为“他一天到晚很难把脑子里的事情想清楚”,在户外时,他往往弓着背、偷偷摸摸地窥视人。杰克逊从来没进过菲尔家里,但听说过那里有不少毒品交易,见过来来往往的车辆,形形色色的人在他家住上两三天。杰克逊说,南希离开完全是因为那里毒品太多了。

为什么要给一个干普通工作,过太平日子的人贴上“黑豹党”标签?不少菲尔的朋友认为很明显:放到六十年代的时光中,这样做只是为了给那段悲伤、漫长的分离抹上一层戏剧化的细节罢了。最后阶段,迈克尔·哈克特搬进来跟他们同住,帮忙搬家和处理其他杂事,他的出现只是让分手没那么激烈而已。

伊莎当时三岁,她记得9月初的一天:“我们开车离开,我爸爸从屋里跑了出来,跟在车后。我们越开越远。”

暗夜之魂，黑发女孩，《暗黑扫描仪》——当然了，黎明前往往是最黑暗的时刻，如果像菲利普·迪克诡异小说那样，麻烦就彻底大了，别忘了这点

（1970年–1972年）

不过,呃——那时候写作真的没任何意义。首先在于一个事实:当你构思怎么写的时候——你写作时会进入一种私密、孤独的状态——但哪怕一小时的独处也会让我死掉;南希带着我的小女儿离开后,我还这么做的话,冒的风险太大。我必须跟人在一起……因为人声,还有他们的活动声,过道里的喧闹;不管什么,都能让我活下去。我当时压根儿没法自杀,因为周围总是不停地发生各种事情。

菲尔,1974 年接受访谈(摘自《不过表面真实》)

这部小说,写的是那些因为自己所做的事情而受到太多惩罚的人。他们本来只是想开心一下,但他们就像在街头玩耍的孩子;他们看到他们之中一个又一个人被杀——死掉、残废、被毁——但他们还是继续玩耍。有一段时间,我们真的都非常开心,坐在一起,不用辛辛苦苦地干活儿,只是一起吹牛玩乐,但那段时间短得可怕,随后而至的惩罚却令人难以置信:即使我们亲眼看见,仍无法相信。[①]

"作者后记",《暗黑扫描仪》

①《暗黑扫描仪》,于娟娟译,四川科学技术出版社,2020.5,377 页。

菲尔又成了单身汉,有了中年人的相貌,头发、胡子变灰,肚子隆起,心中满是失去的爱和痛苦的回忆。他还能维持一种给人印象深刻的形象。作家式的宽眉下,蓝色眼珠闪烁。他的才华依旧能让一屋子人容光焕发,或是被他不露声色的谬论逗得笑岔气。

这些天赋正是菲尔亟须的,因为最重要的是身边需要有一群人围绕。

为了能这样,他会答应任何条件。一开始,他将圣威尼斯的屋子开放给朋友住,接着,开放给任何人住。他给访客提供毒品、啤酒、音乐,他的心智、才气、善意,以及一颗破碎的心。

他渴求情感。拥抱混乱。

南希离开菲尔的同一周,她姐姐安也离开了丈夫伯尼·蒙特布莱恩德(Bernie Montbriand)。而南希的哥哥迈克尔,也正处于离婚阶段,此时也搬进圣威尼斯的房子。于是,菲尔邀请伯尼一起来住。三个单身汉。

事实证明,他们仨是亲密好同伴。深夜里的咯咯傻笑,用白十字架[1]补充能量后的漫谈。音乐不断——从莫扎特到“感恩至死”[2]。年轻流浪汉和毒贩来来往往、无拘无束,因为菲尔用毒品和钱,慷慨

① 安非他命类毒品右旋安非他命的街头称呼。

② 美国摇滚乐队,1965年在加州组建,乐队风格融合摇滚、民谣、布鲁斯、雷鬼、乡村、即兴爵士、迷幻和太空摇滚等元素。

招待所有人。有陌生人在身边,他才感到安全;他相信,信任陌生人体现了反精神分裂。但他不肯离开屋子。迈克尔负责各种杂事。伯尼回忆:“菲尔有很多种恐惧。他生活在那个世界——那间屋子里。不管什么事,都在屋里发生,在屋里结束。他从来不去对付真实世界的事……他总是谈各种药片,噢,厉害的狗屁,差劲的狗屁,我们上哪儿能搞到更多这样的?”

他很少以公开愤怒的方式表达恐惧。当菲尔不在那种生机勃勃的独白模式时,他十分温柔,几乎沉默寡言。就算那种室友间常见的冲突,也难得惹他生气。伯尼提到,有一次,他把菲尔昂贵的立体声唱片机的唱针直直戳进一张珍贵唱片的正中间,音量瞬间转到最大。“他只是从房间里走出来,友好地让我们不要放得太大声。礼貌、善良,好一位绅士。”

但从外界来的威胁——真的,或想象的——却没那么容易处理。迈克尔回忆:“因为毒品的事,他对警察心怀恐惧。我觉得这同时也给了他一种冒险感,你明白,我们必须时刻注意,否则他们就会逮捕我们。”

汤姆·施密特(Tom Schmidt),1970年10月搬进来,替代伯尼·蒙特布莱恩德,成为第三位室友;他也证实菲尔当时担心纳粹、联邦调查局和中央情报局。不过别忘了,在菲尔的日常假设中,毒品圈子里的那些各式各样的古怪、危险的意外受伤者,有枪,且情绪波动。那么,再加上密切关注偷窃或谨防警方做局,也都合常理。

此外,也应合乎情理地指出,滥用安非他命,最常见的副作用就是诱发严重妄想,而菲尔对安非他命的滥用已到最大限度——右旋安非他命、苯丙胺,还有只有上帝才知道的那些从街头弄来的可怕狗屁玩意。他的冰箱里有好几桶蛋白奶昔,跟这些奶昔并排存放的是好多罐白十字架—— 一百美元一罐,每罐有一千粒。菲尔总是数都不数,抓起一把,就着奶昔喝入肚中(这下就不会马上肚子饿了,真他妈够聪明)。菲尔和屋里其他人会连续三四天,甚至一整个星期不睡;然后又会昏睡过去,整整两天两夜待在床上动也不动。如果服用剂量那么大,长期处于兴奋状态,你就会感到能量高度饱满、意识完全清醒,而这种能量和清醒——往往会转变成警觉、疑虑和恐惧。你会隔着百叶窗看外面有谁。菲尔经常说有人潜伏后院,有时甚至夜里潜伏在他床边。他的室友从来都不清楚,到底该不该相信他(大部分时候他们不信),但他们知道这是种什么感觉。伯尼说:“就我个人体验,连续三昼夜保持清醒,你的意识会尖叫、渴求休息;所有维生素、所有维持身体和意识稳定的物质会全都耗竭。这时,妄想症就会发作。”

菲尔察觉到安非他命的副作用。他那时期的笔记显示,他偶尔推测那种恐惧感也许是药片所致。有天深夜,他记录下这段挣扎:“十二点半。我要上床了。我恨透了卧室—— 一张空床——不过,我更恨夜里坐在音乐关掉、冰冷的客厅[略]。快乐药片已变成噩梦药片。”几段之后,语气又快活起来,“快乐药片帮助过我——在胃里造出一片温暖发光的领地。"

安非他命能暂时给人带来美好、辉煌和呼啸的时光,但也能将这些时光永远带走。菲尔对这辩证关系心知肚明,但却不以为意。他在玩,如同蝗虫在嘲弄"真实"世界的蚂蚁,同时,还在想象一部杰作——《暗黑扫描仪》,但他却蒙在鼓里。1970年11月的信中,他给自己的生活画了一幅肖像速写,外号叫"隐士之家":

我们都服用安非他命,我们都会死,但我还有几年可活,会快乐。可我们压根不想再活几年,当我们活着时,我们就会照我们本来的模样活:愚蠢、盲目、相爱、谈天、在一起、孩子气、相互支持、互相认可对方好的部分[略]。

[略]世上没有第二个团体能有我们这么快乐。我们知道,我们在忽视现实的某些根本方面,举例来说,比如金钱,或对我而言——睡眠。很快,它就会追上我们。[略]我觉得,你真正能希望的事,就是快乐片刻,然后记住这快乐。

菲尔所谓的不顾经济压力可不是说着玩的。5月份以来,他一直付不了房子的贷款。信贷公司跟着屁股后面要钱,而他常从哈德纳夫妇那里借钱。不过,南希离开造成的真空,让他独自写长篇已成为不可能的任务。于是,他将充沛的情感全都倾倒给了室友。汤姆·施密特回忆,搬去跟菲尔住就像换了个世界:

他身上有种东西,让你觉得自己跟他有解不开的关系。菲尔有这种特别的温柔,同时具有深度。他像个导演。就像是他故意把特定人带到一起,来看他们之间互相如何起反应。然后坐好,看着,并且开始写科幻。

我觉得,总的来说他生活在幻想中。他很少离开那个房子。他的整个存在就像在说,他能在里头创造任何事物。[略]

菲尔告诉我,他可以整段整段地思考。当他和人谈话时,整个事情已摆在脑海。他可以谈任何事。家里有形形色色的人出现;蠢人。我不是说他把自己降到那个层次,但是他可以跟任何层次的人打交道。

我认识的所有人中,如果非要挑选一位永远在一起,我会选菲尔。

不过,汤姆对毒品有意回避,他没法选择永远在"隐士之家"度过,几个月后就搬了出去。那种开门迎客的气氛实在让人难以承受。人们口耳相传:菲尔的房子是个能安全贩卖和搞到毒品的地方。1971年春季,迈克尔也决定离开:"菲尔让人感到有趣,同时也有很难相处的一点,就是他能创造自己的现实。为了适应他的恐惧症,需要相当数量的配角演员。另一方面,他也有很多能提供的东西,所以也算不上是寄生关系。只是随着时间的流逝,生活中总有你必须要去做的其他事。"

即便和迈克尔、汤姆住一起时,菲尔仍心无旁骛地要找个女人来替代南希。正如1964年在安妮和南希之间的那段日子一样,菲尔开始一次次地陷入热恋,并对每段感情都极为真诚。但今非昔比,现在的情况要困难得多。菲尔已四十出头。局限于室内和夜间活动,让他显得苍白;他时而是情绪躁狂、出言不逊的天真青年,时而则陷入彻底崩溃,显得非常虚弱。他的腹部下垂、鼓胀,全赖吃了太多冷冻鸡肉派和巧克力屑饼干(虽然大量服用安非他命,但菲尔从没变成那种典型的瘾君子模样)。就算六十年代的服装风格是以衣衫褴褛闻名,他穿得也很差,衣着随随便便,包括一件从来不曾压平的尼赫鲁式上衣。

菲尔那种强烈的气质和凌乱天才形象制造的光环,能够轻易盖过身材的短板。真正对他不利,也让他在这一时期经历一系列剧烈挫折和心碎的两个关键因素是,他通常追求只有他年龄一半大甚至更小的女孩;他想要,想要,太想要了。

此外,他的个人问题有时也会让他有意选择某一类追求对象。汤姆回忆:"菲尔总是惹上那些有麻烦的女人。我认为他没有能力跟没什么问题的女人发展关系。因为那样的话,他就不能控制。并不是说他真的能控制,而是种无法控制的控制。"

面对刚刚认识的女性,甚至完全不了解,菲尔就会用迅速、鲜明,以及用各种理想化名词幻想跟别人热情的未来。那种最疯狂的热烈追求,也让他变得更为疯狂。1970年末期,他追求的女人是詹安·福格(J′Ann Forgue),黑发、迷人,刚跟菲尔交朋友时只有二十五岁左右,那时菲尔还跟南希维持着婚姻关系(1968年写的《死亡迷局》中,詹安是书中贝蒂·乔·博姆的原型)。南希离开后,菲尔希望能加深他们之间的关系。詹安回忆：

我知道，我对菲尔来说很叫他沮丧。因为我虽然尊重他是个作家，但对跟他发展浪漫关系一点儿兴趣也没有。我有种强烈感觉，就是他实际上并不知道我是谁——他爱他内在的某个形象，只是把这个形象投射到我身上。我过去见他，完全因为他求我。他并没有刻意告诉我，他爱我——但他的确说他需要我，说我能拯救他。

那个他以为爱的詹安，跟我几乎没有任何关系。他会用宏伟、极其抽象的言辞来声明我有多么活力十足，以及我怎么能应付事情。没错我是个很好强的女人，但是在我人生的那个阶段，我的生活非常糟糕——我什么也应付不了。所以，从他嘴里听到我有多么强大，实在是种很奇怪的打击。

到了1970年11月，詹安感到她不得不停止去那栋房子。菲尔当时的日记记录了他们之间失败的浪漫关系，与詹安本人的描绘相对应。之前，菲尔写过，詹安“介入并救了我”。怎么做到的？通过替代“泼妇-母亲”多萝茜：

相比而言，自从南希离开后，我母亲就再也没到我这里来过，虽然她去看过[继妹]琳恩，而且实际上都站到我房子的门口了，但不愿进来。好吧，就是她，四十二年前［菲尔和简出生时］开始以安全名义行动，并且经过了这么长时间，有人终于满意了。所以，某种意义上来说，詹安成了我从未有过的母亲。[略]

现在，詹安离开了。“不止仅仅只是爱她，没有她我简直活不下去。”不过，不到一个月后，菲尔（幸好伴随着这种神魂颠倒的痴迷还有强大的恢复能力）便能更清楚地看待詹安了：“也许我那么怨恨，对她置之不理，不是因为她直截了当地拒绝进入我房间，而是她跟我详细描述她在实际生活中没法应付很多事——这跟我对她的那种理想化和浪漫的、能应付任何事的形象差别太大。”

到了12月，菲尔再次陷入恋爱，这次的热恋对象是一对二十岁出头的女同性恋。这场关系依旧紧张，特别是菲尔将其中一位看作简，并幻想将她们两人同时带去见母亲。他在日记中写道：

> 我会对她说：“多萝茜，听好了；我知道有两个女孩比你更强大。你已经老了，很快就会死，这些女孩都很强大、年轻，而且很能干。她们会比我们都活得更长。”[略]这会让我一辈子的野心得到满足。我那位高人一等、圣人般的老母亲，在我十九岁时说我很软弱，还说我一旦离开她就会成为同性恋。

并不清楚这场到访——菲尔带着活着的简去见多萝茜——到底有没有真的发生。不过，菲尔的日记显示，1971年1月时，这场关系已经结束。那位让菲尔联想起妹妹的女孩，他本希望通过她“减轻痛苦”，但实际上却给他带来更多痛苦。“她就像简一样……她被杀了……疏于照顾……眼睁睁地看着她死掉……一切又来了一遍。我还能承受下去吗？离开我之后，她面对未来的生活，有足够的勇气吗？”接着，菲尔意识到简能生存下去。再往后，他又开始担心她（和其他人），开始变得恐慌：

我恨她们，因为她们让我伤害她们，因为她们对我的爱，依赖我，信任我。我很害怕她们，也害怕我还会对她们做出什么事伤害她们——我只想离开。［略］也许她们都是软弱、脆弱、微妙平衡的人，我的强度对她们来说太过分了。我从她们那里想得到什么，以及我想看到什么发生：就像我写一本书，把我整个人强加于她们和她们的现实之中。也许我是在试图写她们的生活。我不能让我周围的人好好生活，我必须策划所有事。

日记的下一条中，菲尔赦免了自己："我非常愤怒，我无法入睡——我也知道我很疲惫——疯子的自我保护驱动力；到末了，谁也保护不了谁。你是正常还是有病都没关系，你还是要做该做的。"

和这个女孩一起，让菲尔再现了简的死亡造成的创伤，这既包含他不顾一切希望简回到世上（通过幻想带着那位女孩去看多萝茜），也包括他在多萝茜面前感到罪恶的身份认同（通过让那位女孩失望）。简作为一位目中无人的女同性恋（如同《流吧！我的眼泪》中的艾丽斯·巴克曼）幸存下来，这个事实等于打多萝茜的脸。她用"同性恋倾向"来嘲讽菲尔"软弱"的言辞就会以一种终极方式被驳倒——亲眼看见一位被她忽视，但却幸存下来的强大孩子（菲尔，充盈罪恶感并真正幸存下来的双胞胎之一，才是实际上做到这点的那位，但他却不肯相信自己做到了这点）。从菲尔的角度来说，就是到了四十二岁，他仍渴望多萝茜来看他，爱他，确认他的男子气概；对这点,他极为愤怒。

实际上,1970年到1971年这段痛苦时期,菲尔跟多萝茜之间一直保持频繁和长时间的电话联系。虽然这些联系伴随着不少谩骂,但却十分稳定、持续。母子间的关系紧密相连,菲尔强烈希望寻找另一位女性来抵消她的影响。

约瑟夫·哈德纳,菲尔的继父,1971年上半年持续写日记,其中一些条目显示这段时期菲尔和多萝茜之间的痛苦关系,以及菲尔那种彻底的不可靠。下面概述了部分日记内容,这些内容提供珍贵记录,折射出当时菲尔的所作所为,以及多萝茜(和约瑟夫)对他的看法。1971年初,日记以阴郁的语调开始。

1月13日:菲尔给多萝茜打了两次电话。他在照顾一位十七岁的姑娘,菲尔称她是"精神病患者"。菲尔的精神科医生说他应付危机时能力最强——所以他才会让它们一个接一个发生。多萝茜相信"菲利普在无趣的日子里无法表现正常"。他对情感危机的处理方式接近于四五岁儿童的水平——正是她跟埃德加闹离婚的那段时间。

1月18日:菲尔来电话,兴奋地提到《易经》的新用法。

1月31日:菲尔的房子里有很多"古怪的角儿",菲尔将那些人看作是"家人"。

2月4日:约瑟夫对于牧场路的房子在他们夫妻名下不太高兴。"我们爱他。算了吧。"

2月26日：抵押贷款公司开始执行赎回权取消。菲尔拖延还款却没有告诉哈德纳夫妇。约瑟夫担心他的信用会耗尽。

2月27日：菲尔打来电话，说他会把刚刚借来的五十美元用来还贷。多萝茜告诉他，他们已经知道了赎回权被取消的事情。菲尔意识到这件事对他们的信用可能产生的影响后，十分震惊，他跟多萝茜保证，双日已经同意每年给他足够的钱来维持生活［假话］，他会用这些钱来偿还贷款。

3月31日：菲尔打来电话，对房子，以及跟他住一起的十七岁女孩的关系都感到绝望。说他试图自杀。

4月4日：菲尔打来电话，他跟另一个女人住一起——“杰妮芙”［从这里直至本书结尾，如果名字第一次出现时有引号，则为假名］。约瑟夫告诉菲尔，他不再想对这栋房子负有任何责任；菲尔同意，并且说会想想办法。问题在于：如果菲尔申请多萝茜和约瑟夫两年前就给过他的赠予契据，国税局就会以追讨税款的名义取消房子的赎回权。

4月9日：菲尔打来电话。他和“杰妮芙”尝试一起生活。不知道他陷入了什么大麻烦，他不肯告诉多萝茜。“杰妮芙”表示反对，所以他像是准备好要放弃了。约瑟夫觉得心惊胆战。

4月13日：菲尔打来电话。他住“杰妮芙”那里，他没办法应付自己的房子，想卖掉。

4月19日：菲尔打来电话。想6月份把房子卖了，用卖房所得一半的利润跟“杰妮芙”去墨西哥。

4月22日:菲尔打来电话。没有钱了。约瑟夫向抵押贷款公司付了笔延迟的还款。

4月23日:菲尔打来电话。手头有些钱,但不足以给房子还款,想要借钱。多萝茜没有告诉他,他们已经把还款付了。菲尔宣称他的钱在“杰妮芙”名下的银行账户里,取不出来——她不肯给他。约瑟夫总结:“他说的每句话都没法相信。”

4月26日和27日:菲尔打来电话。他深信能帮助“杰妮芙”。约瑟夫看出来,这是菲尔的模式:相信能“救”女人。“他不能帮自己,所以他能帮她。”

4月30日:菲尔打来电话,告诉多萝茜自己有毒瘾,每周吃一千片安非他命。“杰妮芙”帮他戒毒。“我们知道菲利普用毒品,但没想到他陷得那么深。[略]菲利普说要么戒掉,要么死。[略]无论是我还是多萝茜,都对菲利普的毒瘾感到极度震惊。”

5月2日:菲尔打来电话。总是跟多萝茜说话,不跟约瑟夫说。跟多萝茜说再见,他要去自杀。多萝茜试图让他不要挂电话,继续说话,但菲尔挂了电话。几分钟后,他又打了回来,跟多萝茜说她是对的——他对女儿们和宠物有责任。一直说从来没有人在任何时候真正关心过他,他从五岁开始就想死——埃德加离开时。从1951年他就开始服用苯丙胺和其他药品,当时,克丽奥的医生父亲给他开了处方药。如果不吃毒品,就无法写作。和南希一起时,有两个月没吃,也没写任何东西,后来她说他可以吃,于是他又继续吃了。“多萝茜抖得很厉害。”约瑟夫(担心他的自杀威胁)打电话给“杰妮芙”,后者发现菲尔正在她家里听音乐。

5月3日:“多萝茜觉得菲利普已经没有希望了,因为他自身的那种扭曲的个性。”“他前一天晚上告诉多萝茜,他能从毒品上赚到比写作更多的钱。”[注意:那些该时期认识菲尔的人都回忆,他把毒品免费给出去。他这里所说的很可能只是为了故意让母亲震惊。]“杰妮芙”打来电话,说她和她的医生把菲尔带去了斯坦福大学医院(胡佛分院)的精神病病房。

去精神病院住院的主意一开始并没有打动菲尔。但他感到别无选择——他当时住“杰妮芙”在帕洛阿尔托的家里,既没钱也没车,要么搭便车回圣拉菲家里,要么对她坚称的他是个瘾君子有所回应。

他于5月3日住院,精神病医生哈里·布莱恩(Dr. Harry Bryan)检查后,批准他5月6日出院。布莱恩医生的记录显示,菲尔说他一周吃一千片安非他命药片,每个月为此花掉三百美元。此外,他每天还吃四次三氟拉嗪,每次十毫克,外加别的镇静药物。他刚刚有过自杀企图。对菲尔的精神状态测验显示他很“机敏”,并没有妄想症症状。身体检查表明身体稳定地从胰腺炎中恢复,并无生理上的毒品成瘾症状,也没有内部器官受损。对于一周吃一千粒安非他命的人来说,他的身体状况简直好极了。甚至血压都很正常。从谈话中,布莱恩医生发现菲尔对嬉皮运动很乐观。布莱恩回忆:"他所有的行为都表现出一种以人为本、友情至上的怜悯心,任何妄想都只是临时的,并且他会一会儿停止吃安非他命,一会儿又开始吃。"据约瑟夫的日记,菲尔在胡佛住院期间,经常给多萝茜打电话。5月6日出院后,菲尔继续去看X医生(他对菲尔的诊断结论是精神分裂),同时还看另外两位精神科医生(诊断分别是妄想症和装病)。

琳恩·西塞尔也确认,1971年时,菲尔时常变得"极为戏剧化",只要有他在场,什么事都会被夸大。这一年无疑是菲尔一生的最低谷:

他有妄想症——我知道这是那些毒品带来的作用。有一次他甚至深更半夜敲我家门。我也住圣拉菲,他找了个朋友,凌晨四点开车把他送到我家。我气疯了——我不想让他到我的客厅里,但他还是进来了。他谈什么跟中央情报局有关的阴谋。照他的说法,他被卷入得很深——他在一本小说里写了什么东西,结果跟某些真相撞上了,引起中央情报局的注意。他真的是彻底到位,一刻不停地在看背后。

菲尔的种种危机、财务上的灾难,以及妄想症愈发严重,这一切加起来,到6月份时,他竟指责多萝茜和约瑟夫图谋夺去他的房子。6月15日,约瑟夫在日记中写道:"多萝茜感到,如果菲尔不能让自己不断处于这些危机中(常常是他虚构的),他就会陷入精神崩溃。"这个月稍后的另一篇日记中,约瑟夫提到有关房子的指责:"我跟菲利普彻底没有关系了。如果他甚至能编造和相信这样的谎言,那我们也就没有任何必要相信他说的任何关于他的生活，他在做什么，以及其他人的话。我真的对此非常痛心。”

约瑟夫的日记止于1971年7月，不久后，他就去世了。在跟菲尔极为难处的这段关系中，约瑟夫一直都给予他最大限度的财务、情感支持，以及爱。他的日记，虽然记录了那些恐惧，但也证明了以上这些。

菲尔与哈德纳夫妇之间的嫌隙，更促进他急于在圣威尼斯组建新家庭。菲尔最想要的——小说写作先放到一边——是还原被南希离开所打破的那个家庭。1971年末，许多年轻人在他家里来来往往。摩托车手、时髦少女、确诊的精神分裂者、暴力疯子，甚至还有几个亲切的灵魂。他们来听那美妙的立体声，买毒品，或干脆只是找个欢迎他们的地方。有几个人在菲尔的要求下搬进来白住。在到访的保罗·威廉姆斯看来，菲尔像是“扮演某种灵性导师的角色。非常诡异的场景”。的确，也有几位将菲尔看作是智慧的解救者。对于这个角色，菲尔做得很成功。他提供食物和住所，仔细聆听别人的诉说，全心全意照顾他人。

不过菲尔既不渴望，也不适合去扮演那种成熟的小群体领袖，尽管他极度渴望能拯救朋友，也极度渴望他们用爱来回报。从被需要变为平等互惠，这实在不是什么好的心灵导师策略。时髦少女也从来不拿作家菲利普·迪克当回事。她们喜欢这个奇怪的老家伙菲尔，总有大把的安非他命可供分享，言谈疯狂，善良，恐慌，三天不出房门昏睡不起。有时她们戏弄他,有时她们把他偷得精光。她们感觉到了那种孤独,那种需要。

1971年6月,两个男人来和菲尔住一起,分别是“里克”和“丹尼尔”,都是安非他命成瘾者,1977年《暗黑扫描仪》出版时,都已过世。“里克”三十五岁左右,在精神病院待过一段时间。他很瘦,双眼吓人,床底下总是放着好几把装弹步枪。菲尔和“里克”都害怕联邦调查局、中央情报局监视这栋房子,不过菲尔把“里克”的弹药都藏了起来,还把步枪的撞针卸了下来。“丹尼尔”,二十出头,是位很有才华的音乐家,暗色皮肤,深蓝色头发。《暗黑扫描仪》中,精疲力竭的杰瑞·法班相信蚜虫爬满全身。“丹尼尔”也承受相同的精神痛苦。和法班一样,他也对着自己喷雷达杀虫剂。当时(跟《暗黑扫描仪》一样),“丹尼尔”的强迫症让室友们觉得非常搞笑。头脑仙境,是六十年代吸毒者常见的找乐子方式:你能多大程度上让别人进入你的/或是他们的幻想?“里克”从屋子另一头,对“丹尼尔”弹不存在的虫子。菲尔则准备了一个鞋盒,里面装满了他抓的蚜虫。

圣威尼斯房子里的其他常客还有两兄弟,“迈克”和“罗尼”,都是初中生年纪。有一次,“迈克”躺在车底修车,顶住车子的千斤顶忽然要垮了;结果,一位精疲力竭的瘾君子鼓起勇气,在千钧一发的时刻,把他救了出来。菲尔后来把此事写进《暗黑扫描仪》——对他来说,这表明瘾君子外表之下,人类的善良始终得以保存。

“吉恩”和“珊迪”是一对儿,菲尔跟他们关系很好。“吉恩”和菲尔都有枪,他们也都喜欢玩枪;菲尔有一次开枪在窗户上打了个洞。“珊迪”是位迷人的年轻日本女子,当时学护理,她给菲尔混乱的窘境带来如沐春风的宁静;菲尔对她时有爱慕。由于“珊迪”爱“吉恩”,菲尔醋意大发,让她离开;不久后又后悔不已,恳求她回来。

然后是“唐”,十五岁,青少年法庭的常客,菲尔那些科幻圈的朋友——特里和卡罗尔·卡尔,雷和柯尔丝滕·尼尔森,格拉妮娅和史蒂夫·戴维斯——来访时,“唐”就会躲起来。“唐”回忆,每当这些老朋友来访,菲尔的表现就会出奇地正常,而且他总把写作的书房收拾得整洁异常,像房子里的一片绿洲。然而,随着时间流逝,菲尔开始变得容易被怒火驱使,发火时,会把书全从书架上扔下来,甚至把音箱打翻。“唐”坚持,菲尔有一次不是白给,而是卖给他一百片安非他命药片。菲尔跟他要两美元,比街头价格便宜。“唐”给了他四美元。第二天,菲尔把那几张钞票烧了。

菲尔和洛伦·卡维特(Loren Cavit)之间的关系要阳光得多。洛伦十五岁,她从朋友那里听说了菲尔的房子,成功地连哄带骗,让菲尔踏出门外,去高中课堂上跟同学们进行了一场问答。班上最近刚刚读过他的《沃昂》,他1951年卖出的第一个短篇。(1975年,菲尔和孩子们之间的有趣对话发表在科幻年选,《未来映像》中)。洛伦回忆,菲尔去学校交流的路上非常紧张,但讲完后却欣喜若狂:

菲尔一点儿也不觉得自己老。我认识的人里,他是唯一能跨越各种层次的。他能跟两岁孩子喋喋不休,然后转身又在晚餐上跟知识分子侃侃而谈。也许他只是在摆弄人;我相信他是这样。不过他从来不贬低人。他有内在冲突,但很少跟人分享那些他感到的困惑;即便分享,一次也只说一点儿。

在他们的谈话中,永远为情所困的菲尔向洛伦寻求建议。"他总是对每个认识的女人产生幻想;也许对他来说,幻想比实际行动更有意思。他问我那些小妞的反应——'你觉得她会不会跟我出去?'他会像十六岁男孩那样陷入热恋。"

不过,对菲尔最重要的,是1970年年末坐着男友的哈雷·戴维森摩托车来到菲尔家里的那个年轻女人。她是《暗黑扫描仪》中的堂娜·霍索恩的灵感源泉,也是《神圣秘密》中格洛莉亚的原型,同时还启发了《神圣主教》中的安吉尔·阿彻的人物塑造。下面将以"唐娜"这个名字称呼她。

他们是朋友,从未是恋人。菲尔也许想要不同的关系,但这无关紧要。唐娜那股子街头机灵劲儿、勇敢、美丽、温暖的黑色长发和黑色眼睛,都让菲尔珍爱。那些同住的人,怀疑唐娜给菲尔设套,打算把他偷个精光。菲尔后来也有同样的怀疑,但他仍很爱她,不在乎这些谣言到底是真是假。他甚至写了份文件,给她使用他所有物品的权利;任何前提、时间不限。目的是为了防止她被捕。菲尔担心,她会跟他感觉迟早要发生的入室盗窃有什么牵连。后来,这样的盗窃真的发生了。

菲尔在信中如此描述唐娜:

她是底层的那种市侩精,[略]真正意义上的文盲,高中刚毕业,法国农民的背景,十分无知,个人的最大野心[略]就是当高速公路上的检验员。除了我,世上没人注意她到底在说什么。她说什么我都全盘相信。[略]南希离开后的那些日子,如果没有她的智慧和冷静指导,我会比此前还要更疯狂。

唐娜见证了菲尔经历的那段持续怀疑一切事物价值的时期。在1972年的文章《一种生命之爱的演化》(*The Evolution of a Vital Love*)中,菲尔写道:"'[唐娜],'有一次我在床上躺了整整八天,没吃东西,我说,'我要死了。''不,你不会。'[唐娜]说,然后拍了拍我。'你是个伟大的人。快起来,借我两块钱。'我照她说的做了,现在才会在这儿。"在他那些长期抑郁的卧床中,有些奇怪的幻象模模糊糊地出现,包括"墨西哥玉米摊体验"——整整八个小时——他感觉去了趟墨西哥。

然而,菲尔感到的孤独和失落——南希、伊莎离开的余波——一直暗中侵蚀着他。1971年8月,菲尔先后在马林大众精神病院和罗斯精神诊所住院。安妮·迪克写道,菲尔8月份曾咨询过X医生,并告诉他,相信"联邦调查局和中央情报局监听他的电话;趁他不在,暗闯屋子偷走文件"。菲尔想通过住院的方式保护自己。据安妮所说,虽然菲尔坚持自己是个瘾君子,但X医生相信菲尔其实得的是疑神疑鬼。马林大众医院的X医生观察,菲尔并没有任何戒断反应。律师威廉姆·沃尔夫森(William Wolfson)回忆,他去罗斯医院探望时,菲尔看上去"很正常",也就是那次,菲尔给了他《流吧!我的眼泪》的初稿(一直没写新作品)。

1971年9月,菲尔回到圣威尼斯,迎来新住客。"希拉",高中刚毕业,跟菲尔的朋友"丹尼尔"约会。菲尔邀请她也住进家里。一开始——因为所有卧室都满了——"希拉"睡在菲尔的写作书房。不过,住在家里的人总是来来往往;11月时,"希拉"成了菲尔最稳定的住客。起初,她被菲尔迷住,后者能滔滔不绝地谈任何话题。他们常去附近的馆子。菲尔开车带"希拉"逛周边乡下地方,还在商场给她买衣服。她回忆菲尔当时非常痛恨追讨税款、紧咬不放的国税局。于是,每次一收到版税支票,他就狂欢似的花光。

"菲尔像是三四个不同的人,""希拉"说,"有受教育的菲尔,跟你谈论历史、哲学;还有妄想症的菲尔,啪啦啪啦吞药片,对中央情报局胡言乱语、激昂咆哮。最后,还有想拥抱我、娶我,当我拒绝时,会哭泣的菲尔。"那个受教育的菲尔的出现和消失,似乎跟滥用安非他命有直接关系。"他经常一吃就是一大把,每天吃好几次,连着吃上一两个星期,接着连续睡上三四天。我以前还诧异他为什么会变得那么疯,后来我明白了,只要他滥用几天安非他命,就会变得非常疯;然后就需要睡觉,睡醒后又会好一阵子。"

菲尔很怕以前的住客"里克",那家伙随身带着装弹步枪,"希拉"也被卷了进来。到了夏末,菲尔逼"里克"搬出去。菲尔相信"里克"对此怀恨在心,打算杀了自己。有天夜里,电话响了。菲尔拿起

话筒,对方马上挂了。“希拉”回忆,菲尔确定那肯定是“里克”:

于是,他抓起一把锤子、一把短柄斧,说我们到后屋去等他。但“里克”从未出现。我们整夜都没睡觉,吃了不少安非他命。第二天,菲尔决意要请职业杀手来保护我们。我不知道他怎么做到的,但他找了附近的两个黑人,让他们二十四小时待命。这些家伙都是高中刚毕业的小伙子,我确信,他们只是想搞点儿钱。有一次,菲尔打电话叫他们,他们没回应,于是他把他们炒了。接着,他决定去找正牌职业杀手。我们开车去圣拉菲,看到一个男人和他妻子。我坐在客厅里,菲尔和他们走进卧室谈话。后来,菲尔出来了,说我们走。他告诉我,这些人是职业杀手,如果“里克”胆敢出现,他们就会杀了他。我不太确定到底是真是假。我们回到家里,发现有三个成年人在那,他们都带着枪,说是要去打猎。他们三人在沙发上坐成一排,等着。菲尔和我两天两夜没睡,一直吃安非他命,简直紧张、疲劳到极点。整夜都没发生什么事,第二天他们就离开了。

1974年,菲尔对保罗·威廉姆斯声称,他这段时期雇了两个“黑人激进分子”保护一位“被瘾君子毒贩追杀”的女孩。费用七百五十美元,他们“活儿干得好极了”。那个女人试图摆脱毒贩,恳求菲尔带她去医院,他照做了。“希拉”不记得有任何针对她的威胁,但据菲尔说,“希拉”住院后,威胁转而针对他。至于恳求他,让他把自己带去医院这回事,“希拉”的版本是这样的:

菲尔认定我疯了。所以他说,我得把你送去精神病院,因为你疯了。于是我说没问题。我想跟什么人聊聊,因为事情真的很诡异。于是我们开车去了某人家里,他敲敲门,没人回应,我说:“那是谁?”菲尔说:“我不知道。”接着他又带我去见医生[X],他的精神科医生。于是我告诉他那些奇怪的事。我开始怀疑这些事是否真的发生过,还是我疯了。医生并没有跟我讨论菲尔的问题,不过他的确告诉我菲尔有些妄想症,并说我没什么问题。我觉得我跟菲尔没讨论过那次会面。但他放下心来,他后来不再觉得我是疯子。

后来,到了某个地步,我觉得必须要离开那座房子。我不知道怎么离开,以及什么时候离开。接着菲尔认定我是个瘾君子。我从来没碰过海洛因,甚至从来没见过。不过我心想,随便吧,我总能找到别的地方落脚;还有,你懂的,去戒毒康复。菲尔只允许我带上够几天用的衣服。他想确定我还会回来。我猜他觉得我表现得很怪异。于是我去了马林公共屋(Marin Open House)。

“希拉”在那儿找了两个成年人假扮父母,一起回菲尔家里取回自己的东西。“菲尔看上去非常忧郁,像是要哭了。”他一点儿也不买那对假父母的账,不过这有什么关系呢?“希拉”离开了。

“希拉”感到的怪异事情中,有件事特别让她害怕,就是菲尔总有那种极为强烈的预感,圣拉菲的房子有天会受某种方式袭击。有好些凶兆。菲尔发现车总是反复出现机械故障,包括刹车失灵(差点儿在塔玛尔派伊斯山[①]害死了菲尔和他的朋友们)。(《暗黑扫描

① 马林郡的地标景观。

仪》中,鲍勃·阿克托和朋友们差点儿因为零部件改动事故死掉,不过书中出问题的是油门而非刹车。)还有,菲尔和“希拉”回家时,发现所有外门的门把手都不见了。立体声不见了,冰箱门开着,食品撒在后院。“希拉”说:“菲尔常给警察打电话,‘里克’要杀他、门把手、车的事,等等。过了阵子,警察干脆再也不出现了。”

破门盗窃的完美时机到了。菲尔后来的一篇日记中描述了这幅恐怖场景:

[略]1971年11月上旬,我有理由相信,某种针对圣拉菲房子的暴力活动即将发生,于是,我买了把枪。就在五天强制等待期间——只有那之后我才能拿到枪——11月17日,我的房子遭到袭击。我回到家里(我必须步行回家,因为车出了特殊故障,把我撂在好几英里外),发现窗玻璃全碎,门被撞破,锁全被撬,大部分财产被一扫而空;防火保险柜被炸开,有证据显示对方用了塑性炸药。[略]所有商务文件、作废的支票、信件、文件,所有纸张都不见了。地板上满是狼藉——保险柜里炸出来的湿石棉、军靴脚印、碎掉的钻头、沾满水的毛毯和毛巾(用来丢在保险柜上,吸收爆炸声)。

破门盗窃发生后,菲尔很快开始构思不同推论来解释到底是谁干的,以及为了什么。我们很快会回顾他那些互相矛盾的推测(保罗·威廉姆斯在1975年《滚石》杂志对菲尔的专访中把它们都罗列了出来,将这个情节曲折的案子弄得路人皆知)。人们可能会觉得,乍一看,菲尔永远也弄不清到底是谁干的,以及为什么。跟这次入室抢劫有关的事里,只有一件可以完全确定:它把菲尔吓得魂飞魄散,也让他在圣威尼斯这地方再也住不下去了。

威廉姆斯写道:“破门盗窃发生后第二天晚上,菲尔住在另一位科幻作家阿夫拉姆·戴维森家里。阿夫拉姆说,菲尔自称,对于到底是谁干的,感到‘绝对迷惑’;与此同时,他又似乎‘从本质上来说十分泰然自若,对这件事干得这么有效率大为惊奇’。”圣威尼斯破门盗窃后,好几位目击人士去过现场观望,他们对那里一片狼藉的回忆和菲尔上面的描述也很吻合。这些人包括汤姆·施密特、“唐娜”和“希拉”。下面是“希拉”对现场的回忆:

文件柜被炸了,菲尔说是塑性炸药。地板上有很多粉末,菲尔说那东西是用来黏结文件盒的[大概是石棉],灰尘中有些像是军靴的鞋印。其中一个抽屉看上去似乎被炸毁了,只足以把锁给打开,所以不是大炸弹。菲尔说有些手稿被偷。他看上去相信这是什么策划好的行动,比如中央情报局干的。我不知道到底是别人,还是菲尔自己干的,或是还有什么别的可能。

好几个证人都证实那个文件柜被炸开了,但仍然有理由追问,有必要炸开它吗?在8月住院之后,菲尔的日记记载他不在家期间,“丹尼尔”已经“有系统、彻底和无法修复地”破坏了文件柜的锁。

汤姆·施密特猜想,“我一直觉得也许是菲尔自己干的。但确实发生了破门盗窃,文件柜也的确被强行打开。我吃不准有没有爆炸。菲尔说他们是为了偷手稿”。的确,菲尔一直很担心《流吧!我的眼泪》的手稿会被人偷走，所以早在8月，他就将其交给信任的律师威廉姆·沃尔夫森。不过，菲尔当时保存的物品中，除了五十年代写完但没发表的主流文学小说，并没有其他重要的未发表手稿。他写的科幻总是很快卖掉，马上出版。而且，事件发生后以及之后的日子，菲尔也从来没有提起过，这次破门盗窃中他到底丢了哪部作品的手稿。这些犯罪者到底盯上的是什么手稿？菲尔从来没明确说明。

负责调查案件的是马林郡警长办公室。在1972年的日记中，菲尔写道：

马林郡的警官警告我，如果我再不离开，“哪天夜里我的背上就会吃枪子儿，或是更糟”。他接着说，“本郡不需要一位十字军战士”。他指的是我。我感觉马林郡的权威人士对于我的房子遭到袭击这件事，几乎没有任何行动，甚至也没试图阻止它发生。11月17日之前，我提醒过他们多次，我相信有人要袭击房子，他们让我去买把枪自卫。[略]后来我给他们打电话[略]他们拒绝派警车来，最后，警车过了一小时后才出现。第二天，我带着失窃列表去马林郡警察处，他们居然没记录过这次盗窃。[略]我感觉到暴力以及将来可能发生的暴力正威胁我，让我离开马林郡；那里的权威人士对此反应消极，甚至告诉我，我确实应该离开。

尽管接下来的三年里，菲尔勤快地给不同地方写过信，包括警长办公室、联邦调查局、美国公民自由联盟、国会议员，但他从没弄清楚，如果警察的调查有结果，那结果到底是什么。警长办公室的报告（我提请查看的要求被拒）在1974年曾向威廉姆斯口头总结过（他也没有得到直接查看的授权）：

警察报告中说现场有个金属柜子，看上去被钻了孔，或是撬开了——屋主声称是被炸开，但据现场警察的观点，更像是被撬开。丢了把枪。屋主声称丢了台高保真音响系统。文件显示之前曾有过一次盗窃，但“没有报告，不过间接听说过”。没有信息显示对此案有进一步调查：“我们没有任何嫌疑人。”

困惑，矛盾和模糊……

以下是菲尔对这次非法入侵的几套主要推论，来源包括1974年保罗·威廉姆斯对他的采访、他的文章、日记和信件：

1. 宗教狂热分子。菲尔和派克主教之间的亲密关系，让狂热分子为找到派克异端思想的信息洗劫文件柜。

2. 黑人激进分子。菲尔所在的圣威尼斯是黑人地盘。有些支持黑豹党的邻居可能想把他赶出这一带。

3. 民兵或是其他右翼团伙。菲尔相信，“彼得”，阴险的家伙，曾在他家混吃混住，就属于这类团伙。“彼得”（后来成为《暗黑扫描仪》书中恶魔般的吉姆·巴里斯的原型）试图鼓动菲尔在长篇小说中混入“秘密编码的信息”：新型致命梅毒正被用来对付美国。“彼得”威胁菲尔，如果不合作，就要他的命。

4. 当地警察或是缉毒警。动机：查找屋子里发生的贩毒情况，以及菲尔对那些在家里晃荡的孩子们的影响。

5. 联邦特工，“水门事件”那种类型，包括联邦调查局和中情局。1973年6月，菲尔给科幻迷杂志《外星批评》(*Alien Critic*)的信中指出：

《新闻周刊》[1973年]6月11日的文章，向美国公众揭示了最令人恐慌和可怖的事实：那就是，1970年、1971年和1972年(很可能现在也是)，这个国家存在法律之外运转的国家秘密警察系统，很可能隶属司法部的国安司；它专门针对那些所谓的“激进分子”，也就是左翼、反战人士；它的目的是对他们不停地打击，秘密进行、到处施行，并采用各种卑劣手段，破门盗窃、窃听、下套……总是想方设法要获取证据，或是伪造证据来把这些反战激进分子送进监狱。

值得注意的是科幻同行诺曼·斯宾拉德的证言，整个七十年代他跟菲尔的关系都很近：

凡是菲尔认为政府干的那些事，后来都被证明是真的。七十年代早期那些看到真相的人，都会被当作妄想狂和疯子，直到水门事件发生。

菲尔还告诉过我另一个“妄想症”故事。他说：“这些家伙从斯坦福大学广播站给我打电话，还特地来我这里问我各种怪异的问题。后来我打电话给斯坦福，发现这个广播站根本就不存在。”听起来像是菲尔的另一桩妄想，只不过，这两个人也对我干了同样的事。我也接到了来自斯坦福大学广播站的电话，接着，这两人就出现了,带我去吃晚饭,问我各种事情,比如切普·德兰尼(Chip Delany)[即塞缪尔·R.德兰尼,黑人科幻作家,反战积极分子]是不是菲利普·迪克的私生子,这种传言我从来没听过,鬼知道他们从哪儿听来的;还有那些毒品爱好……都是这类狗屎。我敢断定,他们是什么局派来的特工。

值得注意的还有,菲尔向多莉丝·索特(Doris Sauter)吐露,他强调政府破门盗窃这个推论的目的是为了避开国税局——毕竟,他的支票和财务记录都被偷了。菲尔告诉多莉丝,无论她跟任何人提起,他都不会承认自己说过。

6. 吸毒发疯的盗窃专家。菲尔跟威廉姆斯推测:"我的圈子里发生过很多争执,所以我的朋友对这件事情的看法就是,也许是我别的朋友干的。"

7. 警察的推论,也就是菲尔自己干的。菲尔在各种情形下激烈反对这个观点:他没有保险,为什么要盗窃自己?可能的动机:为了毁掉能叫国税局利用的财务记录。菲尔曾对第五任妻子特沙承认,也许是自己干的,要么是在疯狂的状态下,要么是某种《谍网迷魂》[①]风格的催眠状态下发生的。《暗黑扫描仪》中,缉毒警弗莱德便对自己缉自己的毒毫不知情。

8. 军事情报部门。他的科幻小说中有些特定想法太过接近真相,由此引发他们对文件柜产生兴趣?此外,就是军队遗失了一

① *Manchurian Candidate*,美国作家理查德·康顿1959年出版的政治小说,以朝鲜战争为背景,后在1962年改编为电影。

种定向障碍型药物（代号“mello jello”），被人偷了，他们想要寻求线索把它找回来。“彼得”（参考3号推论）也许是情报部门特工。

的确，破门盗窃的肇事者及原因一直都是个谜。但上述诸多理论，无论在可信度和逻辑上，都多少存在漏洞。中情局/联邦调查局/右翼分子/军方特工，都有能力去干那种入室盗窃的事，但前提是，他们相信能在那里找到什么有价值的东西。菲尔无法提供一个合理猜想（寻找mello jello药物的线索？你爱相信随你），这让以上推论都经不住推敲。至于宗教狂试图寻找派克主教的研究成果，至少动机有一定可信度，但他们为什么会连菲尔的作废支票也要偷去？黑人激进分子的推测也非常可疑，因为菲尔曾毫无证据地给邻居霍诺尔·杰克逊贴过黑豹党标签。人们大可怀疑，附近一带真正的黑人激进分子是否真的知道或是关心有菲尔这个人存在。如果他们的目的是将他赶出社区，为什么非要专门销毁他的特定文件呢？

这么说下去的话，菲尔自导自演的观点也就变得更吸引人了。不过菲尔很显然从来不确定到底是不是自己干的——他的信件、日记，以及非常私人化的《解经》，其中充满了恐惧的推想，猜测到底谁是真凶；但他本人却不是他怀疑的主要对象。菲尔有各种面貌，但伪君子不是其中一种，特别是对自己虚伪。《暗黑扫描仪》（参见第九章）的读者会发现，弗莱德/鲍勃的分裂意识中，曾有过对同样主题的戏剧性探索。弗莱德/鲍勃一度推论：“工业或军事中进行蓄意破坏最有效的方式之一,就是把破坏的程度限制在永远无法彻底证明。[略]人们可能认为他是个偏执狂,实际上并不存在所谓的敌人。他也会自我怀疑。”①

照这么算下来,“本地警察”和“吸毒发疯的盗窃专家”也就成了最可信的推论(注意,这也是最世俗和普通的两个理论)。人人都知道警察在寻找毒品或能引向毒贩的线索时,往往无视许可;另一方面,毒贩也往往毫无理由地洗劫别人。那么,同样如此,中情局和联邦调查局也以找寻并不存在的“定罪”和“危险”证据而出名。

也许真相“并非以上任何一种”。

无论如何,对这些推论干巴巴的叙述,都无法跟菲尔本人对它们的逐一热情讲述相提并论。提姆·鲍尔斯1972年结识菲尔,他写道:“菲尔最近买了滚石乐队的唱片《小偷小摸》[略],直到今天,每当听到《吗啡姐妹》和《月光英里》这两首歌,我都会立即回到那间客厅,在那里,我蜷进褐色的PVC豆袋椅;菲尔坐在沙发上,我们之间是桌上的酒瓶。菲尔皱着眉头,不确定到底敢跟我说多少那些可怕的故事(‘我要是全都跟你说了,鲍尔斯,你会疯的。’)”

无论破门盗窃给后来的那些年里带来多少充满戏剧性的故事,但那之后的每周、每天,生活都变得无比糟糕。菲尔在日记中想方设法找到了凄惨生活中的一线希望:“11月17日的袭击,并没有让我设想有人试图迫害我。它只是明确了一点,我看到这场事故的

---

①《暗黑扫描仪》,119-120页。

时候在想,'至少我不是妄想狂'。"不过,总的来说,这份日记是本悲痛困苦的历代记。

那次事件之后不久,"希拉"回来看他。菲尔恳求她和他一起睡觉,他只想有个人能抱抱。度过一夜后,她离开了。第二天是"熵的一天。迷失方向。世界末日"。之后,"一天又一天,孤独,我知道有人会在夜里捉我。隔绝。没人来,也没人打电话"。事件发生后,"珊迪""唐娜""希拉",没人来过。虽然她们拒绝扮演母亲的角色,但他仍继续爱着她们:

当你失去你所爱之人时,就如同一只母猫,失去了小猫,于是她会跑进森林,抓住第一个能找到的、无助的小活物,把奶水喂给它——那就是我在南希和伊莎离开后所做的。但我也为自己渴求,并且愿望越来越强烈。我失去了我的爱——我想给予,拥抱什么,保护什么。["唐娜","希拉"和"珊迪"]都感到了这点,并从我这里获得了爱。然而,角色的逆转对她们三个人来说,确实不可容忍,是种彻头彻尾的威胁[略]。

命运,残酷又良善,再次介入了。菲尔作为荣誉嘉宾,受邀参加1972年2月在温哥华举行的科幻大会。通常情况下,他对长途旅行没这么动心。但相对于充斥着恐惧的夜晚,离开这个鬼地方,再加上主办方负责开销旅行的费用,让此行对他产生了吸引力。菲尔还给"唐娜"也买了张机票,她承诺一定会陪着他去。接着,他开始为演讲做准备,《仿生人与人类》(*The Android and the Human*)——

这是南希离开后,他完成的第一篇作品。他将这篇文章献给“唐娜”,并计划演讲进行时,当着大会观众的面,向她献上一吻。但“唐娜”最后一刻把机票卖了换成现金;她没怎么旅行过,她害怕了。

去温哥华前,菲尔有过一次短暂的喘息——因出乎意料而备受欢迎。菲尔去雷伊斯角站看望了安妮,因为想去看看女儿劳拉和另外三位继女。菲尔在那里情绪失控,失声痛哭,安妮安慰了他。1964年以来,这是他们第一次心平气和地相处。不过事实在于,这次和解只是个特别的孤例;因为从她身上会看到挥之不去的痛苦,菲尔永远不会原谅安妮。不过此刻,她的善意对菲尔来说是一剂镇痛良药,他对此无限感激。

菲尔独自一人飞往加拿大,随身带着破旧的手提箱,里面装着皱巴巴的风衣和《圣经》。圣威尼斯的房子,后窗破损,很容易被非法侵入,赎回权也被取消了。不久,菲尔在那里剩余的财产也被洗劫一空。

艰难、陌生的时刻。而这一次,没有“唐娜”帮他把现实理清。

菲尔在加拿大,独自一人,将尽最大努力了结生命。

在异乡考虑自杀，但菲尔决定自下而上开始新生活，

断绝对安非他命的欲望，在奥兰治郡找到新老婆，

为毒品文化写了一本经典悲剧，

得出真实“令人惊异地简单”之结论，

与此同时，生活再次翻江倒海

（1972年－1974年）

卡罗尔,他们觉得我很奇怪。这大概让你吃了一惊吧。奇怪的性感菲尔,他们这么叫我。这里没有精神科医生,我没法去见他们;我就这么四处游走,变得越来越怪。渐渐地,所有人都开始意识到,尽管我大名在外,写了那些伟大著作,但无论是对于认识我的,还是对于跟我有任何瓜葛的,我都显而易见是个累赘。

菲尔,

1972年3月从温哥华以黑色幽默笔调写信给卡罗尔·卡尔

我现在过着正常人的生活;这儿[奥兰治郡]没人知道我曾是个嬉皮瘾君子(按照他们的叫法)……然而,对于失去前妻以及那场婚姻中的孩子,我十分悲伤,我很想见那个孩子,却做不到。无论如何,特莎和我很快就有新宝宝了。[略]对我来说,这就是解决方案,让过去的生活模式和元素(如果有的话)彻底烟消云散的契机主要源于新生活模式的形成。

菲尔,1973年7月的信

我已经谈了很多有关他的事,现在唯一能再多说一点的就是我们曾有过疯狂、浪漫的爱情，几乎要了我们的命。菲尔不是圣人，有时他会变得残忍，但他爱我超过但丁爱贝雅特丽齐。我害怕这是我永远再也找不到的爱。

特莎·迪克，给作者的信

1972年2月16日，菲尔抵达温哥华，显然乐见自己是这场科幻盛会的荣誉嘉宾。

抵达温哥华后不到两小时，菲尔已经入住酒店，并看起了卡巴莱表演。第二天，英属哥伦比亚大学特地向他致意，举行了一场时髦的教授俱乐部正式午餐会，而他的演讲《仿生人和人类》受到欢迎，热情程度与两天后的科幻大会观众一样。大会的组织者迈克·贝利(Mike Bailey)，当时负责接待、陪伴菲尔，他惊讶于菲尔的活力；同时，菲尔第一晚情绪低落时，又向他吐露，自己并不期待能活多久或是能够再写出下一本书。

第二天大会上，菲尔如痴如醉地八方应酬，特别关注和女性打交道。大家竞相结识这位科幻界的传奇人士，他的怪异故事早已广为流传。第一天结束时，菲尔告诉人们，他决定留在这里。《温哥华普罗旺斯报》(*Vancouver Provence*)傲然刊登标题："加拿大斩获知名科幻作家。"

菲尔的演讲全场满座，《仿生人和人类》是他有意对"整个一生的思想发展的总结"。他当时认为，这篇演讲是他最重要的工作成果;但后来,创作完《流吧!我的眼泪》《暗黑扫描仪》以及《神圣秘密》时,他又以同样的口吻形容这些作品。《仿生人和人类》让人回想起二十世纪六十年代焦躁、变化的"时代精神",对于任何试图理解菲尔的人来说,都是一篇重要文献。不过,《仿生人和人类》也是架过山车,让读者在极富洞察力的灿烂和头晕目眩的天真这两极之间剧烈摇摆。

这篇演讲的开头是对基本控制论前提的转向,认为能找到人类和机器的行为之间有用的比较:"假设针对我们自身和自然属性的研究,能使得我们洞悉高度复杂的官能、电子结构功能和机械的故障?"这点让菲尔引出他小说里位于中心地位的问题:"到底是什么在我们的行为中,让我们可以被称为人类?""仿生人"和"人类"很难区别,是因为"不可信的人类活动,现在已成为政府或同类机构的一门学科"。为了对抗奥威尔式的操控,菲尔将希望寄托于年轻人身上。他甚至预言《暗黑扫描仪》的诞生:"这些加州孩子,我认识他们,跟他们住在一起过,现在还认识;是我未来科幻小说的故事源泉[略]。"菲尔从他们身上看到的价值,并非六十年代的街头抗议风潮:"那些在政治上活跃的年轻人,那些用口号和旗帜组织成的特定团体——对我来说,无论那些口号多么具有革命性,都是降回到过去之中。我指的是那些具有本质的实体,那些做着我们称之为'他的事'的、自力更生的孩子。"他们反抗的方式"来自也许被人看作是纯粹自私的行为"。

如果说，仿生人化，意味着可预测性和顺服；那么，年轻人的“绝对执拗的怨恨”则是终极价值自相矛盾的担保。“假如，也似乎的确如此，我们正走上极权主义社会的道路。[略]最重要的道德在于保存真相，因而每个人都会：行骗、扯谎、逃避、作假、一事无成、伪造文件，在车库里制造能蒙骗当局用的那些玩意儿的更先进的小玩意儿。”菲尔承认，他将希望寄托于青年一代身上也许只是一厢情愿。他也明确表示抗议街头毒品威胁；虽然此时他还没有彻底戒掉安非他命（科幻大会活动中，他吸入的空气中混合着安非他命和薄荷脑滴鼻剂的味道），但他已彻底抛弃了对探索毒品体验的任何浪漫主义幻想。

不过，整个演讲以“唐娜”从一辆卡车上偷几箱可乐结尾：她跟朋友们把可乐喝了，然后又将空瓶送回去弄了点儿退还押金。菲尔承认，这种做法“道德上有问题”，但又为之辩护，认为它“极其人性，对我来说，从中展示出一种欢乐的反抗精神，有种精气神儿，虽然并不属于灵性层面，但却自有一股英勇气概、特立独行的气质”。这部分不太像是政治味浓郁的雄辩，更像是一写给“唐娜”的热情洋溢的情书。当然，跟大部分情书一样，一遇上实际问题就歇菜了。一个人的正义盗窃，对另一个人来说就是悲惨损失，即便是可乐货车驾驶员，也是一个有家有口、有账单要付的人。

大会最后一天，菲尔遇上了“安德莉亚”，二十岁出头的大学生，身材相貌与“南希”“唐娜”类似。菲尔1972年年末所写的手稿《黑发女孩》有对爱上“安德莉亚”的叙述。在这份手稿的扉页上,他将其定义为“一系列私人信件和梦想的合集,其艺术任务是描绘即便在最糟糕的地方,你仍能找到优雅、高贵的人性,依旧真实,依旧闪亮”。《黑发女孩》(*The Dark-Haired Girl*,1988)包括撼人心魄的情书,以及爱上和失去“唐娜”、“安德莉亚”及其他女孩过程中,菲尔以激情澎湃的散文笔调写就的多愁善感的十四行诗。多年以后,当菲尔重读这份手稿时,他在《解经》中记录:“TDHG[①]很明显表示出我当时绝望地试图为人生(或通向我的人生)寻找一个中心(肚脐),但我不断失败;我仍处于‘无国籍’状态。”

菲尔认真地考虑留在温哥华。加州的家已被取消赎回权,朋友们四散凋零。他真的无家可归。在这里他至少还有爱慕他的科幻迷,以及他刚刚认识,能让他爱慕的女士。

《黑发女孩》中描述他和“安德莉亚”一起的时光,更是证实了他当时找寻新归宿的强烈心情。一开始,菲尔着迷于女性的外表,这往往是许多女人吸引他的首要因素:“她是那么美丽;黑色长发、牛仔裤、毛皮大衣——如此害羞。如此陷入绝境。如此脆弱、易碎,但同时又充满活力、野心和勇气。”“安德莉亚”来自温哥华以北,人口稀少的沿海地区;她向菲尔坦陈,渴望离开城市,回到家乡,不过,她的家庭生活矛盾重重。一天晚上,他们出门跳舞,有了一段“心醉神迷的时光”,两人在音乐中彻底迷失自我。菲尔目送她进门,然后独自回

① 即黑发女孩的首字母缩写。

家,做了一个后来多年盘绕于心的梦:

我回到了西马林,那个有玻璃墙的大客厅里[那栋他和安妮共享的房子],和朋友们、动物们、孩子们在一起。忽然间,透过房子嵌有玻璃墙的那面,我看见一匹马迎面冲来,一位骑手[警察]驾驭着它;它直直朝我冲来,快要撞破玻璃了。我从来没有梦见过这样的动物,它的身体很瘦,体型细长,四肢剧烈抖动,眼睛瞪大——像匹赛马,快速、愤怒和安静地朝我冲来。忽然,它一跃而起,跨过整个房子……我蹲了下来,等着它撞上我头顶的屋顶,压破整个屋子。它不可能跨过这么远的距离。但它做到了。[略]我跑到屋前,心想它肯定会跌倒在地,摔得一塌糊涂。果然,它在那里,在泥巴和叶子中抽动,破碎,残废了,太可怕了。[略]

菲尔深入思考了这个梦。作为精通心理学的荣格主义者,他当然知道马在梦中往往象征"生命之力",并且和"男性太阳诸神"以及英雄相关联(例如希腊神话中的阿波罗、珀勒洛丰、珀修斯)。菲尔早期对这个梦的解释:那位骑马的警察指他过去对法律的误解;此外,跃起的马则代表"安德莉亚"不快乐的状态,以及菲尔无法帮助她驾驭"生命之力"。接着"安德莉亚"告诉菲尔,她要离开温哥华,回到穷乡僻壤的老家,立即回去。和"唐娜"一样,"安德莉亚"也受惊了:对温哥华、对大学、对菲尔。而菲尔,心碎不已,重新修正了他对梦的解读:"'安德莉亚'离开了。再见,'安德莉亚'。我才是那匹破碎的马。"

科幻大会后的日子里,他的开销不能再报销了;找到公寓之前,菲尔需要找一个地方临时居住。迈克尔(Michael)和苏珊·沃尔什夫妇(Susan Walsh)同意让他住自家客厅的沙发上。迈克尔是《温哥华普罗旺斯报》的记者,他在报上诚挚地报道了《仿生人和人类》那篇演讲;苏珊是位科幻迷,发现菲尔"古怪又迷人"。两人都盼望能借此机会对他有更多了解。他永远是位即兴创作者。"任何事都是场演出,"苏珊回忆,"菲尔永远都是一副上台表演的劲头,就算跟那些他确定站在他一边的人一起时也是如此。"他穿着凌乱的皮带风衣,蓄着大胡子,咕哝着说:"我乃萨姆·斯帕德。[①]"卡比吸尘器的销售员弗兰克·诺斯沃西(Frank Noseworthy)的来访,让菲尔有了一展绝技的机会。苏珊说:

菲尔设计好剧本。他是我哥哥——吃白食的作家;迈克尔是我丈夫——太小气了,不想买这个昂贵的吸尘器。弗兰克·诺斯沃西来了之后,他开始欢快地介绍卡比吸尘器的好处。接着他拿我们的屋子的清洁程度举例——"如果你们想继续生活在这样的条件之下"——这正中菲尔下怀。

接着是场越吵越厉害的家庭争论,菲尔的旁白诸如:"百年之后,我们都化作尘土,而这台卡比吸尘器仍然完好如初,意识到这点,难道不是很妙吗?"弗兰克·诺斯沃西并未因此展露微笑。他这么无动于衷,既让菲尔胆寒,也让他大为高兴,因为菲尔仔细研究过这类

① Sam Spade,《马耳他之鹰》中的主角。

销售技巧，号称掌握如何打扰销售人员的最佳办法。于是，他就会在弗兰克高谈阔论之时，一边在房间里进进出出，一边大谈最近的西红柿价格。

菲尔和苏珊开始相互调情，她短暂地爱上了菲尔，不过她并无不忠的行为。为什么会被菲尔吸引？“我到今天也没弄明白。他智力超群，愤世嫉俗，很逗趣，举止奇异——像个谜。”不过，菲尔和他们同住的两周之中，苏珊也开始发觉他的黑暗一面：控制欲强，爱操控人，喜欢探求其他人心理上的弱点。他的情绪波动十分明显，而且，他将自己描述为“躁狂-抑郁”。菲尔对迈克尔和苏珊的朋友抱怨两人干的坏事，但当询问到他们时，两人无法回忆起来任何相关事件。他几乎跟每位认识的女性调情，从说奉承话，到哀怨地宣称迫切需要对方。最终，菲尔认定迈克尔对苏珊来说不够好，并向苏珊保证会更好地照顾她——苏珊对此举十分厌恶。至于迈克尔，对待菲尔跟妻子的调情，本来以德报怨，也开始越来越疲倦了：“我遇到过的所有人中，菲尔是生活强度级别最高的。他坚持要你成为他的世界的参与者，而不是静静地容忍它的存在。我可不想这么干。”

这段时期，对菲尔生活的最佳写照，就是他以令人眼花缭乱的速度不停地爱上别人、不再爱别人。他强加于别人身上的压力——这里指迈克尔、苏珊·沃尔什夫妇——跟他叠加在自己身上的痛苦相比，只能说还算轻微。每次向别人寻求爱情，对他来说就是一次体验“无国籍”感的过程；每当向他人提出不可能接受的情感需求，被人适时拒绝,就会让他心碎一次。菲尔的无国籍感跟他人在加拿大并没有太大关系,而跟他没有妻子却关系很大。自从失去南希之后,他就不停地陷入爱情之中。因为身在外国而让这行为大大地加快速度,一点儿也不奇怪。

菲尔找到了新公寓。不过很快,他那些加拿大刚结交的熟人们,就对他的认识更加清醒了。这些人大部分三十多岁,“以事业为重”。让美国政治意识两极化的越南战争对温哥华人来说不太重要。三月初,菲尔写信给“中点”——一家位于湾区的开放式诊所。他想咨询能否住院——在圣威尼斯的最后几个月,他曾去过那里几次——结果被对方拒绝。菲尔还写信给加州州立大学富勒顿分校的威利斯·麦克尼利[1]。那次破门盗窃事件后,他曾采访过菲尔。菲尔想咨询教授,富勒顿会不会是个重新安家的好地方。3月14日,他取消了回旧金山的机票预订。然后,写信给厄休拉·勒古恩(他们之间早有通信联系,但从未见过面),提议去波特兰看她。菲尔猜测——勒古恩对此确定,他猜得很准——有关他的古怪传言正在散播;于是,他向勒古恩保证:“虽然搬来温哥华对我造成了创伤,但现在我头脑的状况真不错;跟去年十二月相比,我也没有那么混乱不堪。我发誓能进行文明、理性的对话,不用打碎任何人心爱的台灯。实际上,我要说我已经焕然一新了,什么都考虑得很周全;我的

① 威利斯·麦克尼利(Willis McNelly,1920–2003),《沙丘百科全书》作者,成长于科幻迷世家,他在加州州立大学富勒顿分校建立的图书馆藏有多个科幻作家的手稿,包括《沙丘》作者弗兰克·赫伯特的手稿。

身份危机似乎已经到了尽头。”

很不幸，还没有到。接二连三地失去“安德莉亚”“唐娜”“希拉”和南希，以及湾区的整个世界之后，菲尔跌入了坟墓。后来，菲尔对第五任妻子特莎提起，一帮身穿黑西服，像是黑手党的人，把他塞进豪华轿车，兜了好几个小时，问他一些他完全想不起来的问题。总之，两周的记忆空白。他从中挣扎出来后，自杀了。

3月23号，自杀地点在刚租的温哥华公寓，房间里几乎空空如也。菲尔吞下七百毫克溴化钾(一种镇静剂)。一张小纸片上，他写下了预防自杀的紧急电话，以防——最后一刻——改变主意。“幸运的是，最后一位数字是1，”他后来说，“我勉强能拨出去。”

拨出那个电话之前，菲尔已给苏珊·沃尔什打过电话，通知她，自己准备“关掉所有的灯”。苏珊对这句俚语不熟，根本没想到菲尔会自杀；与此同时，菲尔却因她缺乏同情心而被激怒。后来在《顶点》(*Vertex*)杂志访谈中，菲尔略过不提前面这次电话，而是说，他跟心理顾问在电话里“谈了一个半小时”(典型的菲尔式采访夸张，七百毫克溴化钾下肚还能谈一个半小时？专业的心理顾问全程都没有打电话叫救护车？)心理顾问最后说：“问题就出在这里。你无事可做；你没有目标；你北上到这儿来，发表了演讲，现在你坐在公寓里。你不需要心理治疗。你需要有目标的工作。”于是，菲尔被送往X-卡莱，一家居住式毒瘾、酒瘾康复中心。和旧金山以前的西纳农戒毒所一样，这里也严格遵守社区中的社区、努力工作、完全禁用毒品等规则。菲尔告诉《顶点》杂志,为了混进X-卡莱("隐藏之路"),他不得不假装自己是个海洛因瘾君子。"我进行了不少方法派表演,比如差点攻击一位面试我的员工;这样,他们才一直没怀疑我。"受过训练的专业人士将菲尔当作是瘾君子?海洛因是菲尔从来没有瞎碰过的毒品之一。3月末另一封信的笔调则忧郁得多:

[略]我的情绪非常低落。第二天左右,我完全崩溃了,彻底崩溃,身份认同危机,精神崩溃,痛苦地惊厥,总的来说,非常惨的一段时间。现在,我是X-卡莱的一分子,他们介入,从公寓地板上铲起来一团烂泥,也就是我,或是我剩下的部分。把我送到他们的屋子,那就是他们,也是我现在居住的地方。让我工作,让我的头脑恢复正常,这样我就不会每过半个小时就想把自己弄死,他们派人日夜跟我在一起……最后,一周过去,我开始能再次正常活动了。有一周时间,我清洗厕所,洗各种瓶瓶罐罐,喂孩子吃东西——他们都是些小妞、小伙子和孩子们,都住一起。现在我有了自己的办公室,打字机,经过那么长时间之后,第一次开始工作,开始写作[为X-卡莱写公关材料]。[略]你肯定还记得,去年圣拉斐尔的那些朋友,让我一步步堕落下去,落到跟他们一起的臭水沟里。我在温哥华刚一开始就遇到了同一类的流浪汉,坠落的速度一样快。X-卡莱将我跟这些人之间的联系完全割断,不许打电话,没有探访,啥也没有。完全跟我的过去,跟外界,跟我的所谓的朋友们,彻底切割。X-卡莱只有两条规则:不许有任何致醉物,不许有任何暴力。这是我之前

生活中的两个邪恶事实，对吗？没错。我总算有了个家，一个真正的家，一个家庭，真正的家庭，并开始过上有意义、有目标的生活。

在X–卡莱的讨论“攻击型治疗游戏”中，工作人员和居民相互对峙，不设任何界限。轮到菲尔时，除了明显的毒品问题，还有个问题经常反复提起，就是他对黑发女孩的特殊偏爱。“感受和看着这儿的人，是一种十分让人感动、不可思议的体验［略］将他们自己插入到我和我寻求的那个会杀死我的现实之间。他们强迫我停止去做我曾经做的那些事。‘你这个狗娘养的蠢货，’他们对我大吼，‘你这个傻瓜。你喜欢乱伦？你喜欢操你的女儿？’”

菲尔知道自己内部有一种“自我毁灭的冲动”，而且，他也能在一段时间里忍受那种极端辱骂(每个居民都一样)，目的正是为了能紧紧抓住它不松手。与此同时，他和X–卡莱社区的人士发展了亲密友谊。这些年轻海洛因瘾君子的愤怒——这些人比实际年龄看上去要老很多，脸色阴冷苍白，目光呆滞——将会在菲尔的记忆中如噩梦般徘徊。

不过，菲尔在X–卡莱的时间总共只有三周，当他开始从温哥华失落的那几周中恢复过来后，这家机构对他提的要求开始让他恼火起来。菲尔4月份的一封信——他毕竟并不是真的海洛因瘾君子——聚焦了X–卡莱生活的局限：

我觉得这里的问题主要是，这儿的人有太多侵略性，太多敌意，虐待狂，以及一般意义上的反社会暴力——大部分人都在加拿大联邦监狱里蹲过一次又一次的班房。监狱里日复一日的纪律活动,一定将他们所有的情绪、身体表达都严格剔除了,然后这些表达又在这儿的游戏中得到释放[略]此外,游戏中,那些无论是强度还是性质上都具有病理学意义的辱骂,全都爆发出来。[略]他们猜测所有的可能性,嗅出任何想象得到的扭曲方式。只有当你表现出那种要哭出来的崩溃感,显现出"你戳到我痛处了"的表情,他们才会满意。[略]他们不是去猜测你到底是谁,而是猜测你到底恐惧什么。[略]他[X-卡莱居民]并非被彻底击垮然后加以重建;新的个性恰恰屹立在他幻想的最糟糕的自我之上。

二十世纪七十年代早期,西纳农全盛时期,它们也受到过类似的批评。不过,给X-卡莱(这家机构1976年后便不复存在)说句公道话,它至少成功地让菲尔认识到,他的安非他命用量简直愚蠢到家了。从此之后,菲尔再也没有日常服用安非他命的习惯——这之前的整整二十年间,他的用量都在稳定地增加。

菲尔在X-卡莱期间,加州州立大学富勒顿分校的麦克内利教授在课堂上向学生们大声朗读了菲尔的来信,信中强调他想找个新家的渴望。这鼓励了两个女学生写信给菲尔,愿意接纳他做室友;第三位女生,则向菲尔伸出了友情的橄榄枝。此外,麦克内利教授还提议,让菲尔的手稿和幸免于破门盗窃的那些科幻通俗杂志收藏,成为大学图书馆的馆藏。

菲尔马上动身。 4 月中旬,他从加拿大飞往富勒顿。此地靠近洛杉矶，位于加州奥兰治郡的心脏地带，是全美国最冷漠、保守的地区之一。机场欢迎他的小团体包括那两位新的室友和琳达·勒维(Linda Levy)，后者正是位黑发女孩，菲尔立即爱上了她；此外还有二十出头的提姆·鲍尔斯，刚入行的科幻作家，他后来一直是菲尔最亲密的朋友。菲尔身穿山姆·斯佩德[1]式的战壕风衣，手里拿着《圣经》(为了安抚那些感到威胁的海关人员)，以及用软绳紧紧绑起来的手提箱。第一晚，菲尔狂喜地注视着琳达，他们开到好莱坞山的诺曼·斯宾拉德的家里；一路上，他跟大家讲述在X-卡莱的日子。

菲尔和两位一开始接他的室友只住了很短一段时间。客厅沙发上的生活，加上针对钱和家务琐事的高声争吵，迫使菲尔去找了个更传统的住所。他跟名为乔尔·斯坦(Joel Stein)的年轻人合租了间公寓，两人间的平和关系让菲尔很受用。这可不意味菲尔少了他那套情景剧——他仍狂野地追求好几个刚认识的女性，特别是琳达。公寓里没有街头毒品，但却有不少斯威夫特总铎鼻烟。日常家务和预算安排得很谨慎。他们开玩笑说，要是钱不够用，就会吃掉可怜的老弗雷德，那只生活在水槽下的老鼠(菲尔在《暗黑扫描仪》中提到了这个玩笑)。不过，根据提姆·鲍尔斯所写，当菲尔的情绪阴郁时：

[略]他无所寄托，内心惧怕，总在躲什么。半夜十分，街上如有安静驶过、悄然慢行的汽车，那不祥的发动机声会让他始终醒着；他

① 间谍小说《马耳他之鹰》的主角，亨弗莱·鲍嘉1941年主演过同名电影。

会注意到停放的车子里装的双向广播,一旦这类车在公寓附近的数量超过平均数,他就会有所警觉;他必须买本全新的《易经》,因为他那本老的已经翻烂,碎片都掉到马路上去了,都因为他在深夜中,颤抖着、不停地一次次扔三枚便士,去问可怕的问题,然后得到似是而非的回答;有什么东西路过,它十分巨大、无比神秘,将他置于其阴影之下,而他无法阻止自己去想,无法阻止自己试图搞清楚到底发生了什么。

搬到富勒顿后的头几个月,菲尔将新地址——石英巷3028——保密,就算是湾区最亲密的朋友也不知道。

公寓楼的邻居里有两个年轻女子,玛丽·威尔逊(Mary Wilson)和玛丽·卢·马隆(Merry Lou Malone),菲尔和两人开始建立起亲密友情。其中的玛丽·威尔逊和鲍尔斯一样,将成为菲尔余生的密友。尽管他和新朋友们之间有二十年的年纪差异,但这类社交活动正为菲尔所需。这一时期他没写什么东西。他所需要的只不过是休息、复原,为了把悲伤和担心抛向一边,菲尔选择的办法是多跟年轻人接触。

他的年龄毕竟摆在那里,并不是不说就看不出来的。菲尔体重超标,并受咳嗽之苦;跟大学生在一起,他也并不是总能跟上他们的节奏。不过,菲尔那时几乎一文不名,从经济角度来说,倒是跟大学生相配。汽油便宜,他们有时一起开车去海滩,或是去好莱坞大道喝杯咖啡,吃个派。

玛丽·卢，那时还是半大不小的青少年，回忆菲尔“有种走失的小狗的气质。不过，他同时也很保护我，而且，他总是在寻找什么新的东西——答案”。菲尔似乎总是副痴情的样子：“他喜欢为女人神魂颠倒的状态。他跟我妈差不多大，但他有些方面看上去比我还小。”

菲尔被玛丽·威尔逊所吸引，甚至向她求婚，不过他们始终维持着一种柏拉图式的关系。菲尔会在持续好几天的抑郁期中向她求助。玛丽回忆：

> 菲尔有抑郁的时候，不过要我说，他总体来说很快乐。他是个情绪反复无常的人，但我不会忍受。我会说：“少来这套，否则我就回家。”他就照做了。他不断爱上，又不爱这个那个女人。他总是在舔舐跟我们其中一位的感情伤口——任何一位。

在富勒顿的早期岁月中，菲尔对琳达·勒维的单相思，是所有这些痴情戏中最为强烈的一出。菲尔喜爱女歌星琳达·朗丝黛[①]的相貌和歌喉(《神圣入侵》中的女歌星琳达·福克斯，便是部分向朗丝黛致敬)。而琳达跟她长得很像，这点一定是菲尔对她如痴如狂的原因。琳达永远也无法回应菲尔那样严肃的感情，而他们也没有成为恋人。琳达眼里的菲尔是个情绪反复无常，年纪跟自己父亲差不多大的怪人。不过，她也对菲尔滔滔不绝的精彩讲话入迷，同时也享受通

① 琳达·朗丝黛(Linda Ronstadt，1946—)，美国流行女歌手，赢得了十一项格莱美奖，两个乡村音乐学院奖，艾美奖，阿尔玛奖，一个托尼奖和一个金球奖提名。

过菲尔接触科幻圈的机会。她回忆:“我对菲尔的恭维上了瘾。对我来说,他不断强调那些我希望自己确实如此的事,他是第一个这么做的人。”

下面是菲尔给琳达的第一封情书,保存于《黑发女孩》中,从中可以理解为何她会上瘾。多么狂喜的翱翔!菲尔所爱的人,成为维系一切的尤比克。如果琳达发生了什么不好的事,

我的书会变得更奇怪、更疲倦、更空洞。[略]我从建筑边上走过,它会塌为尘土。轮子从车里掉落,如同W.C.菲尔德斯[①]的老电影。最后,我的双脚会陷入人行道之中。琳达,你认识到你对我们意味着什么了吗?你明白吗?因为,要是你不能的话,那我就该死地完全不知道该干什么了。一想到你孤单地坐在什么地方,想着没人关心你,我就无法忍受。我们爱你。

这封信中包含了求婚。菲尔,刚认识琳达才几天,他把这封信亲手交给她。当时她正开车带他去和哈兰·埃里森见面吃晚饭。琳达直到抵达餐厅,才打开信看。一方面来说,这肯定是光彩夺目的称赞;另一方面又“把我吓坏了——我不知道该拿自己怎么办”。埃里森闻到了这股紧张的气氛,便故意挑衅他们。很快爆发了一场争吵。琳达回忆:“菲尔把我惊到不行——他的感情太强烈了。他觉得我没认真对待他的求婚。后来他又说不是真的想娶我,他这样问只是因为我告诉过他从没人跟我求过婚。”

① W.C.菲尔德斯(W.C.Fields,1880-1946),美国喜剧演员。

接下来的好几个星期，菲尔和琳达之间一直维持着这种别扭的关系。琳达喜欢跟菲尔开车去镇外，而菲尔因为有年轻美丽的姑娘相伴，也很高兴。不过，琳达爱调情这点让菲尔很难受，而且她故意逗他，说在他胡子里找到什么东西。4月末，科幻界的星云奖在洛杉矶颁发。菲尔和琳达决定在宴会前去看琳达的父母。和她母亲一起时，菲尔保持沉默；后来又和她妹妹在户外玩接球。为了表演大联盟接球姿势，菲尔摔倒在地，痛得发出惨叫，把1964年车祸时受伤的肩膀弄脱臼了。接下来几周手上都绑着吊带；菲尔为自己跟她在一起时那副受损的形象而烦恼。菲尔劝琳达和他参加伴侣咨询服务，但收效甚微。

最后，有天晚上，两人正开车，琳达告诉菲尔，她跟诺曼·斯宾拉德约会了一次。菲尔从未对诺曼有过怀恨之情，而诺曼一点儿都不知道菲尔对琳达的感情有多深。不过，那天晚上，那个消息让他伤心欲绝。琳达回忆："他的身体蜷缩了起来，肩膀耸起，头深埋进胯部，膝盖抬起，一言不发。我从没见过有人这样——对付这种情况我一点儿经验也没有。"让事情变得更糟的是，他们停到一个加油站，结果这加油站的引导员正好是个将要和琳达约会的小伙子。等他们开走时，菲尔用那只好手臂抓住方向盘，急转向迎面而来的车流。琳达夺回方向盘，把车停到路边，要求菲尔下车。双方大声争吵中，菲尔使用了琳达记得是"具有不可思议创造力"的谩骂，然后打了她的脸。这几拳没造成什么严重外伤，但也让他们之间的关系画上了句号。

痛苦仍在延续。后来,提姆·鲍尔斯也开始跟琳达约会,菲尔无法缓解的敌意甚至让他跟提姆间的友谊也出现短暂裂痕。最后,菲尔和琳达还是和解了,尽管相互都防着对方。几周之后,菲尔将琳达介绍给一位新朋友(有可能是后来的第五任妻子特莎),称她为“我曾经深爱的女孩,直到她把我揍了一顿”。

菲尔总是需要一位女性对他的爱,才能让世界变得实实在在地真实起来。过去两年中,他追求女性的战术,就是不间断地“寻求浪漫-自我毁灭”的过程,常常让他感到挫败和受辱到极点;但这一过程同时也能让他保持理智、完整。如果不这样,孤独真的会让他彻底忍受不了。经过四场失败婚姻,菲尔已经学到不少,但无论什么也无法阻止他再次尝试婚姻生活。他唯一需要的就是一个机会。

1972年7月中旬,菲尔在派对上认识了特莎·巴斯比。特莎年方十八,当时计划秋天去上大专,学电气。特莎很害羞,但也非常机智,她有写作雄心。此外,和菲尔一样,她也有过十分不堪的童年生活,包括身体上的虐待。

派对上,特莎接受真心话大冒险挑战(发起者是菲尔当天晚上不感兴趣的约会对象),坐到了菲尔的膝盖上。特莎写道:“(菲尔)看上去似乎比我还要畏首畏尾。他有一双悲伤的小狗眼睛,活像受到责骂后,把尾巴夹在两腿间的狗。”双方都被对方强烈吸引,不过,菲尔后来向特莎坦陈,当时自己担心她是1971年破门盗窃背后组织派来的特工。菲尔的恐惧估计不会太强烈，因为不到一周，他就租下了公寓隔壁的房间，他俩住了进去。

菲尔所谈话题的范围和其中闪耀的火花，都让特莎愉快。“他在他的圈子里光芒四射，如同太阳一般”。无论什么点子，他的想象力都能让其迸发活力。“只要我不停地给他准备好三明治和咖啡，菲尔就会不停地让我开心。”自从两年前南希离开之后，菲尔和特莎在石英街的公寓就成了他第一个真正的家。随着肩伤复原以及家庭生活的稳定，菲尔又开始动笔写作了。

两人间早期也有过危机——还会在哪儿呢，当然是迪士尼公园。他们约会，同去的还有一帮朋友。菲尔的钱花光了，跟特莎借钱。特莎也没什么钱，把口袋里的七块钱给了他两块。菲尔感到奇耻大辱，因为居然没足够的钱给她买杯热巧克力。特莎写道：

他怪我没有给他那五块钱。我刚喝完，菲尔就站了起来，小跑去了停车场。我跟着他，一起去的朋友也紧跟其后。

我找到菲尔时，他坐在一辆车的引擎盖上(不是他的车，他没车)。他看上去很阴沉，不肯说话，对我怒目而视。我在他身边坐了下来。其他人走了过来，问菲尔出了什么事。虽然我不完全理解，但也足以明白该叫他们离他远点。我握着他的手，跟他安静地坐在那里，直到他站起来。

那次短暂、费解的危机所创造的时刻，让我俩的心联结起来。[略]完全出自本能。对接下来会发生什么毫无头绪，但我做了正确的事。

《黑发女子》中的这段,证明菲尔当时对这段关系的欢欣之情:

特丝是个黑发小妞,正是我绝不应该纠缠的那类人(根据X-卡莱的告诫),十八岁,喜欢写作(她已经卖掉了一篇文章),美丽,阳光,有假小子的感觉,但很性感,小个子,说怪话,直言直语,政治上没任何约束,骑马,从来没旅行过,想看看加拿大。[略]我的朋友叫我"国内先生"。很酷。特丝最好的一点就是她从来不会把那些跟我无关的错误,怪罪到我头上。她是我认识的最有同理心的人,智慧、温柔,但又独立。还很圆滑。

不过,正如特莎所言,"和菲尔一起的日子如同坐过山车"。比如,总是不断有新的出乎意料:菲尔其实四十多岁,而不是三十多岁;南希是他第四任老婆,而非第一个;有个双胞胎妹妹在襁褓中夭折(这是当菲尔听说特莎曾差点儿被命名为简时,大为惊讶,从而说出来的)。接着,1972年11月17日(破门盗窃一周年纪念),"菲尔变得精神不正常,确保每扇门每扇窗户都锁好,而且不愿离开屋子,也不肯让我离开"。

此外,还有菲尔的情绪变化。特莎记录道:"他一阵子冷静、快乐,接下来下一阵子就会变得狂乱。[略]他的情绪起伏有点儿像是小孩发脾气,而非疯子发疯时的胡言乱语。躁狂发作时,他的情绪起伏像孩子;而当他抑郁时,又需要母亲般的关怀。"菲尔的广场恐惧症经常让他足不出户,甚至足不出卧室。受稳定婚姻关系的安抚,他开始投入正常的写作之中。不过,他的日常时间表对他俩都是挑战。“他很少睡觉。他常常直到半夜还在忙活,并且坚持让我最迟早上七点半得给他准备好早饭。为了那么早起来,我必须十一点前睡觉,而菲尔会一直忙到凌晨两点,甚至更晚。他通常清晨六点起床。”特莎很支持菲尔,但她自己也很有主见:

菲尔,如果他不能靠争吵说服我的话,有时候就会跺脚,撕碎衬衫——纽扣飞得到处都是——或是狂怒咆哮,扑倒在床上。有时他需要被搂住,甚至摇晃,以及用安慰的口吻跟他说话。他常常要在床上吃他的三餐。他必须把所有写的东西都给我看,而我必须马上读,而不是一分钟之后。他没有任何耐心。他常常打响指,以引起我的注意,这把我激怒了。没人能对我打响指。

不幸的是,有时候菲尔干的那些事比打响指要过分得多。他们之间有过肢体上的暴力冲突,在特莎身上留下瘀青,并让她颤抖不已。琳达·勒维,她本人也曾是菲尔暴力的受害者之一,在菲尔和特莎关系的早期,她写道:“有一天,特莎来到我的公寓,身上都是瘀青,哭着,并且非常愤怒。她描述的情形是:菲尔锁住前门,打开高保真音响,打开空调,然后开始打她。不知道过了多久,她想办法跑了出来,到我们这里寻求帮助。”琳达建议特莎“搬出去”,但特莎并没有听从她的建议。“相反,”琳达继续写道,“因为我从来没有从特莎那里听说过后来发生了什么,所以只能按照菲尔的说法。她回家后告诉他,她来过我们这里,并跟我们分享了对他的爱;我们不知何故,设法要她跟他作对，当然，她也从没跟我们提起自己身上十分明显的情况。”

菲尔和特莎不时去外面的世界逛逛。他们参加了1972年9月洛杉矶世界科幻大会；菲尔在科幻国度中参加了不少座谈讨论。10月，一位前女友将新男友带了过来——是个如假包换的缉毒警！菲尔此时已开始构想《暗黑扫描仪》的情节，对他们之间的会面既激动又恐慌。那位缉毒警留着长发，穿着花衬衫伪装身份，带着四个人去狂野兜风，并警告他们，他随时随地都能把其中任何一人抓起来。晚上分手时，他给了菲尔自己的名片。

也是在10月，菲尔和特莎飞到旧金山待了四天，为了将他和南希间的离婚彻底办妥。伊莎的监护权被判给南希；此外，由于地理距离间隔，加上伊莎年纪又小，以及和前伴侣之间反复产生的紧张关系，使得直到七十年代末之前，菲尔都极少见到伊莎；这种境遇让他极度痛苦。不过，跟他对待安妮的方式不同，菲尔的确向南希按时支付子女赡养费，额度由法院明确，每月一百美元。

虽然有两年时间停笔，菲尔的事业倒是没走下坡路。菲尔在巴黎的编辑，帕特里斯·杜维克（Patrice Duvic）来看望他，带来好消息。帕特里斯的OPTA出版社（éditions OPTA）出版了菲尔绝大部分的作品（虽然从1970年开始，菲尔再也没卖出过新小说，但来自海外的稳定销售，特别是法国、英国和德国，给予了他重要的经济支撑）。杜维克提起《尤比克》改编为剧本的可能性，好几位法国评论家对这本书评价很高，认为是啪嗒学的杰作。不久后，菲尔和斯宾拉德受洛杉矶KPFK电台采访。然后，在1973年出版的托马斯·迪什（Thomas Disch）所编科幻年选《地球废墟》（*The Ruins of Earth*），以及布莱恩·奥尔迪斯（Brain Aldiss）的科幻类型研究著作《亿万年狂欢》（*Billion Year Spree*）中，他的作品都受到了高度评价。

特莎和菲尔讨论搬到温哥华或是湾区，不过富勒顿仍旧牵绊着他们。在后来12月写给罗杰·泽拉兹尼的一封信中，他故作超然地写道："对于经历严重身份认同危机的人来说，没有任何事比干净的塑料公寓、街道、餐馆和家具，更能让他安心的了。这里任何东西都不会变老，或变旧，或变脏，因为真的这样，警察就会冲进来把它除掉。我也不确定我会不会再次获得身份认同，或是我获得了但却不再是相同的那个（我假定对两个问题的答案都是否）。"

接着，11月，菲尔了解到，斯坦尼斯拉夫·莱姆经历诸多困难之后，终于成功地推动了《尤比克》在波兰出版。这则新闻让菲尔激动不已，他设想也许能用专属版税去波兰旅行。这次旅行并未成行，不过，菲尔和莱姆之间确实有过短暂的邮件来往。其中一个主题有关莱姆1972年所写的文章《科幻小说：毫无希望的案例——也有例外》——这个例外，仅指菲利普·迪克的小说。菲尔向莱姆解释他注意到自己小说中的"垃圾"：

但是，莱姆先生，你瞧，加利福尼亚没有文化可言，只有垃圾。我们在这里成长，在这里活着，在这里写作，我们的作品里除了垃圾什么元素也包含不了;从《在路上》里你能看到这一点。[同一封信的前头,菲尔强调了他和作品和“垮掉一代”的密切关系。]我真心这么认为。西海岸没有传统,没有尊严,没有道德——这里是那位怪物尼克松成长的地方。基于这样的现实写作,你怎么可能不包含垃圾呢,因为如果不这么写的话,另一条路就是去写那些糟糕透顶的幻想作品,幻想这里可能会像什么样子;你必须跟垃圾打交道,把跟它相反的内核挖出来,这样你才能把它适当地放入你的文章。[略]因此,我的书里,比如《尤比克》才会有这些元素。如果上帝在这里跟我们显圣,他的方式就是通过电视上的喷雾剂广告。

1975年,《尤比克》最终得以在波兰出版,菲尔很愤怒,他认为出版方没有遵守约定的版税,而他(十分不公平地)指责了莱姆。他为此以牙还牙,鼓动美国科幻作家协会将莱姆驱逐,基于的理由是莱姆不用付会员费的荣誉会员资格违反了SFWA的规则;基于规则,当作家符合成为付费会员的条件后,就不能再是荣誉会员了。由于莱姆的作品在美国已经出版,因而也就符合条件了。提出反对意见的不止菲尔,由于对美国科幻的批评,对莱姆怒火中烧的可不止一位。最终,莱姆的荣誉会员资格被取消了。

1972年年末,菲尔和特莎之间的关系稳定了下来,他的写作能量也得以全面恢复,这是两年以来头一遭。1972年11月,他写信给迪什:“如果没有[特莎]的话,为了生存下去,我最终也会把她发明出来;[略]对我来说,再写一部作品的动机,就是为了能有什么东西献给她。”

他的第一个工作是完成《流吧！我的眼泪》。自1970年8月以来，这本未完成的书就一直处于搁置状态。这本书之后，菲尔完成了1969年以来的第一部短篇作品，《给时航员的小礼物》（*A Little Something for Us Tempunanuts*）。接着，他开始动笔写《暗黑扫描仪》——包括短暂地跟死亡搏斗了一段时间。1972年末期，菲尔感染了双侧肺炎。情况十分不妙，似乎“死亡”想要来菲尔的病床前探访：

他穿着单排纽扣的塑料西服，打着领带，带着类似样品箱的东西，还打开来给我看。他在里头放了好几种不同的心理测试，还告诉我，这些测试显示我已彻底疯了，所以要放弃希望，跟他走。一想到他会带我去的地方，我感到无比放松。因为，如果我真的彻底疯了，那再怎么挣扎、耗尽精力，也毫无意义，况且也真他妈的太累了。死亡给我指了条向上的路，通向一个十分扭曲的山坡，并提醒我，山顶有家精神病院，我能去那里好好休息一番，再也不用挣扎了。他带着我走上那条刮着风的路，向山顶走去，越来越高。不过，忽然间特莎来卧室，看看我怎么样了，我马上就又回到床上，靠着枕头坐着，如同平常。但她进来前，我真的已经走了很远，但一切都结束了。后来，我意识到死亡对我撒谎了。他跟我那么说，是为了让我自愿跟他走。面对另一个人时，他会跟他说些别的什么事，无论什么都行，只要让他相信。后来我再也没见过他，但现在我知道了，死亡总是撒谎,这样才能让他办事更方便。如果你放弃了你的自由意志,那他的工作就简单多了。尽管这么说,我还是记得当我知道可以放弃时,心里感到的那种解脱。只是解脱,别的什么也不是。我那时多么希望解脱啊。不过,接下来我相信了他。

死亡的确撒谎了。菲尔继续写《暗黑扫描仪》,那是一幅描绘六十年代毒品死亡游戏的最佳画像。菲尔于《暗黑扫描仪》中创造的上瘾、毒害大脑的毒品,名为D物质或"慢死"。这本书是一曲凯歌,诉说战胜死亡,以及心灵战胜那令生命干涸的谎言的故事。

在音乐之中,你能用披头士和滚石组成完美的六十年代二韵脚:披头士让美妙的梦想具象化,使之不仅有可能存在,而且比现实更为真实;滚石的光芒闪耀在梦想冒险所需要的刀锋之上。

在文学之中,你能讲述相同的六十年代二韵脚,用理查·布罗提根[①]的《在美国钓鳟鱼》和《暗黑扫描仪》。前者抓住的感觉,是那段时期人们从日常平凡生活之帽中拉出的魔力。六十年代提供色彩狂野的背景幕,精神恍惚的喋喋不休,以及灵性上的焦虑,这一切都让魔力得以显现。

《暗黑扫描仪》则让你看见和听到,对毒品特殊效用的热望如何残害、杀死许多人,正如菲尔在"作者后记"中指出的,"如同在马路中央玩耍的孩子们"。他还写道:"我本人,我不是书中的任何角色,

① 理查·布罗提根(Richard Brautigan ,1935–1984),美国小说家,诗人,代表作为小说《在美国钓鳟鱼》(1967)。

我就是这部小说。因而也是那个时代我们的整个国家。”菲尔的“后记”中包含一长串朋友的名字，他们要么死了，要么由于滥用毒品受到永久性损伤，包括菲尔本人——永久性胰腺伤害。他诊断的所谓“永久性精神错乱”并非完全准确，不过也足以证明关键的一点：“直到可怕的事情发生，才会迫使我们停下来。”

1973年2月到4月，菲尔完成《暗黑扫描仪》的第一份初稿；后来，1975年夏天，他又花很大精力对其深入修改，期间得到编辑朱迪-林恩·雷伊[①]的宝贵协助。菲尔写信给编辑劳伦斯·阿仕米德(他天真地称其为主编，但阿仕米德实际上只在双日科幻部门工作)恳求出版社将《暗黑扫描仪》作为主流文学出版。的确，《暗黑扫描仪》的科幻装饰成分很少，它描述的1994年洛杉矶也很容易被看作是我们的现实世界：无论是7-11便利店，还是在高速公路上的烦扰。自《高堡》以来，菲尔的主流文学野心从未如此激烈地显现。阿什米德回忆：

科幻一直都被视为最粗鄙的通俗文学类型。我还记得鼓动双日同事读菲利普·迪克的尴尬，他们说：“我不读科幻。”

我一直认为菲尔的书再过四十年还会有人读，对于他同时代的其他作家来说却不大可能。我试着帮他突破科幻类型，但根本没门路。他们就是不把这类型当回事，他们真心认为科幻就是图书馆清空书架时卖的那类书。商业上无论如何就是行不通。

① 朱迪-林恩·德尔·雷伊(Judy-Lynn del Rey，1943-1986)，美国著名科幻编辑，她曾在1969-1971年间任《银河》杂志主编。

《暗黑扫描仪》的基本情节是缉毒警弗莱德的情况不断恶化,以至于接近彻底脑死亡状态。他的卧底身份是三流小毒贩鲍勃·阿克托,卧底目的是追查毒品"慢死"的终极源头。书中有一点设计得很具科幻色彩:弗莱德汇报有关鲍勃和朋友的近况时,身穿"干扰服"以隐藏真实身份。之所以要隐藏身份,是因为毒贩在警察内部也有反卧底。结果,弗莱德必须同时向两边隐藏自己真实的弗莱德身份和卧底的鲍勃身份。那件"干扰服"(受菲尔"2-3-74"体验中的光幻视所启发——详见第十章)是"一组多面石英透镜,连接到微型计算机,存储器中保存了高达一百五十万种不同人类的外貌特征",这些快速发光的图像投射到人类形态的"寿衣薄膜"中,弗莱德就裹在里面。

是什么动机促使一个人接下这样的活呢?它不可避免地会让身处其中的人产生身份分裂。弗莱德的动机是对郊区生活的厌倦。弗莱德是位忠诚的警察,相对于那些听他宣讲强调毒品邪恶的奥兰治郡狮子俱乐部成员,他更喜欢跟"慢死"瘾君子混在一起。这方面来说,菲尔和弗莱德是一致的。1973年9月的信中,菲尔写道:

每段婚姻,我都是中产阶级家庭中那个负责养家糊口的,每当婚姻失败,我就会(感激不尽地)掉进近乎非法生活的臭水沟:致幻剂、枪支、刀具,还有那么多犯罪……不是说我犯了罪,而是我周围聚集了不少犯罪分子;我对那些真正恶毒的人也敞开胸怀。我猜,这是对我那些妻子们强加给我的中产阶级安全、理性、没骨气的世界的一剂解药。跟我的孩子和妻子们一刀两断之后,除了我自己,我再也不用对任何人负责了，我在粪坑里打滚；然而公平来说，我也把不少年轻人从最底层的水沟里拉了出来，否则他们连命都没了。[略]我从那里抽身出来，完全因为我又结了婚，必须要每天晚上锁门，唯恐有人偷窃财物。跟那些盗窃(比如偷东西)财物的人一起生活时，我更快乐些。

为了达到目的，菲尔写得太过夸张：他从来就不是什么"中产阶级家庭中那个负责养家糊口的"；对于特莎和他在富勒顿的家，新的港湾，他也毫无抛弃的愿望。不过，他的确感受到弗莱德/鲍勃的热望，这鼓舞他去完成曾在菲利克斯·巴克曼那里所开的头：创造一位引起强烈共鸣的警察主角。弗莱德逃离郊区空虚生活的驱动，将他引向"慢死"。他的瘾君子同伴们背叛他，给他塞了更多"慢死"，他却更爱他们了。结果，受毒害的大脑引发神经错乱，以至于将左脑、右脑隔断，彻底终结感知和认知系统中的格式塔完形功能。

最终造成的后果：弗莱德不再清楚鲍勃是谁了。

他对自己缉毒。鄙视地听全息扫描仪的监视录像里鲍勃和朋友们漫无目的地喋喋不休。随着毒害程度加深，世界变得更加朦胧。警局的上司察觉到情况不对劲，于是召唤弗莱德(仍穿着"干扰服")进行测试——只不过有点儿太迟了。两个大脑半球已经开始相互竞争。接着，最后一丝暗淡的意识也飘然而去。最终阶段到来之前，通过用扫描仪对自我监控，弗莱德/鲍勃实践了保罗在《哥多林前书》中话语的真意：

[警方心理学家解释说]“这就好像你的一个大脑半球感知的是镜子映出的世界。镜像世界。[略]”

“镜子里面。”弗莱德说。一面黑暗的镜子,他想,黑暗的扫描仪。[①]

《暗黑扫描仪》是菲尔从六十年代末期黑暗如地狱般的绝望中萃取出的作品。堂娜·霍索恩,一位爱上但又背叛了弗莱德/鲍勃的卧底警察,她基于黑发“唐娜”创造,她是菲尔最艰难时刻的见证者,最后又让他孤身一人前往加拿大。“慢死”瘾君子杰里·法班,无法摆脱身上的蚜虫,原型是菲尔圣威尼斯的室友“丹尼尔”。疯狂的吉姆·巴里斯,有可能就是他给弗莱德/鲍勃注射了最终那剂过量的“慢死”,原型是“彼得”,不祥的跟屁虫,菲尔怀疑是他闯入和盗窃了屋子。“新路径”照顾弗莱德/鲍勃所剩躯壳的戒毒机构,灵感可能来自X-卡莱。《暗黑扫描仪》中,“新路径”是“慢死”的秘密供应商。

相对而言,小说对警察的塑造却十分崇高。1973年3月,菲尔甚至写信给司法部,愿意尽力协助“跟非法毒品的战争”,因为“滥用毒品是我所知道的最大问题,我希望全心全意利用这本小说来达成反对毒品滥用的效果”。菲尔甚至提议将这本书题献给总检察长理查德·克兰丁斯特(Richard Kleindienst)——因为菲尔一贯对尼克松政府持批评态度,这对他来说还真是例外。不过,日常生活中,菲尔对毒品的态度没那么坚定不移,偶尔会来上一口大麻烟

① 《暗黑扫描仪》,287页。

卷，或是一碗哈希[①]。

为了服务反毒品主题，《暗黑扫描仪》完美再现了六十年代瘾君子的那种朦胧、扭曲和怪异的对话风格。威廉·巴勒斯（William S. Burroughs）在小说《软机器》（*The Soft Machinc*）和《野孩子》（*The Wild Boys*）中，采用瘾君子黑话，半是四十年代时代广场，半是私家侦探，半是简明的“垮掉一代”伯勒斯风格。鲜明、尖锐，但并不像那时人说话的样子。当梦将自身吞灭，那时人说话的样子，是厄尼·拉克曼向弗莱德/鲍勃·阿克托解释走私毒品的新点子时那样：

“嗯，你看，你先找到一大块浓缩大麻，把它雕刻成一个男人的形状；然后挖空一部分，在里面装上一个类似于发条装置的发动机，以及一盒磁带。[略]它会走向海关人员，对方问它‘你有任何东西要申报吗?’浓缩大麻块说，‘不，没有。’并继续往前走。然后它就来到边境的另一边了。”

“你可以用太阳能电池代替弹簧，它就可以走上很多年，永远地走下去。”

“那有什么用呢？最终它要么走到太平洋要么走到大西洋。事实上，它会走出地球边缘，就像——”

“想象一下，一个因纽特村庄，以及一块一米八高的浓缩大麻块，价值大约——那值多少钱?”

“大约十亿美元。”

---

① 大麻树脂。

“不止。二十亿美元。”

“因纽特人正在咀嚼兽皮、雕刻骨矛，这块价值二十亿美元的浓缩大麻块踏着积雪走来，一遍又一遍地说，‘不，没有。’”

“他们不明白那是什么意思。”

“他们永远都会困惑不解。那将成为一个传说。”[①]

这场奇怪的对话之后，是一阵沉默，接着：

“鲍勃，你知道……”拉克曼终于开口说，“我也经历过那个年纪。”

“我想我也一样。”阿克托说。

“我不知道是怎么回事。”

“当然，拉克曼。”阿克托说，“你知道我们所有人是怎么回事。”

“好吧，我们别再说这个了。”

夜间写作《暗黑扫描仪》的一段段漫长时光里，菲尔经常失声痛哭。那间石英街公寓空着的卧室里，他不停打字，直到彻底累瘫，睡一两小时后，爬起来接着写。1977年的一段《解经》条目中，菲尔道出一段完美的终曲：

[略]我能理解，我所做的，是把那些可怕的日子，质变为某种有价值的东西。[略]这是上帝做的事；这是他的神奇力量；他如何实现这些。当我们看见邪恶时（这正是他要去加以质变的），我们无法理解，从我们那样的生活中，他如何能做到——但之后，只有之后，当

①《暗黑扫描仪》，261–262页。

他完成之后，我们才能理解，他作为制陶者，如何利用邪恶作黏土，终于让陶器成型（将宇宙看作工艺品）。

即便《暗黑扫描仪》仍在创作期间，公众对迪克作品的兴趣仍与日俱增。《奇幻与科幻》上发表约翰·斯莱德克（John Sladek）的一篇戏仿之作，致敬菲尔乱七八糟的宇宙风格：《太阳系鞋业销售员》（*Solar Shoe Salesman*）。1973年3月，BBC来到富勒顿，拍了段有菲尔出镜的《逆时钟世界》场景。同年夏天，科幻通俗杂志《顶点》对他进行专访；接着，9月份，一队法国纪录片摄制组将菲尔和诺曼·斯宾拉德安排坐进迪士尼乐园的旋转茶杯中，谈论尼克松和科幻。然后，小型独立出版社恩特威斯特尔书局，宣布计划出版《一个废物艺术家的自白》，这是菲尔十五部主流长篇小说中出版的第一部。法国电视称菲尔的作品被提名诺贝尔文学奖。年末，《伦敦每日电讯报》发表了对他的采访。

注意，这段时期的大部分时间之中，聚光灯下的这位主角都处于破产边缘。菲尔给阿什米德和梅雷迪斯代理的信中，引用了不少评论界的称赞之词，希望能对作品在纽约图书市场有所影响。实际上并没有。

更严重的是，新进爆发的写作效率正在损害菲尔的健康。1973年4月他在给南希和伊莎的信中写道：

医生说，我有虽不致命但很严重的高血压（身体上的高血压，而非心理上的），必须得到控制。于是我又要开始吃天杀的药了，我已经有整整一年没有吃过任何处方药。[略]把小说[《流吧！我的眼泪》]寄给代理商之后[略],我开始写另一本书[《暗黑扫描仪》][略]:(a)62页提纲;(b)82页定稿,跟提纲一起提交;(c)240页左右的草稿。所有这些加起来,都发生在2月20日到4月2日这段时间,你算算一共写了多少页？致命中风,就是如此。懂了吗？懂了吗??我不服用那些药品时,写作速度反而更快。还有——我的血压更高了。这不难推断。

对菲尔来说,其中一个强烈压力来源,也是巨大幸福感的来源:特莎怀孕了。1973年4月,他们结婚。特莎回忆:

我不知道为什么要嫁给菲尔。他问过我,我说我会考虑。我们已经住一起了。我想要个孩子,虽然我不是很在意孩子是不是婚内出生。接下来我发现,菲尔以为我已经答应了。[略]后来,4月份时,他从代理那里收到一张支票,于是请牧师到我们的公寓主持婚礼。我当时已有五个月身孕,脚肿得穿不下任何鞋,只能穿拖鞋。我心想,嫁给小宝宝的父亲,也不算什么坏主意。

1973年7月25日,菲尔的儿子克里斯托弗(Christopher)出生。这让菲尔放下心来,之前他一直担心是双胞胎。有了儿子的生活改变了菲尔和特莎间的关系,但却和伊莎出生后的那种改变有所不同。特莎写道:

菲尔是位模范父亲。[略]他对儿子充满深深的爱,很可能比对我的爱更胜一筹。[略]当我和菲尔玩"同谋犯",不断玩恶作剧和讲笑话时，我发现克里斯托弗总是渐渐地对我不感兴趣，把我排斥在外。对我来说，看着他俩一起相处的时刻非常美妙。我被排斥，一点儿问题都没有，因为我喜欢看父子关系融洽发展。

菲尔带孩子有两点实际问题的限制：首先，他从不换尿布；其次，写作时，他一定要有安静的环境。安静就别想了，大部分夜里，克里斯托弗都会大声哭闹。

虽有喜悦之事，但菲尔仍感到深陷抑郁之中。9月给多萝茜的信中，他写道："就在克里斯托弗出生后，我有了产后抑郁，差点自杀了（正如我常常那样，差点儿）。我和奥兰治郡精神健康中心联系，他们的心理治疗师用了三周时间把我挽救过来。"不过，抑郁仍挥之不去，那年稍后，菲尔考虑住进拉哈布雷精神病院，但家庭羁绊和财务困难都让他无法执行这个计划。

9月有了一件意外之喜，菲尔事业上的知名度终于给他带来了即刻的好处——整整两千美元。联美公司看中了《仿生人会梦见电子羊吗？》的改编权，对此相当有兴趣，有意在接下来的几年中继续付钱保留改编权。菲尔对此很兴奋，他挑了那些他认为适合扮演书中的角色瑞秋·罗森的年轻女演员的海报，贴在墙上（比如维多利亚·普林西普，但最终，1982年电影《银翼杀手》中扮演瑞秋的是肖恩·扬）。

尽管如此，对承担照顾新生儿责任的恐惧与不稳定的收入，都让菲尔大为烦恼。9月，在给多萝茜的一封信中，他料定她心里想些什么,于是摆明了要自我辩护。

这个国家有种倾向,就是看不起那些暂时有财务困难的人,那些失去房子和财产的人。我跟这种态度不停搏斗,并以事实为傲。比如,正像我之前提到的,斯坦尼斯拉夫·莱姆认为,我是这个领域唯一的一名艺术家。如果我不干了,那还会有谁呢?

外界对作品日益增长的关注,菲尔不仅需要,也的确配得上,更是他的一大慰藉。写给多萝茜那封自我辩护的信件几天前,他还写信给法国评论家马塞尔·塞恩(Marcel Thaon),回应塞恩提出的有关他未来小说方向的询问。菲尔解释,现在他已能理解"真正的现实简单得叫人吃惊:其余那些,也许,只不过是我们的内在问题,以及是由统治阶级的强力雄心所造成"。

简单得叫人吃惊?不知什么地方,有什么人,或是什么东西,笑了。

10

奇迹之年：

富含信息的粉红光束，救了克里斯托弗一命，

黑铁监狱与棕榈树花园相互叠加，

终极无限价值的宏抽象——

谁知道这见鬼的到底是什么意思？

甚至菲尔也不知道，

甚至以夜梦映射、以天书解释也不行

（1974年2月－1975年2月）

宗教体验是绝对的。它不容置疑。你只能说,你从未有过类似体验,那么,你的对手就会说:“对不起,我有过。”那么,你们俩之间的讨论也就画上了句号。[略]如果这样的体验能够让你的生活更加健康,更有魅力,让你和那些你爱的人更为完整,更为满足的话,那么,你可以安然地说:“这是上帝的恩典。”

C. G. 荣格,《心理学和宗教》

我的生活如此分裂:生存/文化/灵性/后现代(自3–74始复活)。

菲尔,《解经》1978年条目

见鬼,谁知道呢?我不想就这个话题深入,但是我也有过怪异的梦境体验。上帝才知道我们的潜意识里都有些什么。菲尔会对此说些什么?他会就此说出六种不同的事物!我敢肯定。任何人要是不能笑着倾听,就什么也没听进去。

诺曼·斯宾拉德,在访谈中所说

虽然事后激起了诸多困惑，但菲尔从未真正质疑：1974年2月和3月（“2–3–74”）以及之后发生的视觉、听觉上的特别体验，从根本上改变了他的人生。

这些事到底是否是真的，那是另一个问题。历来如此。为了寻找一个答案，菲尔翱翔于二元振动之中：

怀疑。他也许是自我欺骗，或是它——无论它是什么——欺骗了他。

喜悦。宇宙也许恰好包含一个意义，此前，他整个人生和所有作品，都错过了这个意义。

这一辩证观点存在于写作八年之久的《解经》（绝大部分是手写日记，大约八千页长，致力于为“2–3–74”寻找结论）以及《神圣秘密》的核心中。从中萌发出许多理论——菲尔自己的，以及朋友和评论人士提出的。其中很多可以几乎解释所有事情。

不过，让我们先把理论放一边，首先，试着理清“2–3–74”，以及紧接着的几个月，到底发生了什么事。不过，预先警告读者，菲尔这段时期的体验不可能是那种按部就班、包罗万象的模式——这会让整个体验不可避免地显得扭曲。它们包括怀疑、恐慌和痛苦的时刻，这让其看上去有非常人性的一面；不过，同样也有无比惊人的崇高时刻；更不用说，还有那绝对让人屏住呼吸的奇迹。它们既不能证明菲尔疯了，也不能实打实地确定“圣菲尔”的存在。实际上，“2–3–74”体验更像是一段菲利普·迪克科幻小说中任性的宇宙中的情节—— 一想到体验者本人是谁,就一点儿也不叫人意外。

为了让叙事更为清晰,本传记将基于对《解经》的首次彻底研究。同时,还会结合信件、访谈,以及长篇小说。只有这样,才能尝试着描绘出一幅全景。菲尔从来没有将整个事件按年代记录下来,甚至在《神圣秘密》中也没有。此外,他每次叙述这些事件时,往往会加入新的扭曲。不管怎样,让我们继续。

1974年2月,《流吧! 我的眼泪》出版。这是菲尔自《高堡奇人》后获得最高评价的作品,它得到星云奖和雨果奖提名,并赢得1975年约翰·W.坎贝尔纪念奖。财务状况有些许改善,也有赖过去一些作品,比如《高堡奇人》再版,版税金达到了四位数。全家人住在舒适的小公寓房中。附近的加州大学富勒顿分校自豪地收藏了菲尔的文件,以作特别藏品;他甚至偶尔去当特约讲师。不过菲尔并没有太多社交活动。不知什么缘故,特莎和他的朋友圈不太合得来,而菲尔总是在婚后就会减少社交。

总而言之,生活不算太坏,不过尽管如此,菲尔内心深处仍旧荒唐地感到害怕。后来,他在《解经》中写道:“虽然无法证实,但我相信,我被程序设定好了,要在‘3-74’死去[略]。”谁,或是什么设定的程序? 菲尔不太确定,但国税局带来的痛苦一定占有一席之地。他相信,他的“公民违抗”——越战期间抗议缴纳防御税——也许会让他蹲十五年监狱。1974年4月,报税期即将来临。菲尔陷入破产境地,担忧国税局会扣押他的物品。

他的恐惧远不止于此。不知何故，他担心，通过作品他已经引起统治权威的注意——美国、苏联，或兼而有之。刚刚出版的《流吧！我的眼泪》能以这种方式解读：由法西斯美国政府维持的类似于古拉格监狱的社会。此外，《尤比克》赢得了马克思主义批评家的赞扬，认为其是对资本主义的绝妙消解。还有过去别的作品，也有可能加以可怕的解读。

菲尔需要解脱——你愿意的话，也可以说是恩典——马上就要。“2–3–74”适逢其时，随便你叫它什么。偶尔，比如下面这条1978年的《解经》条目，菲尔甚至称之为“彻底的精神错乱”：

是的，对我来说是种慈悲——1970年，当南希对我干了那些事之后，我就游走在精神错乱的边缘——1973年左右，我力图重整旗鼓，重新获得自我，但它太过脆弱，此外，还遭受了许多财务以及其他方面的压力。房子遭袭，1971年的各种惊惧都留下印记——还有，特别因为国税局方面的问题，让我在“3–74”陷入彻底精神错乱，被一种或是好几种原型接管。贫困、家庭责任(新生儿)造成了这件事。还有对国税局的恐惧。

1974年2月，他内心深处的畏惧十分深重。此外，他还得忍受另一种世俗痛苦：一颗阻生智齿。口腔手术期间，菲尔被施以硫喷妥钠(喷妥撒)；此后，虽然喷妥撒的效用还在持续，但疼痛仍非常剧烈。于是，处方止痛药被送到菲尔门口。

门铃响了，我去开门，门外站着一位头发乌黑的女子，一双大眼睛十分可爱,目光灼灼;我站在那里,盯着她,备感惊讶,也很困惑,心想我从未见过如此美丽的女孩,她为什么站在这里?她把一包药物[达尔丰]交给我,我尽力想,该对她说些什么;接着,我注意到她的脖子上戴了条十分奇妙的金项链,于是我说:“那是什么?它看上去真美。”你明白,只不过是为了找话题好让她多留一会儿。女孩将项链上的挂饰指给我看,是条鱼。“这是早期基督徒用的符号。”然后她就离开了。

2月20日那天,菲尔盯着那个金鱼符号之后,到底发生了什么?菲尔的叙述非常零碎,不过,接下来出现的一系列异象,的确从那天开始,它触发了菲尔体验的前世生命和遗传记忆。菲尔平生第一次非常肯定地认为,他——并非作为个体,而是灵性存在——是不朽的。

那个(金)鱼符号让你记了起来。记起什么?这是诺斯替。你的天体起源;这肯定跟DNA有关,因为记忆定位于DNA(种系记忆)之中。触发了非常古老的记忆,早于当前这个生命。[略]你记得你真正的本质。也就是说,起源(来自群星)。Die Zeit is da![时间就在这里!]诺斯替的灵知:你在这里,以被抛弃的状态[①],存在于这个世界,但你并不属于这个世界。

菲尔采用由柏拉图率先提出来的概念amamnesis(前世回忆),用以描述在自我意识之中回忆起永恒真理和观念世界的那种体

① 来自海德格尔的存在主义哲学概念,throwness,同时也是诺斯替宗教的核心概念,表明人和宇宙的彻底疏离,人的真正来源是这个宇宙之外的实在。

验。不过，是什么导致了 amamnesis 的忽然发生？也许是："喷妥撒和金鱼标志的混合作用——后者可能对我产生了催眠作用。阳光和金属一同产生的反应。"此外，他还按时服用处方剂量的锂。

菲尔从来没有确定造成身体问题的原因。真正有意义的是那些"古老"或"种系"记忆，它们总是揭示一个时代——约为公元一世纪的罗马世界（《使徒行传》时期，同时也是诺斯替教活跃的顶峰时期），它和我们当前的现代世界同时并存。线性时间观似乎是幻觉，真正的时间是分层的：同步现实层层叠叠，只有打开思维的人才能看到现实间的相互渗透。菲尔有很多不同的版本描述新揭示的罗马现实域。以下 1978 年《解经》的条目中，他成了诺斯替的术士西门·马古（Simon Magus）[①]：

当我在"2-74"看到金鱼标志时，我回忆起《使徒行传》的世界——我记起来那才是我的真实时空。于是我就是西门再生——并非只是在"2-74"和"3-74"，而是终我一生。我必须面对这个事实：我是有了健忘症的西门，然后在"2-74"体验前世回忆。我西门是不朽的。以及，西门是浮士德传奇的基础。

尽管如此，菲尔大多数情况下还是将这位古代要人定位为托马斯（一世纪的基督徒），或 Firebright（智慧和光明的灵性力量/存在）。如果说 Firebright 是种神圣本性，托马斯就很具人性了。菲尔感到，他清楚托马斯曾被罗马帝国权威折磨过，他们残酷迫害新"逻

① 与彼得等使徒同时代的基督教诺斯替派异端分子，曾在《新约》中偶有出场。

格斯”。托马斯的苦境,清楚地对应菲尔自身。

菲尔从来没有为他内部的新二元意识确定过名称。他最常见的概念是“普拉斯梅特人”——一种人类和富信息的“普拉斯梅特”生命形态的结合体。他还进一步意识到这种新智慧或恩典,早在四岁时就已经用“程序”写进了他,因而,它才能拯救他。他在小说《艾伯姆斯自由电台》开场白中,探讨了可能发生的具体事件。一位男孩(快四岁)给了瞎眼、长胡子的乞丐一枚五分硬币,乞丐给了他一张纸,他把纸递给父亲:

“上面说的是关于上帝的事。”他父亲说。

小男孩当时不知道,那个乞丐其实并不是乞丐,而是访问地球的超自然存在,来检查人类。很多年以后,小男孩长大了,成了男人。1974年,那个男人发现自己身处极端困难的处境中,面对耻辱、被监禁以及死亡的可能。没有任何出路可以让他解脱。就在那时,那位超自然存在回到地球,将部分的灵借给那个男人,将他从困境中解救出来。那个男人从来没有猜透,为什么那位超自然存在会挽救他。他早已忘掉了那个瞎眼长胡子乞丐,也忘掉曾给他的那枚五分镍币。

2月底3月初,菲尔有过一系列混杂了他的恐惧的噩梦。其中一些梦中他描述有“飞翔怪物,有马脖子(龙)”。另一个梦中,龙呼啸而来,扑向年幼的菲尔,他在梦中住在史前部落。随着龙越来越近,菲尔变成了他的宠物,一只剑齿虎,发出嘶嘶声反抗——但却发现被困在笼子里无法逃离。特莎写道：

有天晚上，某种大型爬行动物的嘶嘶声把我吵醒。我坐起来，看见菲尔躺在那里，仍然醒着，发出嘶嘶声。我不敢碰他，于是叫他的名字。我害怕极了，随着时间一秒一秒过去，我越来越害怕。我察觉到那不是菲尔发出嘶嘶声，而是别的什么无知野兽占据了他的身体。我继续叫他的名字，越来越紧急。

最后，他终于停止发出嘶嘶声。他哭了一会儿，然后开始用拉丁语祈祷“Libera me Domine”[上帝救我]。他从歌剧里学来的。整整半个小时，他不断重复那句祈祷以及其他祈祷，然后睡着了。我整夜醒着。菲尔的梦对他太过真实，因而他相信那不是梦，而是某种记忆回溯。

菲尔活在一口超自然的大蒸汽锅里。除了加大热度，还有更好的办法从里面出去吗？他那时看了些精神病学研究文章，发现大剂量水溶维生素能增强精神分裂症患者的神经放电。菲尔推测，对于正常人来说，这种剂量的维生素也许会提高两个大脑半球同步放电，进而增强左脑行动效率和右脑想象力。菲尔在《今日心理学》杂志发现了一个“配方”。几乎可以肯定，这篇文章是1974年4月精神病学家哈维·罗斯(Harvey Ross)发表的《正分子精神病学：精神分裂症患者的维生素药物》(杂志的常见做法是在实际月份前一个月出刊)。罗斯医生给一位受低血糖和精神分裂幻觉之苦的少年男孩开的处方如下：高蛋白、低碳水化合物饮食；每顿饭后，服用五百毫克烟酸(维生素B3),一周后增加到一千毫克、一百毫克维生素B6、一百毫克维生素B2、两百IU的维生素E以及一片多重维生素B。所有的维生素都具有水溶性。菲尔"试验"这个配方时,意外比配方多服用整整七克的维生素C。最终结果,正如《解经》中所述:"两个大脑半球合二为一,这可是我人生中头一遭。"

是否因为那些维生素才刺激了3月份产生的鲜明视觉?菲尔从来没有钉死在单独一个原因上。他对此揣摩得越深,就会找到越多"解除抑制"的候补选择。毕竟,春分即将来临,这是复活节、逾越节,是圣灵复活的时节。还有,不知为何,金鱼达尔丰递送来之后几周,菲尔开始燃烛;他在卧室组装了个小神龛,里头放上白色许愿蜡烛,以及来自菲律宾的古老圣徒木像。接着,他和特莎买了印着基督教鱼形符号的车尾贴——银色黑底——贴在客厅窗子上。有时,阳光透过窗玻璃倾泻而入,盯着这些贴纸,菲尔会看见粉红长方形——像是光幻视残像。

这预示了接下来烈如焰火般的体验。在1974年7月的信中,菲尔描述了1974年3月中旬开始的异象:

接着[略],我躺在床上无法入眠,已经连续第五晚了,不堪重负,充满恐惧和忧愁,忽然间,我开始看见旋转的光线远离我而去,速度极快——并且瞬间被替换——它们让我猛地醒透。接下来整整八个小时,我不停看到这些可怕的旋涡状的光,如果这个词能描述的话;它们不停地转啊转啊,并以不可思议的速度远离。最为痛苦的是我思想的速度，它似乎跟光线相互同步；好像我在移动，而那些光线却静止不动。我感觉像以光速奔逐，而不是躺在床上在妻子身边。我的焦虑大到不可思议。

一周后，一模一样的情景之下，我在夜里再次看到光。不过这次却很不一样。[略]那个小小的许愿蜡烛使我放心，同样让我安心的还有那个来自菲律宾，有一百五十年历史的木雕圣徒的平静脸庞浮现其上。

这次我看到的是完美的现代抽象绘画，后来我从艺术书中找到了，那是康定斯基发展的那类作品。我真的看到了几十万幅那样的画，它们以令人目眩的速度相互替换。[略]我的确认出了保罗·克利[①]的风格，以及来自毕加索不同时期中的一到两幅。[略]于是，我花了整整八个小时，享受我此生见到过的最美丽、最令人兴奋、也最动人的视觉奇观，意识到这是个奇迹。[略]我不是那些图像的作者。数量本身就证明了这点。

接下来几天，我感到[略]自己一定是无意识中成了ESP实验的接收器。这才能说得通。我知道，那些投向我，眼花缭乱的图像来自外部；我感觉到它们包含了很多信息，而我莫名其妙地要对它做出回应。有一个多月的时间，我都在想办法回应；我甚至给列宁格勒的ESP实验室写信，问他们是否长距传送过现代艺术图像[比如冬宫博物馆的藏品]。没有回音。之后，我算是闭嘴了，然后开始研

① 保罗·克利（Paul Klee，1879–1940），瑞士裔德国超现实主义、立体主义和表现主义画家。

究。

我全靠自己,像是在完全的真空里工作,没有任何背景、经验和知识,我只能凭预感继续下去。

我确定,某个活的物体试图和我沟通。我确定,它来自上面——也许来自天空。特别是群星;我开始在夜里出门看星星,有种强烈感觉,那些信息来自群星。

菲尔对这些异象的描述,常用的名词是"光幻视图像",它们出现在《艾伯姆斯自由电台》和《神圣秘密》中,同时,也吸收进《暗黑扫描仪》里弗莱德/鲍勃·阿克托的"干扰服"概念。它们的来源神秘莫测;不过,它们所包含的内容具有的紧迫感却不容置疑。有些远不止美丽图画的东西穿过了菲尔的新意识。也许"第二自我"托马斯是他的右脑半球——或是左半球?是否是陌生的意识汇合开启了新现实?不过,投射的图像向他揭露,有个外来源泉赐予他智慧:

我第一阶段的体验是经历"中阴身"[西藏渡亡经]之旅,然后忽然间,惊讶地发现面对的是阿芙洛狄特,恩培多克勒[1]相信她是宇宙中所有生命、所有爱和克拉西斯(混合)或格式塔形式的生命力根源;是冲突的对立面。那时,我还不知道它的真正含义。

与阿芙洛狄特产生关联是他后来接触的一系列女性神圣形象中的第一个——或者,按照菲尔有时的提法,是他的阿尼玛——这些形象在梦里或催眠状态下,通过声音与他沟通。尽管菲尔常常称

① 古希腊哲学家。

其为“A.I.”(人工智能)声音,但他认为其具有女性特征,并将她命名为阿芙洛狄特、阿耳忒弥斯/狄安娜、雅典娜/密涅瓦、圣索菲亚(神圣智慧,诺斯替宗教中的女神),以及双胞胎妹妹简——菲尔有时觉得跟她有心灵感应。

刚好一年之后,1975年3月,菲尔打出一首赞美歌,献给3月中旬的异象以及其背后未知的“它”:

1974年3月16日:它出现了——现身于鲜明的火焰中,有着闪耀的光彩,平衡的模式——将我从每个束缚中解放出来,内在的,外在的。

1974年3月18日:它,从我内部,向外看,看见世界,并非像我和它受欺骗的那样计算。它否定了世界的现实,以及权力,以及真实性,并说:“这不能存在;它不能存在。”

1974年3月20日:它将我彻底占据,把我从时空矩阵的限制中提升;它主宰了我,同一瞬间,我意识到围绕我的世界是纸板做的,是假的。透过它的力量,我猛然看见宇宙应然之相;透过它的知觉力,我看见了真正存在的是什么;透过它的非思考抉择,我行动起来解放了自己。它出现在战场上,犹如所有受奴役人类灵性的冠军,向所有邪恶、所有铁狱之物开战的战士。

3月20日,菲尔采取的解放自我行动,是处理他在《解经》中所称的“复印信函”。对此事件的叙述呈现于《艾伯姆斯自由电台》以及《神圣秘密》中,后者的精确程度要高得多。《神圣秘密》中,爱马士·肥特(他在书中也是科幻作家菲尔·迪克),做了个关于苏联女人萨达萨·乌尔纳的梦,她会跟他写信联系。"肥特脑中接收到一条极为重要的信息:一旦收到她的信,他就必须回复。"[①] 肥特将这件事向妻子贝丝吐露(原型为特莎),因为他嗅到了危险。接着,便是那个宿命般的日子:

周三,肥特收到了一大堆信,一共七封。肥特一封都没拆,在七封信中摸索一阵,指着其中一封既没有寄件人姓名,也没写回信地址的信说:"就是这封。"此刻,贝丝也吓坏了。肥特告诉贝丝:"把这封信拆开看看。别让我看见她的姓名、地址,否则,我肯定会写回信。"

贝丝拆了信。信封里没有信纸,只有一份印着两篇书评的复印件。两篇书评都来自纽约左翼报纸《每日世界》,并排印在一起。评论提到,书的作者是生活在美国的苏联公民。根据评论,很明显,这位作者是苏共党员。

"上帝。"贝丝看了看复印件的反面,惊叹道,"作者的姓名和地址都写在背后呢!"

"是个女人?"肥特问。

"对。"贝丝回答。

肥特和贝丝是怎么处理那两封信的,我[菲尔]一直不清楚。从肥特的只言片语中,我推测:肥特最后认定,第一封信是无害的,于是写了回信。至于第二封信,严格说来那张复印件都算不上是信,时至

---

①《神圣秘密》,孙加译,四川科学技术出版社,2019.12,165页。

今日我也不知道肥特是如何处理的，况且我也不想知道。说不定烧了，说不定把信交到了警察、FBI或者CIA手里。反正，我觉得他不会回信。[①]

特莎确认有大约一两周时间，菲尔都在期待一封会“杀死”他的邮件。当它抵达时，他把邮件给了特莎，让她读，但命令她不要让他看见内容。特莎为他总结了信的内容和形式。她回忆：

文章[一篇书评]中，划线强调了特定字词，有些红色，有些蓝色。它们都是菲尔所称的“死亡讯息”。这些单词包括衰退、衰减、停滞、分解。书评所评之书似乎是写美国资本主义的衰败。信封上的回复地址是纽约一家酒店，但没有收件人[在《神圣秘密》的上述引文中，肥特却说有收件人]。好像菲尔应当知道谁发出的这封邮件，好像他应当回信给他们。

菲尔推测复印信函以某种方式跟1972年他的温哥华两周失忆事件有关。身穿黑色西服的黑手党开着豪华轿车，带他兜来兜去，问他一些之后再也想不起来的问题。到底有什么程序烙在他身上？是谁干的？他担心与之并列的复印书评，应该在他身上触发什么东西，不过不知为何失败了。他向特莎坦承他的恐惧和揣摩，后者写道：“我相信他。他总是问我：‘我疯了吗？’我总是否认。我仍然相信他是理智的。真正的疯子不会问：‘我疯了吗？’他们觉得自己正常得很。”

---

①《神圣秘密》，166-167页。

菲尔对复印信函的感觉非常强烈。它强迫他立刻采取某些防御手段。其后果是他有种自由的感觉——打破了业力,以及延绵不断的强烈罪恶感。

正如《神圣秘密》所说的,菲尔将复印信函转寄给联邦调查局。1978年的《解经》条目中,他如此记录:当时最根本的要务是回避(1)克格勃的招募,或(2)联邦调查局进行忠诚测验的假招募。“我花了两个半小时给局里打电话。那是不错的(测验)结果。[略]不要告诉我没有上帝。光幻视就在一周前发生;那该死的玩意儿寄来的时候,我已经完全准备好了。”

菲尔有种非常敏锐的感觉,他认为某种东西控制了他,指导他对复印信函做出回应。他在《解经》中推想,可能是托马斯——不再是早期的基督徒,而是美国军方情报部门的思想控制植入体——引导他。菲尔在此推测之下,给托马斯起的另一个名字是“猪喷”。菲尔感到自己的个性被“猪喷”或不管别的什么操控;这种感觉是如此焦灼,甚至令他走得更远,不仅打电话给联邦调查局,还给富勒顿警方打了电话。“我是台机器,”他对应答的警局人员说,甚至要求警察把他关起来。警方什么也没做。

很快,菲尔又重新获得了自我控制的能力。不过,他继续相信——凭借他所相信的赐予给他的智慧和引导——安抚统治权威是保护他安全的根本之路。于是菲尔保持和联邦调查局的联系,1974年3月到9月之间,给FBI洛杉矶办公室写了好几封信。他试图打消调查局对他忠诚的任何可能怀疑。这些信件包括了对左派批评家对他作品做出高度评价的辩护和解释，还保证他给苏联ESP专家的信件，完全是为了钓鱼，好让他们原形毕露。(菲尔的谨慎并非完全无的放矢。1975年，基于信息自由法案，菲尔发现中情局拦截了1958年他写给苏联科学家的一封信)。

对于那么多去信，他只收到过一次回应，1974年3月28日，联邦调查局主任威廉姆·苏利文[1](Willian Sullivan)来信："十分感谢您有兴趣记录下所经历之事，相关材料定会得到妥善注意。"不过，通过宣告忠诚，菲尔获得了巨大的满足感和平静。自1971年11月破门盗窃事件以来，一直折磨他的恐惧终于解除了。

不过罪恶感仍然挥之不去。当菲尔考虑这些行动时，麦卡锡时代联邦调查局探员在五十年代上门盘问他和克丽奥的回忆一定盘旋心头。他在多部科幻小说——包括刚问世的《流吧！我的眼泪》中——谴责了警察国度以及它紧紧依赖的信息。菲尔是否成了他唾弃的那一类人？1979年的《解经》条目中，他谴责了自己的懦夫行为：

> 我全力和压迫者合作。已经不可能更进一步，让我掉转方向——我走得太远了，都因为不顾一切，以及体验到一种感觉：1. 对上帝和国家做了正确的事；2. 焦虑和辩解(很自然)的彻底失败。鲍勃/弗莱德中的弗莱德[《暗黑扫描仪》]彻底赢了。我真的告发了自

① 此处疑有误。威廉姆·苏利文，联邦调查局情报部门首脑，但于1971年受局长胡佛排挤而离职。1972年胡佛死后，并未如愿成为FBI局长，而是被任命为新成立的国家缉毒办公室主任。

己!［略］

“3–74”发生后,恐惧将我内在的反抗精神杀死了,而且,我从未为此后悔过,因为它给予我逃离恐惧的自由。他们抓到了我。威胁起作用了——比如,对我房子的攻击。［略］

我害怕:1. 世俗权威(恺撒),2. 上帝(Valis)。因此,也可以说我怕权威,或是不管什么有权力的东西。

在他的自辩中,菲尔会强调风险的重大,以及来自更高级别智慧对他的直接命令,迫使他与联邦调查局联系。1979年,紧接上文的条目写道:

于此,我转向上帝和调查局,以及财务稳定。好吧,抱歉。我曾是个彻底绝望的人,而现在不是了。我晚上能睡得着了。［略］也许我干的不是理想化、正确的事,但我做的是有智慧的事。［略］我的转变不那么是灵性上的(比如通向智慧之路的转变),而仅仅是正确地定义了什么叫生存之道。那就是我的目标——生存。我成功了。在我看来,神圣智慧［圣索菲亚］她本人掌管了我的生命,指引了我。［略］我活在一个野性、不稳定、绝望、堂吉诃德式的生活中,而且也活不长了。因此,神圣智慧并非意外降临在我身上;我也极度需要她。

值得注意的是,菲尔其实并没有像他自我谴责的那样,面对“权威”时有那么懦弱。对于“上帝”,菲尔用尽各种方法挑战这个概念。对于“恺撒”,虽然跟联邦调查局故作姿态,但菲尔总是直言不讳地臭骂尼克松政府——无论是文章《尼克松群氓》(1974年),还是在小说《艾伯姆斯自由电台》以及《神圣秘密》中。

即便在复印信函的危机结束之后,1974年3月仍旧异事连连。他的日常生活中出现了很多怪异现象。宠物(包括最受喜爱的猫咪小粉)似乎变得更聪明,甚至试图跟人沟通。还有一台收音机,就算菲尔和特莎把它的电源拔了,丢进厨房,它仍继续播音。

一切始于收音机开始在夜里说下流话侮辱菲尔。《艾伯姆斯自由电台》的主角尼古拉斯·布雷迪也受相同对待:“‘尼克龟儿子’,收音机说,语音模仿一位流行歌手,那人刚刚发布了新专辑。‘听着,龟儿子尼克。你毫无价值,你就要死了。你这格格不入的家伙!你是龟儿子,尼克!死吧,死吧!’”特莎接受J.B.雷诺兹(J.B.Reynolds)采访时回忆:“关于那件事,最古怪的是我俩都听到了音乐,总是夜里两点到早晨六点响起,可收音机甚至都没插电。[略]我能听见轻松的音乐,但只有菲尔老是听见它告诉他,他很糟糕,他应该死。我没听到那个。最后我们放弃了,把收音机重新插上电,毕竟听着音乐声要更容易入睡。”

所有这些变化中最显著的一桩,是粉红光束向菲尔大脑发射信息。虽然特莎相信菲尔体验中的真实而神秘的本质,但她觉得,窗上的银面黑底基督金鱼保险杠贴纸,可能在生理上发挥了作用;不过,就算不在阳光下看金鱼标志,菲尔也开始在公寓其他几面墙上看见粉红色光束。当它射向菲尔时,那束光强烈得近乎让人眼盲,犹如闪光灯扫过他的脸。光束含有巨量信息,并充满很多灵性奇迹。有一次,它指引菲尔如何根据早期基督徒惯例,为儿子克里斯托弗主持圣餐仪式。《神圣秘密》中描述了这个仪式:

1974年3月,在瓦利斯主宰我、控制我的意识的那段时间里,我为克里斯托弗举行了正确的、复杂的入会仪式,让他位列永生者之中。[略]

这是一段我极为珍视的经历。当时,我偷偷摸摸地瞒着所有人,连我儿子的妈妈都瞒过了。

首先,我泡了一杯热巧克力。接着,做了个热狗,放了常用的配料。[略]

在克里斯托弗的房间里,我——应该说,我体内的瓦利斯,扮成我的瓦利斯——跟他一块儿坐在地板上,玩了个游戏。我先是开玩笑地把温热的巧克力举过儿子的头顶。接着,仿佛一不小心,我把巧克力洒到了他头上,滴到他头发里。克里斯托弗咯咯笑着,伸手去擦。自然,我也伸手帮他擦。趁此机会,我俯身下去,在他耳边悄声说:

"以圣父、圣子、圣灵之名。"

除了克里斯托弗,没人听见我说的话。接着,我借帮他擦头发的机会,在他的前额画下十字架的标志。于是,我为他施了洗,又施了坚信礼。赐予我权柄的并非某个教会,而是我体内活着的普拉斯梅特——瓦利斯本尊。接着,我对儿子说:"你的秘密姓名,你的教名，是……”我对他说了名字。这名字将永远成为秘密，只有我、他和瓦利斯知道。[①]

菲尔感到，“2-3-74”期间，一定有某种存在物与他进行沟通，他为其起的名字中，有一个是VALIS(“巨大主动智能活系统”的简称)。瓦利斯(VALIS)将信息赐予菲尔，方法多样，不止通过粉红光束。从3月开始，他做了一系列有关守护神的梦，每夜不停，一直持续到夏天，并在余生间歇地重复梦到。1974年7月的信中，菲尔坚持，“最怪异的事——与此同时，证明确实有事情发生的最确凿无疑的证据就是真的有事发生了——是我睡梦中不断持续的体验。经历了八小时炫目图像后，我开始有了我认为不是梦的体验，因为它们既不像任何我做过的梦，也不像任何我读到过的梦”。菲尔相信这些体验包含的信息已经在潜意识里编码进入3月18号的图像展示之中。1974年6月的信中，他描述了梦境过程：

[略]我本来希望的是提升神经系统效率。结果远超于此——关于未来的确实信息，在接下来的三个月中[从三月开始]，几乎每晚都在我睡着时以印刷形式接收信息：文字和句子，字母和名字，以及数字——有时整页，有时是书写纸，有时是全息书写，有时奇怪得很，是儿童麦片盒，上面写着、印着许多极有意义的信息，最后，书的小样举了起来让我读，我被告知，在梦中，“其包含关于未来的预言”，最后两周出现了一本巨大的书，一次又一次，一页又一页，一行

①《神圣秘密》，338-339页。

行布满印刷字。

来自未来的信息?菲尔早已在《尤比克》和《逆时钟世界》中设想了某种“逻格斯”,能以衰退或时间逆转的形式赐予知识和救赎。对“2–3–74”的研究中,他还提到十分引人瞩目的超光速粒子物理研究,这种粒子在时间中逆行,速度比光还快,理论上可携带未来信息。无论源头如何,仍有基本问题未能解决:那些梦很少提供清晰指引。信息通常以一种不合理推论的语言片段(其中的阿兰姆切克成为《艾伯姆斯自由电台》中角色的名字),或整数序列形式出现。有些单词和片段证明具有梵语词根,或通用希腊语的短语(耶稣时期近东一带所用的语言),比如“poros krater”(石灰岩碗),“crypte morphosis”(潜在形状),以及“The Rhipidon ”[①](鱼鳍社在《神圣秘密》中具有关键地位)。还有别的名词,比如“Fomalhaut”[②]和“Albemuth”,后者菲尔将其和远距恒星——天狼星相联系,他推想那些信息是从那儿传输而来。还有,通用希腊语向他揭示了医药之神阿斯克勒庇俄斯——父亲阿波罗,继母是库米女巫(“A.I.声音”的可能来源)——也许是他的夜间导师。

其中一个梦里出现了“烧焦的书页”,像“整本书历经火烧,从中幸免”。菲尔并非总是能确定他是不是真的想接受那些他感到“被迫”去读的内容。有些梦中文本指向派克、马丁·路德·金、罗伯特·肯尼迪等人死亡时,有人曾提起过不详的“宗教狂”阴谋论。与此同

① 扇形,在《神圣秘密》中译为“鱼鳍”。

② 北落师门,南鱼座主星。

时，令人催眠的声音还显示高深莫测的奇迹。1974年7月的晚上，正当陷入梦乡时，菲尔“听见她（我的阿尼玛，女巫），跟着合唱了起来：‘你必须穿上你的拖鞋 / 朝黎明方向走。’” 1975年1月，在同样似睡非睡状态下，出现“圣索菲亚将会再生”（另一个版本：“圣索菲亚就像再次重生；之前她未被接受。”）。读过《神圣秘密》的读者不会对这些神谕陌生。

此外，还有关于三眼造生物的诸梦境。菲尔在《神圣秘密》中，以双重身份的角色肥特/菲尔写道：

> 在1974年3月，他遇见上帝那次（确切地说，是“斑马”），曾做过几个栩栩如生的梦，在梦中他见过三眼人。这些梦，他倒是向我描述过。在梦里，三眼人是一个个机械实体，包裹在玻璃泡泡里，拖着大量的技术装备，蹒跚行走。这些梦中，有一处地方很怪，我跟肥特都弄不明白：在这些幻视般的梦中，能看到许多苏联技术员来去匆匆，维修包裹着三眼人的技术复杂的交流设备。[1]

《解经》中，菲尔画出这些生物的模样，有时，他将第三只眼认作

① 《神圣秘密》，162-163页。

印度教和佛教中的智慧之眼(眉心轮)。他还探索了另一种可能性:他们是具有超级智慧的外星人,通过卫星发射信息束来跟他联系。对于诸如此类的推论,叙事者菲尔在《神圣秘密》中总结道:“事到如今,肥特已经彻底失去了跟现实的联系。”现实生活中,菲尔同样深感不安,这样丰富的联想思考模式——这种模式下,任何“死去”的神,都有可能通过人类心智得到重生——别人会怎么看呢?下面是1974年信中的一段,菲尔后来也把它包含在《解经》中:

我简直能看见我跟心理治疗师说这些东西。“你到底在想什么,菲尔?”她会在我走进来的时候问,然后我会说,“阿斯克勒庇俄斯是我的导师,他来自伯利克里时代的雅典。我正在学习用阿提卡希腊语说话。”她会说:“哦,真的吗?”然后我就会走上那至福的小路(Blissful Groves),不过要等到死后;那得在一个安静的国家,每天开销一百美元。而且,你想喝多少苹果汁就喝多少,还有氯丙嗪[①]任君索取。

正如这封信的风格所示,即便面对本人的“神圣”启示,菲尔也没丢掉幽默感。与之对应,菲尔一直都十分清楚他的体验看上去有多疯狂。他不仅对这些体验加以嘲笑,同时还让自己经受最激烈的质疑——正如本章稍后摘录的《解经》片段,进行自问自答。菲尔既不是容易轻信之人,也不是蠢货。对于发生在自己身上的事,他从不固守唯一信念。不仅如此,他更是以极大的道德勇气,对所有信

① 一种镇静剂。

念都严肃对待，将它们看作有可能的知识来源，而非立即抛到一边。在美国，如果你足够不幸，有过似是属灵的异象体验，那它最好能在某个已确立的教派信条下说得通；否则，你就是疯了。事实就是如此简单。对于其他人怎么看他的体验，菲尔心知肚明。但如果非用单一推想之路来否定自己，不给自己任何全力以思索的机会，那他就该死了。

1974年7月，菲尔考虑到另一种可能性，他的心智可能和朋友——后期的派克主教——相融合。毕竟菲尔生活中的许多小改变都更加符合派克的品味：

现在，我已经不是同一个人了。人们说我看上去不一样。我减肥了。还有，我做了很多吉姆叫我干的事，挣了不少钱，那么短的时间有这么多收入，简直前所未有。我还干了以前从未干过的事，以前想都不敢想的事。更奇怪的是，我现在每天都喝啤酒，再也不沾红酒。我以前只喝红酒，从来不喝啤酒。现在一罐啤酒我能一饮而尽。我喝啤酒的原因是吉姆知道红酒对我不好——酸性、沉淀物。他还让我剪了胡子。为了这事，我必须出门买一种特殊的理发剪刀。我以前甚至不知道有这东西存在。

此外，另一桩显然没法归功派克主教的变化，是菲尔开始称自己养的狗狗为“他”，称猫咪为“她”——正好和它们的实际性别相反。

不过，所谓来自吉姆/托马斯/VALIS/“其他”的挣钱指引是怎么回事?1979年访谈中,菲尔声称:“它立即着手,把我的个人事务摆平了。它解雇了我的代理,还炒了我的出版商的鱿鱼。”不过,菲尔从来没有炒过出版商双日公司的鱿鱼;尽管4月到5月期间,他极为愤怒,因为他收到的《流吧!我的眼泪》的销售数字总不一致,这让菲尔感到双日与冷漠的梅雷迪斯代理狼狈为奸,合伙蒙他版税。此外,他对和双日谈下来的二千五百美元《流吧!我的眼泪》平装本预付金(从DAW那里得到),也感到耿耿于怀。5月5日,他要求对双日出版过的他的所有长篇小说的印量进行审计。几天后,5月7日,他的另一封信更加恼羞成怒,菲尔可能从未把这封信发出去过(收信人,他的编辑劳伦斯·阿什米德不记得收到过这封信)。菲尔在信中讲述了《眼泪横流,叫人偷窃一空的作家说》一书的作者,倒霉的科幻作家“吃蘸酱·K.噎死”(Chipdip K. Kill,1973年约翰·斯莱德克那篇戏仿作品中菲尔的名字),是“狗屎出版公司”和代理人“脱脂·更时髦”勾结起来祸害的受害者。

5月4的信中,他解除了和梅雷迪斯代理长达二十二年的合作关系。他声称首要原因是,当他跟双日争论时,代理人没站在他那边。菲尔断言《流吧!我的眼泪》的印量造假,后被证明是他弄错了,而他不久后也意识到了。DAW出价二千五百美元获得平装本版权,是当时他收到的最高一笔;不可能拿到更高的出价了。另一封注明5月12日发出的信中,菲尔又和代理重新确立了客户关系。不过,与此同时,他仍保持跟另一位版权代理罗伯特·米尔斯

(Robert Mills)之间的联系。谈判持续到10月份,以保证他有多个选择。不过,5月12日重新确立代理关系的信中,菲尔也开出了条件,这倒的确证明了他声称的:由于"2-3-74"事件,他更有生意头脑——收入得到增加。

菲尔坚持的条件是让代理去追讨王牌出版社过往所欠的版税金。二十世纪七十年代早期,美国科幻作家协会成功帮助不少作家向王牌追讨版税。菲尔的持续发声,有力地提高了梅雷迪斯的工作效率。他们以他的名义检查了王牌的版税报告,并在5月28日给菲尔寄去了三千美元的拖欠版税。

不过,这些梦境、异象及精明的生意经,严重耗费了他的身体。多年来,菲尔都在承受高血压带来的痛苦;特莎回忆,和菲尔结婚时,他的血压大概是200/160。菲尔的"2-3-74"体验似乎恶化了高血压。4月初,血压检查为280/178,他住院了。(《神圣秘密》中提到过:"在住院期间,能做的检查,医生统统让肥特做了一遍,以期找到血压飙升的病因,结果却一无所获。"[①])从1972年开始,他就没碰过安非他命。特莎相信菲尔这段时期经历过一系列轻度中风,并指出菲尔的医生提到这是一个很有可能的诊断:

我认为发生"轻度中风"的那几次,比方说,他忽然毫无预兆地绊了一下;以及脸色忽然变得铁青或潮红;还有,他忽然话说到一半愣住了。这些都是很紧张的时刻,虽然是轻度那种,但我相信他当

① 《神圣秘密》,163-164页。

时有中风。如果那个灵没有让他去看医生,也许他就会死。虽然他应该定期检查血压,但他还是不去看医生。他总是有这样那样的借口(通常是感冒),好待在家里。但那个灵却坚持让他去看医生。等他去了之后,医生让他马上住院。

特莎补充道:"他的那些体验会不会只是一系列轻度中风?我怀疑不是,但我一点儿也不怀疑他确实也得了中风。"

菲尔住院的五天中,买了许多礼物送给病友——那些得了肌肉疾病的小女孩。此外,他还要求一位罗马天主教和两位圣公会的牧师来看他,和他们谈论了他的体验。有一次,特莎去看他时,公寓遭人偷窃,有人偷走了菲尔的一些文件。十分让人忧虑的征兆——菲尔在圣威尼斯时期的阴影。

5月初,菲尔从高血压中完全恢复,他参加了为当地中学生举办的科幻大会(Carsacon)。蒂姆·芬尼(Tim Finney),当时负责对接科幻名人,邀请了菲尔、布拉德布里、斯宾拉德和斯特金参会,他回忆菲尔和年轻观众在一起时最放得开,发挥得最好。虽然这次公开亮相十分成功,但菲尔取消了参加1974年的北美科幻大会[①],尽管大会邀请他为荣誉嘉宾。不过,就算安全地待在公寓,异象连连再加上经常深夜哭喊的婴儿,菲尔也感到精疲力竭。特莎回忆:

它["2–3–74"]让人跟菲尔的相处变得更有趣。每天都像是进

① 北美科幻大会(Westercon)是美国历史最悠久的科幻大会之一,举办地常在美国和加拿大等地。1974年是第二十七届,会议地点在加州圣芭芭拉,日期是7月3日到7日,与会人员约七百人。

行一场冒险。同样，也让我们累趴了。肾上腺素高涨毕竟有限。[略]菲尔有很多非常严重的抑郁期，和我相比要频繁得多。他会连续在床上躺一个礼拜，需要每天把三餐送到床头，外加零食。有时他的食欲很差，但大部分时候吃得狼吞虎咽。每过几个小时，爬起来开始打字——写信，记笔记，写他最新的长篇小说。

他有时打瞌睡，醒来后会变得狂乱，冲进浴室，为了弄杯水喝。你明白吗，在他睡着时，胃酸会翻上来，把他呛住。一旦这样，不管我在干什么都得马上放下来——或是马上醒来——给他弄杯喝的，抱着他、安慰他，把他当幼儿般跟他说话，这样才能平复他的创伤。

1974年5月，法国马克思主义派的文学评论家来访。菲尔对这次访问并不欢迎，他将情况向联邦调查局报告。这些评论家在《尤比克》中发现了资本主义衰败的隐喻。菲尔对芬尼抱怨："对我而言，它[小说的设定]发生在克利夫兰，或是得梅因——我不觉得它代表资本主义国度。[略]对他们来说——他们是唯物主义者；对我，我就是这个人。我将这作品看作是一趟离开这个现实世界的灵性之旅。"

菲尔的异象继续飞速发生。其中最值得注意的是他反复看见"黄金长方形"(基于希腊系数中的黄金分割比例；在斐波那契数列中以1.618常数表达)。《艾伯姆斯自由电台》中，尼古拉斯·布雷迪描述了这个异象：

我看见的东西现在是扇门，长宽比符合希腊人所称的黄金长方形,他们认为那是完美的几何形式。我总是不断看见那扇门,上面标记了很多希腊字母,投影到很多跟它类似的自然构造上:一个词典架;玄武岩石块;扬声器箱。还有一次让我大为吃惊,看到小粉[菲尔的猫]从那扇门外向我们的世界挤了进来,但他不像平常的样子,而是更大,更凶残,像只老虎,最关键的是浑身洋溢生命和健康气息。[略]布雷迪瞥了眼门外的样子:夜色下,一片静止的景色,安静、黑色的海,天空,一座岛的边缘,以及,令人惊异,还有动也不动的裸女站在水边沙滩上。我认出来那个女人,是阿芙洛狄特。我看到过她的希腊、罗马的雕像图片。那比例,那绝美和淫荡,绝对不可能弄错。

1974年7月的《解经》条目中,菲尔注意到梦里的希腊、罗马内容,以及“黄金长方形”的异象:

如果它[他的无意识]向我展示黄金长方形,那么,它这么做的缘故是为了用终极美学平衡景象让我平静下来;它有十分坚定的治疗目的。对我而言,总体上,对这些抽象材料的利用有个真正的目的。它对我就像是导师,如同亚里士多德跟亚历山大的关系。[略]我从中感觉到阿波罗,这样的话也说得通,因为库米女巫是他的神谕者。阿波罗的美德,是节制、合理、平衡,是头脑清楚,理性。Syntosis[自我圆融]。

1974年,围绕小粉死于癌症而发生的系列事件对菲尔来说,是更进一步的异象确认。两年前,菲尔完成《流吧!我的眼泪》时感染了肺炎，小粉躺在他腹部，以一只猫能做得最好的方式安抚他。菲尔后来痊愈，但现在，轮到小粉的死亡时刻；

星期天晚上，小粉死前第四天，她、特莎和我躺在卧室床上，这时，我看见一团苍白光芒充斥整个屋子，均匀分布，接着我看到小粉呆呆的，彻底暴露，像是注定要完蛋，一直飘浮，我变得极为害怕，开始不停地说，“死亡在屋子中！我马上要死了！”我开始疯了一样用拉丁文祈祷，差不多祈祷了整整半个小时。我知道小粉肯定看不到这些；只有我能看见。死亡就在那里，但我当时以为它是来找我。我知道我和小粉要分开。“四天之内，”我对特莎说。“死亡就会打击到我们头上。”她说，“你在胡说。”那天夜里，我梦见一枪打向我，极猛烈，枪声震得我几乎聋了，我没事，但我身边有个女人躺在地上，中枪了，正在死去。我去找人帮忙。三天后，小粉死了。[略]他死的那天晚上，我在浴室时，感到有只手坚定地放在我肩膀上，我确信是特莎跟着进来了，我转身问她干什么。身后没人。那是我的朋友，当她离开时，触碰我；她短暂地停留了一下，为了道别。

小粉死前，菲尔本人也经历了一次身体危机。8月初，菲尔和特莎吵架时，将一只海贝砸到墙上，结果让肩膀痛苦地脱臼，同样的地方曾在1964年和1972年两次受伤。矫正手术后，菲尔不得不用一个小录音机继续创作小说剧情——《瓦利斯系统A》（*Valisystem A*），以及另一本小说《吓死亡一跳》（*To Scare the Dead*），它们最终发展为两本长篇，即《艾伯姆斯自由电台》和《神圣秘密》（本书第十一章将详细阐述该过程)。

夏末,菲尔正处于身体受创状态中,“粉红光束”又向他发出新信息束,它指出,克里斯托弗可能患有会致命的腹股沟疝气。这得到医生确诊,10月份,他们给孩子做了恰当的手术。约1977年的一段《解经》条目中写道:

我回想过去。[1974年]我双眼紧闭,坐着听《草莓地》[披头士的歌]。我站了起来。我睁开双眼,因为歌词里唱到“双眼紧闭历经生活”。我朝窗户看去。光线几乎闪瞎了我;我的头立即疼起来。我的眼睛紧紧闭着,却能看见奇怪的粉红草莓冰激凌。就在同一瞬间,知识传递给了我。我走进卧室,特莎正给克里斯换衣服,我把刚刚传达给我的信息复述出来:他身上有出生时就带着的缺陷,必须马上看医生,约时间做手术。结果证明是真的。

发生了什么?什么跟我沟通了?我能读,能理解“嵌在劣等巨块之中”[引自诺斯替文本]的秘密信息。

万千事物中,所需的智慧竟置于一首流行歌之中,菲尔对这样的安排很受用。1980年《解经》条目继续写道:“上帝通过一首披头士的曲子(《草莓地》)跟我沟通。[略]一阵风吹过一团垃圾,而那里面就有上帝。零零碎碎的东西扫到一起,便形成一体。”不过,菲尔既然是菲尔,他为此提出具有同样说服力但相反的观点。1981年的另一个条目写道:“向我头上射来的粉红光束——正如在《神圣秘密》中讨论过的,我总是坚信,要深入表象之下,那不是上帝,而是科技，是来自未来的科技。”

9月，同行托马斯·迪什到访。他们相互钦佩对方的作品；迪什回忆，菲尔将他看作是“杰出的理性主义者，充盈着悲悯，但又十分客观地检视他理论中的漏洞。对于两个初次见面的人来说，这的确是很不寻常的社交情景。”他们的谈话有啤酒助兴，持续整整十二个小时。似乎，菲尔的真诚正遭受考验。迪什说：

我们讨论了那些梦是否有外在源头。他想说，如果没有的话，他怎么会听见古希腊语？不过我说，梦里用到的那部分意识并不能确定我们听到的是不是希腊语。他并没有反对我的论证。

我惊奇得很。他像是下决心要让我说出来，是的，那是宗教体验。就像是跟人连续摔跤好几个钟头，我们俩谁也没有把对方摔倒在地。

我那时候有点儿怀疑，并且肯定他有虚构成分。与此同时，我又想：太有趣了——大师级的成功骗局。他是玩弄信念的职业高手——换句话说，一个骗子。他想把任何想象出来的事都融入一个系统中。而当别人真的相信时，他高兴极了——他最爱的就是让你相信。这能让他写出伟大的小说——但当他做过头的时候，就成了关系妄想[1]。将一切想象的东西全都转化为一种信念，或是悬停的信念，那种渴望的跳跃性实在太强。然而，他能将这些事全部收于眼

① 又称牵连观念、援引观念。患者坚信周围环境的各种变化和一些本来与他不相干的事物，都与他有关系。关系妄想的内容多数对患者不利，常发生于被害妄想之前或与之同时发生，多见于精神分裂症。

底,很可能正是他作为小说家的强大之处。

从菲尔的角度来看,这次谈话鼓舞了他;他感到迪什的提议很有价值:“2-3-74”像是预言热情的本质,当以利亚的灵充溢某人之中,就会发生。《解经》中有大段的内容探讨这个理论,后来,它在《神圣秘密》和《神圣入侵》中结出果实。

不过,1974年最后一个月,好莱坞和名声在召唤他,菲尔有了“2-3-74”的提醒之外的令人激动的机会。

9月,法国导演让-皮埃尔·葛林(Jean-Pierre Gorin)到访,他和菲尔探讨《尤比克》的电影改编权。此时,好莱坞制片人已看中菲尔三部作品的改编权:《时间脱节》《帕莫·艾德里奇的三处圣痕》《仿生人会梦见电子羊吗?》。不过,葛林曾和让·吕克·戈达尔[1]合作过,是好莱坞世界之外的人。经过一整天快乐的头脑风暴后,葛林和菲尔敲定了一纸合约:葛林自掏腰包,预付菲尔一千五百美元,只要他能在1975年12月31日前将《尤比克》改编为剧本,就再付二千五百美元。事情发展得似乎非常乐观,弗兰西斯·福特·科波拉[2]表示对参与这部电影制片很感兴趣。不过,科波拉入局很快没戏。后来,菲尔用了一个月而非一年就把剧本写好了,葛林从没想到他会这么快,这导致葛林的现金流骤然出现危机(菲尔还是拿到了钱)。最

① 让·吕克·戈达尔(Jean-Luc Godard,1930-)法国导演,新浪潮电影的奠基人之一,代表作《狂人皮埃罗》。

② 弗兰西斯·福特·科波拉(Francis Ford Coppola,1939-)美国著名导演、编剧、制片人,代表作《教父》《现代启示录》等。

终，虽然尽了很大努力，葛林还是没有为这部电影争取到财务支持。

在D.S.布莱克（D.S. Black）的采访中，葛林回忆了1974年和菲尔的会面：

他肩膀很宽，富有激情，第一次跟他接触会感到他是个很容易相处、很有趣的人。很明显，从我跟他的聊天中可以看出来，他十分欣赏有些法国老兄把他当成作家跟他对话的姿态。他特别喜欢抛出各类引用，一分钟要抛出一千零一个，范围从伊丽莎白一世时代的诗歌（我后来意识到这是他的爱好），到各类思考。[略]他和一位很奇怪的女人住一起——面容奇异，有点“吱吱”弗洛姆[①]的特质。短裙，长发；他老是在跟她开玩笑。我们也谈了女人、性和文学。他块头很大，像个保镖；某种程度上像是低俗文化中的海明威。他跟人互动的方式非常非常热情和真诚。

11月还有另外两位带着制作电影雄心而来的访客。制片人赫布·贾菲（Herb Jaffe）的儿子罗伯特·贾菲（Robert Jaffe），他曾写过一版《仿生人会梦见电子羊吗？》的剧本，菲尔对之极为憎恨；不过，他也挺乐意听罗伯特口无遮拦地讲述好莱坞八卦，赫布·贾菲后来没有再续签《仿生人会梦见电子羊吗？》的改编权。第二位访客，汉普顿·范彻（Hampton Fancher），也对《仿生人会梦见电子羊吗？》十分感兴趣。菲尔富勒顿的公寓他来过两次，有一次是带着女演员芭芭

---

① 莱尼特·爱丽丝·弗洛姆（Lynette Alice Fromme），美国邪教组织“曼森家族”的成员，外号“吱吱”。1975年企图谋杀福特总统，被判终身监禁，直至2009年假释。

拉·赫尔希(Barbara Hershey),菲尔对后者大为倾倒。范彻回忆,菲尔把他看作是“抢劫完之后嘴里嚼着雪茄的好莱坞制片人”。虽然有这层紧张关系,他仍迷住了范彻:

他非常魁梧、健谈、无孔不入的热情洋溢——说着“到我家里来”,“做做晚饭”,“我亲爱的”等等。几乎是德国人的做派。绝没有任何双向对谈的空间,没有任何空间容得下另一个自我。他真是个绝妙透顶的家伙。他双眼闪烁,跟他在一起,如沐春风。

我开始觉得他有点儿……爱扯谎。他告诉我那些我不确定他是否相信的事。其中有些事,如果他真相信,我认为他有可能有并非临床意义上的轻度妄想症,比如联邦调查局在跟踪他。而且,他会用肢体和面部表情将其戏剧化,正如我们说表演中的那种“演过火了”。当他说到关于联邦调查局怎么惩罚他的故事时,他会转头四处看,故意展示当前所处的位置,很享受被监视的感觉。

从1973年开始,菲尔逐步上升的媒体曝光率,此时达到顶峰。1974年11月,保罗·威廉姆斯为《滚石》杂志对他进行访谈。不久后,《纽约客》特约撰稿人,托尼·希斯(Tony Hiss)采访菲尔,内容出现在连续两期的“街谈巷议”专栏(1975年1月27日和2月3日),其中称菲尔是“我们喜爱的科幻作家”。说是这么说,但别想多了,敢打赌《纽约客》不会刊登菲尔的“垃圾”故事——至少梅雷迪斯代理没多想。

菲尔和威廉姆斯谈论的主题之一——他的访谈就在范彻来之

后几天——也是范彻在上文略微提及的。妄想症。菲尔不喜欢这个名词，但他承认它以前很适合："好吧。我曾经相信，宇宙基本上来说是有敌意的。[略]现在，我心里有太多恐惧，担心宇宙会发现我跟它有多少不同之处。"接着，菲尔编织了一个极为精彩的假定——宗教信仰将妄想症"从里朝外彻底翻转"，并从属灵角度补救了它：

> [略]你发现了一系列事件所基于的模式，如果你没有卓越超绝的观点，没有神秘视角，没有宗教视角，那么，这模式就只能来自人。如果那就是全部，还能从哪儿来呢？[略]将它从里朝外翻转过来，而不是仅仅废除掉。这样，它才会呈现善意，才会超越我们的个体，等等。我感觉到的是：宇宙本身是活的，我们处于其中，是它的一部分。它就像是个呼吸的生物，这也就解释了阿特曼[①]概念，你知道，就是呼吸，灵[②]，上帝的呼吸……

1975年1月和2月，这奇迹之年[③]之中，菲尔被给予最后一个关键异象：棕榈树花园。1981年《解经》条目中，他写道："把另一种存在于世界的方式与'2-74'和'2-75'联系起，称为'棕榈树花园'，或是我现在命名的，'空间域'[略]。"《解经》里，"棕榈树花园"（PTG）与"帝国（统治权威）黑铁监狱"（BIP）之间永恒对立。菲尔将PTG异象体现在他和罗杰·泽拉兹尼合写的《愤怒之神》中。给多萝茜的信

① 印度教中的灵魂。

② pneuma，希腊语的呼吸，也有宗教文本中的"灵"的意思。特别是在诺斯替宗教语境中，灵（pneuma）和魂（soul）有本质区别。

③ 原文为拉丁文。

中,他写道:"我在其中[PTG]漫步好几个小时,享受那时刻,正如阿伯纳西博士一样[略]。" 以下这段完全由菲尔所写:

阿伯纳西博士感到,对整个世界的压迫消散了,但为什么会消散,他一点儿头绪也没有。当它开始时,他正在去菜市场的路上,准备买点儿蔬菜。[略]

他心想,不知什么地方有件好事发生了,并且扩散开去。眼前的棕榈树让他无比惊讶。[略]干涸的土地布满灰尘,我仿佛身在中东。另一个世界,接触另一个连续体。我不理解,他心想。是什么闯入进来?好似我的双眼现在以一种特殊方式打开了。[略]

他判断,不知何故,善降临了。正如弥尔顿所写:"从恶中来,向善而去……"

接着他又想到,也许受到一个邪恶行为的作用,扫除了覆盖世界的那层压迫的薄膜——还是我想得太过微妙了?无论如何,他感到了不同;这本身是真的。

跟上帝发誓,我在叙利亚的什么地方,他心想。在黎凡特[①]。[略]

他的右手边,是战前美国邮局分局的废墟[本书设定时间是一个科幻未来]。

特莎回忆那个春天的日子:"我们在去邮局的路上——习以为常的事。[略]邮局[略]是栋有拜占庭风格的砖建筑物,有拱道,还有

① 西方对地中海东岸一带的泛称。

一个假立面,做出有穹顶的感觉。那天,我们发现,整个城市变得越来越有一世纪罗马殖民地的味道。菲尔不断发现石墙和铁栏杆,但那里以前明明都是更现代的结构和栅栏。"

在菲尔1975年的通信中,发现了一份没有标注时间的打印稿,它非常恰当地总结了那年的异象、异声、才智学识和困惑:

这不是个邪恶的世界,不是摩尼[摩尼教创始人,其将尘世的事等同邪恶]假设的那样。邪恶之下有个善的世界。邪恶只是以某种方式叠加其上(摩耶[①]),当它被扫除之后,清新、闪光的造物将会显现。

有一天,我意识中的内容,运动速度越来越快,直到它们不再是概念,而成为认知。我对世界并没有概念,但是却在没有先入之见,甚至没有智力理解的情形之下,接收到这个概念。接着,它形成尤比克的世界。就好像一个人意识里的所有内容,全部融合,忽然活了起来,成为活的实体,它在那人的头中,独自飞了起来,以它自有的高阶方式观察,与你曾经所学、所见、所知毫无关联。涌现之原则,如同非活体物质变活了。就像是信息(思想、概念)推到极致,从而质变为某种活物。也许在外星球,当所有能量或信息推到一定程度时,也会发生同样的事。与某种遍及一切的东西(尤比克的力)相融合,它既有感情,也是活的。接着,内在和外在、未来和现在、原因和结果,所有的矛盾[②]都会慢慢褪去。我们将只会看见活的存在,不

① Maya,印度哲学和宗教概念,可以理解为错觉。

② 原文为antimonies,疑为抄录或印刷错误。

停地建造:工作。创造。(连续的创造是否已经快要到达完成阶段了?)(也将会超越诸如大小、我-非我的两分法)。

宇宙是统一的信息,这显然也是量子物理学家钟爱的比喻。

那些否定“2-3-74”体验的怀疑论者,认为它只不过是中风征候,或是精神病导致的幻觉,他们应当记住(在其他的还原性解读之中),菲尔可是跟他们一样的怀疑论者。

仔细看看下面这篇来自《解经》的菲尔的自我访谈吧。这篇文字写于查尔斯·普拉特(Charles Platt)对他的访谈之后不久,普拉特当时在为他的书《造梦者》(*Dream Maker*)收集素材。普拉特采访时,菲尔也录了音。后来,当菲尔回顾录音记录时,激励自己进行一次极具戏剧性的审问式交叉盘问,目的是为了非难自己的可信度:

听那份普拉特访谈记录,对其[他自己]表达的逻辑,我的分析是:从外部进入我的VALIS(另一个意识),以及从内部制服我的其实是我的集体无意识,因此,就技术上而言,其实是精神错乱(这当然可以解释来自外部的万物有灵论,以及内部的游离活动)。但是——好吧,很好;它能解释人工智能的声音,三眼女巫,以及内容的极度古语化,以及看见大约公元45年的罗马,都只不过是精神错乱的幻觉——我不知道当时我人在哪里,身处何时。

Q:如何解释和我作品之间的相似性。

A:内容原本即存在于我的无意识中,比如《流吧!我的眼泪》

和《尤比克》。

Q:那么,外部事件呢?那个女孩?那些信?

A:巧合。

Q:还有那些写出来的材料呢?巨大、打开的书?

A:非文字记忆。

Q:为什么我会相信我的感知得到了增强,比如我第一次能真正地看见了?

A:拟精神病药物显示这类事件会发生在精神病人身上。

Q:那么kosmos呢?所有事情都能解释得通?

A:典型的精神病式"意义延伸"。

Q:我不认识的外语文字?

A:遗失已久的长期记忆库打开了,将其内容倾倒进意识层面。

Q:解决问题的方法,比如复印信函?

A:并没有真正的问题,实际上无害。

Q:为什么会感到时间功能失调?

A:定向障碍。

Q:为什么会有那种感觉,认为掌控我的意识比我更有智慧,更能干?

A:精神能量的释放。[略]

Q:如果"2-3-74"是精神错乱,那么,被它抹去的自我状态是什么?

A:神经过敏,或是轻微的精神分裂。压力之下,虚弱的自我将会崩溃。

Q:那么,为何和我的焦虑神经官能症有关的恐惧症仍然留存? 比如广场恐惧症。

A:并不算在内。有什么东西出错了。它们本应该已经消失了,或是完全被压制。那受损的自我一定仍旧完整。

Q:我的“游离”行为[比如,复印信函,对克里斯托弗疝气的诊断]很奇异吗?

A:不,它们都解决了问题。它们也不算。

Q:也许没有真正的问题。

A:并非如此,当时是报税期。

从这里开始,菲尔既然已经把最糟的情况都考虑到了,于是便为自己吹响辩护的号角。并不能说,他要去谴责自己的理智,或赞扬自己“2-3-74”的经历。最终,答案似乎落脚于菲尔最初的、也是一直持续坚信的那个失落。

A:那么,谜还是未解。

Q:我们什么也没学到。

A:什么也没有。

Q:听完录音之后,你是否有任何的直觉或猜测,VALIS 意识到底是谁,或是什么?(过了一会儿。)

A:是的。它是女性。它在另一边,死后的世界。它与我共度了一生。它是我的双胞胎妹妹简。[略]我身上背负的另一个灵魂，是我死去的妹妹。

对于那些摩拳擦掌，准备用诊断来反驳“2-3-74”体验的人，好消息在此：颞叶癫痫症，会诱发既不会产生瘫痪，也不会有明确医学诊断目的的癫痫，对于个体来说也不会发觉有什么不对劲的地方。菲尔也许在“2-3-74”期间——或是人生中其他时刻——经历了癫痫，这一点无法反驳。如果他的确有过癫痫，一切都解释得通了：从人工智能声音，到无尽的《解经》写作。从这篇来自医学研究的摘录看来，这样的解释恰到好处得近乎怪诞：

所谓的“通灵”和“体验式”现象是由位于颞叶癫痫激活的放电，它出现的形式可能是复杂的视觉、听觉或听视觉综合的幻觉、错觉，记忆“闪回”，依照过去对当下进行错误的解读（比如：一种对熟悉感或陌生感的不合适感觉，那种“记忆幻觉”以及“旧事如新”现象），或是以情绪形式出现——大多数情况下是恐惧情绪。彭菲尔德[略]称这类现象为“体验式”，这个名词十分适合，因为事实在于那些受到影响的病人常有一种惊异和鲜明的刻不容缓之感，他们将此比作实际事件。不过，病人从不怀疑这些现象的发生有什么不好解释，也就是说，孤立地来看，似乎它们重叠于不断进行的意识流之上；除了恐惧，有时被解读为对迫切攻击的恐惧。这种洞察显然将这类现象和精神病的幻觉和错觉区分开来。

对于怀疑论者的“2-3-74”图解而言,不算太差。下面这段来自标准精神病学教科书的描述,呈现了受颞叶癫痫之苦的精神病人的行为特点:

强迫书写症是一种无法摆脱的现象,其表现形式为撰写大量的笔记和日记。[略]强烈的情绪善变,因而,病人也许会时而表现出极大的热情,然而,另一时刻,愤怒和易怒会发展为狂怒和攻击性行为。[略]疑心也许会上升为妄想,以及无助感也许会导致被动式依赖。[略]宗教信念不但会变得非常强烈,还也许会和详尽的神学、宇宙理论相关联。病人也许会相信,他们有特别的神圣指引。[略]

当然,还有些特征跟菲尔的情况相差十万八千里,比如“苛刻的道德主义”和“无幽默的冷静”。

对那些希望获得理性判断的人,颞叶癫痫能让他们满意。你甚至可以更进一步,认为一群作家——当涉及他们的属灵体验时——都可能是颞叶癫痫导致。陀思妥耶夫斯基曾受颞叶癫痫之苦,是最突出的代表。不过,这么归类下去,作为推测性的诊断和分类,会把我们指向何方呢?威廉姆·詹姆斯[①]如此划定界限:“为了对这些状态做出属灵评价,我们不能仅满足表面的医学讨论,还要对其在此人生命中结出的果实加以探究。”

菲尔的个人生活,结出了什么样的果实呢?菲尔很少质疑“2-3-74”对他而言是一次赐福,但他从未宣称因此而成为圣徒。1975

① 威廉姆·詹姆斯(William James,1842-1910),美国哲学家、心理学家,被誉为“美国心理学之父”。

年的《解经》条目把这一点说得非常明确:

[略]我并没有处于那种通常的神圣或变尊贵的状态中——也许什么感觉也没有。实际上我似乎比以前更加刻薄,更为易怒。的确,我从来不打人,但我的言辞还是那么油腻肮脏,一副臭脾气,飞扬跋扈的德行:我的个人脾性顽固如石头。总的来说,我并没有变得更好。[略]

不过,说到我身上所缺乏的那种灵性的完善……也许,我们对于虔诚地转变成祂期待我们成为的样子有一个过于清楚的态度。也许这些都是我们对极致纯粹的标准看法;我认为,祂毕竟还是会保持个体,而非迫使我们都进入一个完美的模子。我得到了改变,但并非在所有方面;我得到了提升,但并非以人类的标准。我唯一能做的,就是希望我服从祂的意志,而非我自己的。

我并不顺从我本人对善的观点,但我也许会顺从祂的。

特莎的视角也是类似的:

我没从菲尔身上看到有什么个人方面的改变。如果非要说有什么,就是经过那次体验之后,他各方面都变本加厉了。它的确加固了我俩之间的关系,但最终,也把我们撕裂了[1976年,这场婚姻告终]。正如菲尔相信有什么人想方设法要逮住他,杀他一样,他开始变得相信有人也要设法杀死他的妻儿。菲尔表现得非常强烈,往往在异象体验之后,他整个人在屋里变成了一种显而易见的存在,产生了一种浓厚的气氛。但他只是量上的变化,并非发生了质变。有过一些短暂时刻,菲尔不像是他自己了,就像苹果不是正方形一样。

“2-3-74”以及之后发生的事件很不寻常,甚至很怪异。这其中,既有十分温情和美丽的场景,比如,菲尔为克里斯托弗主持圣餐仪式;也有无法解释的预见,比如,他诊断出儿子的疝气;还有一些插曲促进了怀疑论调,比如“复印信函”。对于某些人而言,这些异象和异声是共同构成恩典的证明。对于另一些人来说,无论是无神论者还是宗教分子,都会以同样理由,对“2-3-74”满腹怀疑。圣十字若望[1]曾警告:

属灵之人常会不可思议地受合理的表象和物体影响。有时他们会看见一些形态与形象,来自另一个生命、圣人、天使,善与恶,或特定非凡的光线和明亮。他们听见奇怪的话语,有时看见对他们说话的人,有时则不会。[略]我们永远既不要为它们兴高采烈,也不要被它们所鼓舞;甚至,我们应当超越它们,而非追问它们的源头到底是善是恶。因为,若它们越是来自外部并具有物质性,就越不可能来自上帝。

当然,历史上也有许多显著的例子,其中经历了类似体验的人并没有超越这些迹象。布莱兹·帕斯卡尔是其中一位。1654年11月23日晚上,帕斯卡尔体验了一个异象,他将其抄了下来,然后把羊皮纸缝进大衣衬里,以便让其随时随地和他在一起:

从晚上十点半,直到十二点半。

① 圣十字若望(1542-1591),公教改革的主要人物,西班牙神秘学家,加尔默罗会修士和神父。

火焰

亚伯拉罕的上帝，以撒的上帝，雅各的上帝，而非哲学家和学者的上帝。

确然。确然。感受。喜乐。平安。

这样的话，我们就来到了菲尔的“2–3–74”体验的核心。在他那里，没有什么是确实的。没错，你能找到无数不同的段落——访谈、长篇小说，以及《解经》——菲尔在其中发展一个个看上去具有确实性的理论。但他总是（往往是理论成型之后极短的时间内）重新考虑，将其撤回。

“2–3–74”的核心特征是不确定性。

这真的再适合不过了。神秘体验几乎总是与神秘主义传统息息相关。天主教徒，诺里奇的朱利安[①]，曾感知“血雨如注”，从荆棘皇冠上奔流而下；密勒日巴[②]，一位西藏佛教徒，曾见到他的上师被千万个坐在智慧莲座上的佛陀所围绕。

菲尔并不依附单个信仰。对他来说，那个传统、不容置疑的信仰是科幻——而科幻正是将“假如？”看得比什么都重要。

“2–3–74”中，所有的“假如？”聚沙成一。

---

① 诺里奇的朱利安（Julian of Norwich，1342 – 1416），基督教神秘主义者，曾发表《神圣之爱的启示》，被认为是第一本由女性书写的英语书籍。天主教和英国圣公会都有圣日纪念朱利安。

② 密勒日巴（1052 – 1135）噶举派上师，为西藏著名密教修行者，也是大诗人。

正如《神圣秘密》所证明的,不管你怎么指称他的体验,那至少为一部小说提供了最绝妙的点子。

“2-3-74”结出《神圣秘密》之果，

菲尔夜夜变化新理论，寻思……该死的诸多元抽象——

他到底还能不能找到应得的真爱（谁不想呢？），

与此同时，他（有时）开始发现有些像是幸福的事

（1975年－1978年）

一年又一年,一本书接着一本书,一个故事接着一个故事,我倾吐出一个又一个幻象:自我、时间、空间、因果、世界——以及最终(1970年)去寻求理解什么是真实。四年后,在我最黑暗的时刻,恐惧、颤抖,自我崩溃破碎之时,我获得了天眼通[启迪]——虽然那时我并不明白,但我的确成了一尊佛。("佛在公园坐")[人工智能声音的信息]。所有幻象溶解消散,如同肥皂泡,此外,我最终看到真实——以及,从那之后四年半来,终于理智地理解了它——比如,我看见的以及我知道的和我体验的(我的《解经》)。我们现在谈的是一生的做工和洞见:从我的开悟——当我还是孩子时,曾折磨过一只甲虫。从四十年前的那一瞬起。

菲尔,

1978年9月《解经》条目,正是创作《神圣秘密》的前夜

我的上帝,我的人生——即"2-74"/"3-74"体验——恰好如同从我十部长篇或短篇中挑出来的情节。甚至包括虚假记忆和身份,我是PKD书中的主角,1974年的美国淡出,古罗马淡入,与之同入的还有托马斯的个性,以及真正的记忆。天哪!《伪装者》《脱节》(《时

间脱节》)和《死亡迷局》的大混合——如果不算《尤比克》的话。

菲尔，

1978年早期的《解经》条目

同样，十分明显，我[在《神圣秘密》中]让世界了解到，过去十年间我经历了一些非常痛苦的日子。未来的传记作者会发现他们开始干活前，活已经干完了。我的人生是本敞开的书，而我本人就是这本书的作者。

菲尔，

1981年2月给代理人拉塞尔·加兰(Russel Galen)的信

也许你会揣摩，有了“2-3-74”可以沉迷，生活一定有趣至极。

不过，1975年新年来临时，菲尔所抱怨的却是无趣。富勒顿公寓的邻居正在举行一场喧闹的派对。与此同时，特莎利用晚上时间赶着去洗衣服，菲尔留在家里，负责在午夜时用香烟扎破克里斯托弗的气球。两年后，他在信中抱怨：“我以前还真没意识到中产阶级的生活竟他妈的这么愚蠢、无趣、贫瘠和空虚。我从臭水沟(大约1971年)爬进了塑料箱子。与以往一样，我又搞错了。”

他们的生活并非那么有保障。菲尔1974年的收入约一万九千美元，1975年是三万五千美元，不过，其中有不少数额其实是梅雷迪斯代理给菲尔的预付版税金，目的是让他能在版税收入不固定的情形下，财务能周转得开。海外销售是他收入的中流砥柱：英国、法国、意大利、德国、瑞典、荷兰以及日本的版税，占了菲尔1975年收入的大头。菲尔和特莎暂时尝到好日子最表皮的一点点滋味。菲尔买了套《不列颠百科全书(第三版)》，读得狼吞虎咽；《解经》大量引用了这本书。特莎买了把新吉他，和一匹由马厩饲养的马。3月，他们从宝石街搬到了富勒顿圣伊莎贝尔街2461号的独栋房子，但只能租，因为菲尔信用太差，没法购房置业。1975年4月，菲尔忽然买了辆红色菲亚特蜘蛛，这是他在安妮时代之后的第一辆跑车。

这种感觉很好，但同时也折磨着他。还有更多别的东西。菲尔在《解经》中与之搏斗——特意手写，似乎为了强调临时起意的本性。菲尔在小说中对“什么是人?”和“什么是真实?”两个追问加以平衡。对于前者，菲尔感到他知道答案：善。对于后者，他从来没在脑子里完全理清。对于后一个问题，《解经》给予他广阔空间翱翔——全凭意志来创造和摒弃世界。

夜间写作开始涌现出某些特定的关键想法，其中之一是“正交时间”。菲尔曾在1975年的论文《人、仿生人和机器》中讨论过。正交时间是“旋转的”，垂直于“线性时间”移动。它包含“一个同时发生的所有事物的过去的平面或延伸——正如唱片的凹槽，含有一段已经演奏过的音乐；唱针划过它们之后，它们并未消失”。3月，菲尔给厄休拉的信中明确阐释了这个概念：正交时间是“真正的时间”——“没有它，可以说除了幻象就什么也没有了，只剩下摩耶”。

春天，菲尔迎来许多受欢迎的家人和朋友。女儿伊莎来家里短暂住了段时间，还有洛伦·卡维特（Loren Cavit），从1971年的最低潮期起，就一直是他的忠诚朋友。漫画家阿特·施皮格尔曼[①]当时负责编辑《拱廊》杂志（*Arcade*），也来拜会，住了一晚。他和菲尔第一次见面是1973年，当时菲尔给他写了封火热的粉丝邮件——因为他十分钦佩施皮格尔曼的漫画：一个机器人当总统的明日世界中，沃尔特·迪士尼起死回生。1975年，菲尔提议跟他合作，不过，菲尔3月提交的故事——《西比尔之眼》（和1974年的《尤比克》剧本一样）——对于意图服务的媒介（漫画/电影）来说太过错综复杂。

同月，他和哈兰·埃里森之间不幸地产生巨大裂痕。当时发生的事简直是为完美伤害埃里森的感情而量身定做。自从1972年菲尔搬来奥兰治郡，菲尔和埃里森偶尔有些走动，但两人的友情发展并不顺利。埃里森感到菲尔嫉妒他经济上的成功，以及跟好莱坞的密切关系[②]。菲尔那边，公平与否先不提，但他仍对1967年埃里森《危险的幻象》年选中提到他服用LSD的旧事心有怨恨。个人关系方面的摩擦是一回事；但另一方面，菲尔对埃里森的短篇小说《死鸟》大加赞扬，称之“会让人们诵读数个世纪”。所以，埃里森觉得在《奇幻与科幻》杂志上计划的埃里森专刊，菲尔是写文章的合适人选——这也不让人感到意外。菲尔先是告诉埃里森，他很乐意帮忙，

① 阿特·施皮格尔曼（Art Spiegelman，1948– ）美国漫画家，其代表作是图像小说《鼠族》，1992年获普利策特别褒扬奖。

② 哈兰参与过《星际迷航》编剧，在科幻界和好莱坞都有极广泛人脉。

接着,在给《奇幻与科幻》的编辑爱德华·弗曼(Edward Ferman,埃里森的朋友)的信中,他又断然拒绝。他的解释是,埃里森打电话过来时自己还没睡醒,而且他对埃里森绝大部分作品一点儿也不在乎,此外,他也不给人免费帮忙。弗曼回信解释,他本来就打算要付稿费给菲尔。埃里森认为菲尔担心收不到稿费是在侮辱弗曼作为编辑的诚信,于是,他给菲尔写了封满纸责难的绝交信。

不过,和埃里森之间迸发的怒火都通过写信发泄。日常生活中,柔和的感情、适宜的善意还是占了上风。与罗杰·泽拉兹尼的长年合作终成正果,《愤怒之神》于8月完稿。恩特威斯特尔书局编辑出版的《一个废物艺术家的自白》也在同月问世。等待多年后,菲尔终于迎来主流长篇小说的出版。菲尔全力奋战,在8月完成了《暗黑扫描仪》的修订工作。这项工作背后的动力,是菲尔想尽快从双日收到这本书余下的预付版税,这样就能还掉罗伯特·海因莱因借给他们的钱。海因莱因早在菲尔第一次读通俗小说时,就已是科幻界巨头。1974年的一次科幻聚会后,海因莱因和特莎成了朋友。菲尔没参加那次聚会,但两位作家之间开始有了一些热情的信件来往。1975年夏天,眼看银行账户要变空,特莎便向海因莱因借钱。虽然菲尔对此十分感恩,但妻子伸手借钱还是让他感到羞耻。当海因莱因拒绝了第二次借钱后,他们两人便不再有信件来往。(1977年,菲尔和海因莱因终于见面,但他们的交流时间很短,彼此也有些尴尬。)

与此同时,菲尔对"2-3-74"体验的公开仍非常慎重。托马斯·

迪什有篇关于他作品的文章计划发表在1975年12月号的《爬行报》(*Crawdaddy*)上，菲尔知晓后，写信给迪什，要求他对“2-3-74”保持沉默。“我仍有神秘异象和启示。(但那是我们间的小秘密，而不是给《爬行报》读者们的，反正他们也不是真想知道，对吧?)。”

第一个月经历的那些戏剧性异象后来并未再现，但充满幻象的梦境以及催眠般的人工智能声音则持续下来。为了尽最大努力理解这些现象，菲尔翻遍《不列颠百科全书》《哲学百科全书》，潜心俄耳甫斯神秘教派、诺斯替宗教、琐罗亚斯德教以及佛教思想，还读了《解码新约》，学习有关大脑双半球的研究——没有一块哲学家的石板没被他掀开来看过。1975年7月，他在《解经》中评估了现状：

现在，我感到无比平和，终于，这是我生命中第一次有这种感觉。整个时期，包括“3-74”，都无比艰难。[略]我相信之前的所有写作，任何长篇，或一系列长篇，都无法和这次消耗的精力相提并论。[略]所有这些(现在，我的那些知识)累积在一起，成了什么呢? 我在1974年穿越了那扇窄门，现在我被告知，祂会亲自回到这个世界，很快就会。

如果晚上没有花时间扑在《解经》上，菲尔就会跟富勒顿最早建立的那个小圈子的朋友重新联络，其中包括玛丽·威尔森和提姆·鲍尔斯。鲍尔斯保存了一本日记，简直是一本《菲尔在奥兰治郡事略》。下面是鲍尔斯对那篇《在任何行星上都是最杰出的科幻头脑》(1975年《滚石》杂志给菲尔露了一脸)的贡献——他一边为新书签

名,一边想遍了所有可能性:

有一次,菲尔在给一位年轻女人签名,虽然她是我们其中一位朋友的固定女友,但也总是给人留下对待乱交悠然自得的印象。菲尔在书上胡乱写了会儿,然后抬头看着那位陪伴她的年轻男人,问道:"怎么拼'华丽'?"我们的朋友告诉了他,然后他又乱写一阵,接着,"怎么拼'期望'?"我们的朋友拼了出来,但看上去没之前那么欢快了。最后,菲尔又停了下来问道:"怎么拼'圆房'?",那位年轻人终于忍不住了,大吼:"天杀的,菲尔……"

菲尔喜欢跟人开玩笑、调情,但这对特莎来说,却越来越难以接受。1975年《解经》条目中,菲尔坦承,他感到在派对中调情后,自己像个"肮脏的老头"。问题更严重的是,菲尔跟抑郁和广场恐惧症较量,卧床不起时,特莎对他温柔以待;而当菲尔从床上爬起来,能面对世界时,却把她丢在一边。她写道:

从1975年末到1976年初,他发现自己能更频繁地出门了,但不带上我。他能跟其他人一起出去,甚至跟别的女人,但不跟我。他向我保证,这些关系都是纯柏拉图式的,但我不在乎。我已经受够了跟一个小娃娃一起被困在屋子里。我不喜欢一个人出门。而且如果我出门超过半个小时,菲尔就会变得很沮丧。1975年9月,我开始回学校,菲尔气极了。我在专科学校上两门课,德语和生物学。德语是为了理解菲尔,他有时说德语。对生物学感兴趣,是因为我想当兽医。

菲尔从1973年开始就在看心理医生，除了他的心理疗程，我们还一起参加婚姻心理辅导。心理医生和精神科医生尝试了各种疗法和药物，全都没用。菲尔被诊断为躁狂抑郁。我早就怀疑了。我感觉这一切都要回溯到他妹妹的夭折。他从来没有完全摆脱那次失落，他永远都在找一个妹妹的替代品。作为他妻子，我不能这么做，否则就会让我们变成乱伦关系。他必须维持身边有女性，即便她们只是朋友。这就是为什么他能跟另一个女人出门，而不是我的原因。

菲尔跟朋友们对婚姻发牢骚时，也表现出对稳定家庭环境的强烈需求。1975年7月，特莎和克里斯托弗回娘家过了一周。过去三年中，菲尔和特莎几乎每晚都待在一起。现在，菲尔惊讶地发现，那一周，自己竟咬牙坚持了下来。7月份的一封信中，他写道：

我一直都觉得那些喜欢独处的人都很恶心，精神分裂。现在我发现，当家中有别人时，我感到很难适应——面对孤独，我反而调节得非常好、非常彻底。[略]不知不觉，在我头脑中，我思索一直在思索的事，我开始安定下来，自得其乐。我相信，这是我身上发生的永久性改变。X-卡莱的疗法灌输给我的所有那些教训[作为团体的一分子生存下来]，上周全都炸成碎片；它们必须如此，因为它们不再适用。

实际上，虽然这的确标志着菲尔对孤独的态度开始改变，但并不是什么“永久性改变”。菲尔生命的最后几年，他独自生活，并享受孤独。但1975年时,独自生活——尽管只是暂时插曲——也可能会引起他彻底的痛苦。劳工节期间,特莎和克里斯托弗又去走亲戚;就在他们出发前,菲尔变得非常抑郁,甚至考虑自杀。他们走后,菲尔将愤怒和悲痛全都倾吐于《解经》中:

如果她这次还会回来,她肯定还会离开。[略]这是雏鸟在练习飞翔。[略]

值得记下来(不管怎样,对我来说),凡是特莎能叫出名字的物质要求,我全都满足了她。[略]我为这个家建造了一个空壳,这个家本身已经死了。[略]我一样也给南希提供了她想要的,她也走了;每一次,我都是把一位住在自己家里的年轻女子领了出来,我给她想要的一切;她随之离开我,还带着我的孩子。就好像我是雏鸟的桥,让她们成为女人,成为母亲,然后我就没有价值了,被丢弃了。

不过,真正发生的是:菲尔最终在1976年夏天离开了特莎,因为两人间有了更多争吵,以及特莎更多的"雏鸟练习飞翔"。不过菲尔对于他第五次婚姻面临的困难十分清楚。实际上,更让他分心的,是对另一个女人不断加深的感情。

1972年,菲尔第一次认识多莉丝·索特(Doris Sauter),当时她正跟诺曼·斯宾拉德交往。多莉丝十分迷人,也有学识,一头棕发,加州本地人,热爱科幻,并越来越坚定要献身于基督信仰。1974年春季,自从多莉丝向菲尔吐露自己近来的信仰转变体验后,俩人的友谊得到增强。菲尔对此大为欣喜,他也一股脑儿地把"2-3-74"都向多莉丝倒了出来。

多莉丝——《神圣秘密》中的雪瑞·索尔维格和《神圣入侵》中的瑞比斯·罗梅的主要灵感来源——相信，菲尔在根底上具有基督教世界观：“基督教帮助他整合他个性的不同方面。基督的人生帮助菲尔正确看待过去的贫困，让他变得更有道德感，也更关心穷人。”如果将他定义为基督徒，菲尔会感到舒服吗？多莉丝回应：

如果你问他，他到底相信什么，他的答案总是会根据当时正在研究什么样的理论而变化。当事情变得严肃起来时，他总是提出要找牧师聊聊。3月份的宗教体验之后，他第一个去的地方是普拉森[①]的圣公会教堂——而不是梦幻厅。

从某种意义上来说，当菲尔开始在七十年代写有神学性质的小说后，宗教就成了他的中心。并不是说他以前不涉宗教。而是宗教所包含的内容对他有用，能帮他写下一本书。他最常用的手段是想象力，他总是尝试各种理论，来看别人有什么反应。

1975年春季，菲尔和多莉丝计划，为帮助自由派左翼天主教报纸《鼓动者》（*The Agitator*）获得五十份订阅，他们要去加州州立大学富勒顿分校校园里向学生免费派发。他们还联系了洛杉矶的好客屋汤厨房（the House of Hospitality Soup Kitchen），菲尔曾给它捐过款。迎接他们的既是一次承诺，也是一场历险。

接着，一切都改变了。而他们之间的连接也变得更加紧密。

---

① 奥兰治郡北面的一座城市，在迪克所住的圣安娜以北。

1975年5月,多莉丝被诊断出癌症。她体重减轻,视力衰退,到了淋巴癌晚期。甚至在癌症被查出来之前,菲尔就对多莉丝跟他一样是早产儿这个事实感到震惊。他用自己的桶状胸[①]体格证明,那是婴儿时期努力呼吸造成的。多莉丝回忆,在她饱受癌症之苦期间,菲尔坚持认为,她的挣扎"始于第一次呼吸时的挣扎。对菲尔来说,早产是一个决定性因素,也是一个象征。他对某些特定女性产生依赖,是因为他在寻找双胞胎妹妹"。

1975年下半年,菲尔反复央求多莉丝和她另外两个朋友都搬到自己的房子里,和他全家住在一起。幸运的是,1975年底,多莉丝的癌症进入缓解期,不过她仍受癫痫发作的痛苦影响。菲尔想和多莉丝住在一起的愿望急速上升。1976年1月,菲尔向多莉丝求婚。多莉丝拒绝了他:她爱他但不想破坏他和特莎之间的婚姻。此外,她也对与菲尔的婚姻持怀疑态度:"菲尔有种本事,爱跟遇到麻烦的人掺和一起。我从未想过要嫁给他,原因之一是我觉得这么做对我们的关系可能有效但却不太健康。不过他真的很想帮忙——其中有些操纵人的成分,但大多数时候很真诚。"

与此同时,菲尔和特莎之间曾经拥有的那种和谐的家庭关系,现在却被越来越严重的争吵所破坏。他们的婚姻正在以螺旋方式精确地向菲尔最为恐惧的方向滑去:他妻子抱着他们的孩子离开他,将他独自留在充满回忆的空房子里。1976年2月,一次大吵后,

---

① 又称"气肿胸",指胸廓前后径增加,有时与左右径几乎相等,呈圆桶状,常见于肺气肿患者,亦见于老年人或矮胖体型者。

特莎带上克里斯托弗离开了。鲍尔斯在日记中写道，特莎打包时，他正在菲尔家，她甚至把正放着他们酒杯的咖啡桌也搬走了。“千万不要监督她们拿哪些东西，”菲尔向朋友建议，“最好是让她们随便拿，事后再去拉单子。”特莎声称是菲尔要求她离开的。无论究竟是如何走到这步的，随之发生的事无可争辩。

《神圣秘密》第四章有个既滑稽也令人毛骨悚然的开头，不过很大程度上，精确地描述了菲尔最后一次（谢天谢地）认真的自杀企图；鲍尔斯的日记也是对此记录进行补充的无价之宝。菲尔一次性吞下四十九片高剂量洋地黄药片（是这种治疗心律不齐处方药日用量的十二倍），同时吞下的还有利眠宁、哌乙酰嗪，及肼苯哒嗪（一种抗高血压药物），以及半瓶红酒。此外，他还割破左手腕，坐进停在车库中的菲亚特车里，引擎开着。“技术上而言，肥特已经死了。”《神圣秘密》叙述者菲尔·迪克解释道。那他是怎么活下来的呢？腕部的伤口血液凝固；菲亚特熄火；他吐了，把一部分药吐了出来。早上，他想办法挪到邮箱边，里面有一份《愤怒之神》的打印稿。他给猫倒了水。忽然间，菲尔不想死了。他打电话给心理诊疗师，后者让他打电话给急救人员。时间非常危急，洋地黄已经快把他体内的钾耗尽。他被急速送往奥兰治郡医疗中心，不久后被——一名全副武装的警察推着轮椅——转移到心脏外科重症监护室，然后又转移到精神病院。

《神圣秘密》中肥特的妻子贝丝，原型就是特莎，是个在书中饱受非难，令人讨厌的角色。特莎写道："他很愤怒，我也很愤怒。作为贝丝的原型，我并不觉得受到了冒犯。"《神圣秘密》中，贝丝拒绝去医院看望肥特。特莎则去看了两次，一次跟克里斯托弗一起，还带了衣服给他。鲍尔斯给他带去鼻烟和《圣经》。医院里的设施很好，但刚刚经历了一场几乎完全应该置他于死地的自杀之后，又被关在一所精神病院，足以把菲尔吓个半死。躺在简易床上，菲尔以真正的美国方式度过了他灵魂的黑夜："透过敞开的房门，肥特能看到公共电视机。电视机开着，在播放约翰尼·卡森的脱口秀节目。今夜的嘉宾居然是小萨米·戴维斯。肥特躺在床上看电视，琢磨着装一只玻璃义眼是啥感觉。这时候他还不清楚自己的处境。"[①]"2-3-74"的更高等智慧在哪里？"虽说他见了上帝，可时机不对，太早或者说太晚。总之，见到上帝这事，对肥特的存活一点儿帮助也没有。活生生的上帝显灵，竟没能增强肥特的忍耐力，帮他换过日常生活的痛苦；而这些痛苦，就连没见过上帝的普通人都能忍受。"[②]

经历十四天的住院，菲尔的确振作了起来——根据观察结果，他有可能会再住院九十天。来医院探望他的常客之一是多莉丝·索特，她回忆，有一天"菲尔抬头看我，问道：'你现在会搬进来跟我住了吗？'不过，我对菲尔很强硬，我不想被他操纵，于是我告诉他'爬起来，振作精神'。护理人员都盯着看，不过，菲尔却对那天我怎么对付他感到钦佩"。菲尔同时也对自己的身体产生了尊敬，毕竟，它

①《神圣秘密》，63页。

②《神圣秘密》，67－68页。

居然能在如此可怕的洋地黄惊厥中生存下来；这也使他避免了让他的身体在未来再受类似的打击。

出院后，菲尔和特莎和好，直到5月都住在一起。不过，他下决心要和多莉丝一起生活。他向多莉丝抛出的论据是双方都需要对方：多莉丝的身体仍很虚弱，并有可能要遭受癫痫发作；菲尔有高血压，并有可能会意外病倒。他承诺，就算她拒绝，也会结束婚姻。虽然充满狂热，但和家庭与婚姻决裂仍让菲尔感到不安。父亲埃德加的离开所带来的创伤仍未消散。菲尔在信中坦白：“我并不像我父亲那样，从容地开始下一段幸福生活。”

与特莎分开后，他和多莉丝从富勒顿搬到了圣安娜东市民中心大道408号C1，这里将是菲尔度过余生的地方。此处仍位于奥兰治郡，但跟之前相比，却大有区别。这栋建筑有一套精心设计的保安装置——对菲尔来说是种保证，他最不想看到的就是不请自来的客人。此外，它还位于西班牙语区的边界处。街对面是天主教圣约瑟夫教堂——鸣响的钟声令他心情愉快。街区往下走就是圣公会救世教堂。附近有二十四小时营业的乔氏杂货店，菲尔夜间工作时，会下楼买烤牛肉三明治和橘子汁饮料。这里离提姆·鲍尔斯的公寓也不远，那儿随时欢迎菲尔。

菲尔平生第一次感到经济充裕。矮脚鸡出版社（Bantam）的年轻编辑，马克·赫斯特（Mark Hurst）是菲尔的坚定拥护者。《滚石》和其他采访带来的公共知名度让赫斯特有机会为菲尔争取到他事业上最好的交易。1976年5月,矮脚鸡以两万美元买下三本长篇——《帕莫·艾德里奇的三处圣痕》《尤比克》以及《死亡迷局》,这跟菲尔一直以来的两千美元重印预付版税简直有天壤之别。更高光时刻的是矮脚鸡为一本名为《瓦利斯系统A》的作品(最终在1981年以《神圣秘密》之名出版)预付一万二千美元版税。当然,整个科幻界在二十世纪七十年代中后期经历了一次爆发。跟那些才华比不上他的科幻作家同僚拿着六位数版权预付金相比,菲尔到手的钱不值一提。不过话说回来,他的书的销量也很难跟别人相提并论。没有关系。菲尔满心激动,而且,在《解经》中长久以来所专注的长篇小说终于有了合同。

菲尔享受和多莉丝在一起的幸福夏日。新公寓两室两卫,为他确保了写作时的私人空间。他将猫咪哈维以及大量收藏的唱片都带了过来。多莉丝跟他住一起的第一个星期便被一张唱片的封面吓了一跳,上头描绘着外星生物(很可能是星船[①]的专辑《蜻蜓》)。菲尔向她吐露,每当看着这个封面,他就会意识到,从本质上而言他并不属于这个地球。他到底是真心实意的,还是只为了测试未来的读者有多好骗?很可能两者皆有,多莉丝确认,菲尔说的时候看上去很诚心——但这样的推测并非总是如此。

他们一起探索了西班牙语区的邻里,不过菲尔仍受广场恐惧症困扰。他跟多莉丝解释,他的焦虑来自长年对简的哀痛。餐馆里,菲尔会非常小心地把大块食物分成更方便吞咽的小圆球。多莉丝回

① 这里指的可能是旧金山的迷幻摇滚先锋乐团,杰弗逊星船,其前身是1965年成立的杰弗逊飞船。

忆，在他们的公寓中“菲尔只有两种状态：‘我现在不在写作，我需要你的全部注意力’，以及‘我正在写作，我不想被任何人打扰’”。第一种状态下，菲尔很迷人，有种狡猾、怪异的幽默感，能让多莉丝从她最低落的情绪中解脱出来。他们会一起做晚饭，坐下来一起看有线电视电影。第二种状态下，你想能离他多远就多远。

每天他工作十八到二十小时，日程表如下：早上十点起床，全天写作，下午五点吞些“剩菜”，然后继续写到凌晨五点到六点。短篇小说需要一两天，长篇十天到两周。他的专注度非常高——除了他的音乐不能有任何噪音。菲尔有时开玩笑，他必须快点儿写，因为笔记太蹩脚，如果不写快点，他就会忘了情节。不过，菲尔也很擅长创作细节非常丰富的笔记，但却常常不照着往下写。最关键的是快。只有当他写某本书之时，那本书才会跟他紧紧相连，从指尖流淌而出。菲尔避免弹钢琴，因为他担心弹琴也许会影响打字速度。菲尔并非那种拒绝修改之人。在巴兰坦出版社编辑朱迪-林恩·德尔·雷伊指导下，1975年他对《暗黑扫描仪》进行了极为艰苦的修改。想到通俗杂志年代，为了求生存不得不训练出的那套快速出稿的本事，他定会发出一声叹息。不过，就算菲尔能承受得起，不再需要赶时间，他的初稿依然必须以闪电般速度完成。

没过多久，问题暴露出来。菲尔不写作时，他的强烈需求让多莉丝感到毫无私人空间。无论是否写作，只要多莉丝和其他朋友待在一起，不论男女，菲尔都会大为愤怒。而且还有可恶的“同居”。

菲尔最后一刻取消了和伊莎(此时九岁大)计划好的旅行,不想让她看到这种景象;还有和钱有关的烦扰。菲尔慷慨地包下了两人的房租和食物费用,并把自己的老道奇车给了多莉丝。但他也总爱跟人指出他有多么慷慨,让他在朋友面前显得做出了牺牲,同时也让多莉丝感到他在操纵自己。多莉丝回忆,她曾好几次向菲尔提出要平摊开支,但菲尔拒绝了她的钱。8月,多莉丝决定在秋季回大学,这是她希望成为圣公会牧师的必经之路。菲尔提议帮她付两千美元学费,但又在最后关头以财务需要为借口,不肯出钱了。多莉丝想尽办法,总算缴上了学费,她气疯了。

9月,公寓的隔壁房间空了出来,多莉丝把它租下来。她觉得这是个正确决定,既能保留他们的美好时光,也能给自己必要的私人空间。但在菲尔看来,这是对他的"挽救者"角色的摧毁性打击,产生了永久的反作用。6月,菲尔为新欢走出一场婚姻,到9月,他又独自一人住着。哎哟喂。9月底,菲尔让鲍尔斯开车送他去精神分析医师那里。原因是:菲尔最近开车逆行,在最后一秒钟拐进一家加油站,避免了一次自杀式车祸;现在他不再有信心开车了。谢天谢地,随着抑郁状态持续,10月19日,菲尔住进了奥兰治的圣约瑟夫医院精神病院。鲍尔斯的日记记录:"多莉丝开车送他去医院,他跟每个人说'这是多莉丝,她开车送我来',她高兴极了。他告诉她,他太爱她,以至于发疯了。"

菲尔住院后第三天,鲍尔斯去看他:

他看上去极为欢欣(跟[2月]自杀后的那段时间不一样),而且,他告诉我,在医院认识了一个女孩,是个迪伦粉丝,前瘾君子。他有个模模糊糊的计划,打算出院后跟她保持联系。他还说,星期二晚上在乔氏杂货店买猫砂时“失控了”,不过,我觉得菲尔某种程度上惯于通过找心理医生让自己振奋起来。

那儿有位医生告诉菲尔,他(菲尔,而不是医生)挑选了明显不适合的女子,和她们恋爱。菲尔耸耸肩跟我说:“是真的,鲍尔斯。”他承认,“我找姑娘的方法,就是在袋子里装上两块石头,拿上手电筒,去林子里。然后,不管有什么东西钻进去,我都会把那东西和石头装在一起,然后把袋口封紧。”

这样的俏皮话对多莉丝来说极不公平。即便在出院后,以及他们重新安排,成了邻居后,菲尔对她的强烈依恋仍然持续。而且,多莉丝12月癌症缓解失败时,菲尔也陷入忧伤。最终,她完全康复。第一年艰苦的康复期时,菲尔给她买了床,温柔地照料她,并忍受隔墙传来的痛苦呕吐声(《神圣入侵》以人性化笔调描绘赫伯·亚什也有过同样忍耐)。菲尔还捐给圣公会救世教堂大约二千四百美元,以支持多莉丝的社工工作。他既帮助了多莉丝,又帮了穷人,一举两得,完美。只不过这笔钱最后被用来为上级官僚委员会提供资金。因为亟须资金而改变了用途,这样的解释不能让菲尔满意,他一直以来都对教会组织持怀疑态度。但是从《帕莫·艾德里奇的三处圣痕》之后,他对圣公会的教义愈发有心得。而且,他紧紧地遵从教义辩论,反对女性牧师,因为通过弥撒,牧师会成为基督—— 一位男性。

1976年后期,编辑赫斯特要求将《瓦利斯系统A》的手稿略做修改(这份手稿最后采用菲尔提交给赫斯特的原样,1985年以《艾伯姆斯自由电台》之名出版)。赫斯特完全不知情的是,他的要求触发菲尔思考一本全新的小说(而非只是修改),以将"2-3-74"的体验更深层次地融合。毕竟,《解经》不断产生更多惊人想法。1976年12月,菲尔创造了"斑马原则"。早在六十年代,菲尔读过一本关于昆虫拟态的书《美杜莎面具》(*The Mask of Medusa*),书中指出,人类可能被一种假设的"高阶拟态"所欺骗;正如鸟被昆虫的拟态所欺骗(或狮子被斑马条纹所欺骗)。菲尔的"斑马原则"提出的问题是:假如所谓的"高阶拟态"来自更高阶,甚至神圣,或是更高智能呢?菲尔对赫斯特解释:

斑马,如果非要说它类似某个特定宗教的话,它更像印度教概念中的梵天:

"忘了我的人,他是失算;

逃避我的人,我是他的两翅;

我是怀疑者,同时也是那疑团,

而我是那僧侣,也是他唱诵的圣诗。"

[引文来自《薄伽梵歌》[1]]

---

① 此处有误,这段其实摘自爱默生的诗《梵天》,张爱玲译。

为了创作一本全新的不朽长篇，看来需要菲尔重读和分析他过去写过的所有科幻作品，以从“2-3-74”的观点看自己到底曾经成就过什么。(《解经》中唯一提到的主流文学作品是《一个废物艺术家的自白》)。下面这段1977年的条目，是一份他所做的总结性尝试：

所以，一打的长篇，以及大量的短篇，都是为了叙述同一个信息：一个世界隐藏或是替换了另一个(真实)的世界，伪造的记忆，以及幻觉(虚构)世界。这条信息说：“不要相信你所看见的；它迷人，并具有摧毁性，是邪恶的陷阱。在其之下，有个完全不同的世界，甚至顺着线性时间轴以不同方式放置。还有，你的记忆是虚假的，目的是为了和这假世界相符(内在和外在一致)。”

菲尔在1977年的另一个条目中强调，善良是我们探求这个世界真相的唯一手段：

如果它[隐藏恶魔势力的影响]是真的，那么我的写作的价值，也就远超过仅仅揭露出宇宙(还有我们的记忆)的虚假性，而是为将真正的真实完全发掘出来，提出最为精准，也是最迫切——严格——修正后的条件：爱、提出异议、幽默、决心，等等。那些小的美德。

不断发酵的《解经》是菲尔适应独居生活的原因之一。另一个原因是他和特莎持续的平和、友好关系，每周，她都会带克里斯托弗来看菲尔两三次——甚至在1977年2月离婚程序走完之后。虽然特莎获得了克里斯托弗的法定监护权，但菲尔仍能常常看到儿子。

此外,菲尔很幸运地和鲍尔斯住得很近,走路就能拜访。鲍尔斯有良好的幽默感,对事物的观点不偏激,并嗜书如命,这些特点都让他成为理想中的密友。鲍尔斯周四晚举办聚会,渐渐固定成传统。这个定期聚会唯一的规则就是不拘礼节,核心参与者除了菲尔,还有新近崭露头角的作家鲍尔斯,K.W.基特[①]和詹姆斯·布莱洛克(James Blaylock),这三位后来都成为他们这代中十分杰出的科幻作家。经常参加的人里头还有史蒂夫·沃克(Steve Walk),他在书店工作,为菲尔提供了不少最新的哲学、宗教书籍;罗伊·斯夸尔斯(Roy Squires),一位藏书家,同时也拥有一家小出版社;还有克里斯和格雷格·阿里纳兄弟(Greg Arena),俩人的街头智慧让菲尔大为叹服。周四晚的聚会明显具有单身汉俱乐部特质——女人被排除在外。1980年,塞蕾娜·鲍尔斯(Senera Powors)和提姆结婚后,她成了例外。聚会的指导原则经过了口述强调:不许携带枪支,不许从公寓二楼的窗户进进出出。鲍尔斯在烟草店工作,家里最多的就是烟斗以及混合芳香剂的样品,其他人则会带来上好的麦芽威士忌。

不过菲尔通常只用鼻烟,喝橘子汁。他是唯一一位拿写作当谋生手段的专职作家。鲍尔斯在访谈中说:“我觉得菲尔的女朋友们看到他的极为情绪化的一面,和他的男性朋友们看到他暴露出来的不一样。他把跟朋友们相处的时间当作是对那种情绪的解脱。”菲尔常见的话题包括对健康的担忧、对车子的担忧,《圣经》以及任何

① 凯文·韦恩·基特(Kevin Wayne Jeter,1950-),美国科幻作家,曾为《星球大战》和《星际迷航》撰写小说,并出版了电影《银翼杀手》的三本续集小说。

与形而上学有关的，音乐、政治，以及他对维多利亚·普林西普、凯·伦兹，以及最最重要的，对琳达·朗斯塔特的超级迷恋。布莱洛克回忆：

并非由于他的写作，我才钦佩他，而是因为他纯粹无垠的善良。他的观点是，即便对陌生人，也会不问理由加以帮助——菲尔就是这样一类人。而且，他还非常有趣。跟他在一起，笑声就未曾断过。

无论当前在《解经》中正研究什么想法，他都渴望跟我们讨论——斐波那契[黄金长方形比例的发明者]让他着迷，还有诺斯替宗教。每当菲尔以一种令人信服的方式，旋风般地将那些似乎随机的事情联系在一起，我们只有嘴巴张大干坐的份。到了晚上散场时……我不敢发誓说我信了他说的，但我有时吓尿了，另一些时候则感到敬畏。

青年作家三人组中的最后一位，K.W.基特，他对菲尔的种种推想也很入迷，但相对于布莱洛克和鲍尔斯，他带有更多怀疑眼光。1972年，菲尔和基特结识，麦克尼利教授(Professor McNelly)给菲尔展示了当时还是学生的基特的长篇小说手稿。(这本小说《艾德博士》1984年出版，包含菲尔所写的一篇后记)。不过，菲尔一开始疑心基特是政府特工，所以决心跟他断掉私人联系。不过，三年间断后，俩人在1976年恢复友情。现在基特扮演的角色是那个不断挑战的牛虻。基特曾是社会主义工人党的反战激进分子，对于菲尔从

“2-3-74”体验里解构出的宗教理论并不买账。不过基特知道怎么打击菲尔的神学烈焰,并在他的理论上增添新的复杂度。他让大家注意菲尔的长篇和威廉·巴勒斯之间的近似性——比如,外星病毒闭塞全体人类(对巴勒斯来说,那个病毒是语言)。基特和菲尔甚至一起进行了他们自创,受巴勒斯影响的写作“拼贴”试验——从罗德里克·索普(Roderick Thorp)的《侦探》、梅尔维尔的《白鲸》,以及《新约》的《使徒行传》中胡乱摘录文本。

基特在奥兰治郡少管所值夜班,这让他有机会在夜里跟菲尔通电话。菲尔有时会中断《解经》写作,打电话给朋友,与他讨论其中最新发展出的可能性。基特接受安迪·沃森(Andy Watson)采访时强调,菲尔虽对种种理论感到狂热,但始终秉持怀疑论者的基本观:“另一方面,在他看不见的地方,始终保留着我们所称的[略],最小假设。在这里,最小假设就是它[2-3-74]啥也不是。”本书作者对他的采访中,基特认为,即便在菲尔最为热烈的《解经》段落中,“菲尔也会步入一种信仰体系中,然后围绕着它用绝对真理的标准对其加以测试。”基特也同意,由于菲尔知道自己是怀疑主义者,因此他有时会故意调整,以回应听者的预期,也许在他们之间的谈话中,菲尔本身的怀疑主义扮演了重要角色。

有可以吐露心声的朋友,有工作可以度过长夜,有稳定下来的事业,以及一处安全的地方居住——菲尔上次有这样的平静是什么时候?

不过，还是缺少什么东西，菲尔知道那是什么。“1977年2月，我开始在各种夜间状态下（入睡前、睡眠中、快醒时等）出现幻觉（如果这是恰当的词的话）：一个女人出现，她和我非常亲近；我抱着她，事实上，我们抱得非常紧。一旦开始之后，这种感觉就一直持续下去。”

这位菲尔命中注定要遇到的女人是琼·辛普森（Joan Simpson），她当年三十二岁，是月亮谷的索诺马州立医院心理社工。琼通过书商朋友雷·托伦斯（Ray Torrence）了解到菲尔的作品，她收集那些可爱、华丽、庸俗的五十年代王牌双响炮图书。琼是位个性鲜明、经济独立的女性，她思维敏捷，为人风趣，性感，一头棕色鬈发和一双棕色大眼睛。有一次，托伦斯问琼最想认识的两个人，结果菲尔超过了摇滚乐倡导者比尔·格雷厄姆（Bill Graham）。托伦斯瞒着琼给菲尔写了一封信介绍她，结果，菲尔打电话邀请她去会面。琼回忆1977年4月去看菲尔的情景：

我开了十二个小时的车。[①]到那儿时已是夜里，给他打了电话——菲尔说：“你过来吧。”要进去，你得按公寓大门的门铃。他住在楼上——接着，楼梯角落里，有个人把头伸了出来。那人正是菲尔。他看见了我，像是说着“嗷！嗷！”然后跑开了。实际上，他说：“你是琼·辛普森？”我说：“我是，你是菲利普·迪克？”然后他才说：“嗷！嗷！”我跟上了他，等我走到他公寓里时，他正在跟基特打电

① 索诺马位于北加州，是著名酒乡，距菲尔所在的南加州圣安娜有四百多英里远。

话,说:“她是个小狐狸,她是个小狐狸……”

我大大松了口气。他显然不是我以为的那种严苛或可怕的人。也许有点儿疯癫,但同样很男孩子气,毫无威胁的那种。这么说能从很多方面描述菲尔——他就是天性很有孩子气,很幼稚的那种。你把这个,加上各种不同的疯狂以及生理和情绪问题,再加上四溢的能量和天才:让他成了我这辈子见到过的最与众不同的人。

我们聊了很久。他告诉我,当他发现我不是那种一窍不通的野蛮人时有多放心。他想知道我是否结婚了,有没有男朋友。但他问的方式很温柔,一点儿也没有什么见不得光的想法。急急忙忙会让他变得很差劲——这不是他的风格。他告诉我:“这是你的房间,你可以待在里面,想锁的话就锁上门。”是的,我待在了那里,住了一个星期。这是我们关系的最初阶段。

我们见面的第一天晚上,菲尔就谈起了“斑马”,还有类似的事——他真的活在他的小说里。太惊人了。我告诉他,我第一次看他小说时,有种感觉,我觉得那不是普通字面意义上的虚构作品。我至今还这么认为。那不是某个人得到什么灵感,然后用短篇或长篇形式写下来。那本来就是这个人的体验。

琼做客期间,菲尔家中正是邋遢混乱状态:猫咪们在两个有玻璃罩的咖啡桌上散播跳蚤卵;屋子里到处都是鼻烟,无数的斯威夫特总铎鼻烟罐每个月成箱地从旧金山寄来,当然,还有遍布的棕色鼻烟灰;一堆堆书籍、唱片,数不清的《解经》手稿;瓶瓶罐罐的药片足以开家药店。菲尔每天都吃很多处方药——肌肉松弛剂、血压控制、抗抑郁药，手上的食物大部分时候都是速冻晚餐和菜肉馅饼。

他们在一起的日子非常美妙。生活就像下午才开始上班，很多时候都是深夜才睡。活动集中在午后和下午。每天都要对付成堆信件。朋友们常来常往。菲尔每天都写作——信件和《解经》。琼说：“我想跟在他身边，向他学习。我对他，从来没有过年轻人那种带着心跳的爱。我爱他，就像爱一个伟大的大师。三周后我回索诺马，而他跟着我一起回去了——太叫人吃惊了！”

的确，菲尔当时头脑发热，想要离开奥兰治郡的家（他仍在续租），回到湾区——尽管那里有破门盗窃的过去，以及其他各种旧的回忆和危险。这足以证明这段新关系给他带来多大欢愉。菲尔和琼关系非常密切，但他们从来没有成为严格意义上的恋人。当时的菲尔失去了性能力；原因不明（其中一个理论是颞叶癫痫会让人丧失对性的兴趣），不过到了八十年代早期他又恢复了性活力。和琼在一起，重要的是拥抱和温情。

5月，他们一起在索诺马的切斯街550号租了栋房子，并确定了一个包括雷·托伦斯和他书商朋友尼特·斯普拉格（Nit Sprague）、保罗·威廉姆斯、科幻作家理查德·鲁波夫（Richard Lupoff）以及心理学家大卫和琼·梅（David and Joan May）夫妇在内的朋友圈。鲁波夫在伯克利的KPFA电台组织对菲尔的广播访谈，他们在切斯街的房子里也有过一些随性谈话。鲁波夫记得的一场对话显示菲尔试

图用幽默感避开那些无意义的争辩:

菲尔和我坐在地板上,他戴着一个十字架——手工木雕的大家伙。我问他为什么要戴这个,他是严肃对待它的吗?他说:“听着,我住在圣安娜,琼住在索诺马。这就意味着我要花很多时间在I-5公路上开车。有一次,高速公路巡警把我拦了下来,他们走到车前,弯下腰对我说:‘先生,你意识到你超速了吗?’我一边抚弄我的十字架,一边说,‘真的吗,警官,我没意识到,我不知道。’”菲尔说他从来没吃过一张罚单。

首先要说明一点,菲尔并没有经常在I-5公路上开车往来。他搬到索诺马和琼住在一起后,就一直住在那里。更一针见血的回忆来自大卫·梅,他曾和菲尔有过好几次关于灵性的谈话。梅写道:“我敢肯定,他的根本要旨是等待他寻求的恩典,日复一日,做善事——对人类同胞展现爱和善意。”

无论有多努力,菲尔仍然无法躲开严重的抑郁发作。琼回忆:

这个时期,无论谁和他在一起,都必须是全职……我本来想说的词是保姆——伴侣、主妇。但你不能期望他对等的回报。大部分事情都是家务事,护理——菲尔真的会进入完全无法动弹的瘫痪状态。他变得非常抑郁,或是产生生理疾病,必须有人帮他上床。天知道他什么时候能从那种状态走出来。

菲尔深受心悸、盗汗、高血压之苦,还有别的很难捉摸的病痛。书里头,所有人都指责他是疑病。但心理上不舒服的状态的确能引发生理上的症状——头疼、溃疡;我觉得大家都会同意。菲尔的抑郁呈现出许多形式。

我必须给他很多TLC[温柔和爱的关心],并且由着他的性子来。你不能这么说:“得了吧,快起来,起来就好多了。”他对现实疗法并没有太大反应。更多时候得说:“我会照顾你,你不用做任何事,不要担心。”

菲尔那年夏天写了一个短篇作为礼物送给琼——《计算机先生也有掉链子的时候》(*The Day Mr. Computer Fell Out of Its Tree*)。“这篇小说”有种孩子气的文风,实际上是《神圣秘密》中某些关键主题的带妆彩排。它同时也是一份爱的宣言,让琼既高兴又害怕,她担心自己可能无法像故事中的女主角那样,胜任让世界完好无损的任务:

并不只是花费大量时间和精力的问题——它还会夺走你作为独立个体做任何事的机会。它需要你二十四小时的奉献——让那台电脑和所有一切都正常工作。

菲尔似乎总是喜欢跟那些强大的女性在一起,然而,他同时又想让女性成为小女孩,比如给她买东西。这就是他的关心和牺牲的形式。如果我遇到了什么不顺心的事,爬到他的膝头,得到安慰,这样的话没关系。但是,如果我遇到了什么重大的问题,他就不擅长应对了,因为这些事往往会连带一些责任。有可能成为负担。

我绝对无法让他像对小女孩那样纵容我。我有车,我自己挣钱,我的生活——从很多方面来说,我都是他想让我成为的模样的对立面。

那种纵容还会带来一种反作用。如果事情发展得不顺利,或是出现了离婚,那个他为之买东西的同一个女人,就会翻转过来——“她惦记我的房子,我的小说。”

索诺马的那年夏天,菲尔恢复了和科幻作家罗伯特·西尔弗伯格的联络。他们早在1964年相识,但从那之后,西尔弗伯格多次斩获雨果奖和星云奖,预付版税金高得让菲尔难以与之相较。他在采访中回忆:“菲尔的确以某种方式感到跟我是竞争关系——但是以那种很好的方式。不过,菲尔身上总是有一股锐气,也许因为我是这行风头正劲的新人,也许因为他觉得跟我的个性有某种共鸣。他总是喜欢跟我用一种好玩的方式决斗——开玩笑似的挑战我。”幽默可以作为假象存在。西尔弗伯格写道:“有一次,在大会酒店的酒廊,我俩在公开场合用鸡零狗碎的拉丁语聊天。极其搞笑,但我宁愿用英语跟他谈话。我觉得他输给我了。”

1977年年初,西尔弗伯格在《宇宙》(*Cosmos*)杂志上发表了对《暗黑扫描仪》称赞有加的书评。两人开始通信,西尔弗伯格在信中向菲尔吐露了他当时正在经历的痛苦离婚。对西尔弗伯格来说,菲尔险峻生活的时间长到可以给予有价值的指导以帮别人度过艰难时刻。菲尔的确给了他慰藉和建议,两人那种紧张的竞争气氛也消弭了。俩人私下的谈话中，西尔弗伯格觉得菲尔“更为安静和真实，不那么像在表演。大体上而言，他的生活听起来总像是要么有麻烦了，要么处于惊恐状态。出版商、健康、女人、破门盗窃……总有什么事让他烦心”。

1977年6到7月，D. 斯科特·阿佩尔（D. Scott Apel）和凯文·布里格斯（Kevin Briggs）安排了一次对菲尔的采访，这篇采访收入阿佩尔出色的作品《菲利普·迪克：梦之联结》（*Philip K. Dick: The Dream Connection*, 1987）中。阿佩尔写道：“照片不能公正地反映他本人。他块头很大，体格雄伟，毛发浓密。穿着宽松长裤，开襟衬衫，但桶状胸和水桶肚似乎不甘心被遮盖起来。”阿佩尔记录，每当菲尔被电话打断，他都会先查看一下名片盒。“他拿起电话时，往往会加上几句评语，像是‘你家猫咪的手术做得怎么样了？’或‘你怎么六个月都没打电话给我了？’。电话打完后，他会在来电人的卡片上记下点儿什么，然后继续采访。”

整个夏天，菲尔都在和抑郁搏斗——他写不出来一本跟“2-3-74”相配的小说，这让他感到悲惨、无力、低效。与矮脚鸡还未履行的合同也是压在心头的石头。不过，和琼之间的关系为他注入信心。证据就是，1977年9月，他愿意和琼一起去法国旅行，参加法国的梅斯（Metz）科幻节——他受邀为荣誉嘉宾。菲尔对这次行程紧张到极点，甚至服用了一些安非他命——这是他生命最后十年唯一一次吃安非他命。

不管怎么说,梅斯科幻节给菲尔带来的胜利感压过了长存于心中的恐惧。他喜爱这座城市美丽的建筑,尽情享受所选的法国美食和红酒。当他发现法国幻迷和媒体将他看作世界上最伟大的科幻作家时,他自然兴奋至极。与此同时,琼得了肠胃炎,整个旅程大部分时间都待在酒店房间中。两个月后,当他们分手时,菲尔声称琼在法国“精神崩溃”——但当琼跟他对质时,他又否认自己这么说过。事实是,对于琼不能在科幻节期间陪伴他左右,他很恼火。虽然他也有了能疯狂跟人调情的自由。

罗杰·泽拉兹尼也参加了那次大会,他回忆起菲尔在六十年代时名声远播海外。有一次吃饭时,一位年轻的法国人冷不丁把菲尔盘子旁的药片吞了下去,问他接下来要期待什么。菲尔解释说,如果他刚才刚好也嗓子疼的话,接下来会好受些。

菲尔作为荣誉嘉宾的演讲《如果你发现这个世界很糟,你应该看看别的》(*If You Find This World Bad, You Should See Some of the Others*),是一篇完美的菲利普·迪克式大杂烩。这篇演讲提到了不少“2-3-74”激发的推想,比如我们的世界是一个诺斯替观念的电脑象棋游戏:“上帝,程序员-重编程序员,他下棋并非为了提升呆滞的物质,而是为了对付狡猾对手。让我们说,在那棋盘上——时空之中的宇宙——黑暗的对手每走一步,就建立了一个新的现实情境。”就算菲尔只是照本宣读,一个字一个字地按他的讲稿念出来,这些观念都足以惊世骇俗(有法语的同声传译)。不过,演讲的最后部分,大会组织方恳请菲尔缩短演讲,在二十分钟内结束。菲尔当场快速地做了些删改,注意,这些删改和翻译那边的修正没对上。双语混合,外加菲尔兴高采烈地撒播那种戏谑式混乱,让现场观众大为迷惑。泽拉兹尼回忆道:

[略]那场演讲过后几个小时,人群开始从菲尔演讲的大厅溢出来。有个男人带着本书,走到我面前,说道:“泽拉兹尼先生,你和迪克先生一起写过一本书[愤怒之神]。你了解他的思想。我刚刚听完他的演讲。他是不是真的想要创建一个新宗教,自立为教皇?”

我说:“这个嘛,他从来没有跟我提过这样的野心。我不知道翻译是怎么传递他的观念。他有口味非常独特的幽默感。翻译可能没有把他原本的意思翻译好。不过,我觉得他不会把这种事情当真。”

站在我后面的家伙说:“不对,我觉得你说错了。我刚刚打车回酒店,迪克先生赦免了我的罪,还给了我杀跳蚤的大能。”

我说:“我确定那得跟一粒盐一起使用。我就不会为这种事太操心。”

过了一会儿,另一个家伙走了过来[略]“好吧,他在演讲里提到有许多平行的时间轨道,我们处在错误的那条上,因为事实是:上帝和魔鬼在下棋,每当他们其中一个走了一步,就会把我们重新编程到另一条时间轨道上,而每当菲利普·迪克写一本书,就会把我们拽回到正确的时间线上。能烦请您点评一下吗?”

我推辞了。

哈兰·埃里森也参加了那次梅斯科幻节。自从1975年两人决裂以来,他和菲尔一直没联系过,埃里森这次对菲尔的演讲也故意回避。据他回忆,当他在酒店酒吧品尝巴黎矿泉水时,听完演讲的观众们也陆续晃了过来:"看上去像是被圆头手锤砸过脑袋似的。他们没法跟我描述演讲的内容,只能说认为菲尔要么喝醉了,要么吸高了。菲尔演讲后,如果不是说被大家排斥的话,那也是以一种不同的方式被人对待。我为他感到难过,但我没法跟他坐到一块儿,也不想坐到他身边伸出援手。"

几天后,两人在同一家酒店的酒吧又碰上了。俩人都没喝酒,但口头硝烟弥漫了一个多小时。埃里森回忆道:

菲尔的身体看上去糟透了。苍白、黑眼袋,像是被鬼缠了身。我不知道他到底经历了些什么。我们在梅斯偶遇时,我已经相信他是个疯子,极其不靠谱,也没法当成朋友看待。

一切开始于他以嘲弄的口吻介绍我,然后我们就吵了起来。菲尔会说那种故意要伤害你的话,但他说的方式聪明极了,表现得轻浮、无聊。我他妈才不会让任何人当众愚弄我。

琼也在那次争论的现场,她的回忆如下:

菲尔和哈兰截然相反。哈兰是个自大、油嘴滑舌、酷气十足的家伙,而菲尔则咚咚、咚咚、咚咚地说个不停。菲尔既不是那种温文尔雅之徒，也不是自信之辈。鼻烟灰从鼻孔撒出来，领带上有九十二个斑点——你懂的。哈兰认为菲尔对人的态度很不好，因为他总是不知去向，迷失自己，让别人支持自己，而不是管好自己的一摊事。

总之，俩人大吵一架。菲尔面对这种情形总是发挥得很好。哈兰气势汹汹，菲尔更像个哲学家。菲尔棒极了，是我见到过最有活力，最性感的他。

酒吧里的客人好整以暇地欣赏俩人的激烈争吵。不过，两位朋友间的裂痕再也无法恢复——之后都对此十分懊悔。

回美国后，菲尔原本计划把圣安娜的事情处理好，然后和琼在索诺马会合。10月，菲尔的确参加了圣罗莎(Santa Rosa)的科幻大会(Octocon)，在那里，他结识了与他气味相投的西奥多·斯特金(Theodore Sturgeon)和罗伯特·安东·威尔逊(Robert Anton Wilson)。不过，菲尔现在对永久搬回北加州的计划退缩了；琼也不会考虑搬到奥兰治郡长住。俩人关系终结。接下来多年，菲尔都十分怀念琼——她是最后一位和他有过认真关系的女友。

不过，友情和《解经》支撑着他。夜班期间的合作，让他和基特之间的关系越来越近。1977年底，基特向菲尔介绍了《轻声细语》(*Discreet Music*)，这是一盒录制着布赖恩·埃诺(Brain Eno)简约音乐专辑的磁带——他是《神圣秘密》中的“共时性音乐”编曲家布伦特·米尼的灵感来源。菲尔极其喜爱这张专辑，不停地放。基特回忆:“我当时想:‘上帝啊,菲尔。你也许已经不用毒品了,但你还是有瘾君子的那种秉性。不管把什么好东西交到你手中,你立马就会滥用。’”

基特带刺儿的才智,对于让菲尔从他周期性抑郁中振作起来很有帮助。1978年3月,他深感苦闷时,基特告诉他,如果他糟到极点,甚至没法出门买点儿东西让自己开心——比如买一套好的立体声音响——那他就是个失败者,还不如一了百了。两人一起去了家音响店,菲尔高兴地买了一套顶级音响系统。5月,菲尔用现金全款买了一辆全新的红色水星卡普里。他能负担得起这些,不断收到的海外版税金以及他多年以来积累作品的重印版税,开始让他平生第一次享受上中产的生活方式。1977年,他总共赚了大约五万五千美元,1978年超过九万美元。菲尔捐钱给好几家慈善组织,包括国际救助贫困组织(CARE)、救助儿童会(Save the Children),以及一家反堕胎团体“生命十字军”(the Crusade for Life)。他对最后终于获得的成功感到骄傲、安慰。不过,钱并没有改变他的基本生活模式:和隔壁的多莉丝分享晚餐,吸鼻烟,周四晚上去鲍尔斯家,以及撰写《解经》。

基特有时开车送菲尔去上奥兰治郡医疗中心的集体心理辅导课。菲尔不喜欢这些课,但为了获得他的处方药,他必须去参加。他试图从最差的情境中找出最好的结果。基特回忆:

他有时候会带着这些诡异的人的电话号码出来!

我说:"菲尔,你想去酒吧认识人吗? 你想干什么都行。去教堂都成。没关系。但不要去奥兰治郡医院的精神病院,然后带着电话号码出来。这些人不是你想纠缠的类型。"

他就说:"哟,我猜你说得没错。"

想在这种地方抱着认真态度找人约会,他是我唯一知道的家伙。

对于向矮脚鸡承诺的小说,菲尔现在已大大逾期。他的形而上学理论喷薄而出,但具体情节结构无法成型。与此同时,从手写的《解经》笔记中,他开始试图综合一些关键思想。1978年1月,他用一个长夜打出了一篇名为《宇宙演化和宇宙论》(*Cosmogony and Cosmology*)的文章,文中提出"Urgrund"(根本存在)为了自我审视,"构造了一个投射到现实的造物(或造物主,参考柏拉图和诺斯替宗教)",该造物进而打造了我们这个虚假的经验主义世界。我们既受这个造物的教育和指引,也被其奴役。为了得到灵性意义上的进步,我们必须学会冲破虚假现实——违抗我们的老师。鼓舞我们这么做的原因是苦难:

对于这个世界上的小生物的苦难,你能说有什么益处吗? 什么也没有。什么也没有,除了一点之外,苦难自然会触发反叛或违抗——进而,会革除这个世界,并向神性回归。

那年晚些时候,他的另一篇文章《如何创造一个不会两天后垮掉的世界》(*How to Build a Universe That Doesn´t Fall Apart Two*

Days Later),菲尔以更加怀疑论的视角和更轻巧的笔法探索了近似的主题。这篇文章的标题玩笑似的总结了《解经》的状态,现在《解经》已有几千页的手稿。

1978年8月,多萝茜在湾区医院去世。她最后病重时期,菲尔给琳恩·塞西尔打过电话,她知道菲尔有多讨厌长途飞行,所以劝他不要大老远赶来见最后一面。一开始,菲尔对母亲的去世感到非常震惊和悲痛。第二任妻子克丽奥回忆,(让她大吃一惊的是)菲尔特意打了长途电话,告诉了她,他听起来心烦意乱、极度悲伤。但接着,他变得轻松起来,电话本里多萝茜的名字旁,他只是草草写了"todt"(德语:死亡)。1978年底的《解经》条目中,多萝茜的去世被看作是良好的转折——增进了菲尔的个人成长:

直到今天,我人生第一次有了稳定收入,我变得神志清醒,不再有精神病行为。[略]还有,我去年的那些成就——旅行,和琼在一起——也对我的心理健康发挥了奇迹般的作用。我学会了说"不"。还有,我成功地征服了大部分恐惧症。我觉得,在我人生第一次享受独处生活后,那些恐惧症就变得没那么严重了。[略]我母亲的死也帮了忙,因为我现在明白了,在我生命中,她扮演了多么恶毒的角色,以及我是多么怕她、厌恶她——这都是她应得的。

这段文字中最让人震惊的是菲尔对多萝茜死亡的那种不经意态度——对他而言,似乎这跟那些最近发生,展现他心理发展的事件没有什么区别。他对她的憎恨在这段文字中显得极其彻底、顽固。对于菲尔个性的方方面面而言，这一点最为令人震动和悲伤。因为，多萝茜的确很爱她的儿子，在菲尔生命中的许多时刻——无论是写作生涯的早年，还是和安妮分手之后，抑或是圣威尼斯的黑暗时期——她都表现出极大的爱，而他也从中汲取良多。但她的爱永远都不够——对菲尔来说如此，对简也肯定更如此。现在，他俩都复了仇。

1978年9月的《解经》条目中，菲尔对前景显得没那么乐观。他对于如何围绕“2-3-74”打造长篇小说，仍旧没头绪。他迷失在不断的自我疑问中。很快，他感到死期将近：

> 我的书(以及短篇小说)是智识(概念)迷宫。以及，我本人位于一个智识迷宫之中，尝试弄清楚我们的情形(我们是谁，以及我们如何观察世界、作为幻象的世界，等等)，因为这个情形也是个迷宫，将它带回自身，虚假线索将显现，例如我们的“反叛”。[略]
>
> 事实在于，经过四年半、夜以继日的诠释，我得到了诸多结论(更不用说二十七年来我的出版物)，我发现自己已有死亡信号——这自然令我无法将此灵知化成能出版的形式——从我的《解经》本身就能演绎出这样的情况，它同时显示，我位于正确的智识道路上，但却无济于事。

9月底，“特蕾莎”——前一年菲尔在梅斯认识的一位年轻女子——来到菲尔在圣安娜的家里住了一个月。菲尔是位亲切的主人，他不仅给予经济帮助，也有情感鼓励。据菲尔的说法，“特蕾莎”在最后一天晚上,提出要跟他上床,以补偿他一直以来的好意。她的这种妓女式的做法,虽然勾起了菲尔的欲望,但也让他闻之丧胆。他拒绝了她。在一条极度痛苦的《解经》条目中,情色的诱惑被剥离而开,显露出表皮之下的死亡骷髅。欲望——正如艺术和《解经》本身——是这个迷宫的计谋:

我现在认识了罪和邪恶,我认识了自己,以及什么出了错——《创世纪》说的是什么。我知道,没有基督的帮助,我就会受诅咒。[略]显然,我无法为了这个原罪,通过自杀来惩罚自己,或是被人所杀;我受到的惩罚是我不想要的——生活,一个孤独和无意义的生活,一个我憎恶的生活。我真正想要的就是我曾想要的[从特蕾莎那里]。但代价太大了:耻辱、堕落,并且知道我堕落了。这就好像是对某种可怕的毒品上瘾。

这里表露的激烈情感,令菲尔回到二十世纪四十年代最早写下的主流长篇小说中对性的描述语调,那种怀疑和憎恶感流露于《抖擞精神》以及未完成的《撼地者》的部分笔记。菲尔并非假正经,不过他的确有一种发自肺腑的对性的厌恶,尽管经历了成年后的那么多愉悦的性体验,但这一点并未彻底消弭。此外,1977年和琼在一起期间短暂的性无能,也许同样增加了他与特蕾莎相处时的焦虑。

另一个挥之不去的问题是逾期很久的给矮脚鸡的小说。一位刚加入梅雷迪斯代理不久的年轻人帮他解决了这个问题。拉塞尔·加兰是菲尔作品的热情崇拜者,他设法将菲尔转到自己旗下。他回忆:“那些可以为菲尔着手去做的事没有人去做,我要做的就是开始干。没人有反对意见,因为对代理公司来说,这意味着一大笔收入。”在加兰的支持下,菲尔过去的作品开始稳定地再版重印。此外,也是加兰从中斡旋,处理《银翼杀手》的电影授权事宜。不过,加兰所有的努力中,有一桩事证明命运之力无法改变:1978年9月他试图营销菲尔的一本非虚构作品,结果失败了。菲尔对自己受到如此重视感到受宠若惊,他给加兰写了一封热情洋溢的感谢信——因为,加兰最终使他相信,他心中有部小说蓄势待发。

11月29日,菲尔将《神圣秘密》手稿——“献给拉塞尔·加兰,他为我指明了方向。”——寄给梅雷迪斯代理。附信中写道:“这是给矮脚鸡的《神圣秘密》。我的工作完成了。”

加兰的鼓励极为关键。不过,它到来时,菲尔已为如何将“2-3-74”整合为故事挣扎了四年之久。如果连你自己都不确定到底发生了什么,又如何将其小说化呢?如果这一系列事件对随便任何一个人来说都太疯狂了,你又如何将其戏剧化呢?

这些问题极为困难,菲尔必须在过去这些年里,尝试各种可能的方式。1974年4月到11月间,菲尔曾仔细推敲过一本名为《瓦利斯系统A》的小说,《高堡奇人》中的角色霍桑·阿本德森将会出场——此人是《蝗虫成灾》这本或然世界小说(同时该小说存在于一本或然世界小说之中)的作者,他在书中宣称是盟军而非轴心国赢得了第二次世界大战。在《瓦利斯系统A》中,菲尔计划让纳粹捉住阿本德森;不过阿本德森也无法告诉纳粹他们想要探寻的秘密——《蝗虫》的景象是真的吗?——因为他自己也无法确定。

1975年2月的一封信显示他将小说转向了新方向,命名为《吓死亡一跳》。《瓦利斯系统A》则被搁置。实际上,它成了全新整体的一部分:

我将《瓦利斯系统A》和《吓死亡一跳》合并。

我的每本长篇都是至少两部长篇的叠加。这就是起源;这也是为什么它们充满未解释清楚的地方的原因。此外,这也使得结果很难预测,因为并没有所谓的线性剧情。有点儿像是两部小说合并成某种3D小说。

《吓死亡一跳》这个标题来自早期基督徒震撼人心的体验(比如菲尔的"托马斯"):它们在现代加州人的头脑中复生,比如尼古拉斯·布雷迪。1975年3月的信中,菲尔勾画出新的情节。布雷迪(阿本德森早已出局)发现"有两个他:他旧的自我,有着世俗的工作和目标;以及来自大约公元45年昆兰干谷的本真"。菲尔打算将布雷迪设定为政府特工,负责监视一位基于派克主教创作的角色,但他意识到,派克的研究和他的"体验"有关。

1976年夏天,菲尔继续以《瓦利斯系统A》为标题写了下去。这本书最终在1985年以《艾伯姆斯自由电台》之名出版。布雷迪是伯克利唱片店店员,后来当上唱片公司音乐企划,他在书中反抗费里斯·弗莱蒙总统(原型是理查德·尼克松)统治的黑铁监狱。布雷迪生活的很多方面都与菲尔类似,不过书中还出现了一位完全不同的角色:"菲尔·迪克",此人是位充满同情心、很理性的科幻作家。最终,布雷迪被杀,而"菲尔"则被关进政府拘留营。未来的希望在于那些"孩子",他们必须从垃圾歌词中找出至关重要的线索,以揭示这个世界的真相。《艾伯姆斯自由电台》自有亮点,但最终而言,是一次不成功的尝试。它的那股神秘间谍调调,以及让布雷迪通过流行歌曲计划阴谋反抗统治暴政,实在很难让人严肃对待。菲尔本人对《艾伯姆斯自由电台》也不怎么看重,《解经》中几乎没有提及它——对比而言,其他所有七十年代的长篇都被他详细地分析过。

1977年9月,在梅斯科幻节演讲时,菲尔略微提到正在创作的新小说《神圣秘密》,其中包括三名关键角色:尼古拉斯·布雷迪(有过"2-3-74"体验)、政府特工休斯顿·佩奇(此人用理论理解"斑马",但缺乏实证体验),以及菲尔·迪克(他需要尽快想出一个绝妙的科幻情节)。佩奇遇到了布雷迪,由于发现理论被证实,让他发了疯。

但菲尔的这些点子就是无法凝聚成一个完整的情节。怎么才能让一个长篇小说,包含一个关键,能够以此窥探存在的结构?菲尔在1978年的《解经》条目中嘲弄了自己:

这个长篇必须写出来,此外,我有"2-74"/"2-75"的救赎状态为基础,但是,上帝啊,这是什么样的任务:要描绘,1. 救赎的对象;2. 救赎的过程;3. 人的救赎(复原)状态——与被遮蔽的状态(在

《暗黑扫描仪》中描述过)对比。得用上我整个余生才能写出来。我不知道能否完成。[略]但它必须完成。以及,它必须[略]指向第五位救世主,他的来临迫在眉睫。

希望之光的源头有些古怪。菲尔当时刚写了两篇自传片段——短篇小说集《金人》的自序,以及一篇对《沃昂》(他卖掉的第一篇短篇小说)的短短的回忆文章。这些文字中的那股不拘一节的风格不知为何让他找到了感觉——写作的心流回归了。那些沉重的《解经》想法,也许可以给一种更为放松、有趣的风格让出些空间,正如菲尔跟基特和鲍尔斯提出各种"假如?"问题那样。接着,他收到了加兰的来信——终于,他在梅雷迪斯那里有了真正的盟友。

1978年11月,经历两周的爆发,菲尔完成了这项挑战:如何驯服不羁的《解经》野兽,将其放入一本长篇小说的牢笼之中。在一段《解经》的写作当中——一长串各种推想的第一百一十五页①——菲尔开始写作《神圣秘密》。历经数年的"研究"结束了。一旦写作的感觉回来,菲尔便转移到打字机上,开始把整本书倾倒出来。

是什么触发了这样的彻底释放?从根底来说,是因为菲尔意识到:他能做的就是把实际发生的事写下来。

你坦率地承认,你所有重大的理论其实什么也证明不了。如果你对它到底如何都无法下决断,"2-3-74"又会有多重要呢?接着,为了证明你清楚地知道它听起来有多疯狂,你把自己分裂为二:"菲

① 此处指《解经》手稿其中一个文件夹的页码,并非整个《解经》的页码。

尔·迪克”和“爱马士·肥特”(菲利普,在希腊语中的本意即为“爱马者”;迪克的德语意思为“肥胖”)。读者在一开始就被告知,肥特疯了,是精神崩溃的受害者。谁是叙事者? 菲尔·迪克,他吐露:“我就是爱马士·肥特,我特地用了第三人称,好让文字显得客观。”[1]

于是,我们马上就有了埃庇米尼得斯悖论——“所有的克里特人都是骗子。我是个克里特人。”——菲尔首次将其运用于《一个废物艺术家的自白》的主角/愚人杰克·伊西多尔身上。这个悖论无解,是一个无限回归。《神圣秘密》中,读者无法确定“肥特”是不是真的疯了——如果他是,那么“菲尔”又如何做到“客观”呢? 而又是谁喷涌出这出明明白白、有趣至极的叙事呢?《神圣秘密》是自传,还是长篇小说? 都是。菲尔在1979年的一封信中解释:“很奇怪,书里提到的最古怪的事件都的确发生过(或者这么说——注意,这是关键区别——我相信它们是真的)。”

角色菲尔以第一人称进行旁白,在《神圣秘密》的叙事中来来去去,这是有关完美的逗趣愚者肥特寻求上帝的故事。与圣杯神话中的帕西法尔不同,肥特住在当代的奥兰治郡,在那里,凡是顽固追寻肥特追寻的那些事物(上帝、真相、神的做工)的人都是疯子。菲尔一直试图把这个事实解释给肥特。但内心深处,无论是菲尔还是读者都明白,世界的希望全有赖于肥特一直未曾被说服。《神圣秘密》一书的总结部分,《秘密论著手稿》(*Tractates Cryptica Scriptura*),便

①《神圣秘密》,2页。

由肥特的《解经》的精华构成。角色菲尔对其加以嘲弄。(现实生活中的菲尔确认过,《秘密论著手稿》中的第七篇和第九篇,是人工智能声音通过心灵感应向他揭示的。)

整本小说中,菲尔周围的爱人和朋友虽然嘲弄他的推想,但都从他的信念中汲取力量。如前所述,肥特的妻子贝丝,灵感来自特莎;他得癌症的女朋友,雪瑞·索尔维格,很大程度上基于多莉丝。莫里斯,肥特的那位善良的心理治疗师,他常使用一种侵略性很强的手段,让肥特摆脱自杀性的消沉——这个角色有很多地方都基于心理治疗师巴里·斯帕兹,自从1976年尝试自杀后,菲尔一直接受他的治疗。肥特的朋友大卫——天真、好脾气、天主教徒——立足于鲍尔斯。还有朋友凯文——尖刻、爱嘲弄,同时对追寻真相勇敢执着——是基特的画像。基特在一次采访中,强调了《神圣秘密》中角色塑造的风格化:

> 并不是说提姆就是个对宗教没有丝毫怀疑的宗教激进主义者或者天主教徒。我也不是那种巴不得把教堂烧了的愤世嫉俗之辈;菲尔也不是个糊涂到家的人。实际上我们每个人都包含了其中一些片段,所以我们才会讨论相互重叠的事。不过对那本书而言,菲尔将这些个性分离开,这样他们间的关系就会更清楚。[略]至于准确度方面,从一起去看电影那里,可以说是书和现实的分界线。虽然的确有部电影,我们也都去看了。

这部电影是《天外来客》(*The Man Who Fell to Earth*),尼古拉

斯·罗格导演,大卫·鲍伊出演。菲尔对它喜爱至极。有段时间,他和基特非常仔细地听鲍伊的专辑,希望能从中捕捉到有关上帝/VALIS/“斑马”藏在流行元素中的狡猾印记。不走运。试验虽然失败,却可以被当作有用的情节工具。《神圣秘密》里,肥特和凯文一起去看了一部名叫《瓦利斯》的电影,其中描述了《艾伯姆斯自由电台》中的角色尼古拉斯·布雷迪(一股粉红色光束的力量击中了他)和邪恶的费里斯·弗莱蒙总统之间的斗争。肥特和摇滚明星艾瑞克·兰普顿以及他妻子琳达联系上,俩人都在这部电影里出镜。肥特相信,他们知道VALIS——Vast Active Living Intelligence System(巨大主动智能活系统)——能将他从灵性的孤绝之中拯救。

兰普顿夫妇住在索诺马,该场景来自菲尔的新鲜记忆,他和琼曾在那里度过一个夏天。为了增添这次拜访的光辉,肥特,凯文和大卫组成“鱼鳍社”(Rhipidon Society)——1974年菲尔的一个梦中,人工智能声音将这个术语告诉了他。Rhipidos是希腊语中的“扇子”,由于鱼鳍的模样像扇子,“鱼不能拿枪”。肥特相信,这个座右铭包含了基督教精神的本质。他们在索诺马了解到,VALIS是来自艾伯姆斯星系的信息发射装置;更令人震惊的是,VALIS和琳达有个年幼的女儿:索菲亚。肥特认为,她是第五位救世主,并且是第一位以女性形式化为人形的救世主。

第一次会面,索菲亚便完全驱散角色菲尔需要投射“爱马士·肥特”的需求。她赐予理智、智慧和善良。但是,《瓦利斯》电影原声编曲布伦特·米尼,他过去暴露在VALIS信息束之下导致重病,正在慢慢死去。布伦特为了从索菲亚身上提取最大化信息,无意中用激光杀死了她。

爱马士·肥特回归。肥特深感震惊和悲痛,他发誓要走遍世界寻找有关VALIS的更多信息。角色菲尔则在公寓中不停切换电台频道,想在其中找到隐藏线索。

《神圣秘密》让矮脚鸡出版社不仅仅有点儿崩溃。赫斯特已不再负责,矮脚鸡直到合同快要到期时才决心出版这本书。《解经》中,可怜的菲尔甚至向《易经》担心地询问:如果矮脚鸡放弃,会不会有别的出版社愿意接手。

《神圣秘密》让许多菲尔长久以来的忠实读者感到迷惑;它以难读的名声传世。

不过,《神圣秘密》和《帕莫·艾德里奇的三处圣痕》共同成为菲尔最杰出的作品——美国灵性生活的每日祈祷书,在那里,通向上帝的路藏身于凌乱的流行垃圾组成的线索之中。以圣洁令之不洁,疯魔如长夜狂哮;它打破沉闷教条的锁链,给予我们的,若非启迪,便是自在的漫游。

它的意义到底为何?直到死前,菲尔在《解经》之中一次又一次地回望《神圣秘密》——为一个个新的阐释而震惊,仿佛这本书是别人所写。

挣大钱，住舒适公寓，第一次由纽约出版社出版主流文学，

好莱坞叫人眼花缭乱连连惊呼的《银翼杀手》——

但这些，对于哭喊着要得到救赎、顽固不明朗的现实世界，

完全不够，一点儿也不够；

但菲尔心里清楚，时间所剩无几

（1979年－1982年）

我在寻找一个不可见之存在的线索,其尺度无比巨大,轮廓模糊,但对我来说很真实。我称这存在是基督。但我不知道它的真名是什么(我有时称其为尤比克,后来又叫它VALIS)。这些都是我生造的名字。[略]那是我的任务:去知道它的名字。为了认识它的名字,我必须与之接触,听其对我说话;只有它才知道。我见过它一次;我还会和它再相见。只要我继续找寻。

菲尔,1981年日记摘录

陷入现在这个地步,是我自己求来的;这里,我生命的最后一个消逝的模式。我对它十分清楚,也对它完全负责。唯一的问题是为什么?为什么我想要孤绝如此?这对我有什么用处?有大量的时间可以写作和思考。BFD——多大的鸟事。[略]我想那些我爱过的人("dilexi",拉丁语,意思是"我爱过"),可是,她们现在在哪儿?零落、死亡,我既不知道她们在哪儿,也不知道她们过得如何。[略]真是糟透了。我应该活在当下,并与未来的时间绑定。好吧,我的确绑定了时间。我期望《神圣秘密》的出版。"他疯了,"人们会回应,

“滥用毒品,见过上帝。BFD。哈兰·埃里森把他说对了。”

菲尔,1980年12月的信

他的博爱,他的热情,他的忠诚,他对艺术的全心奉献,以及他的喜怒无常。

玛丽·威尔森,

回应访谈问题:举出五个菲尔一直保持的特性

菲尔很享受杰作《神圣秘密》完成后的余晖。这本小说纠缠他四年,最后在两周时间里骤然成型。很自然,他已经开始构想一部续作,打算起名为《瓦利斯复得》(*Valis Regained*),向弥尔顿[1]致敬。不过,菲尔需要休整时间,他再也没法像六十年代那样,拥有充沛体力,一部接一部地创作长篇了。另外,每夜的《解经》“研究”仍在急速进行。

与此同时,菲尔在纽约图书市场的身价上涨幅度也不容小觑。旧作版税以及再版,让菲尔1978年收入达到十万一千美元,1979年是七万五千美元。1979年1月,他签了份非常划算的打包合同,一万四千美元版税,包含三本王牌出版社时代最不起眼的长篇:《宇宙傀儡》《未来博士》和《未传送的人》。这桩买卖促使菲尔特意拍电报给梅雷迪斯代理:“拉塞尔·加兰跟伯克利出版社签下的合同,不愧是

① 弥尔顿除了名作《失乐园》之外,还有其续篇《复乐园》(*Paradise Regained*)。

我事业生涯最棒的一笔买卖。请向他道贺。他对我的事业提升有不可估量的贡献。”菲尔内心的精明盘算是帮年轻加兰的事业鼓鼓劲。毕竟,经历近三十年后,菲尔终于在代理商那找到一位肯热心倾听的人。他自然要保住这位心腹。

与财务成功一同到来的另一份慰藉,是反主流文化的年轻人继续享受他带来的影响。1979年,两支朋克乐队以他的长篇小说命名:“天空之眼”和“JJ-180”(《等待去年来临》中的毒品)。接着,5月,菲尔了解到《暗黑扫描仪》获得了当年的梅斯科幻节大奖。6月,他写完一篇新短篇,《但愿我能早点到》(*I Hope I Shall Arrive Soon*),加兰把它卖给《花花公子》杂志。菲尔对《花花公子》信奉的哲学并不关心,把四位数的稿费转手全捐给了柬埔寨饥荒救济。不过,他同时也对作品能卖给大众市场感到很骄傲,后来,这篇故事(1980年12月以《冷冻之旅》之名发表)为他赢得“最佳新投稿”奖,他更为得意。另一件意外之喜是短篇《拉乌塔瓦拉事件》(*Rautavaara's Case*)出现在1980年10月的《全知》(*Omni*)上。第三篇新短篇,《出口即入口》(*The Exit Door Leads In*),被1979年秋季号的《滚石大学学报》杂志(*Rolling Stone College Papers*)重点发表。(对于这些短篇的讨论,参见创作编年纵览中的《但愿我能早点到》条目)。

菲尔最大的幸福来自和劳拉、艾莎的团聚,他们现在重新确立了更为亲密的联系。两人都在这一时期看望过父亲。艾莎在七十年代末曾来住过三次,她回忆:

我俩很少相见,但我多少能理解,他就是没法做到。每次去那里,我们都很亲密。我们依偎在一起,谈天说地,但当我要回家时,就会非常糟心。我会大哭,我知道他也会。于是很快,结果就是我们最好不要见面,因为分离时的痛苦太难承受。

有一次,他告诉我,和特莎结婚那会儿,有天,克里斯托弗正在沙盒里玩,他看见儿子肩膀上浮现了一个天使。他开始哭,并说:"是真的,我真的看见了。"对他来说,我相信他看见天使,很重要。

他有太多焦虑缠身,所以他实际上没法带我去任何地方。我们每天唯一能去逛的就是卖三明治的小商场。他一点儿也不运动。我们玩脚踢球,刚玩五分钟、十分钟,他的心脏就开始因为跑动狂跳,不得不休息。他日复一日坐在那个黑暗的公寓里。睡得很晚,起得也晚,下午还要打个盹。他对穿什么、自己的外表一点儿也不在意。我不把他当作家来看。他从来不跟我谈他的作品。他只是我老爸。

直到1979年2月劳拉来看他之前,十五年间,菲尔和劳拉从未长时间相处过。有关菲尔生活混乱的传闻,也让安妮对他深有疑心。不过,历经整个七十年代,菲尔和劳拉之间一直都通过信件、电话保持沟通。现在,劳拉已到了上大学年纪,她飞来圣安娜看父亲,也不存在什么障碍了。劳拉回忆:

他非常逗趣,有不可思议的幽默感。而且特别有礼貌,他的礼节毫无瑕疵。当他和女性走在人行道上时,会特意走外沿,靠近马路的那边。他为我开门,帮我拎衣服。他这人十分风趣,反应敏捷。他接受采访时,一半时间都笑他自己说的事。不过,人们好像对他这点不太了解。

他的公寓里到处都是《圣经》、宗教书籍、百科全书、科幻图书。很多很多唱片,特别是瓦格纳的歌剧。混乱不堪、毫无头绪、肮脏——我不想用那里的浴缸。淋浴间的角落发了霉,甚至长了蘑菇。他无所谓。

我认识的所有人里,他是最担惊受怕的一个。他想让人开心。他才华横溢,又十分有同理心。不过他被他的恐惧困住了。人群、汽车、高速公路、旅行、在人面前说话。他总是说会去做什么,但最后并没有做。去这里、那里的门票买了也没用——他去世后,我整理他的公寓时找到了不少。

他说我可以搬来跟他住,上加州大学尔湾分校。我对他这么说没当真。真要是跟他天天在一起,我觉得他可不会那么高兴。我俩之间的距离是保证我们良好关系的必要条件。

他尽了最大努力——他做得很好。我从来没觉得他不是个好父亲。他就是他。

父亲角色的某些特定方面让菲尔觉得难办。伊莎和劳拉都指出,只要跟爸爸提经济支持,情况就会变得棘手。1979年,菲尔捐了超过五千美元给慈善组织,比如儿童有限公司(Children, Inc),以及霍特盟约(Covenant Hout,为离家出走的人提供庇护的纽约机构)。不过,不知出于什么缘故,只要伊莎和劳拉一提钱的事,菲尔就会马上变得警惕。伊莎回忆:“很多时候,只要我们跟他要钱,他就会变得很偏执,说,‘我没钱,我破产了’。只要他愿意,他可以非常慷慨。但要是你先开口,他就会变得很疑心,很古怪。”

问题的关键在于他是否自发。劳拉被斯坦福大学录取,促使菲尔给她寄了张四千美元的支票。后来,他答应劳拉每个月提供二百美元生活费,但很快便不再持续。义务感消灭了快乐。菲尔此时的这种勉强之情很令人震惊,因为他一直都对父亲1949年未能资助自己加州伯克利的学费怨恨在心。劳拉说:“正如他所说的许多事,他的出发点是好的,但却没法坚持下去。他给我寄了张圣诞卡,说会以我的名义给比拉夫[①]的儿童捐钱。我气得火冒三丈,我告诉他,如果我愿意,我会自己捐给慈善机构或给别的什么。他对很多人都很友好,但我跟他借一两千美元,却拒绝了我。我当时在斯坦福打三份工。”

与之对比的是,特莎通过给菲尔施压,利用他的慷慨来帮助她和克里斯托弗。菲尔不仅每个月照付法律规定的二百美元子女赡养费,还自愿把金额翻倍,提高到每月四百美元。后来,他还帮特莎买房子,给儿子上私立学校、买玩具支持了不少钱。当然,特莎(和其他前妻及女儿不同)就住在圣安娜,能持续不断地跟菲尔提要求。

如果说,对给不在身边的女儿们提供经济支持,菲尔有时过于谨慎;但对自己做父亲不称职这点,他却是深感痛苦。

---

① 尼日利亚的一个地区。

1979年5月给劳拉的信中,他描述了无穷无尽、强迫症似的《解经》苦工,他感到正是它让自己和孩子们分离:

由于我的担惊受怕、精疲力竭,我忽视了人生中所有重要部分,包括和子女间的关系。我成了一架机器,只会思考,其他什么也做不了。这把我吓坏了。事情为什么会变成这样?我给自己提出一个问题,现在我没法忘掉这个问题,但我也无法回答这个问题,我粘在了捕蝇纸上。我没法松脱,就像自愿接受一份干苦工的业。每天,我的世界变得越来越小。我越是苦干,我的生活就越显贫瘠。[略]

菲尔并非总是感到投入《解经》那么让人沮丧。提姆·鲍尔斯确定,尽管菲尔的自我定位首要是小说家,但他却认为《解经》可能是他最重要的作品。詹姆斯·布莱洛克回忆,作为作家的菲尔,最快乐的时光是写信和创作《解经》条目。另一方面,K.W.基特提到,他有一次拦住菲尔,阻止他焚烧一大沓《解经》手稿。也许,菲尔对他的诸多推想保持的信心有时踌躇,但夜复一夜,他希望将这些推想记下来的意志则丝毫未变。他毫不关心它是否能出版。它是一个终极手段:为长篇小说打造一个个理论,而这些小说的目的就是在正统现实之中戳出许多难以磨灭的洞。菲尔和朋友们分享这些推想的乐趣,以及灵光乍现的异象。鲍尔斯回忆1979年3月发生的事件,当时菲尔对真相感到绝望,决定对某些问题提出要求:

[略]周一晚上,他给我打电话,说前一天——周日——晚上,有

位访客离开后,他抽了大麻,接着感到自己进入了那种迄今为止都很熟悉的状态,就是曾有过异象的状态(通常和吸毒没关系,除非你把维生素C也当成毒品),然后他说:“我想见上帝。让我见你。”

接着,忽然间,他告诉我,一阵从未体验过的极端恐惧彻底摧毁了他,他看见了约柜,并听到一个声音(声音?)说:“你不可能通过逻辑证据或信仰,或别的任何东西来见我,所以,我只能用这种方法来说服你。”约柜的幕帘向后拉开,他似乎看见一片虚空,其中有一个三角形,里面是只眼睛,直勾勾盯着他。(我写得多么平淡啊,特别是我十分相信这真的发生过!)菲尔说他匍匐在地,心怀绝对恐惧,从周日晚上九点直到周一早上五点,一直忍受这等祝福异象。他说他确定自己正在死去,如果他当时够得到电话,一定会打电话叫救护车。那个声音告诉他,实际上,“你已经想尽办法说服自己怀疑除此之外的任何事,我(用更温和,更利于让人类接受的方式)让你看见了,但这将是你永远无法忘记、无法改变、无法扭曲的事”。

菲尔说,受折磨期间他说:“我再也不吸毒了!”那个声音说:“那不是问题所在。”

在这类遭遇的刺激之下,菲尔的《解经》劳作开始结出非凡成果。手稿中诸多条目的质量当然参差不齐。但菲尔的天分即在展开令人目瞪口呆的推想,这让他能预设前提,然后以它们编织出一个个不可思议的世界;如此一来,便使得《解经》的某些特定部分能与他最杰出的长篇小说交相辉映。他最为执着的起始点是“二源宇宙演化论”,《神圣秘密》中讨论过:我们那表面上虚假的宇宙(被自然产生的自然[1]、摩耶、dokos[2]、撒旦),通过与真正的实存(产生自然的自然、婆罗门、eidos[3]、上帝)之间的持续融合,从而部分获得救赎。二源——地基与装置——共同创造某种全息宇宙,以蒙蔽我们。启示的目的,就在于将真实从幻象之中解开,而这个启示的本质就是柏拉图的“前世回忆”(正如“2-3-74”):在当前的域中,回忆起你我生前的灵魂所知悉的永恒真相。不过,启示在于恩典。当我们步入绝境时,上帝才会将其授予我们;为了回应我们的需求,以及我们对接受真相做好的准备。这些都属于《解经》的基本主题。当然,他由此引发的变种则不可胜数。

对于某些特别喜爱的想法,菲尔偶尔会将其打下来。其中最出色的一篇,是1979年的一个寓言,显然,它揭示了我们的世界缺乏神圣智慧:

下面是个有关层次等级的例子。有辆崭新的救护车加满了汽油,停在停车场里。第二天,有人检查这辆车。结果发现它的汽油不知去向,驱动的部件也有一定磨损。这么看的话,似乎是熵的又一例证,因为能量和形式都有损耗。不过,要是你知道救护车曾被

---

① natura naturata,斯宾诺莎的哲学-神学概念,他认为上帝既是“产生自然的自然”(natura naturans),又是“被自然产生的自然”(natura naturata),换句话说,上帝就是自然。

② 希腊语,意思是诡计、缺乏真正的知觉。

③ 终极形式和理念。

用来把病危的人送到医院救命(所以才会耗光汽油,磨损驱动部件),那你就会意识到,透过更高级别层级,并非只有损失,实际上总体来说反而是有净收益。当然,那净收益,只有当跳出那辆新救护车本身的封闭系统才能衡量出来。上帝以智慧和意志之名取得的每个胜利,都通过这样提升类别等级而获得,除此之外,别无他法。

菲尔经常在整夜投入《解经》撰写后,于情绪低落的清晨给加兰打长途电话吐露心声。1979年9月的假期,加兰终于亲眼见到仰慕多年的作家。加兰回忆:

菲尔点了中餐、可乐,然后我们从下午六点聊到第二天清晨六点,我已经困得不行,必须要离开。我只是太不习惯了——我没法把自己调整好跟菲尔面对面交流。那些对话来得极快,内容密度极高,我都不知道他在说什么。我感到大为惊异,但那些话题喷涌而出,我直打瞌睡。菲尔没有丝毫困意。我觉得有连续两三个小时,我一句话也没说上。他谈1974,谈政治、技术——有时几分钟之内在十个话题间跳跃,有时则一个话题连续聊两个小时。我只能对付小剂量的菲尔:写信,或是打半个小时电话。连聊十二个小时……

10月,菲尔的公寓楼被改为共有公寓。菲尔对在那儿生活感到很安全,没兴趣搬家。他跟梅雷迪斯代理借了一万美元,再加存款,把他住的那间公寓以五万二千美元全款买了下来。不过,共有公寓的转变迫使朋友多莉丝·索特搬了出去;第二年8月,她搬离奥兰治郡。多莉丝的离开,令菲尔痛苦不已。

其他住户也被逼搬走。菲尔很清楚丢掉家是怎样晕头转向的滋味,他的回应是一篇名叫《关于死亡的古怪回忆》(*Strange Memories of Death*,收录于小说集《但愿我能早点到》)的文章,详细描述他的邻居,"来苏水"夫人面临的危机:"我知道,在别人眼中,'来苏水'女士是个疯子,我没疯。而人家之所以觉得我没疯,唯一的原因,就是我银行存款账户里有钱。这一点,让我非常不舒服。钱成了'神志清醒'的官方认可标记。"①

不再有多莉丝·索特做邻居,给菲尔带来的悲痛十分沉重。受俩人之间温暖邻里关系启发,他于1979年写了篇《空气之链,以太之网》(*Chains of Air, Webs of Aether*),描写遥远的小行星上,两个坏脾气的地球殖民者分别住在两个穹顶之中。莱欧·麦克维恩,想沉浸在琳达·福克斯(灵感来自琳达·朗斯塔特)的歌声里,忘掉现实;瑞巴斯·罗梅得了多发性硬化症,需要莱欧的帮助才能活下去。另一方面,莱欧发现,人类的善意之中蕴藏着救赎。

菲尔将这个短篇前一半的内容劈走,融入《神圣秘密》的续作《瓦利斯复临》的开头。在此过程中,他显著加重了这部分剧情的戏码。1980年3月22日,菲尔以两周时间飞速完成了这本新长篇,后来卖给西蒙和舒斯特出版社,并于1981年以《神圣入侵》之名出版。

《神圣入侵》将菲尔的多股宗教想法汇集到一个科幻入侵故事之中。瑞比斯·罗梅(跟瑞巴斯拼法略微不同)因雅而受孕(雅来自

① 《全面回忆——菲利普·迪克中短篇小说集V》,孙加译,四川科学技术出版社,2019.03,553页。

希伯来文的YHVH,或神名:摩西五经中的上帝)。莱欧的名字被改为了赫伯·亚什(名字来自希伯来文Ehyeh asher ehyeh:即上帝在《出埃及记》中宣称的"我是自有永有的"),他的角色有点儿像约瑟[1],帮瑞比斯回地球。而地球则处于Belial(希伯来文beli ya´al:无价值)的精神统御之下。

雅做事的方法很特别。瑞比斯的体内——如果她和赫伯能幸存下来——是神圣男婴艾曼纽(希伯来文:上帝援助我等),凭借他,能将真相和意义重新赋予一个遮蔽的世界。为了指引那对希望渺茫的父母,雅将一位衣衫褴褛的老流浪汉,以利亚斯·泰特送去帮助他们,此人其实是先知以利亚,人类的永恒朋友。不过,由于一次悲剧事故(或许是Belial干的?),瑞比斯死了。艾曼纽从合成子宫诞生,大脑受损,记不起来他就是上帝。年轻的女孩芝娜·帕拉斯是上帝的女性面,重新恢复了艾曼纽的记忆。她令他完整,宇宙愈合了。

对于拿《神圣入侵》当作《神圣秘密》的续作是否合适,菲尔的态度有些踌躇不定。虽然《神圣入侵》中也提到了"巨大主动智能活系统"和电影《瓦利斯》,但是,只有在非常高的层次上抽象看这两部小说,才能将它们看作一个整体(菲尔在多个《解经》条目中就是这么看的)。

《神圣入侵》写完后,菲尔计划写一本新的"或然世界长篇",《保罗行传》。1980年1月,他为此写了一份简要的剧情大纲。其中的

---

① 即《新约》中耶稣的养父,圣母玛利亚的丈夫。

"或然世界"正如《高堡奇人》,设定于我们当前的时代。不过,世界上占支配地位的宗教是有二元善神和恶神的摩尼教。与之相应的是,基督教早在公元三世纪就已全部消亡(正如我们世界中的摩尼教)。提纲中给出的叙事者是出发前去找寻仍坚持信仰的"秘密基督徒"学者,这个角色与菲尔后来塑造的提摩西·阿彻(Timothy Archer)主教形象类似。

除了《解经》之外,菲尔在1980年余下的日子里并没有投身任何持续的写作项目。尽管是鲍尔斯家周四晚上聚会的固定客人,但对涉足外部世界的交往,他仍小心翼翼。鲍尔斯和塞蕾娜预备6月份结婚,邀请菲尔做伴郎,他十分遗憾地拒绝了。鲍尔斯对此表示理解:"他不是隐士,只不过不想去那些挤满不认识的人的地方。"

菲尔提过好几次,要给新婚夫妇在自己所在的公寓楼里买套房子,作为给他们的结婚礼物——两人很有风度地拒绝了。菲尔的密友们很清楚,他是个特别容易上当的人,所以不愿占他便宜。不过,什么也控制不住菲尔忽然冒出来的慷慨之情。比如有一次,一位银行职员跟菲尔吐露遇到经济困难,菲尔二话不说就给了她一千美元。菲尔的善意并非只限于给人开支票。走在马路上,他会担心那些街边玩耍的孩子们,甚至去找他们的父母,好提醒他们。而且,他生来便对困惑的灵魂有同理心,而常人往往对这种人避而远之。安迪·沃森和J.B.雷诺兹对鲍尔斯的采访中,鲍尔斯回忆道:

[略]菲尔和我把朋友带去[略]奥兰治郡医疗中心,好让朋友去

那里的精神科大楼住院。那个朋友就坐在那里，像这样（紧张型精神症那样盯着前方，整个人的姿态僵住）。接着，某个陌生人摇摇摆摆地走了过来，看着我们，眼神有些飘忽不定，说道："你能去做肺移植。"菲尔说："没错，你能。"不管什么人，只要身处紧张情形，不管对方说什么，菲尔都倾向于赞同。接着，那个人脚步蹒跚地走开了，过了一会又回来了，说道："输精管切除是个很简单的手术。你可以自己给自己做。"菲尔说："差不离。"过了一会儿，那个人又回来了，说："我要去给自己做输精管切除。我该跟谁要许可？"菲尔说："坐在那边的夫人们。你得拿到书面许可。"（大笑）于是那个家伙走开了。我说："菲尔，为什么得有书面许可？"他说："他会听到有个声音对他说没问题；但是，得再有一份额外的精神错乱，才能想象出一份书面许可来让没问题没问题。"

虽然《神圣入侵》得等到1981年年初才出版，菲尔仍一直吸引访谈者前来采访。他也发现自己本身便能作为刺激销量的源头。一家朋克音乐杂志《斜杠》，派遣加里·潘特（Gray Panter）和妮可·潘特（Nicole Panter）去为1980年夏季号准备一份对菲尔的采访。菲尔在采访中设法"超朋克"了那些朋克们，他宣称，青年革命可以消解无人性的政府装置，他认为这既可能，也值得。"那是我的梦。不是孩子们去统治，而是他们会让那些成熟科技的功能起不了作用。我是在喝橙汁苏打水时有了这样的冲动——把半罐橙汁苏打水倒进电视机里。"

菲尔和妮可建立了友谊,并一直保持下去。她回忆:

受访期间,菲尔很喜欢我,也许因为我表现得挺笨,之前连一本他的书都没看过。访谈里有些问题,比如“你冰箱里有什么?”,就是我问出来的。他喜欢这样。跟那些经常到他那里去,分析这分析那的书呆子相比,我的智识方向很不同,但他一点儿也没有因此看轻我。

他用一种特别方式来考验你,为了看出来你到底喜欢的是他哪一点。我觉得,他发现很难相信,会有任何人因为他本人而喜欢他。有一次,他答应给我份工作,让我当他和其他人之间的缓冲。我不知道是不是因为我长得可爱——他对我有点儿色眯眯的——不过,当时的确有很多人跟他接触,谈电影改编权,还有别的事,他没精力对付所有这些事。

我拒绝了他,告诉他,给他干活会变得像保姆——我最后会受不了而杀人。还有得面对那种偷鸡不成蚀把米的结果。菲尔会把你放到一个能占他便宜的位置。如果你真的占了,你就成了臭狗屎。

我们之间有种很好、很酷的友情。我们谈药物,谈冷冻食物,谈抑郁,谈那些躁狂阶段。他是个怪咖——他自己清楚得很。他不像别人那样想问题。不过,他一点儿也不为此感到尴尬。他是否有那种“梦想家”气质?他妈的当然没有——他就是个邋里邋遢的中年男人。

他会有那种故意引人关注的举动——比如,他会说:“我再也不吃心脏药了。”结果我得花上四十五分钟跟他聊天，把他说服。他烦透了吃药。如果他的身体不是那么严重依赖心脏药物，他绝对不会吃。对我而言，这真是一种孩子气的做法。不过没关系。有才华的人往往都很怪，会把什么都搞砸。

固然也有引人关注的目的，但菲尔为了减轻对处方药的依赖而做出的努力既真心诚意，也很艰难。那段时期，菲尔开了不少类型的抗高血压药物，比如阿普利素宁和利压得，以及对付心律不齐的心得安，缓解疼痛的达尔丰，抗抑郁的阿米替林、多虑平和赛诺菲。最后，尽管精神科医生批准，但菲尔发誓要停掉抗抑郁药物。基特回忆：

菲尔最终认定，处方药和街头毒品没有本质区别，因为二者都会给人造成如假包换的依赖性。于是，他绝对彻底地停用所有缓解情绪的药物——结果遭了很大的罪。他陷入严重的抑郁，给我打电话，我过去了。

他几乎无法开口说话。那是菲尔特有的“死亡”声音——他的情绪低落到极点，以至于只能强迫自己发出呢喃声。我知道，如果他听上去这样了，那一定是绝望到极点。不过，菲尔已经下了决心，必须跟那些情绪药物做个了断，就算死，也不会走回头路。他的意志力相当不可思议。

菲尔善于分析的能力是令基特好奇的另一个源头：“你能眼睁睁地看着他进入一个信仰体系，绕着它转，测验它的绝对真理性。

他相信上帝,并有一些传统宗教信仰。他同样感到,相对于大多数牧师,他的体验给了他一种特别的权威来讨论特定宗教问题。不过,我觉得,他写作《解经》的过程中,从来没有忘记过,他接受了一项既定假设。"基特于1985年创作的杰出科幻小说《玻璃锤》(*The Glass Hammer*)中,角色多尔夫·比绍夫斯基——试图恢复一块破碎的大教堂玻璃,而那原初的图案早已不复存在——显然是对朋友、导师的致敬。

1980年8月,菲尔列了另一个长篇《幼鹿回首》(*Fawn, Look Back*)的提纲,不过从来没有写出来过。这部小说的主角基于菲尔本人,名为纳斯卡·弗莱格伯恩。纳斯卡(作为艺术家)的工作和生活"解体了"—— 一分为二——从而导致精神分裂。菲尔笔下的纳斯卡,也是他自己:

这个解体于他而言,既是末日,也是救赎。

某种意义上,他是双胞胎(双胞存在于内),其中一位繁盛茁壮,另一位则病重而死(通过不可弥补地失去贾蒂来表现,而她代表了所有他所爱的人——女人——自从爱琳斯以来[一位性格贴近第三任妻子安妮的角色])。

最后,他其实并非精神分裂,而是所谓的半精神分裂:半解体。他的工作仍然把他束缚在现实中。

菲尔构思合适的新长篇,有他特殊的急迫感。"2-3-74"发生后,A.I.声音经常光临,但自从《神圣入侵》完成后,声音完全消失,他开始担心起来。1980年10月的一次访谈(后来发表在《丹佛号角报》上)中，菲尔直截了当地提出“是否问题”：“你要么和神有直接联系，要么和神没有直接联系。”11月，缺乏直接联系让他心痒难耐。

11月17日早上11点，菲尔站在厨房里，精神恍惚地和朋友雷·托伦斯聊天(雷回忆他绝对没察觉到有什么异常情形)。

一声霹雳。直接接触喧嚣而来。

同一天，菲尔将初稿火热地打了下来，放入《解经》之中；以下是五整页[①]菲利普·迪克式的异象、寓言和充满沉思的悲歌，从未发表在任何媒介上。全文如下：

11-17-80[②]

上帝以无限之虚空，向我显圣；不过，那并非深渊；那是避世之天堂，蓝天中缕缕白云。他不是什么外族的上帝，而是我父辈的上帝。他富有爱意、善意，有个性。他说，“你的一生有一丁点儿苦痛。与巨大的欢愉、那等待你的极乐相比，那苦痛显得只有一丁点儿。你认为，在我的神正论之下，我会允许你受到和你应得的褒奖同等比例的苦痛吗?”它让我意识到，那将临的极乐，会是无限、甜蜜。他说：“我是无限。我会显现于你。我所在，无限即在；无限所在，即我所在。你构建推论，意图理解1974年的体验。我将进入域，以对抗其变化之本性。你认为它们是逻辑，但它们并非逻辑；它们是无限的创造。”

---

① 此处指英文版五页。

② 即1980年11月17日。

我有了一个想法,但紧接着,出现了针对命题和反命题的无限回归。针对上帝所说"我所在,无限即所在",我想出另一个解释;再一次的,无限的想法分裂为辩证的对立互动。上帝说"无限所在,即我所在",我便想到无限数量的解释,接连解释了"2–3–74";每一个都展现出一个命题和反命题的正反无限进程。每一次,上帝都说:"无限所在,即我所在。"我尝试了无限次;每一次都会引起无限回归,每一次上帝都会说:"无限,因而我在此。"接着他说,"每一个想法都引向无限,不是吗? 找出一个不是如此的。"我永恒地尝试下去。所有尝试都导向一个无限的回归、无限的辩证、无限的命题和反命题,以及无限新的综合。每次,上帝都说:"无限所在,即我所在。再试。"总是以上帝所说结束:"无限与我;我即在此。"我看到一个有许多箭杆的希伯来字母,所有箭杆都指向一个出路;那个出路,或结论,是无限。上帝说:"那即是我。我是无限。无限在何处,我即在何处;我在何处,无限即在何处。所有的道——所有对'2–3–74'的解释——都通向无限的是–否、这–那、开–关、零–一、阴–阳,辩证,无限之上的无限;无限的无限。我在所有之处,所有的道,都通向我;omniae viae ad Deum ducent(万路皆通上帝)。再试。想出'2–3–74'的另一个解释。"我试了,它还是通向无限的回归、命题和反命题、新的综合。"这不是逻辑,"上帝说,"不要按绝对理论去想;而是要按概率去想。看那堆叠不断增高,相同的理论终究不断自我重复。数一下每堆里每张打孔卡片上有多少孔。哪堆最高? 你永远也不能确信'2–3–74'是什么。那么,统计意义上而言,它最有可能是什么?也就是说,哪堆卡片最高?下面是给你的提示:每个理论都会通向无限(回归、命题和反命题、新的综合)。那么,我是'2–3–74'的原因的可能性有多大;既然无限所在,即我所在?你怀疑,你的怀疑如同:

忘了我的人,他是失算;

逃避我的人,我是他的两翅;

我是怀疑者,同时也是那疑团。

"你不是怀疑者,你就是那疑团本身。那么,不要试图知道;你不可能知道。根据最高的那堆电脑打孔卡猜猜。每一个标着无限的卡堆里都有无限的卡片,而我有无限与我同在。既然如此,是我的可能性有多少?你不能太肯定;你会怀疑。但是,你猜的结果是什么?"

我说:"可能就是你,既然在我之前已有无限个无限形成。"

"有那个答案,那个你会拥有的唯一答案。"上帝说。

"你也许只是假装是上帝,"我说,"但实际上是撒旦。"触发了另一个无限的命题、反命题和新的综合,无限回归。

上帝说:"无限。"

我说:"你也许正在一个巨型电脑中测试逻辑系统,而我是——"又一次的,无限回归。

"无限。"上帝说。

“会永远都是无限吗?”我说,“一个无穷?”

“继续尝试。”上帝说。

“我怀疑你是否存在。”我说。接着一个无限回归再一次急速瞬间而来。

“无限。”上帝说。电脑打孔卡堆不断增高;它是到目前为止最高的一沓;它无限高。

“我会把这个游戏永远玩下去,”上帝说,“或是直到你累了。”

我说:“我要找到一个想法,一个解释,一个理论,而它不会触发无限回归。”于是,正当我说出来那句话之时,触发了一次无限回归。上帝说:“你用了超过六年半的时间,发展出一个又一个理论来解释‘2-3-74’。每天深夜上床时,你都想,‘我终于找到了。我尝试了一个又一个理论,事到如今,我总算找到了正确的那个。’接着,第二天早上醒来说,‘那个理论没法解释其中一个事实。我得想出另一个理论。’于是你又开始了。现在,对你来说很明显,你会想出无限数量的理论,总数只会受你生命长度的限制,而不会受你创造性想象力所限。每个理论都会带来随后一个理论,无可避免。让我问你;我将我显现于你,你看见了,我是无限之虚空。正如你所思,我不在此世界之中;我即超绝,犹太人和基督徒的神。在你倾向认可为多神的世界中,你所看见的我,只是我之存在的过滤,打碎了,被这个世界的多样性所损、破为碎片;对,那是我的本质,但只是一点点片段,分散在这里、那里,一片闪烁,风起涟漪……现在,你已见超绝之我,与世界分离,我是更我;我是虚空之无限,你知道我即我是。你相信你看见的吗?你接受异于世界、无限之在既有我在吗;我在,即无限所在?”

我说:“是的。”

上帝说:“而你的理论是无限的,所以我在那里。你未意识到之时,你的诸多理论的无限性,便已指向解决方案;它们指向我,且只有我。现在,你满意了吗?我以神显让你看见;我现在跟你对话;你在世便体验到即将到来的极乐;极少人类体验过这等极乐。让我问你,它是有限之极乐,还是无限极乐?”

我说:“无限。”

“所以,地球上的任何境遇、情形、存在或事物,都不能给予此。”

“是的,我主。”我说。

“那么,它就是我。”上帝说,“你满意了吗?”

“让我再试试另一个理论,”我说。“‘2-3-74’发生的其实是——”瞬间,一个无限回归触发了。

“无限,”上帝说,“再试。我会永远玩下去,无限之永远。”

“我有个新理论,”我说,“我问自己,‘那个神喜欢玩游戏?’黑天。你是黑天[1]。”接着,另一个想法瞬间产生了,“但也许还有别的神在模仿其他神祇;那个神是狄俄倪索斯[2],这也许根本不是黑天,也许

① 又译奎师那、克里希那,出现于印度史诗《摩诃婆罗多》中,是婆罗门-印度教最重要的神祇。

② 希腊神话中的酒神,极有感召力。

是狄俄倪索斯假装黑天。”接着一个无限回归触发了。

“无限。”上帝说。

“你不可能是你宣称的耶和华,”我说。“因为耶和华说,‘我是自有永有的’或是‘我是自有者’。而你——”

“我变吗?”上帝说,“或者说,你的理论变吗?”

“你不变,”我说,“我的理论变。你,和‘2-3-74’保持不变。”

“那你就是黑天,在和我玩。”上帝说。

“或者,我可能是狄俄倪索斯,”我说,“假装成黑天。而我不会察觉;这个游戏的规则之一就是,我,本人,不知道。所以我是上帝,而不知道我是。这是一个新理论!”一个无限回归马上触发;也许我曾经是上帝,而那个和我对话的“上帝”却并非是。

“无限,”上帝说,“继续玩。下一步。”

“我们都是上帝,”我说。另一个无限回归触发了。

“无限。”上帝说。

“我是你,你是你。”我说,“你把自己一分为二,和你自己玩。我,是其中一半,并不记得,但你却记得。正如GITA[①]中,黑天对阿周那所说:‘阿周那,我们都活过无数次生命;我记得它们,但你不记得。’”一个无限回归触发了;我可能是黑天的驾车者,阿周那,他不记得自己的前生。

“无限。”上帝说。

---

① 即《薄伽梵歌》,收录于印度史诗《摩诃婆罗多》中,是印度教的重要经典与古印度瑜伽典籍。

我沉默。

“继续玩。”上帝说。

“我不能玩向无限。”我说,“那一点未至之前,我就会死。”

“那么你便不是上帝。”上帝说,“但我可以遍历无限永远玩下去;我是上帝。玩。”

“也许我会转世,”我说,“也许我们在另一个人生已经这么玩过了。”一个无限回归触发了。

“无限。”上帝说。

“我太累了。”我说。

“那么游戏结束了。”

“我休息好之后——”

“你休息?”上帝说,“乔治·赫伯特[①]曾写过我:

还是让他留下安息,

却让他们保有躁动怨气,

让他富足、疲倦,如此,

若美善不可引领,那疲倦或许,

让他投入我怀里。”

“赫伯特1633年写下这首诗。”上帝说,“休息吧,游戏终结。”

“休息后,”我说,“我会继续玩下去。我会继续玩,直到我死。”

“那之后你就会来见我,”上帝说。“玩。”

---

① 乔治·赫伯特(George Herbert,1593－1633),英国诗人、演讲家和牧师,下面是他的诗歌《滑轮》的结尾,译者不详。

“这是对我的惩戒,”我说,“我这么玩,我这么执着地想要弄清楚1974年3月是不是你。”接着忽然有一个念头闪现,这到底是对我的惩戒还是奖赏?接着,一个无限的系列命题和反命题触发了。

“无限。”上帝说,“继续玩。”

“我犯了什么罪?”我说,“强迫我做这个?”

“或者说,你立了什么功。”上帝说。

“我不知道。”我说。

上帝说:“因为你不是神。”

“但你知道,”我说,“也许你不知道,你只是想找到答案。”一个无限回归触发了。

“无限。”上帝说,“继续玩。我等着。”

这次“神显”(与神接触)对菲尔的冲击无比巨大,以至于他决定放弃《解经》(他称之为见鬼的累活)。12月2日,花了些时间分析“11-17-80”之后(“上帝说我不可能毫无疑虑地知晓;相反,我会看着那些电脑打孔卡片越摞越高。好吧[略]。”),他写下大字:“完。”并为那围绕着他的数千页手稿写了一个标题:

3-20-74

12-2-80

辩证:

上帝对撒旦

预示和展现上帝的最终胜利

菲利普·迪克

解经

Apologia Pro Mia Vita[①]

然而,到了12月12日,他又开始了,在一个空信封上写满新笔记。于是,菲尔又继续《解经》的创作。他不是跟上帝说了吗,一旦自己休息好了,就会接着把游戏玩下去。

对于一个刚刚经历神显的人,菲尔的圣诞节过得实在沮丧至极。他感到郁闷,因为似乎没人能跟他聊他关切的那些事。菲尔在《解经》中承认自己说的话有时听起来就像是"宗教胡言乱语,或是玄学胡言乱语"——但其中也蕴含全然的真相,不过他永远也发现不了。上帝本人向他保证了这点。于是,1980年圣诞节,他孤身一人(他自己选的),看电视上直播的教皇午夜弥撒,发现在仪式中并无半点儿基督的影子。

新年伊始,菲尔又恢复了对推想的狂热。此外,严格的节食导致他深感体力衰减,并与之奋力抗争。短时间内,菲尔体重降了下来,这可是六十年代初以来头一遭。他发现遵守食谱不算太难——他自称"节制之旅",令他可以从容放弃喜爱的食物,比如爱尔兰产的罐装牛排加牛腰子。身体上的变化很适合菲尔。克里斯·阿里纳,周四晚聚会的常客,他回忆,菲尔曾对体重特别敏感:

有天晚上,我跟菲尔互贬,我告诉他:"你只不过是个老胖子。"

① 拉丁语,意为:为我的生命辩护。

菲尔站了起来,做出一副“好家伙,我现在要修理你一顿”的样子。但他坐了下来,说:“我就是个老胖子。”医生让他减肥,禁酒,这促使菲尔开始节食。不过,即便在医生告诉他之前,他也知道我说的是事实。

瘦下来的菲尔在共有公寓楼里担当了让人吃惊的角色。多莉丝·索特搬走后,胡安·佩雷斯和苏·佩雷斯(Juan and Su Perez)成了菲尔的新邻居,他们回忆公寓楼里的居民乐见和一位“创意怪人”住在一起,但都怀疑他吸了不少大麻。极少数冒险看了他的书的人,都被吓坏了。那么,到底是撞了什么鬼,让菲尔被选为业主规则和投诉委员会主席呢?“他总是在家里,”胡安解释,“而且,菲尔担忧,如果选了别的什么人,会对猫咪和大声放音乐这些事太过严厉。”

胡安当时正在读心理学硕士(幻觉思维课堂上,他的作业是研究菲尔的两本长篇小说),他和菲尔设想写一本融合胡安的心理学、化学背景和菲尔的哲学、宗教知识的书。苏回忆,菲尔是晚饭期间来访的常客,经常跟他们哀叹跟女人打交道有多不走运,还跟她讨教建议。“我告诉他:‘别太急着把你七七八八的事全都倒给她们。’”

不过,1981年年初,发生了一件让对女人的渴望也相形见绌的事:好莱坞顶级大片!

经过多年运作后,针对《仿生人会梦见电子羊吗?》的谈判总算有了定论,改编电影之事有了眉目。制片人迈克尔·迪利(Michael Deeley)接手该项目,和拉德公司(Ladd)合作发行。雷德利·斯科特

(《异形》导演)将会执导该片——电影名为《银翼杀手》——哈里森·福特(主演《星球大战》《印第安纳·琼斯》)扮演里克·德卡德，他的工作是杀掉那些逃离殖民地行星的“复制人”(电影中菲尔的“仿生人”名称)。拍摄将在好莱坞进行——从菲尔家上高速开一小会儿就到了——时间是1981年上半年。

为了理解这件事对菲尔的冲击，首先要明白，在《银翼杀手》早期制作阶段定位是有望成为下一个《星球大战》。雷德利·斯科特、哈里森·福特，是当年电影界最炙手可热的两位。电影预算后来提升到二千五百万到三千万美元，背后的投资者可是下了相当大的赌注。不过，《银翼杀手》上映后，花了很长时间才赢下这场豪赌——一开始，影评有好有坏，票房一般，商业化跟进更是一场惨败。但从长远来看，这部电影通过国际市场获得稳定收入，包括录像带销售和租借。《银翼杀手》在日本被认为是邪典经典，也是推动菲尔在日本获得崇高文学地位的关键因素。但美国市场上，这部电影却没在首轮发行时创造佳绩——不过，仍不难想象菲尔当初对电影改编有多兴奋。

此外，对于电影能否还原原著精神，菲尔也抱有很大疑心。不过，没人能对好莱坞之梦免疫，菲尔对名声和荣耀也一样有他的幻想。不过，现实很快摆上台面。菲尔很厌恶1980年12月读到的汉普顿·范彻版剧本。他的反应是对这个项目全面宣战。在《电视精选》杂志(菲尔订阅的有线电视公司旗下的杂志)1981年2至3月号上,菲尔写了篇短文,对雷德利·斯科特最成功的影片大肆抨击:“那些令人眼花缭乱的图像冲击,《异形》(举例而言)并未从概念上给我们带来任何意识觉醒,无非是感官刺激罢了。”

很让人怀疑,《银翼杀手》的负责人们是否参考过菲尔一丝一毫的意见。1981年初,大卫·皮普斯(David Peoples)领命改写范彻版剧本,他想不起来菲尔曾参加过任何会议。皮普斯觉得范彻最初的剧本很好,他重写剧本之前和之后都没读过《仿生人会梦见电子单吗?》原著——而菲尔1981年8月读过改写后的剧本,把它夸到天上去了(跟他对这个项目最初的鄙夷态度来了个一百八十度大转弯)。最终的剧本综合了范彻和皮普斯的版本,重铸或排除了《仿生人会梦见电子单吗?》剧情中的几个关键元素(参见创作编年纵览),比如,彻底删除了默瑟主义共情宗教。不过,菲尔明白文字和电影媒介的区别,从来没想过一对一地把小说搬上银幕,也不认为那么做有什么可行性。

电影剧本的困扰完美解决之时,通过书信,菲尔和厄休拉·勒古恩之间产生了令他痛苦,也更私人的误解。1981年2月,勒古恩于埃默里大学演讲,科幻作家迈克尔·毕绍普(Michael Bishop)在座。此前,毕绍普写了一些文章,高度赞赏《尤比克》及刚出版不久的《神圣秘密》,并和菲尔有通信往来。(在那之后,毕绍普撰写并出版了长篇小说《秘密升天》,副标题是“唉!菲利普·迪克死了”,书中的主流文学作家菲利普·迪克无法让科幻界接受他颠覆性的科幻小说。)演讲结束后,毕绍普跟菲尔提起勒古恩对他的一些评语,这些评语让菲尔感到极受冒犯,以至于决定在《科幻小说评论》发表公开信,这份科幻迷杂志的一大看点就是来信中的唇枪舌剑:

我在读迈克尔·毕绍普最近寄来的信。迈克尔欣赏我刚出版的小说《神圣秘密》,不过,他了解到厄休拉·勒古恩对这本书大为光火。“不仅仅因为这本书检视了那些也许无解的形而上学问题(她似乎担心你一旦深入其中,就再也无法自拔);再有一点,是这本书对待女性角色的处理方法——她认为,书中的每一个女性,都差得不能再差了(我记不清她的具体用词),是充满憎恨、让人无法信任的死人形象[略]。虽然这个国家可耻地忽视了他,但她对菲利普·迪克的创作持有最大敬意,然而,他现在却陷入自身的困顿之中,并在加利福尼亚的圣安娜慢慢变疯。”迈克尔说,她的沮丧“完全出于真心关切你的理智和情绪健康”。

菲尔的信中还引用了一段勒古恩的抱怨,说他未能在《神圣秘密》的自我肖像中成功地描绘艺术的救赎能力。

勒古恩方面,她对伤害菲尔的感情深感后悔。长久以来,她都坚定和公开地为菲尔的才华辩护,她承认自己1971年出版的长篇小说《天堂车床》(*The Lathe of Heaven*),受到他六十年代小说的影响。1981年夏天,同一时期的《科幻小说评论》杂志刊登她的来信,其中表达了歉意,同时也澄清了一些说法。勒古恩在访谈中解释,她从未真的担心菲尔是否失去理智,也不记得自己曾以“无解”形容过他的主题。“我会用‘发疯’这个词来形容菲尔和弗吉尼亚·沃尔夫。但我不喜欢他后期自《神圣秘密》开始的那些小说。我觉得这些小说中有种疯狂,他没有从中走出来——弗吉尼亚·沃尔夫走了出来,菲尔却不是每次都能走出来。那些想法并不总能蜕变为艺术。”勒古恩重申她对《神圣秘密》之前十年那些小说中的女性角色的厌恶。“那些女性都是符号,无论是女神、婊子、母夜叉,还是女巫,但没有哪一个是真正的女性,他以前的小说中原本有女性的位置。”

通过一系列后续的私人通信,菲尔和勒古恩最终和解。不过,仍然有必要探索菲尔到底是顽固地拒绝了勒古恩的批评,还是虚心接受了。对于她声称厌恶那些无解的形而上学推想,菲尔给《科幻小说评论》的信中尖锐指出:“我从来不会画一条线,来区分可以跟不可以——或应该跟不应该——去探求的思想。对我来说,以下是一个危险想法:为了其他人的利益和理智着想,有些思想最好不要去碰。”至于他本人的理智问题,当然是另一个问题,也更为痛苦。在给《科幻小说评论》公开信中,菲尔坚称,《神圣秘密》是部流浪汉式虚构小说,而非自我画像:“事实是,我的主角爱马士·肥特疯了,并不代表我、作者也疯了,就算我说‘我是爱马士·肥特’;因为这就是你写特定类型的书的方法。小说里有些场景描述了菲尔·迪克和爱马士·肥特之间爆发的严重争论。”

至于艺术家的救赎角色,菲尔对这个主题从来不感兴趣。在给《科幻小说评论》的信中,菲尔自豪地重申了他自伯克利时代以来经久未变的无产阶级作家信条:“我的答案——我的小说自为我辩护,而非为任何作为小说家,自称是我的东西辩护[略]这个[写作]才能[略]并没有让我显得比修鞋匠、巴士司机更优越。”菲尔在这里显示出来的反抗性,显然与他长期以来感受自己和勒古恩之间巨大的名望差异有关。他是垃圾作家,而她是优雅的文体家,包揽的科幻奖项让他望尘莫及,甚至得到主流文学认可——《纽约客》发表她的短篇小说,克诺夫[1]出版她的长篇。回到1978年《解经》条目,菲尔对两人命运的不同提供了一种解释:

如果摆脱不掉它,就将它“严肃”看待,这就是你对付流行形式[科幻]的做法。这是个很聪明的战术。要是不能碾碎,他们就欢迎你进入[略],BIP[黑铁监狱]就是这么对付人的。接下来,他们就会让你提交科幻写作,让他们来批评。透过“结构化批评”来剔除掉那些“垃圾元素”——结果,你写出来就是厄休拉那类作品。

至于他作品中的女性问题,菲尔在《科幻小说评论》中的回应——《神圣秘密》中的男男女女是按流浪汉故事的模板塑造——并未触及问题的实质,菲尔连自己也说服不了。随后给加兰的信中,菲尔承认,《神圣入侵》之前的作品中,“我对女性的描写很不恰当,甚至怀有恶意”。1981年5月,正当完成《神圣主教》之际,菲尔饱含对女主角安吉尔·阿彻的爱,给勒古恩写了封充满欢乐和凯旋之情

① Knopf,老阿尔弗雷德·A.克诺夫和布朗什·克诺夫1915年在美国纽约创办的出版社,以出版欧洲、亚洲和拉丁美洲文学出名,引领美国文学潮流,1960年为兰登书屋收购。

的信:“这是我一生中最快乐的时刻,厄休拉,与她面对面,这位明亮、好斗、风趣、受过教育、温柔的女性,[略]如果没有你对我的作品给予的分析,我也许永远也不会发现她。”

不过,《银翼杀手》那边后院起火了。电影投资方强烈希望能将剧本小说化,以在电影上映后交叉宣发。加兰的立场站在《仿生人会梦见电子羊吗?》原作这边,而非一本草草改编的电影小说,他希望采用《银翼杀手》之名重版《仿生人会梦见电子羊吗?》,好进行搭售。5 月,投资方讨价还价的提议是经典的“大棒加胡萝卜”策略。胡萝卜:如果菲尔答应把剧本改为小说,他能拿到五万美元预付版税,以及来自所有印刷品周边的百分之五十的纯利润——包括纪念杂志、海报、漫画等等。如果电影大卖,菲尔总共会拿到二十万到四十万美元版税。大棒:如果菲尔拒绝,投资方仍然有权印刷不超过七千五百字的周边产品,不用得到菲尔的首肯——菲尔拿不到一个子儿。而且,如果有哪家出版社要再版《仿生人会梦见电子羊吗?》,必须用原标题,绝不能提它跟《银翼杀手》有半点儿关系。

最后的结果,根据加兰估计:如果答应剧本小说化这个方案,菲尔能挣大约七万美元,包括来自搭售印刷品的二万美元分成。不过,菲尔和加兰讨论策略时,四十万美元的总收入似乎摆在台面上。况且,这份要约来得正是在最为关键的时刻。西蒙和舒斯特出版社的编辑,买下《神圣入侵》版权的大卫·哈特威尔(David Hartwell)刚跟菲尔签了一份出版主流小说的合同。实际上,哈特威尔和菲尔会面的那一天之内,他答应出版菲尔三部小说:七千五百美元预付版税付给主流小说《主教提摩西·阿彻》(菲尔暂定的标题);一万七千五百美元付给一本名为《白日之枭》的科幻长篇(从未写完);三千五百美元付给“时间逃亡”(*Timescape*),以平装形式再版《一个废物艺术家的自白》。哈特威尔毫无保留地信任菲尔的才华。他在采访中回忆:

菲尔用了六小时时间,密集地跟我讲述构成《提摩西·阿彻》的细节。整个结构都在那儿,他要做的就是坐下来把它写出来。

至于《白日之枭》,我从来没收到过一份正式的写作提案。有一次,菲尔告诉我,他会在下午两点前,给编辑或代理人提交点写作方案,让它听起来像是个靠谱的情节——因为两点是信件寄到家的时候,而他对来信有种迷信,要是他不看完来信,就绝对没法写任何东西。我跟他会面的那天听到的《白日之枭》情节的有点儿像但丁、像托马斯·曼、像《神圣秘密》、像《神圣入侵》,不过那会儿我没有急着逼他。后来,我的确收到过一封信,里头有几段描述,不过那都是菲利普·迪克式的最含糊不清的描述。

那天晚些时候,我决定把三本书都买下来,我告诉了他。菲尔抱起他的猫,对它说:“好家伙,我们今天还真是红得发紫呢!”我们一起去吃晚饭,相处甚欢。

于是,菲尔面临的抉择就是,一边是来自纽约出版社的主流文学合同,价值七千五百美元;一边是好莱坞,嘴里叼着价值四十万美元的肥雪茄,让他写一本粗制滥造的剧本小说。菲尔经常将这种非此即彼的选择描述为对他本人正直的重大考验。加兰回忆,整个谈判的过程是这样的:

菲尔跟很多人提到,我说有两个要约——提摩西·阿彻,七千五百美元,或是剧本小说化四十万美元——你想要哪个?他讲的版本作为故事更有戏剧性,但不是真的。他不用二选一,他可以两个都接下来。

实际上,他一开始真正的态度是:听起来棒极了,让我们研究一下。我告诉他,一点儿也不棒,糟透了,如果你去弄个小说化剧本,就没人看《仿生人会梦见电子羊吗?》了。他想知道他们报价有多少——这一点人们常常有意忘掉:菲尔来自底层世界,钱对他来说绝对重要。他不理解我为什么不赞成那个明显有利可图的方案。我们讨论了,最后他说:"我猜你是对的。"

最后谈下来的结果,是将《仿生人会梦见电子羊吗?》以《银翼杀手》之名重版,电影资方获得百分之一的版权金。最终协议签署之前,菲尔在访谈中谈到剧本小说化的方案,同时也指出,他的确打算写,"按照我代理人所做的解释,从财务角度上来说,我这么干会的话,等于把下半辈子都搭了进去。我觉得我的代理算好了我活不长。"

不过,是菲尔而非加兰有了对他死亡的预感。这并非新鲜事:过去十年中,菲尔有好几次感到身上出现死亡信号,例如1974年3月的“复印信函”事件期间。和那时相比，不同之处在于，菲尔不再强烈感到外界威胁，而是单纯疲惫不堪。加兰认为菲尔可以同时签那两份合同，没错，但这完全基于合同角度而言；至于从意志和体力角度，菲尔比谁都清楚。

1981年4、5月间，他转而去写《神圣主教》，并体验到一种强烈的隐忍诱惑的感觉，他在《解经》中写道：“我的灵性渴望忍受着炽热如铁的考验[略]最终，当我写作《阿彻》这本书时，我感到狂喜。”他接着强调：“文学并不是最重要的。通过写作来锻造anokhi[希伯来语：我是主。]的意象才是重要的。对我来说，除此之外别无其他重要的事，只剩纯粹知觉。”虽然菲尔的文学目标崇高，但他给这场写作注入能量的方式却并非如此。他对保罗·威廉姆斯吐露，每晚写作这本小说时，都会喝不少拉弗格威士忌——他感到这对身体造成了不小伤害。

《提摩西·阿彻》讲述一位探求灵魂的人的故事；这个人和菲尔一样，“意象”与“知觉”是其生命之根本。菲尔所有长篇中，唯有这本如此清晰地描绘了思想者菲尔和艺术家菲尔之间的本质区别。通过讲述阿彻主教的失败生活——不幸福的家庭，痛苦的婚外情，以及失去灵魂的智识辩护——菲尔实质上是拒绝了为满足简单、日常的人类热情和善良美德，而对《解经》加以抽象化。

对菲尔而言，《提摩西·阿彻》同时还是一本毫不掩饰的影射小说。阿彻主教，为了寻找以蘑菇形态存在的anokhi，死在犹大旷野，他是派克主教的心理学肖像。第二章开头是安吉尔·阿彻写给主教妻子"简·玛丽昂"的一封信,这封信和1981年3月菲尔写给琼·迪迪翁(Joan Didion,她在《白色相簿》上发表过一篇有关派克的文章)的信几乎如出一辙。杰夫·阿彻自杀,现实中派克主教的儿子小吉姆也自杀了。不过,杰夫的关键原型来自菲尔的两位朋友,汤姆·施密特和雷·哈里斯。阿彻的情妇,柯尔斯顿·朗德伯格形象来自玛伦·哈克特。那位导师,埃德加·赤脚则基于艾伦·沃茨[1]。

柯尔斯顿有精神分裂症的儿子比尔·朗德伯格,相信阿彻主教的灵魂统驭了他,部分基于菲尔本人。菲尔一直萦绕于心的观念:派克主教不知为何,活在他之中。正如1981年的《解经》条目,"'2-3-74':我被施了魔法。目的:为了再造吉姆,这样他便能继续[略]发声(通过我的写作,而不仅是'阿彻'这本书)。"不过,《提摩西·阿彻》中的吉姆·派克再造,则是一幅非常含糊的画像。企图在旷野中找寻anokhi的行为,令他表现得像是一位愚蠢、被驱使的人。叙事者安吉尔·阿彻描绘他:

> 试图将每种可能想法全试一遍,看最终能否应合,就是这样的作为摧毁了提姆·阿彻,这一点不容置疑。他尝试了太多想法,拾起一个又一个加以检视,用了一会儿然后丢弃掉……不过,有些想法似乎本身具有生命,会从谷仓另一边溜回来,找到他。[略]但他不易屈服,也就是说,他死也要反击。命运必须杀了他。

① 艾伦·沃茨(Alan Watts,1915–1973),英国作家,1938年移居美国,致力于将东方哲学介绍给西方受众。

虽然小说整个情节表面上聚焦于阿彻主教,但实际上真正主导叙事的是他儿媳,安吉尔·阿彻。她是个脚踏实地、温柔、三十出头的寡妇,在伯克利管理一家唱片店。安吉尔的关键原型是菲尔的女儿劳拉(她的中间名是阿彻)。据《解经》,“唐娜”——圣威尼斯时代菲尔深爱的女人——是该角色的另一个原型。不过,这些现实生活中的原型经过加工后,浮现出更多内容。安吉尔的单纯,超越了主教的抽象推想;这让菲尔感到自己终于和内在的女性、阿尼玛达成了和解。《解经》中:“当上帝看我时,他看到的是安吉尔·阿彻,因为这就是基督所造的我——新生命;重生。那个[女性]A.I.声音来自我的灵魂。”

创造安吉尔·阿彻带来的欣悦,促使菲尔燃起树立主流文学地位的渴望。如果《提摩西·阿彻》受到好评,也许那扇门终于有了一丝打开的机会。1981年6月给加兰的信里,菲尔认为,排斥创作主流文学“是我创意生命的悲剧——而且是一个时间跨度很长的悲剧”。他提议,未来把更多精力献身主流文学创作,并咨询代理人的意见。加兰的回信很谨慎,既然菲尔那么想写主流,他忠诚地劝菲尔放弃科幻。但加兰并没有跟菲尔说出真心话。加兰接受采访时回忆:

那封信中我试图说的其实是:不要停止写科幻。但我没法直截了当地说出来。我感觉,要是那么说,会让他心碎。如果他活到看见《提摩西·阿彻》出版,并不成功——《提摩西·阿彻》的表现很差

——接下来对他来说会很困难,就像1958年的情形再现。我得把他的下一部主流长篇提交给二十五家出版社,然后被拒稿二十五次。

对我而言,他的主流文学作品不及他科幻作品的十分之一。这类话你没法跟他直说。现在他去世了,成了殉道者;当然,你可以轻松地说,看看菲尔,他本来有可能成为主流文学作家,但肮脏堕落的出版产业却从来没给他机会。我不觉得这是实情。

虽然在菲尔去世的1982年春季出版,印量也相当保守,但《提摩西·阿彻》仍未能一销而空。1983年以平装本再版,获得少量利润。他生前未能问世、之后陆续出版的主流文学作品也都销量平平,没有引起评论界的注意。

菲尔是否想到了最差的情况?1981年给加兰的信中,菲尔似乎已摆脱主流文学之梦对他的束缚:“是的,我觉得我会继续写科幻长篇。它融入我的血液之中,我对于当科幻作家一点也不感到耻辱。”他苦思冥想,要写出《白日之枭》,为此,他给加兰和哈特威尔的信中提出了好几个不同的情节方案,并设想用一种“叠层”方式把它们全部糅合到一起。其中一个版本以但丁的“地狱-炼狱-天堂”结构为背景,讲述一台愤怒的电脑把一位科学家关在游乐园的故事。只有解决了道德窘境,那位科学家——被困在男孩身体里——才能抵达天堂,重新获得真实自我。那公园包含伯克利社会环境,其中有一位托尼·鲍彻形象的人,他将帮助男孩成为科幻作家。

《白日之枭》大杂烩情节的另一个要素是“Ditheon”,这个词来自菲尔1981年6月的梦:一种十分有裨益的药物,装在梦中的圆柱容器中——有尤比克之影! ——上面标有“DITHEON”字样。早晨醒来后,菲尔翻找参考书,分析了这个词的来历:希腊语中的di(二),以及theon(神)。《解经》中,菲尔兴高采烈:“这个名词——概念——Ditheon是对‘2-3-74’的完整、绝对、彻底、精确、必然、最终的终极解释。”被Ditheon掌握的人,通过融入两种先验神圣智慧——律法书中的义以及基督的恩典,形成第三种,也即更高阶的智慧,回归到一种纯粹存在,也就是柏拉图的理念概念之表现。7月的信中,菲尔解释:“Ditheon之于人类,正如人类之于仿生人。”

Ditheon在《白日之枭》中扮演什么角色?菲尔一直没彻底确定。如果没那么早去世,他迟早会花上两礼拜时间,以极度兴奋方式把它全部写下来,那样我们就不会再有类似疑问。1982年2月,朋友格温·李(Gwen Lee)对他的采访中——就在他遭遇第一次致命中风前几天——菲尔给出《白日之枭》的设定。可以肯定,这是它的最终情节。主角的灵感或多或少来自贝多芬。菲尔相信贝多芬最好的作曲都是耳聋后所作。菲尔推论这很有可能——因为音乐是右脑加工的概念化行为。

菲尔构想的作曲家,埃德·菲尔姆利,住在远离城市的郊外,可能位于俄勒冈州。他是个奇怪的失败者:音乐天赋不高,凭借给廉价科幻电影写配乐,活得衣食无忧。接着,出现了重大转折:“有人打算拍一部垃圾科幻电影,里头有位侦探,试图追捕仿生人。”(对

《银翼杀手》的戏仿。)菲尔姆利“正在为这部电影写一段矫情配乐。[略]因为这部电影让他变得出名,让他很容易被追踪到”。谁在追踪菲尔姆利?外星人,来自一个没有音乐——甚至没有声音——的行星。他们的语言完全基于色彩。有位外星人透过某种宗教体验偶然发现音乐的存在,才不辞辛苦前来地球,打算弄清楚音乐的秘密。“我必须以那种凭借色彩作语言的生物的角度来写作,对他们来说,地球是个神圣行星——如同找寻上帝。”菲尔姆利对这个神圣任务完全蒙在鼓里。“外星人决定将自己转变为生物芯片,然后以共生体的形式植入人体,将大脑作为宿主。”菲尔没提到《白日之枭》的结尾,但的确给出了终极主题:

问题在于,人类是否想让外星人驻在大脑里共生?我想让其成为一个主要问题。你恰好在我正在组织一本新小说的关键时刻采访我。当前是写一本书最重要的阶段。我们转变观点。对于外星人而言,作为作曲家的人类是最理想的宿主。[略]它们可以在那里享受音乐。对它们来说,那是卓绝的宗教体验。

为何起这样的标题?“猫头鹰在白天看不见东西,它们会变得很困惑。这单纯为了比喻一个人的判断力被遮蔽了起来。”

《白日之枭》的构思来来往往,但菲尔没法动笔把它写下来。菲尔在信中吐露:“我担心我贪多嚼不烂;创作《神圣主教》让我精疲力竭[略]没法保持那样的节奏。”菲尔担心会步赫布·霍利斯,及一位雷伊斯角站朋友西部作家比尔·库克的后尘,人到中年心脏病突发而早逝。然后,9月初,菲尔在伯克利出版社的通信中,读到说出版社的两位作者心脏病发作,其中一位结果致命。他对此的回应很绝望:

看完新闻后[略]我把为构思中的小说所记的笔记停下来,躺下来打盹,然后起床,开车去杂货店,再开回来,撞上地下停车场的支撑柱。我的无意识在说,够了。我知道会撞上那根支撑柱,就算已经撞上了,我还是往前开;我想撞上它。我想抗议那两个心脏病发作的人[略];我想抗议我本人受到的奴役,几十年如一日地写作,为了付配偶赡养费、子女赡养费、送大女儿上斯坦福、让小儿子上私立学校、给前妻特莎买一栋十五万美元的房子……赶截稿日期,为参加《银翼杀手》的盛大首映礼租一套半正式的晚礼服,那些长途电话,给那些打算自杀想让我劝他们别这么干的读者们的回信(因为我在《神圣秘密》里写了我的自杀于是他们觉得我能理解)。我的确能理解。我理解当作家的代价——编辑也是如此!——日复一日地工作,一天十六个小时,一周七天。[略]不是幸福,而是暴死,或彻底残废。他们,正如耶稣所说:"你们的祖宗在旷野吃过吗哪,还是死了。"①

车祸让他腿部受伤,即便在公寓附近走动也十分困难。以强烈的身体行动来表达同理心和愤怒,本是菲尔性格的必要组成部分。1981年,得知埃及总统萨达特遇刺,菲尔用手捏碎铝罐,割伤手腕。这些有些自杀倾向的抗议并未持续。菲尔想活下去。他对《银翼杀

①《约翰福音》6:49。

手》首映十分期待，当时预定时间是1982年年中。另外，虽然有那么多抱怨，但经济方面没有什么问题。不过菲尔累了，而且远比累了更甚。他渴望对自己、对世界的救赎。

对“2-3-74”无穷无尽的解读，令他油尽灯枯，也令他高度兴奋，菲尔心知肚明。车祸之后一个星期，他给加兰写信，包含了一页针对《解经》的“最终声明”。他在附信中解释“2-3-74”是真的，“但它到底是什么，说实话我就是不知道，我也不再期待能知道。”“最终声明”承认了他的无知，但他争辩，认知——而非单纯信仰——对真正的宇宙“超结构”而言，是可能的。相比人类，具有更高感知能力的物种也许会进化出来，而“超结构”将会“主动参与”到进化之中。“这是就最真切意义层面的一种元实在，并展现出一种巨大、紧迫的神秘性，值得我们投入最深刻的关注。”

所有这些听起来，那位抱持怀疑论的安吉尔·阿彻仿佛都会同意。不过，菲尔在“2-3-74”跟“超结构”有过正面接触，并在“11-17-80”跟上帝玩了把无限赌局。承认神秘性并不足以让他满意，只有真切的接触才行。为了一个更好的世界，历经数世纪的缓慢进化并不能带来慰藉。

1979年，A.I.声音告诉菲尔：“你等待的日子来了。工作完成了；最终的世界已经来临。他已经移植完毕，并活在当世。”那个A.I.声音还补充，人们会在一个岛上找到救世主。1981年9月17日晚，菲尔正准备睡觉，忽然出现的睡前异象将他惊醒，他明确地知道，这位名为泰格尔(Tagore)的救世主住在锡兰[1]。9月19日给加兰的信中,他宣称:“我获得的远不止信息,远不止A.I.声音诉说的话;我实实在在地看到泰格尔,当然,并非完美。这个异象将伴我终生。”《解经》中,菲尔将其命名为一种教导(kerygma[2]),他必须加以传达。于是,9月23日,他给幻迷杂志《无名者》(*Niekas*)编辑埃德蒙·弥斯吉斯(Edmund Myskys)寄了一封信(后来发表了),并把同样内容寄给另外八十五个人——朋友和没那么亲近的联系人——他在信中描绘了泰格尔和他的教诲。据菲尔所述,泰格尔肤色为黑,印度教徒或佛教徒,在乡间兽医团体工作。“虽然泰格尔是基督的第二次道成肉身,但当地人把他看作大神黑天。”宗教标签没有太大意义——紧要的是地球和人类灵性的存亡:

泰格尔被烧伤,腿瘸了;他无法走路,只能让人背着。在[爱马士]肥特能理解的范围之内,泰格尔就要死了,但他是自愿死的;泰格尔用自身承担人类破坏生态圈犯下的罪。最要紧的是,由于人们将有毒垃圾倾倒在大洋之中,反映到泰格尔身上就是严重烧伤。泰格尔的福音传道,是第三时代(接续律法时代和基督时代):生态圈是神圣的,因而必须得到保存,加以保护,尊敬、珍爱——如同一体[略]。

泰格尔教导我们,如果生态圈遭到烧毁,上帝也会被烧,[略]因此,目前我们的世界中,以及世界本身,正在遭受一场宏受难,而我们

① 即斯里兰卡。

② 即福音传道。

却看不见;泰格尔,"逻各斯"的新道成肉身的人形,告诉我们这些,是为了让我们停止这一切。如果我们继续这么干下去,就会失去上帝的智慧,并最终失去物质层面的生命。

信里还提到,泰格尔对生态圈的教诲和德日进[1]的《人的现象》的"宇宙基督"等概念有相似性。不过,德日进笔下的神圣,通过进化揭示自身;泰格尔的方式则是对我们世界的神圣侵入。

这封公开信中(而非之前给加兰的私人信件),菲尔将异象归于爱马士·肥特:"他让我写这封信,目的是把它告诉整个世界——更准确地说,《无名者》的读者。可怜的肥特!现在,他的疯狂已经不可救药,因为,他以为他在那异象中亲眼看到了新救世主。"菲尔从未对朋友或采访者否认过见到泰格尔。但是,用变化的自我,肥特的口吻来叙述,得以从容反讽。1981年2月和勒古恩争论时,反讽的价值在于防御对他失去理智的指控。1981年《解经》条目,他承认:"整整七年来,我担心我是疯子(因此才会常用H. 肥特的口吻叙述)。"

菲尔如何看待泰格尔异象?10月初,《村声》[2](*Village Voice*)评论家格雷格·桑多(Greg Sandow)来访,他回忆两人去附近酒吧聊天:"他说好几次跟上帝直接沟通,这些事让他迷惑、心烦。他以纯

① 皮埃尔·泰亚尔·德·夏尔丹(Pierre Teilhard de Chardin,1881–1955),汉语名为德日进,法国哲学家、神学家、古生物学家,曾在中国工作多年,从事旧石器时代考古学研究。

② 1955年,作家诺曼·梅勒等人在纽约创立的报纸,是六十年代美国重要的文化和政治报道平台。

粹摆事实的态度,直话直说,一点儿也没有故意让我敬畏的意思。菲尔自认和泰格尔产生共鸣——救世主身上发生的事,相当于发生在他身上,具体表现就是受伤的腿。他似乎很关注死亡,但同时表现得自然,因为,当整个世界崩毁之时,救世主也会死去。"《解经》中,菲尔坦白:"我必须问上帝,他到底想要我干什么。传播泰格尔的福音要旨?还是自我牺牲?就今天看来,只有后者在我能力范围之内;我已经没有足够力量来完成前者。因此,他不可能想让我做前者。我必须效仿泰格尔。"

泰格尔异象成了这幅永远无法完成的拼图上的一块新碎片。跟"11-17-80"一样,它也不能阻止菲尔继续探索下去。此外,专注新福音要旨,并不意味套上自以为是的罩子,或是忘了有趣。菲尔发出泰格尔信件一周后,他匆匆写了篇尖锐的自我戏仿(以《神圣入侵》书评的形式)交给科幻迷杂志《毒液》(*Venom*)。评论的结论如下:

这书还真是油腔滑调的,不过,迪克显然试图摆脱据称来自某年或某些年里,他从街头人士、罪犯和暴力煽动者,以及大体来说北加州一带的种种浮渣那里染上的恶业(这些显然发生于他某个婚姻的彻底崩溃之后)。本评论者建议,加以修正的最好方式应当是休养生息:停止写作,菲尔,看看电视,也许抽根大麻——再倒一次霉又死不了人——总的来说放轻松点儿,直到那些倒霉的旧日子和针对倒霉旧日子的反应全都在你发热的意识里平息下来。

菲尔依旧享受在深夜编织诺斯替神话和克格勃将计就计的狂野故事，乐于跟基特、布莱洛克和鲍尔斯分享。每当菲尔有什么事，就会紧急给他们仨打电话。布莱洛克回忆：

有一次他收到一张两万美元的支票，《银翼杀手》付的一部分钱。于是他给我打电话："老天爷，现在是晚上十一点，我收到两万美元，我该拿它怎么办？"我说："你最想要的是什么？"他说："想吃火腿三明治想到死。"我告诉他："晚上十一点提这个要求，对奥兰治郡来说可有点儿过分了。"他说："那找个妞，如何？"

早在1978年，有位女孩——"特蕾莎"——曾愿意拿身体偿还菲尔，这样的行为让菲尔产生了发自内心深处的厌恶。菲尔上面开的玩笑触到了痛处，并出卖了他的孤独感。他难道不是一直都知道吗？就算上帝也不足以替代一位好女人对他的爱。不过，干旱期已持续四年。

接着，他时来运转，至少似乎如此。

10月，他认识了"苏珊"，一位熟人的妻子。她不到三十岁，聪慧、引人注目。婚姻摇摇欲坠，丈夫身在海外。菲尔受她吸引；"苏珊"回应他的感觉。到了坠入爱河的时候："我仍记得那天夜里的感受：对我而言，世界仿佛活了过来，如同重生。我破壳而出，1977年和琼分手后就一直躲在其中。"他们有了阵短暂、激情的情事。不久后，"苏珊"吐露，她很快会搬去湾区以北。消息顿时让菲尔的希望枯萎。他又见识了经典的两难境地：爱我/离开我。她的有夫之妇身份也折磨菲尔：以泰格尔的标准，通奸并非“正确的行为”。菲尔也不可能跟她去北加州，正如四年前，他也不会随琼而去。11月给“苏珊”的信中，他把态度挑明。事业、友情、家庭和稳定的家，远比一时的激情重要：

任何危及这些的东西，都和我的生命冲突，这就是那种心情的写照。我的此在（Dasein）[1]是累积的；我不断增加——历经数十年的混乱、中毒和粉碎、分离，以及只是在地球表面游荡。整整九年来，我都在系统化地重建稳定，我同时也将这些年月投射到未来。我希望能继续重建下去。

看上去的确勇敢、敏感，但亲自将这段关系叫停，也给菲尔带来巨大痛苦。11月，他写了一份长长的自我分析，证明了这种挣扎。有天晚上，菲尔体验到“无垠的惧怕”，他给特莎打电话，让她过来；特莎安慰了他整夜，菲尔感到两人间的纽带仍紧密相连。与此同时，菲尔又对“苏珊”和特莎两人都具母亲形象而感到大为惊骇：“永远找寻从未有过的好母亲（温柔、善良，爱的化身），认识到这点实在太苦涩、痛苦和可怕；一想到最后你终于找到她——接着又发现你回到最初的起点：和一位残忍、可憎、疑心、爱指责人的母亲，坏母亲纠缠在一起，一切重新来过。”

接着，菲尔和同公寓楼的一位女士产生了一段短暂的柏拉图式

① Dasein是海德格尔提出的存在主义哲学概念，由两部分组成：da（此时此地）和sein（存有、是）。此在是一种能追问存在意义的存在者。

关系。期间有过狂喜时刻，他写道："因为你，我重新进入现实，而多年前我便从那儿逃离。"不过她有位年轻恋人，而菲尔以往为爱可以牺牲一切的态度也发生了变化："扪心自问，我处于爱恋之中吗[略]？不，我没有。我也不再爱["苏珊"]了。和特莎呢？也许。我爱的是工作，是写作。"

无论如何，与特莎之间的关系趋于缓和。两人共同照顾克里斯托弗这一事实，也给了菲尔渴求的家庭感。他们讨论了复婚的可能性。菲尔对待该问题是他面对困难情感挑战的典型方式——不同时候表现出截然不同的态度。跟朋友们提及此事，就说这都是特莎的主意，他不会顺从。跟特莎一起时，他谈的则是两人或许能住到一起。

抛开这些戏剧性的关系不提，菲尔也享受一段与另一位女性稳定、舒心的情谊。自从1972年以来，玛丽·威尔逊就一直是女性知己。现在，他人生中的最后六个月，他们几乎每天有联系。玛丽是位演员，对付好莱坞的那一套花花世界游刃有余，而菲尔也的确时不时要跟好莱坞打交道。1981年9月，《银翼杀手》杀青；迪士尼要拍《全面回忆》的谣言满天飞，剧本改编自菲尔1966年的短篇 *We Can Remember It for You Wholesale*（菲尔死后，这部电影的改编得以推进并上映——详见创作编年纵览中的《保存机》条目）。偶尔还会有好莱坞派对，比如为《利爪》（改编自1953年短篇《二号变种》）的潜在投资人举办的聚会。

不过，最重大的事件要数应《银翼杀手》剧组的邀请去看一卷精心设计的电影特效片段录像。6月，菲尔曾在本地新闻节目中偶然看到过《银翼杀手》的宣传片段。现在，他获得的是专门为他准备的私人放映。玛丽怂恿他跟他们要辆加长跑车和司机——制作组顺从了！菲尔和导演雷德利·斯科特为宣传拍了张合影，照相时打领带的人，不是大牌导演，而是菲尔。

晚上，菲尔和玛丽会在他公寓中彻夜长谈。大部分时候都是菲尔在说，他对所有可能性都加以彻底分析，从好莱坞到上帝，从艺术到女性。他用浓郁的蓝苏门答腊咖啡补充能量，斯威夫特司总铎鼻烟喷个不停。菲尔计划和玛丽来一次法国凯旋之旅。1982年，梅斯科幻节组织者已经邀请他再次担任荣誉嘉宾，报销所有费用。他们计划顺路到访纽约，菲尔也将终于踏上那个成就他的城市。参加完梅斯科幻节后，他们也许会顺道去次德国。玛丽回忆，他们开始讨论，将俩人的关系定位为“配偶”，菲尔想起草正式文件确定。如果他死了——他似乎察觉到时间所剩无几——配偶关系会让她拿到财产里相应的分摊部分。不过正式文件的主意让玛丽有些担忧：“我不想这么干，好像我要是签了这个，那我的目的是为了他的钱，而不是他本人。”不过，菲尔跟别的朋友否认他提议要和玛丽确定任何正式关系。

12月底，女儿伊莎打来长途电话。伊莎十五岁，非常害怕学校老师家访。菲尔安慰了她。刚挂掉电话，他便给她写了封长信，让她好好保管——长大后,她会更理解这封信。他在信中提到,这个世界并非人类灵魂的家园。来自上帝的恩典为灵魂的困境给出答案。当我们的负担过重时,上帝将会加以干涉,但只有当我们向他大声呼喊才可以——“这就是为什么并非所有人都会得救,因为并非所有人终其一生能够看清,他们唯因上帝而生,并只活在上帝之中。”

1982年1月,据特莎的说法,菲尔跟他求婚,而她答应了。她写道:“这一次,菲尔说服了我,我再也不用担心哪天从超市回家,发现他的尸体躺在家里。这一直都是我最大的恐惧,菲尔有一天会成功自杀,然后我或是我们的孩子会发现他的尸体。菲尔说服了我,他想活下去,想继续生活。他以前错了。”不过,面对别的朋友时,菲尔断然否认跟特莎求过婚。

1月末,菲尔听KNX调频广播的访谈节目。嘉宾是本杰明·克雷,此人是英国艺术家和神秘主义者,他宣称有一位上帝般的导师会降临世界——基督复临,未来的佛陀、弥勒佛都会立即来到。这位导师住在欧洲某地,是他所在社区的重要发言人,不过,他秘而不宣灵性身份。春末,他将向世界彰显存在,从而开辟一个新宝瓶宫时代。

克雷的预言和菲尔的泰格尔异象相比,并无太大差异。访谈让菲尔大为震动,他将《神圣秘密》和泰格尔信件都寄了一份给克雷位于好莱坞的总部,塔拉中心。接着他又买了两本塔拉中心出的书,菲尔仔细研究后,感觉写得太棒了,给他们捐了一百五十美元。2月12日,菲尔给《儿童世界》杂志的信中坦承克雷的教导如同真理,“他的新时代核心信条是:我们作为工业化国度,必须承担起喂养、照顾穷苦人的责任,也就是第三世界;我们必须和所有人分享财富、能源和世界资源。我们本身的生活方式应当更为单纯;我们不光要继续保存世界资源,还必须不再浪费它们。"面对采访者格雷格·瑞克曼,他花了很长时间表达弥勒佛降临对他信仰之考验;该访谈后来收录在《菲利普·迪克:最后的圣约》(*Philip K. Dick: The Last Testament*)之中。

瑞克曼写道,访谈结束后,录音机关了起来。菲尔坦承,他对克雷所谓灵性新时代来临的预言有很多疑问。他计划欧洲旅行时就该问题再做深入调查,包括去比利时和荷兰。玛丽后来回忆道:"菲尔说,即便你不确定它是不是真的,包含它在内也无妨——他宁肯是那些决定哪些豆子该捡的老大,而非蹲在地上捡豆子的人。我觉得这会是他下一本书的情节——我真的这么觉得。"《解经》条目也证明,菲尔认为克雷能一举解决神圣入侵的难题。1982年的另一个《解经》条目给出了菲尔为什么要等到录音机关掉后才表达疑虑的原因——因为,这样的疑虑会破坏他打算向公众意见施加影响力的目标:

我意识到了,我正在掌握权力。权力来自我的作品,来自我如何使用我的作品带来的金钱。关键词:影响力。

我只对一件事感兴趣:不是社会塑造我,而是我塑造社会。通过:1. 我的写作,2. 我如何使用金钱,3. 访谈,4. 改编电影[略]

涌现宏大的主题式教义[略]这就是所有的作品累加起来后所得到的——对上帝王权归来的期盼。换句话说,福音传道。

菲尔最后有意识的那个星期,在格温·李的访谈中,菲尔将预言的负担、《白日之枭》的情节,以及坦诚无比的虚弱,全部融合到了一起:

我想写这样一个人,他将大脑推至极限,并且感觉到自己已到了极限,但却自愿决定继续,并为之付出代价。我意识到,简而言之,这只是对整个预言的重述。这跟挣钱一样,跟买房产一样。说白了就是一种奋斗——那个人开始意识到,无论奋斗的目标是什么,最终都成了他的代价。

代价变得越来越高,弥补了一直以来的差距。最终,代价那条线变得更高。这是我以前没察觉到的事。虽然我一直都知道我的写作变得越来越好,但我的体力却大不如以往。[略]我还能继续写下去,但那代价——我能在脑海里看到代价那条线的走向,它最终会和使用线汇合,然后超过。这不可避免。

2月17日晚上,菲尔给治疗师巴里·斯帕兹打电话。他有点儿担心,因为那天晚上里克曼采访时,他的录音频繁出现自相矛盾的地方,这种情况不仅仅是对克雷是否尊重的问题。同时,他还体验到视力忽然衰退。这是不是什么心理学症状?为了避免看某些他不想看的真相?斯帕兹认为这听上去是严重的身体症状,建议菲尔马上就医。菲尔向他保证会去,但他没有。

第二天早上,有邻居看到他出门拿报纸。他跟斯帕兹有个预约,但没去。玛丽尝试给他打电话但没人接。后来,邻居胡安和苏·佩雷斯发现他倒在公寓地板上,失去意识,他们打电话叫了救护车。医院诊断菲尔中风,不过是那种过段时间就能痊愈的类型。他不能开口说话,但可以对前来探望的朋友和爱他的人展露微笑。然而,接着出现了多次中风,以及伴随而来的心脏衰竭。

1982年3月2日,菲尔在医院去世。时年五十三岁。

父亲埃德加在科罗拉多州摩根堡为菲尔选了墓地。当菲尔还是个男婴时,他曾在那座小镇住过一段时间,直到全家搬去加利福尼亚。

葬在他身边的,是妹妹简。

创作编年纵览

文学评论最根本的谬误之一，即认为能从作品推断作者本人的观点；比如弗洛伊德，就一次次地犯这个恶心的错误。成功作家为了让角色成立，能让该角色采纳其所需的任何观点；这也是评价作家写作技巧的基本点，看他有没有摆脱自身偏见而创作的能力。

菲尔，摘自《双比尔科幻作家座谈》[①]

人们曾对我说，有关我的一切，我生活的方方面面，精神、体验，梦和恐惧，全都明白无误地编排在我的作品中；通过我作品的全集，便能绝对和精确地推断我。这是真的。

菲尔，《金人》自序(1980)

---

① 由比尔·马拉迪(Bill Mallardi)和比尔·鲍尔斯(Bill Bowers)所编著的对九十四名科幻作家的采访集，1969年出版。

菲尔·迪克的一生极为多产,想要在传记的叙事框架之下讨论他所有作品,简直是不可能的事。

本编年纵览目的在于,为那些期望对迪克有进一步了解的读者提供菲利普·迪克世界的全景图。这些书按写作年代顺序加以编排。为了确保能够引起毫无意义的争论,我对每部幸存下来的作品都打了分,打分的内在标准如下:10分代表菲尔创作的最杰出作品,换句话说,在我个人看来,出色至极。这样也许对那些面对五十多部作品不知从何下手的读者有所助益。至于传记正文中已讨论过的作品,我仅保留内容所在的章节的指引。

安德伍德/米勒(Underwood/Miller)出版社为出版迪克作品做出了巨大贡献。1986年,它出版装帧精美的五卷本《菲利普·迪克中短篇小说全集》(其中包括之前从未发表过的作品)。虽说如此,本编年纵览仍基于不同的短篇选集——《一捧黑暗》(1955)、《变量人》(1957)、《保存机》(1969)、《菲利普·迪克选集》(1972)、《菲利普·迪克精选》(1977)、《金人》(1980),以及《但愿我能早点儿到》(1985)——因为这些选集包含了最优秀的短篇(《菲利普·迪克精选》和《金人》的选编菲尔都曾亲自参与)。

在《只有表面真实》一书中,保罗·威廉姆斯以时间顺序梳理了迪克的全部长篇小说,主要证据来源斯科特·梅雷迪思文学代理(SMLA)记录的手稿收到日期。然而我和威廉姆斯的不同之处在于:根据文本线索,我认为《抖擞精神》写于1949年至1950年间,而

《玛丽和巨人》则创作于1953年至1954年。

此外，纵览中还明确了创作年代和出版年代之间的异同。

1.《回到小人国》*Return to Lilliput*

1941年至1942年创作，详见第二章。威廉姆斯令人信服地推测："可能还有其他早期长篇小说，无论手稿和名字都未幸存。"

2.《撼地者》*The Earthshaker*

1948年至1950年创作，详见第四章。

如威廉姆斯指出，它有可能是菲尔曾提到的《血钱博士》的那个前身，那本"很久以前的主流长篇"。另一个可能的前身是手稿遗失的《山上的朝圣者》，1956年创作，唯一幸存下来的只有SMLA索引卡上的内容摘要（菲尔也许很享受这奇特的情况）。《朝圣者》摘要详见下文。

3.《抖擞精神》*Gather Yourselves Together*

1949年至1950年创作。

三个身处新中国的美国人发现个人生活缺乏真正的价值。情节细节详见第三章。这本书很可能是菲尔第一本写完的长篇小说。全书长达四百八十一页，而它的内容仿佛是在哭喊着要求删减。年轻、无知的卡尔保存的一个笔记本预示了《解经》。其中也有一段以死猫作存在起诉书的桥段,跟《神圣秘密》的故事相似。卡尔的闪回遐思中,出现了菲尔长篇小说中的第一位"黑发女孩":维尼过去的爱人之一,名为苔迪的女人,肯定源自菲尔年少时想象的妹妹(详见第一章)。《抖擞精神》结尾处,略带随意地描绘了美国/罗马,以及新中国/早期基督徒的对应关系。虽然整本书的剧情框架很浅,但它并非一本关于政治的小说。它涉及性、背叛,以及理想之爱的缓慢而艰难的死亡。

评分:菲尔还在给学徒期交学费。

4.《街头之声》*Voices from the Street*

1952年至1953年创作。

一位年轻人,工作不愉快,婚姻不幸福;当理想化的政治与宗教也让他失望时,他便陷入极度绝望。这本未出版[①]的主流文学长篇幸存的手稿长达五百四十七页,不过也塑造了一系列很有特点的角色。"现代电视销售和服务"老板吉姆·弗格森,灵感出自霍利斯,他和销售员斯图尔特·哈德利之间的关系亲如父子,时常争吵。后者二十多岁,冒充花花公子,但无论如何冒充,实际上却有着迷惘和容易受惊的灵魂,因而弗格森给他起了个"笨汉"的外号。哈德利和妻子艾伦有个儿子,孩子让他厌倦;有一次,他甚至打了艾伦。哈德利很崇拜美丽的姐姐莎莉,只要有可能,她就会保

①《街头之声》于2005年出版。

护弟弟免受世界的伤害(这幅画像中能看到双胞妹妹简的影子)。他的朋友是一对犹太社会主义人士,戈尔德夫妇,但他们那种受迫害的样子让他感到恶心(虽然他自已也如是)。哈德利易受强大、极端类型的人吸引,比如高大、枯瘦的法西斯文学季刊《女妖》的编辑玛莎·弗雷泽,和充满魅力的黑人牧师,耶稣守望者社团领导西奥多·贝克海姆。哈德利和玛莎之间有段苦涩的婚外情,后者无论形象还是坚定的气质都和多萝西相似。斯图尔特·哈德利并非菲尔的自画像,但两人之间有相似之处:比如都在华盛顿特区上过特殊学校。后来,哈德利在身份认同之旅上频频徘徊,弗格森解雇了他。此事刺激了一场醉酒狂欢(可能受《尤利西斯》"夜镇"系列事件的影响),以及随之而来的灾难。

弗格森在《精神抖擞》中露了一面,后来和哈德利(作为黑人)一起在《血钱博士》(1964年出版)中重新出现。哈德利后来还出现在《太空裂缝》(1966年出版)之中,他在那本书中和老板达赖厄斯·彼赛尔之间的关系,与哈德利–弗格森关系相呼应。

评分:2。

5.《宇宙傀儡》*The Cosmic Puppets*

最初的标题是《黑暗之境》,1953年创作,1956年在《卫星》杂志(*Satellite*)发表,1957年由王牌出版社以双响炮形式出版,篇幅稍有扩展。

无意之间,弗吉尼亚的一个小镇成为争夺宇宙终极控制权的战场。这是菲尔唯一一部纯奇幻长篇小说。这本书的原标题灵感出自《哥林多前书》中保罗令人不安的观察;二十年后,此隐喻以更为显著的形式在《暗黑扫描仪》中复现。善恶斗争撕裂了泰德·巴顿的故乡米尔盖特,琐罗亚斯德教将善恶分化为二元神的形象:欧马兹达和阿里曼。

整本书的写作风格十分乏味,剧情也很呆板。菲尔将会把其中所蕴含的一些思想,更好地运用于此后的作品中。巴顿必须提醒欧马兹达(他以人形居住在米尔盖特)记起他的神性。那位遗忘本性的神,后来在《神圣入侵》中以男孩艾曼纽回归。而那位帮助巴顿的聪慧小女孩玛丽,实际上是欧马兹达的独生女阿玛蒂,也是《神圣秘密》中的索菲亚和《神圣入侵》中芝娜的前身,她们都是圣灵的女性化身。在1974年7月的信中,菲尔确定,他当时坚信,“2-3-74”从灵性角度而言属于琐罗亚斯德教。

评分:3。

6.《一捧黑暗》*A Handful of Darkness*

1952年至1954年创作,1955年出版。

本书是菲尔第一部精装本,由伦敦的里奇和考恩出版社出版,收入他早期的一些短篇小说。当时菲尔认为,奇幻短篇是他最好的作品,但里奇和考恩出版社则认为奇幻是儿童读物。选集中只收录两篇奇幻:《饼干夫人》(*The Cookie Lady*,1952年创作,1953年发表),是“汉塞尔和格莱特”主题的变奏;《在无聊的地球上》(*Upon the Dull Earth*,1953年创作,1954年发表),则是菲尔利用俄耳甫斯神话写的一个从渴求生命的天使手中拯救他的欧律狄刻的故事。本选集中最优秀的作品是《殖民地》(*Colony*,1952年创作,1953年发表)和《伪装者》(*Impostor*,1953),详见第四章。

评分:4。

7.《太阳系大乐透》*Solar Lottery*

最初标题是《测评主持全都要》(*Quizmaster Take All*),1953年至1954年创作,1955年出版。

二十三世纪,任何人都有可能成为世界最高领袖,只要那个磁性乐透瓶子“动一动”他或她的“权力卡”。不过,这个原本用来防止权力过度集中的随机系统,却惨遭失败;现在,只能靠毫无权力的工人阶级采取绝望手段重新获得权利。

这是菲尔的第一部科幻长篇,由王牌出版社以双响炮形式出版。1955年在英国推出精装本,更名为《概率世界》(*World of Chance*),由于编辑原因,内容和平装本稍有不同。《太阳系大乐透》的创作要归功于对范·沃格特的社会大动乱情节范式的致敬,并且,它也可以说是五十年代博弈论策略盛行的一个缩影。直到《仿生人会梦见电子羊吗?》更名为《银翼杀手》和电影同步推出之前,《太阳系大乐透》的三十万本销量一直都是菲尔的最高纪录。王牌出版社编辑沃尔海姆这样解释：五十年代市场上缺少科幻长篇，推动了该书的销量。

泰德·本特利，犹如《宇宙傀儡》中的泰德·巴顿，是个理想主义青年。他们所拥有的那种率直性格在菲尔六十年代的小说中消失了。世界受测评主持韦里克统治，整个社会极为腐败（恰恰由诸多随机"瓶动"造成），由高高在上的白领"评级人"和被蔑视的蓝领"无评级人"所组成。里昂·卡特赖特，菲利普·迪克式的修理工英雄，通过对瓶子游戏做手脚，替代了韦里克；但是，"佩里格"的持续跟踪和纠缠令他丧胆——后者是种仿生人杀手，能随机让不同的人的意识受控制，目的是让保护卡特赖特的会读心术的警察手足无措。与此同时，普雷斯顿社团（卡特赖特所属的组织）试图找到"神话"中的第十大行星；他们的创始人，老天文学家约翰·普雷斯顿曾发现过这颗行星。行星的名字叫"火焰碟星"，普雷斯顿的火焰碟星是菲尔小说之中，（诸多"书中之书"中）或然世界的第一个。

评分：5。

8.《琼斯缔造的世界》*The World Jones Made*

最初的标题是《另一个子宫》（*Womb for Another*），1954年创作，1956年出版。

一个盲信者发现他获得特异功能：能够预测一年后的事。接着，他意识到，拥有这种有限预测能力也许比没有还要糟。《太阳系大乐透》中，随机力量统治世界，但这只不过是社会系统以为自身能免受暴政的谎言。《琼斯缔造的世界》中，二十一世纪的谎言是“相对主义”，它通过否定所有无法被客观证明的理想，来削弱人类精神。（“相对主义”和菲尔高中时所写的短篇《稳定》有异曲同工之妙，详见第三章）。弗洛伊德·琼斯，一位满肚子怨气，对顾客连哄带骗的占卜师（出生地是科罗拉多，菲尔母亲多萝西的家乡），他的能力是能看到恰好一年后发生的事。弗洛伊德成为像希特勒那样的煽动家，方式是激发缺乏理想的民众对抗“浮物”（一种巨大的单细胞原生质，可能很快降落地球）的威胁。结果证明琼斯是个悲剧领袖，他的有限预言术最终令他无能为力，因为他无法和他知道的将要发生的事抗争。

《琼斯缔造的世界》是菲尔第一部包含毒品亚文化的长篇小说；其中，二十一世纪的北滩夜总会提供海洛因和大麻，以及阴阳变种人舞蹈，他们在舞台上一边交媾一边变换性别。

评分：4。

9.《菲利普·迪克选集》*The Book of Philip K. Dick*

1952年至1955年创作，1973年出版。

在D. 斯科特·阿佩尔和凯文·布里格斯对他的访谈中（收录于阿佩尔的著作《菲利普·迪克：梦之联结》），菲尔回忆，唐·沃尔海姆对这本选集很不爽,他抱怨好作品都被巴兰坦出版社拿走,收入《菲利普·迪克精选》(七十年代早期签的合同,出版于1977年)。好吧,沃尔海姆说得没错。这一堆作品里,《空壳游戏》(*Shell Game*,1953年创作,1954年发表)是最好的一篇,预示了《阿尔法卫星上的家族》中的紧要问题:如果整个行星的人全都被诊断为疯了,你怎么抵挡外星人入侵呢?《空壳游戏》中,一群妄想狂证明了你永远不能反证出每个人都试图给你下套;只有人类之间的信任可以做到,但有谁会笨到相信这个?

评分:3。

10.《变量人和其他故事》*The Variable Man and Other Stories*

1952年至1955年创作,1957年出版。这本王牌出版社早年出版的选集中,最好的一篇是《二号变种》(*Second Variety*,1952年创作,1953年发表),故事背景是未来的美苏大战(对战场的描写像是埃德加在菲尔童年时代描述的一战)。美国地下自动化工厂制造的拥有人类面孔的杀手"钢爪"同时威胁着俄国人和美国人的生存,因为这些工厂已经开始自行设计和制造新的"钢爪"型号——采用专门利用人类同情心的模样:比如受伤的士兵,手抱泰迪熊的男孩,富有同情心的盟友,以及富有魅力的女人(塔莎,早期的蛇蝎心肠"黑发女孩"形象)。《二号变种》启发了一些好莱坞人士的灵感,丹·奥班农完成改编剧本,本来计划由卡普托影业(Captol Pictures)制片,但项目后来被搁置了[1]。在《自动工厂》(*Autofac*,1954年创作,1955年发表,名字出自《二号变种》中的自动化工厂)之中,那些自动化工厂无法停止制造(以及消耗)一切产品。托马斯·迪仕认为“自动工厂”是最早对生态保护提出警告的科幻小说。

评分:5。

11.《玛丽与巨人》*Mary and the Giant*

1953年至1955年创作,1987年出版。

五十年代加州小镇,一位年轻女性紧紧抓住恐惧、理想和意外的性。详见第四章。《玛丽与巨人》是一部具有缺陷,但又十分非凡的作品,1955年至1956年间,曾引起主流文学出版商的兴趣。在最后一部小说《神圣主教》中塑造的安吉尔·阿彻之前,玛丽·安妮·雷诺兹一直都是菲尔笔下最富同理心的女性角色。玛丽年方二十,身材瘦弱,一头棕发,有着一双“稻草色”眼睛。她曾被父亲虐待,成年后,玛丽想要的很多,但相信的却很少。她为人冷淡,有好几个情人,希望能找到避风港。黑人歌手卡尔顿·特威尼引导她进入卑劣的旧日布鲁斯夜间世界。乔·席林,灵感出自霍利斯的唱片店老板,他雇用了玛丽,爱上了她,是书名中的“巨人”——不过他太老了,而且缺乏玛丽所需的勇气。菲尔对格雷格·里克曼(引自《菲利普·迪克:自己的话》,1984)描述,这部小说如同重述莫扎特的歌剧《唐·乔

---

① 1995年,根据《二号变种》改编的电影《异形终结》(*Screamers*)上映。

万尼》:席林受一位年轻女人的诱惑,并被她毁掉。不过,席林更像是诱惑者而非被诱者,失去玛丽大大激发了他的自我意识。最后一章难以令人信服——未来闪现,玛丽和年轻的波普爵士钢琴家保罗·尼兹拥有了幸福的婚姻。果然,为了回应出版商要求,1955年菲尔修改了最初更为苦涩的结局(现已遗失),并将尼兹的肤色从黑改为白。这部小说浪费太多笔墨在蹩脚的次要角色身上;不过,特威尼、席林和玛丽形成了有力的"三足鼎立"关系。席林和任性的玛丽·安妮(姓被改为麦克莱恩)在经过修改后,重新在《泰坦棋手》(*The Game-Players of Titan*, 1963)中出场。《流吧!我的眼泪》中的玛丽·安妮·多米尼克则具有一颗纯洁的心,预示了安吉尔·阿彻的诞生。

评分:5。

12.《天空之眼》*Eye in the Sky*

原标题为《意识大开》,1955年创作,1957年出版,详见第四章。

评分:7。

13.《嘲弄者》*The Man Who Japed*

1955年创作,1956年出版。

一位未来主义的政治宣传奇才对支持沉闷的政府感到厌倦,于是决定利用嘲讽来让政府对他屈膝。《嘲弄者》是整个五十年代唯一一部启用菲尔原标题的长篇小说。不幸的是，它也是这批小说中最烂的一本。二十二世纪，后核战时代，社会由“德矫”（道德矫正）统治——奉行极端脆弱和正经的传统道德，并通过公民相互监视而加强统治。“德矫”政权之外的唯一选择是逃离主义者的“另一个世界”星球，由操纵人心的精神科医生们统治。艾伦·普赛尔是“视媒”部门负责人，该部门也是“德校”政宣喉舌。他去“另一个世界”的精神健康疗养中心旅行，结果被诊断出具有罕见的超能力——幽默感。珀塞尔在心理治疗时采用化名“科茨”，结果出了大意外，心理医生对他使用毒气，让他进入一个科茨真实存在的世界。在《暗黑扫描仪》之中，罗伯特·阿克托则经历了更为痛苦的身份分裂危机。珀塞尔的电视秀“嘲弄”，显然借鉴了乔纳森·斯威夫特的《一个小小的建议》（*Modest Proposal*）[①]。这非常好理解，毕竟，菲尔遗失的首部长篇小说手稿就叫作《回到小人国》。

评分：2。

14.《乔治·斯塔夫罗斯时代》*A Time for George Stavros*

约创作于1955年。这部遗失的长篇小说后来有一部分被改写为《奥克兰的蛋头先生》。

《乔治·斯塔夫罗斯时代》的情节纲要幸存于时间标明为“1956-10-24”的检索卡中，这份欢快的大纲保存在SMLA档案之中，署名为

① 斯威夫特1729年所写的反讽作品，其中建议将爱尔兰贫苦家庭的儿童提供给富人当作佳肴。

"jb"。当时菲尔刚提交了一份改写:"之前不喜欢这本书,现在还是不喜欢。又臭又长,死气沉沉的长篇,关于一位六十五岁的希腊移民,有个孱弱的大儿子、他漠不关心的二儿子和不爱他的妻子(她对他不忠)。基本上没发生什么事。盖伊,卖掉车库,打算退休,试图买下正在建造的另一个车库,摔了几次,最后死了。观点十分朦胧,但这个世界似乎正在解体,斯塔夫罗斯应当是精力充沛的个体,但现在却成了失落的商品。"菲尔在1960年的一封信中,评论了标题中的斯塔夫罗斯:"与卑劣的人相处,并不会令真正的优秀枯萎、被污染和被毁灭;如果坚持不懈地努力,人便能继续走下去,最终成功。恶人玩弄人的把戏终将不会成功;上帝保护好人,至少他们的美德会保护他们。"

15.《山上的朝圣者》*Pilgrim on the Hill*

1956年创作。手稿遗失。(参见《撼地者》)。下面是另一份检索卡的摘要(1956-11-8),署名是SMLA的"jb",他那天肯定很不爽:"又一部冗长、前后不一、彻底含糊不清的长篇小说。因为战争而患上精神病的男人,认为他谋杀了妻子,于是逃跑。遇到了三个怪人:一个阳痿的男人拒绝和他的妻子做爱;妻子,一个美女,准备去找一位怪咖医生治疗;一个充满兽性的工人,有野心没天分。男人与被丈夫踢出门外的妻子有了外遇,想去帮一个笨蛋。最终,彻底崩溃,被送往医院,康复了,回到家里。但这些都有啥意义啊?试试送给阿普尔顿出版社的帕特·沙特尔小姐。”

你好,帕特在吗?我有本书要给你过目!

16.《席斯比·霍尔特的破碎气泡》*The Broken Bubble of Thisbe Holt*

1956年创作,1988年以《破碎泡泡》之名出版 。

一对年长夫妇和一对年轻夫妇相互交织的生活,四个人都学到了针对真正理想和弱点的宝贵经验。吉姆·布利斯金这个角色还出现在另外三部科幻短篇小说以及两部科幻长篇之中(值得注意的是《太空裂缝》)。所有名为“吉姆·布里斯金”的角色都十分具有同理心,很人性化。在这部主流长篇中,他是古典乐DJ,与前妻帕特离婚——因为他不育——但两人仍相爱。他们遇到一对青少年夫妻,阿特和瑞秋。帕特和阿特之间产生激烈的婚外情,虽然他用皮带抽了她的眼睛,但她仍像个初生婴儿那样爱他。吉姆和瑞秋之间的关系也亲密起来,她提议和吉姆一起去墨西哥抚养她的婴儿。小说结尾,正如莎士比亚喜剧那样,那些任性的顽童与他们最初的伴侣重新在一起。书中包含许多古怪到不可思议的次要角色,包括初出茅庐的科幻作家菲尔德·海因克(《泡泡》中还有海因克撰写的短篇科幻小说《读心人》——戏仿《大吃一惊》杂志主编约翰·坎贝尔钟爱的超能设定);还有提斯比·霍尔特,一位大胸女人,靠浑身赤裸地踏入巨大的塑料泡泡(有呼吸孔),任由肮脏的验光师会议代表随便踢来踢去,来维持贫贱的生活。1960年2月的一封信中,菲尔评论这部小说:"它充满恐惧、忧虑和仇恨。我认同社会上最无助、最无力也是最弱小的人——孩子们。"

评分:2。

17.《在小岛上瞎转》*Puttering About in a Small Land*

1957年创作,1985年出版,详见第五章。

评分:5。

18.《尼古拉斯和希格斯》*Nicholas and the Higs*

1957年创作,1958年改写。手稿遗失。

1960年2月的一封信中,菲尔列出这部长篇的概要:"这部很怪,半'主流',半'科幻'。一位下等人能摧毁一个上等人;一个罗伯特·希格能搬进来,驱逐尼古拉斯,因为他,希格,没有道德感[略]只有依托最基本的技术,尼古拉斯才能活下来;[略]意识到这一点,已经足以将尼古拉斯驱逐出去;他必须放弃,只有输才能赢;自从希格出场之后,他就陷入了一种可怕悖论。换句话说,你不能真的打败阿道夫·希特勒们,你只能限制他们的成功。"由SMLA署名"hm"所撰写的简介(1958-1-3)提供了剧情细节:"非常长,非常复杂的故事,设定方面展现了迪克一贯的天才。未来社会,优待券代替货币,人们住在离工厂几百英里之外的地方(通勤汽车时速达到一百九十英里每小时),那里有起大片居住区。汽车经常发生故障,所以,书中有待在居住区的全职维修工。机械师老了,肝脏不好,看上去快要死了。居住区的人们利用通用基金购买仿造器官,但那个人死了几天,最后还是'回来了',有些受触动。次要情节关注于他是从哪儿弄来器官的(行为非法),以及,他的存在导致了居住区内居民的道德崩塌。"SMLA将《尼古拉斯和希格斯》标记为主流小说。类似于老机械师需要人造器官的情节在《倒数第二个真相》中再现(出版于1964年,角色名为罗伯特·希格和尼古拉斯);菲尔1954年的科幻短篇《最后的主宰者》(*The Last of the Masters*)中有位像基督的机器人,需要维修部件。

19.《时间脱节》*Time Out of Joint*

1958年创作,1959年出版。详见第四章。

评分:7。

20.《在米尔顿·卢姆基地带》*In Milton Lumky Territory*

1958年创作,1959年改写,1985年出版。

一本真正意义上的黑色小说,三个角色——孤独的单身汉,一对年轻夫妻——挣扎寻找灵魂,最后失败了。布鲁斯·史蒂文斯是位年轻推销员,没什么深度,他娶了苏珊·法因,苏珊离过婚,还带着孩子。1945年时,苏珊是五年级老师(同一年,菲尔高一,迷恋英语老师玛格丽特·沃尔夫森)。米尔顿·卢姆基,中年销售员,坚持高尚的理想。他爱上了苏珊,不过,他和年轻男人的关系也不错。他们三人一起进行公路旅行,卢姆基在路上力劝年轻人去找寻上帝和灵性,布鲁斯回以大声地嘲笑,不过两人仍保持友谊。我们了解到,卢姆基得了布赖特氏病(多萝西也遭受同种肾病的折磨),快要死了。布鲁斯试图通过卖廉价打字机赚笔快钱,在此期间,他吸取了道德上的教训。然而,这个新的感悟却并不能挽救他摇摇欲坠的婚姻。最后一章,布鲁斯幻想出一个婚姻重燃希望的未来;在那未来中,卢姆基的死让他意识到“相互间的联系远远不够”。这一点十分正确——最后,这本书失败了。

评分:3。

21.《未来博士》*Dr. Futurity*

1953年创作的中篇,名为《时间典当》(*Time Pawn*),1954年在《惊险幻想故事》上发表,1959年扩充为长篇小说,命中注定地登上王牌双响炮系列,同一本书的另一半是约翰·布鲁纳的《太空奴隶》。

为了拯救二十五世纪反抗领袖(目的是为了推翻反乌托邦的不育世界),需要一位二十一世纪医生的医术。嗯哼。1959年,菲尔费尽心思地拖长这篇时空穿梭故事,此时正是他对科幻的兴趣跌落到最低点之时。吉姆·帕森斯被人从惬意生活中挟持,送至2405年——一个贯彻“优生学”的时代(每当有人死亡,就会从“灵魂盒”里产出一颗受精卵——拜拜了，人口过剩）——任何医疗手段都是非法的。召唤帕森斯前来的目的是治好反抗团体的领袖，此人爱上了女神模样的洛里斯（纯易洛魁血统），并幸福地经历了延绵多个世纪的重婚。一部粗制滥造之作，烂得苍白无力。

评分：1。

22.《一个废物艺术家的自白》*Confessions of a Crap Artist*

1959年创作，1975年出版，详见第五章。

评分：8。

23.《伏尔甘之锤》*Vulcan's Hammer*

1953年至1954年创作的中篇，1956年以此标题发表于《未来》杂志，1959年至1960年扩充，并且当之无愧地被收录进1960年的王牌双响炮系列中，同一本书上的另一篇是约翰·布鲁纳的《天际拉毛工》（*The Skynappers*）。无论菲尔还是布鲁纳后来都写过比这好得多的小说；此外，布鲁纳还帮助菲尔扩大了他在英国科幻圈的影响力。人类对电脑太过信任，现在，这些该死的玩意互相打了起来。参见上一条《未来博士》，此时的菲尔对科幻缺乏兴趣。这是个核战后的未来，白领技术专家和疯狂电脑伏尔甘-3不停地压制蓝领的“治疗者运动”。结果却发现，治疗者是早先的大人物伏尔甘-2创造的。某个场景中，伏尔甘-3一败涂地，这完全定义了什么叫反高潮。菲尔从来没有故意要写一部烂书,不过,不管是谁,如果想通过写科幻养家糊口,为了付账单,都写过这样粗制滥造的垃圾,是吧?是吧。

评分:1。

24.《牙齿完全相同的人》*The Man Whose Teeth Were All Exactly Alike*

1960年创作,1984年出版,详见第五章所提的与哈考特-布莱斯出版社的合同,正是基于此,菲尔才创作了《牙齿完全相同的人》以及下文介绍的《蛋头先生在奥克兰》。

如地狱般不幸的婚姻中的欲望、怨恨和恐惧。《牙齿》是菲尔对以上这些内容最彻底的一次探索。全书采用不断切换的第三人称视角,聚焦两对非常不同,但又一样悲惨的西马林郡夫妇:沃尔特和雪莉·唐布罗西奥,二人有着充满竞争性的婚姻(类似菲尔和安妮);里奥和珍妮特·郎西布,灵感出自雷斯岬站的一对夫妇,两人已不在世。说话尖刻的雪莉在沃尔特的公司获得了一份公关工作,这种对其领土侵犯的行动,令沃尔特强奸了她,目的是让她怀孕,好从自己工作的地方滚开。接下来,两人因雪莉试图打胎而争吵,其无情程度,你能在任何一部描写婚后争吵的小说里找到。里奥和珍妮特所在的炼狱则有所不同:珍妮特是个灵魂破碎、十分顺从的妻子;里奥是个有勇气、力争上游的房地产中介。他的发自良心之举几乎让他破产——妄图给“卡奇尼兹”造个良好的供水系统(菲尔曾参加过一次请愿活动,目的是升级雷斯岬站的供水系统)。两对夫妻之间的联系很少,但对于相互仇恨的邻居来说,却已足够了。在生命后期,菲尔同意对《牙齿》感兴趣的大卫·哈特威尔所提的意见,认为《牙齿》确实需要改写——而他会在完成《白日之枭》之后进行。

评分:6。

25.《蛋头先生在奥克兰》*Humpty Dumpty in Oakland*

1960年创作,1987年出版。

以果敢的笔调描述了两个湾区的工人阶级男性;贫穷带来的最严重后果,似乎就是腐蚀人爱和信任的能力。详见第五章,根据与哈考特-布莱斯出版社的合同,菲尔彻底改写了1955年所创作的、手稿遗失的长篇故事《乔治·斯塔夫罗斯时代》。他告诉第三任妻子安妮:“《蛋头先生在奥克兰》是关于无产阶级世界内部的故事。大部分关于无产阶级世界的书都是中产阶级作家写的。”

老年的吉姆·弗格森,拥有一家修车店,担心心脏病发作(菲尔此时也有同样担心),决定把生意卖了。结果吸引了狡诈的资本家克里斯·哈曼,他诱使老人参与马林郡开发项目。吉姆是个执拗但得体的劳动者(灵感出自赫布·霍利斯)。艾尔·米勒,老人修车店隔壁的二手车商,郁郁寡欢,压力一大就会发出傻里傻气的声音——这声音足以把他困在一种贫困、无力的生活中。吉姆和艾尔几乎可以说是朋友,但他们都深陷绝望中。他们的妻子在叙事中都是次要角色,也没法帮到他们。情节最后落入艾尔阴沉、恐惧的世界;与此同时,那个令人厌恶的克里斯反而成了个大好人。吉姆死于他惧怕的心脏病。一部不加冰的波旁酒小说。

评分:4。

26.《高堡奇人》*The Man in the High Castle*

1961年创作,1962年出版,1963年获雨果奖,详见第五章。

评分:9。

27.《模拟造人》*We Can Build You*

最初的标题是《你家里的第一个》(*The First in Your Family*,1962年创作,1969年以《亚·林肯,模拟人》发表于《惊奇》杂志,最终章由编辑特德·怀特所写;1972年由DAW出版单行本,删去了怀特所写的最终章。怀特指出,菲尔当时首肯了他所写的章节;但菲尔否认了这种说法。不过,两人之间保留下来的通信则支持了怀特的说法)。

两个菲利普·迪克式的企业家找到了快速致富的办法:根据美国名人制造机器模拟人,但很快,他们意识到,那些模拟人比他们更清楚什么是真实。参见第五章。《模拟造人》是部古怪的科幻/主流文学混合小说,时间设定在不久后的未来——1982年。两位合伙人,莫里·洛克(基于伯克利时期的老友伊斯坎达尔·盖伊)和路易斯·罗森认定内战怀旧风潮会火,于是开始制造林肯时期的战争部长埃德温·斯坦顿,之后,制造林肯本人。写作《模拟造人》的时间点,正好是美国内战百年纪念日不久;菲尔的朋友,西部小说作家威尔·库克(Will Cook)是个内战迷,除此之外,菲尔当时刚去过迪士尼乐园,在那儿见到了林肯的模拟人。

《模拟造人》的高潮部分是林肯的模拟人和贪婪的商业大亨萨姆·巴罗斯之间的一场争论,焦点在于到底什么是人类——最终,是人而非机器,否定了灵魂的存在。不过菲尔的真正焦点,不是云山雾罩的情节,而是路易斯和莫里的小女儿普利斯·弗朗兹莫之间饱受折磨的关系。《模拟造人》是菲尔对"黑发女孩"痴迷的最强烈探索。普利斯·弗朗兹莫(路易斯对这个来自德语的姓氏的双重翻译分别是"女性"和"妓女")[①]就是这种迷恋到达极致的表现。不过《模拟造人》充满幽默和智慧,林肯的模拟人是菲尔所创作的最优秀角色,可以跟田芥先生(《高堡奇人》)相媲美。

评分:6。

28.《火星时间穿越》*Martian Time-Slip*

最初的标题叫"火星的好会员阿尼·科特"。1962年创作,1963年8月以较短篇幅发表于《明日世界》,1964年出版。

① 这部小说中对此进行解释的并非路易斯,而是莫里。

荒凉的火星生活与地球的现代生活几乎毫无区别。详见第二章和第五章。干旱的火星殖民地上,贪婪的阿尼·科特是权力强大的水管工工会领袖(基于二十世纪五十年代伯克利的合作社,菲尔曾鄙视过其争论不休的政治气氛)。小人物名叫杰克·波伦,曾患有精神分裂症,现在仍有精神分裂症后遗症。一位有自闭症的孩子,曼弗雷德·斯坦纳,毫无希望地在时间线上向前向后无序地溜来滑去,进入熵和死亡的领域。《火星时间穿越》及菲尔最后二十年创作的其他作品中的与精神分裂相关的思想,主要来源是瑞士精神分析学家路德维希·宾斯万格。菲尔在六十年代初期读到宾斯万格对精神分裂的研究之作《艾伦·维斯特病例》(*The Case of Ellen West*)时,大为震惊。菲尔将宾斯万格的名词"坟墓世界"(精神分裂者的自我圈套)运用于好几本六十年代的科幻小说中。杰克·波伦描述精神病:"一个发霉、阴湿的墓穴,一个既没有任何东西进去,也没有任何东西出来的地方。"1976年10月给多萝西的信中,菲尔写道:"我在医院时找机会重读了我[19]64年的长篇《火星时间穿越》。我发现它在戏剧性上不够强(情节较弱),但想法非常出色。我将宇宙拆开,直到仅剩基本结构。我猜我永远都会用这种办法写作——分析宇宙,看看它到底是由什么构成的。我的长篇里能看到宇宙的地板搁栅。"菲尔对他大部分作品都有自相矛盾的评价,但这段评语却让我很震惊,因为它是那么恰当。

评分:9。

29.《血钱博士，或炸弹之后我如何继续前进》*Dr. Bloodmoney, or How We Got Along After the Bomb*

1963年创作，1965年出版。菲尔提议了两个标题：《地球的日行路线上》，以及《地球奥德赛》。

一首核战毁灭后的田园诗，是菲尔最温暖且平易近人的长篇。参见第一章，此外，前述的《撼地者》可能是本书的主流文学前身。很自然，那花里胡哨的标题来自沃尔海姆之手，他想沾点库布里克的电影《奇爱博士》[1]的光。这么说很奇怪，但《血钱博士》真的跟哈代的威塞克斯小说有异曲同工之妙，因为它描绘了一幅西马林郡田园生活的丰富画卷。本书的细节，从采蘑菇，到镇会议，都直接来自菲尔六十年代初在雷斯岬站的生活经验。善良的心理医生斯托克斯蒂尔，基于菲尔和安妮的精神病医生，X医生。蹒跚而行的布鲁兹盖德博士（灵感来自氢弹之父爱德华·泰勒[2]），深受“内耳炎”之苦。他走过加州大学伯克利分校时的感受，直接来自菲尔本人在高中教室里体验到的恐惧。背景设定在1981年的核战毁灭后世界，《血钱博士》毅然地避免从现实主义角度对核爆和辐射尘的影响给予任何阐释。

评分：9。

---

① 电影《奇爱博士》于1964年上映，全称为Dr. Strangelove or: How I Learned to Stop Worrying and Love the Bomb。

② 爱德华·泰勒（Edward Teller，1908–2003），理论物理学家，曾在奥本海默案中对奥本海默做过不利证词，是奇爱博士的灵感来源之一。

30.《泰坦棋手》*The Game-Players of Titan*

1963年创作,1963年出版。

外星人占领地球之后,幸存下来的人由宇宙版《强手棋》统治,一切由它决定,包括哪些土地归谁,以及谁和谁睡觉。参见前述的《玛丽与巨人》。《泰坦棋手》是个曲折、扣人心弦的故事,它从《太阳系大乐透》借用了一些情节的元素(如社会游戏、逃避读心术探测等),但将《太阳系大乐透》里古板的主角泰德·本特利替换成了皮特·戈登,此人是菲尔六十年代作品中的典型男主角:有自杀倾向;过量使用药物和酒精;强迫症似的总被具有毁灭性特质的女性吸引。

故事发生在二十二世纪,中美爆发战争,亨克尔辐射(由纳粹伯恩哈特·亨克尔设计)被用作武器,这种辐射让许多幸存者不育。而地球也被来自土星卫星泰坦的"瓦格"所征服。为了刺激人口增长,瓦格设计了"游戏",它将人类随机配对。只有"土地所有者"能玩这个游戏;所有行动都是为了要在转动的游戏轮上下注。菲尔从《强手棋》上获得了"下注"的灵感,从《人生》游戏上获得了转轮的灵感。皮特·戈登(如果是马文·戈登会不会太明显了?)第一个意识到,那些人类同伴中也许有"瓦格"的模拟人间谍。不幸的是,他的领悟是在吞下"五片瞌睡灵""一把甲基安非他命"以及一些酒精之后获得的。后来,当皮特去见心理医生(医生问他什么时候开始发觉世界变得不真实),发现医生是“瓦格”;那么,到底是酒精、安非他命混合引发的精神错乱,还是这就是我们人类不愿面对的真相?还有,不要忽略另一种可能性,精神错乱也许降低了防御系统,令皮特不知不觉之间获得了读心术。最终的游戏中,安非他命促成了皮特最终的虚张声势,帮他获得胜利。

评分:6。

31.《模拟人》*The Simulacra*

1963年创作,1964年出版。

最初的标题是《地球第一夫人》,该长篇中的一部分曾略做修改,以《新奇演艺》(*Novelty Act*)之名发表在1964年2月号《幻想》(*Fantastic*)杂志上。

这部小说可能是菲尔所有长篇中情节最复杂的一部。它讲述了一个德国贩毒集团制造了一位模拟总统,这位总统的权力有名无实,真正掌握权力的是美丽的第一夫人妮可·提伯多,她才是幕后主使——而这还只是这本书所描述的阴谋诡计的冰山一角。唉,《模拟人》是部非常出色的作品,只可惜浪费了很多非常棒的点子。二十一世纪,欧美利坚合众国——也就是美国和德国合并了——被一对妙人统治:模拟人鲁迪·卡布弗来齐(冻肉之意)·德·阿尔特(老家伙之意);以及妮可·提伯多,魅力无穷,文化修养极高的第一夫人(灵感来自杰奎琳·肯尼迪),她不得不和打算推翻她冷漠专制政权的阴谋做斗争。阴谋各方之中有两个德国卡特尔:它们经常出没于菲尔六十年代的小说中:A.G.化学制药公司,以及卡普和索宁制造公司,后者能造出最棒的模拟人(包括老家伙)。地球大众被分为两类:精英阶层的Ges(Geheimnis,即秘密),这些人知道老家伙的真相;以及Bes(Befehaltrager,领令者),这些人只是相信和服从任何指挥(《震击枪》和《倒数第二个真相》也有同样基于真相的精英/大众区分)。卢尼·卢克通过销售破火箭给那些绝望家庭移民火星大发横财。艾勒·米勒负责卢尼·卢克的一个销售点,他的朋友伊恩·邓肯爱上了妮可在电视上的形象。与此同时,因患上精神病而病入膏肓的钢琴家理查德·孔罗斯安再也无法在大众面前出现。线索多到不可胜数,可它们在小说糟糕到极点的结局处,全都断了线。不过其中一些场景,例如孔罗斯安的精神被外界吞噬的一幕,可名列为菲尔六十年代作品中的最佳。

评分:7。

32.《等待去年来临》*Now Wait for Last Year*

1963年创作,约1965年修订,1966年出版。

一位颤巍巍、可爱的世界领袖运用过于人性化的智慧和诡计,延缓类纳粹的外星人占领地球。详见第二和第六章。疑病、善良的世界独裁者基诺·莫利纳里在菲尔的心中占据一份独特位置;同样具有特别位置的还有《尤比克》中的格伦·朗西特和《帕尔莫·艾德里奇》中的莱奥·布列罗。据菲尔的说法，莫利纳里是基督、亚伯拉罕·林肯以及重要程度更甚的，墨索里尼的综合体。墨索里尼？菲尔认为他是存在主义先驱：将行为置于理由之上。对菲尔来说，理论等同生命，相互矛盾的立场是让思想兴奋的大餐。当然，菲尔对法西斯统治毫无同情可言，《高堡奇人》即说明了一切。

评分：7。

33.《阿尔法卫星上的家族》*Clans of the Alphane Moon*

1963年至1964年创作，1964年出版。

《阿尔法卫星上的家族》回答了一个十分古老的问题：囚犯管理疯人院，会怎么样？本书中，疯人院是阿尔法系统的一颗卫星，不过，没有任何理由忽略这一点：那里和由官方宣布理性的地球之间，实际上极度相似。详见第六章。诺曼·斯宾拉德对《阿尔法卫星上的家族》有如下评论："月球精神病院的精神病囚犯发起叛乱，设法建立由家族系统管理的功能性社会。[略]某种程度上来说这本小说是戏仿，但它也描述了那些充满矛盾，甚至残缺的独立意识，如何能协同起来形成有功能的整体。这本书也许是迪克描绘人类境况的根本范例。"众疯子家族包括帕里家（死硬偏执狂：领袖，居住在阿道夫村）；曼斯家（躁狂：发明家和无情战士，住在达芬奇高地）；斯凯兹家（精神分裂：远见的神秘主义者，住甘地镇）；希布家（青春期痴呆：体力劳动者，奉行禁欲的神秘主义者，也住甘地镇）；泡利家（多态精神分裂:性情最开朗、平和,因为有时他们的情绪起伏能使他们接近正常人的水平);奥布·玉米家(强迫症:有用的公职人员);德普家(抑郁症:倦怠的灵魂,住在科顿·马瑟地产;没谁能跟德普家相提并论)。不幸的是,《阿尔法卫星上的家族》这本书里对众家族的描写太少了,反倒花费了太多笔墨在地球中央情报局和外星阿尔法人之间的冗长剧情上。这其中翻来倒去的角色是查克·里特斯多夫,是典型的菲利普·迪克式倒霉蛋主角,他有极其睿智的精神科医生妻子,玛丽。玛丽蔑视查克的工作:为中情局政宣模拟人做黑客程序员(这个工作和拿写科幻为生有古怪的相似之处)。让人印象最深刻的角色是奔蛤大人,一个会读心术的木卫三黏液霉菌(灵感来自菲尔本人在马林郡采蘑菇的经历),它和圣保罗的思想一致,都认为爱是最伟大的道德。《阿尔法卫星上的家族》是一本质量起伏不定的长篇,不过,独一无二。

评分:7。

34.《太空裂缝》*The Crack in Space*

前半部创作于1964年,1964年7月以《康塔塔140》之名发表于《奇幻与科幻》杂志;后半部分写于1964年;1966年全本小说出版。

未来,政客们发展了一种极其激进的方法来对付人口过剩和就业不足:将多余的公民冷冻起来,以等待未来更好的时代。不过,太空中的一道裂缝,或许能,或许不能打开一条通向或然世界的道路,解冻的人们将挤满那个世界。《太空裂缝》是菲尔所有长篇中罕见的一部极其无聊的书。这并不是说书中没有有趣的点子:即便是菲尔漫不经心的一句话也能充当天赋差劲的作家创作一本书的剧情。举例来说,乔治·沃尔特变种双胞胎,有两副身体,共享一个大脑(乔治占据大脑右半球,沃尔塔占据左半球)。双胞胎其中之一(哪一个不清楚)出生时死亡了,另一个太过孤独,于是构造一个合成品替代。这正如《血钱博士》,简的死所带来的创伤,转化为不可思议的变种人生命形态。《太空裂缝》的主要剧情聚焦于黑人总统候选人吉姆·布利斯金(曾经的新闻小丑)面临的危险。菲尔给前半部小说起的标题《康塔塔140》,来自巴赫的一部作品,名为"Wachet auf"(众眠者,醒来),书中的"眠者"是几百万冷冻的人类(绝大部分都是黑人),他们被冷冻的原因是没有工作。出发点很好的自由主义故事。

评分:2。

35.《帕莫·艾德里奇的三处圣痕》*The Three Stigmata of Palmer Eldritch*

1964年创作,1965年出版。详见第六章。

评分:10。

36.《震击枪》*The Zap Gun*

1964年创作,1965年11月至1966年1月以"犁刃项目"之名在

《明日世界》杂志连载,1967年出版单行本。

东、西方政府首脑终于变聪明了,他们意识到不需要真正的武器系统,就可以让民众在冷战恐怖之下服服帖帖。双眼看到就会相信,那么,为什么还要耗费巨资开发武器呢?不如编造一些让人眼花缭乱的毁灭性武器的视频?参见第二章。1964年3、4月间,《震击枪》和《倒数第二个真相》(见下)几乎同时写就。两部小说都描绘政府利用媒体仿造现实欺骗人民;结果让被骗者和骗人者都付出重大精神代价。时值和安妮分手的最后阶段,在安非他命加持之下,两部小说都以飞快的速度创作(菲尔宣称,这段时间里他用三周时间打了一千两百页手稿,也就是平均每天五十七页)。这两部小说都任性不羁,有时过于离题,以至失控。不过两者的调性完全不同。《倒数第二个真相》十分沉闷阴郁,《震击枪》虽有不少情节漏洞,结构也是那种粗放风格,但却十分有趣,有股野性味道。《震击枪》调子不同的原因之一在于其创作契机:平装本出版商金字塔(Pyramid Books)书局的一位编辑决定签两本小说,标题就透着典型的畅销科幻味儿:《太空歌剧》和《震击枪》。杰克·万斯挑了第一本;菲尔急于在获雨果奖之后弄点钱,便接了《震击枪》。剧情:武尚(武器时尚)设计师拉斯·鲍尔德利的工作是创造假军事节目,愚弄"纯傻"的大众。这个工作渐渐从道德和性两方面损害了他。这导致他和来自敌对势力"窥东"的莉洛·托普切夫发生了一场绝望的恋情。无论是莉洛还是玛伦·菲茵(拉斯的另一位情妇),灵感都来自安妮。奥尔'奥维尔,导弹制导系统由军事系统转变成为民用科技，制造出了一个会说话的玩具，总是使尽浑身解数帮助拉斯。“卢登斯共情感应伪非人迷宫”是个游戏，掌握它，就能让地球免受侵略。苏列·G.弗布斯，是有妄想症的“纯傻”，忽然获得叫人晕眩的权力，如果要选菲尔创造的最好笑的角色，我给他投上一票。菲尔对采访者查尔斯·普拉特形容，弗布斯是“杰克·伊西多尔的黑暗面”[来自《一个废物艺术家的自白》]。

评分：7。

37.《倒数第二个真相》*The Penultimate Truth*

最初的标题是《塑造扬西》（*Mold of Yancy*），1964年创作，1964年出版。

愤世嫉俗的世界领袖将民众置于拥挤的地下避难所之中，事实上，战争早已结束；领袖们宁肯继续霸占规模巨大的地产，也不愿公布真相。参见前文《震击枪》。《倒数第二个真相》综合菲尔的四个短篇小说：《守护者》（*The Defenders*，1953），《塑造扬西》（*The Mold of Yancy*，1955），《百战余生》（*War Veteran*，1955），以及《拟态杀机》（*The Unreconstructed M*，1956）。《倒数第二个真相》是菲尔对政府编织谎言所做的最尖锐检视。然而这本书的严肃主题，却因其沉闷风格和剧情任性而有所减损。斯坦顿·布罗斯是“扬西人”（负责打造政治宣传演说和影片，以欺骗住在地底的大众）的纯粹邪恶领袖，整个人除了大脑完全由“人造器官”组成；他像是帕莫·艾德里奇的表亲。托马斯·迪什写道,菲尔"认为他自己就是个扬西人——尽管只算是权力结构最底层的雇员——是个专门写作科幻平装本的陈腐作家。通过发出一些有关事实的信号,他将作品分享给那些闷闷不乐的少数读者,那些人都把他的陈腐小说当作某种自传的幻想投射。因此,迪克才把自己在现实中的版权代理,斯考特·梅雷迪斯的地址第五大道580号,当作是书中那个得为欺骗全世界负责的特工组织的地址"。迪什还注意到菲尔的全面欺骗主题与奥威尔的《1984》异曲同工。巧合的是,《震击枪》(和《倒数第二个真相》同时写作)中的拉斯·鲍尔德利身处类似老大哥的监视之下,自问:"但谁又能怪罪他们呢?奥威尔没写到点子上。他们也许是对的,而我们是错的。"菲尔总是考虑所有的可能性。

评分:4。

38.《未传送的人》*The Unteleported Man*

又称《谎言公司》(*Lies Inc.*),1964年至1965年创作,1966、1983、1984年分别以不同形式单行本出版。

法西斯主义超级集团,通过单程传送系统,将殖民者诱至神秘的遥远行星"鲸口"上。主角拉赫梅尔·本·阿普尔鲍姆决定通过非法指挥星际飞船来调查。经历数次扭曲的毒品之旅后,拉赫梅尔向地球发出警告,"鲸口"有纳粹那样的恐怖。《谎言公司》是菲尔所有长篇中出版历史最为复杂的一本。1964年,他在《幻想》杂志发表中篇小说《未传送的人》。王牌出版社编辑沃尔海姆表示有兴趣出版扩展版。菲尔写了三万字的扩充内容,并在1965年5月寄给SMLA。第二部分大部分是主角阿普勒鲍姆的类毒品体验(灵感来自菲尔本人短暂的LSD使用体会)。注意,见鬼的是,这些现实扭曲的情节跟第一部分的殖民剧情没有一点儿关系。沃尔海姆拒绝了第二部分,菲尔大为愤怒,1965年5月写信给SMLA,指出那些"超现实"的元素对"真正的长篇"十分必需,只有这样才能跟第一部分平庸的"太空歌剧"形成对应。(到了1977年,菲尔还是承认第二部分的写作很弱)。1966年,王牌出版社将第一部分以双响炮形式出版,命名为《未传送的人》。1983年,伯克利出版社将第一和第二部分合并,以同名出版。1984年,因为发现1979年菲尔为该书所做的进一步修订,格兰茨出版社出版了第三个版本,命名《谎言公司》(并由约翰·斯勒德克写了两个段落把内容断裂处补上)[①]。小说提要:第一部分是过剩人口移民到外星世界的故事,而在第二部分则转变为如同帕莫·艾德里奇的外星入侵的非现实恐怖故事;接着又绕了回来,额外加一些2-3-74感悟(来自1979年修订部分)。出现了菲尔六十年代小说的两个常见主题:邪恶的纳粹时间旅行,以及《易经》模样的书中之书:《真实完整的新殖民地政治经济史》,作者:布拉迪博士。怪异到家。

评分:5。

---

① 1985年保罗·威廉姆斯在迪克手稿中找到造成内容断裂的片段,2004年之后的《谎言公司》单行本中这些片段得到了替换(前两个,第三个版本则因为迪克修了结构而不再适用)。作者撰写传记时新版本还未面世,特此说明。

39.《逆时钟世界》*Counter-Clock World*

原标题为《死者变年轻，及死人既年轻》(1965年创作，1967年出版)。

时光忽然倒流，死人复生，所有的成年人都必须面对逐渐年轻，直至婴儿期，然后消失的命运。阿纳奇·皮克，一位有权势的黑人领袖从坟墓中复活时，那令人恐惧至极的权力也将破笼而出。这本书由短篇小说《为您预约的时间：昨天》(*Your Appointment Will Be Yesterday*，发表于《惊奇》1966年8月号)扩充而成。《逆时钟世界》是菲尔经历文思枯竭时期(期间拼凑了《未传送的人》，以及跟雷·尼尔森合作了质量起伏不定的《木卫三接管》)之后，再次回归到稳定产出节奏的首部作品。《逆时钟世界》设定于1998年，由于霍巴特阶段效应，时间开始倒流。这种效应以伪科学方式加以描述(科幻小说最传统的做法)就是由于"每隔几十亿年发生的最宏大恒星活动"，生命从坟墓复活，一路倒退直至子宫。"未来"的想法和发明都渐次消失，或者不如说是，被伊拉德们"根除"了。伊拉德负责管理"人民主题图书馆"，他们徒劳地想要保持一种永久退缩现状。主角塞巴斯蒂安·赫耳墨斯是赫耳墨斯Vitarium公司(暗指炼金术精神重生的典故)的老板；世上还有其他许多Vitarium生意，都忙着四处挖死人和卖死人——那些刚复活的死人感觉自己陷入"微地"(坟墓，参见瑞士精神分析学家路德维希·宾斯万格定义的精神病人的陷阱，"坟墓世界”,前文《火星时间穿越》条目对此有讨论),充满恐惧。塞巴斯蒂安被夹在两个女人之间,深受折磨,一个是他处处依赖人的妻子洛塔(素材是第四任妻子南希),另一个是肆无忌惮的安·麦克奎尔(灵感来自第三任妻子安妮)。阿纳奇·皮克因为霍巴特阶段效应复活,并被“赫耳墨斯之瓶”救出,此人是位能力卓越的黑人宗教思想家(基于詹姆斯·A.派克主教创作),他在异端审判之后被圣公会逐出教会。相对菲尔最后长篇中的角色提摩西·阿彻主教(同样基于派克创作)而言,皮克更富同理心。《逆时钟世界》中,菲尔并没有正面描绘时光倒退的世界所带来的挑战;一年后的《尤比克》中,菲尔将会补救该错误,从而达成心愿。

评分:5。

40.《保存机》*The Preserving Machine*

1953年至1956年创作,1969年出版。这是一本质量很高的短篇集,由特里·卡尔组稿、编辑,一开始就得到菲尔本人的称赞。不过,另外两本短篇集《菲利普·迪克精选》(1977)和《金人》(1980)的质量则后来居上(参见相关条目),这两本书也都包含了《保存机》的一些选篇。不过,《保存机》是其中唯一一本选了《我们可以大规模地为您记住》(*We Can Remember It for You Wholesale*, 1966)的集子,这篇循环故事的主题是记忆植入以及火星上的卧底间谍;本传记写作之时,这篇小说正由卡洛可电影公司制片,暂定标题为《全面回忆》；电影选角为阿诺德·施瓦辛格，由保罗·范霍文导演（《机器战警》导演），预算五千万美元，计划在1990年夏季上映。这本选集还有一篇未收入其他选集的作品，《闭缩综合征》（*Retreat Syndrome*，1965），十分惊悚的科幻入侵故事，同样有记忆植入的主题，并用某种方式将菲尔当时经受的婚姻困难和间谍活动交织在一起。

41.《木卫三接管》*The Ganymede Takeover*

和雷·尼尔森合写，最初的标题是《被拒绝的群石》（1964年至1966年创作，1967年出版）。

具有读心术的木卫三蠕虫占领地球，怯懦的地底人类帮助它们巩固权力。但反抗力量也在不断建立；如果黑人领袖珀西·X能够克服对白人联盟的不信任，那么，未来的自由仍可期盼。参见第七章。尼尔森写到，《木卫三接管》代表了《火焰之环》（提议中的《高堡奇人》续集）的"初期草图"，它描绘了混合形态的美国文化。《木卫三接管》中，那些占领地球的蠕虫是日本帝国法庭奸计的"滑稽隐喻"，主角琼·希西则是两位作者妻子的综合体：南希·迪克和柯尔丝滕·尼尔森。由于类纳粹的地球心理医生、迷幻研究局局长，鲁道夫·巴尔卡尼的恶毒疗法，令琼·希西成为"一无是处的女孩"。珀西·X，分离运动的黑人领袖，煽动地球人起身反抗木卫三入侵者，但在最后的决战关头，成为自己渴望权力的牺牲品。同时，具有同理心的人道主义心理医生保罗·里弗斯取得了胜利。聪明点子挺多，不过仍是本粗制滥造之作。

评分：3。

42.《仿生人会梦见电子羊吗?》*Do Androids Dream of Electric Sheep?*

最初的标题包括《电子蟾蜍》《仿生人做梦吗?》《电子羊》《'杀手在我们中间',里克·德卡德对特殊人大叫》等,1966年创作,1968年出版。

里克·德卡德以捕杀逃跑的仿生人为生。当他对这些仿生人开始有更深感觉时,开始意识到,人类灵魂和机器之间的本质区别。这部小说启发1982年的电影《银翼杀手》(详见第十二章有关菲尔和好莱坞打交道的内容),曾以同名再版。《仿生人会梦见电子羊吗?》是一部极为出色的小说,和《尤比克》一样,都写于佳作迭出的1966年。里克·德卡德是1992年的赏金猎人,靠捕杀"仿人"(仿生人)谋生。这些仿生人从干苦工的火星殖民地逃回核战灾难后的地球,希望能以人类的身份生存下来(仿生人罗伊和伊姆加德·贝蒂的形象来自雷·尼尔森和柯尔丝滕·尼尔森)。辐射尘埃造成两个严重后果:首先,几乎杀死了所有动物(在那个世界,拥有真正的动物而非仿造品,标志着极高的地位),其次,创造了一种新类型的人类,"特殊人"(变种人,包括低智商的"鸡头")。约翰·伊西多尔,和《一个废物艺术家的自白》中的智慧愚人同名,他是个孤独的鸡头,然而,他对可爱的仿生人普里斯·斯特拉顿的同情最终被证明是种悲剧性的错位。与此同时,里克·德卡德和妻子伊兰(灵感来自南希)关系不洽,得从彭菲尔德情绪调节器中找建议,比如频道888:“有看电视的欲望,无论看什么都成。”德卡德有道德危机,令他跟仿生人瑞秋·罗森陷入一场没有灵魂的情事(电影中的德卡德和瑞秋超越相互间的区别,坠入爱河)。无论德卡德还是伊西多尔都坠入“坟墓世界”的绝望之中,因为他们无法触碰到任何仿生人的心。然而,通过“共鸣箱”的握把,经过威尔伯·默瑟(电影中完全删了这个角色)的救难式干预,两人都恢复了(参见《小黑匣》[1964],以及《震击枪》中的移情游戏迷宫)。混球电视节目秀《老友巴斯特和他的好友们》将默瑟暴露了,结果大众发现他是个末流演员阿尔·哈里(致敬啪嗒学家阿尔弗雷德·哈里)。但这不重要:基督徒的爱能克服表面的陷阱。菲利普·迪克式的新词“基皮”不断积累垃圾,能放大“所有形式的终极无序”始于此(这个词由菲尔的朋友米丽娅姆·劳埃德创作)。《仿生人会梦见电子羊吗?》是菲尔最棒的作品。

评分:9。

43.《犁夫星上的格里蒙格》*The Glimmung of Plowman's Planet*

1966年创作,格兰茨出版社于1988年出版,标题为《尼克和格里蒙格》。

奇怪的新殖民行星上,男孩一家为自由和尊严而战。《犁夫星上的格里蒙格》作为儿童科幻作品，被二十家出版社退稿。早在1962年时，菲尔还曾写过一篇少年科幻长篇的提纲《打谷机破坏者》（*The Thrasher Bashers*）——说的是一群男孩阻挡外星人入侵——同样没卖出去。《犁夫星上的格里蒙格》有其魅力——主要来自犁夫星的古怪动物群。英雄男孩尼克家庭移民原因在于地球人口膨胀，蔑视人的尊严，禁止养宠物。猫咪贺拉斯（名字来自菲尔的猫，贺拉斯·戈德）和尼克，为光明之力（"印者"领导的无形生物，能复制任何物理形态）与黑暗对战（由格里蒙格统领）。格里蒙格身上溃烂的长矛伤口让人联想起《渔夫王的圣杯传说》。

评分：2（成人），7（儿童）。

44.《尤比克》*Ubik*

最初的标题是《反守望者的死亡》，1966年创作，1969年出版。详见第七章。

评分：10。

45.《宇宙补陶匠》*Galactic Pot-Healer*

1967年至1968年创作，1969年出版。

外星半神格里蒙格召唤了一批鱼龙混杂的地球失业艺术家，包括补陶匠乔·弗恩赖特，将他们请去遥远的犁夫星，帮助把沉默的大教堂海尔德斯卡拉从黑暗的大海Mare Nostrum[①]中升起。不过,格里蒙格所要求的不仅仅是这些人的手艺,他需要他们拿出信仰;而信仰,正是乔·弗恩赖特最为缺乏的。详见第七章。后来的岁月里,菲尔经常贬低《宇宙补陶匠》这本书。我得说,这很不公平。《宇宙补陶匠》是颗宝石,是精心打造的讽刺、有趣至极的荒唐寓言;它描绘了小手艺人乔·弗恩赖特向何处,坠落以及摆脱孤绝、无意义生活的历程。格里蒙格(跟《犁夫星上的格里蒙格》同名的角色几乎没有关系)也许比不上其他作品的角色有力和深奥,比如帕莫·艾德里奇、尤比克、瓦利斯;但那些角色也都没有半神格里蒙格的那种"奥兹"式喧闹和趣味(菲尔儿时极爱奥兹系列)。如果切斯特顿写科幻,那就会是这部小说的模样。

评分:8。

46.《死亡迷局》*A Maze of Death*

最初的标题是《游戏的名字是死亡》,1968年创作,1970年出版。

本应无人居住的德尔马克-欧星上,一群殖民者遇到一系列包括残酷杀戮在内的费解事件。接着,他们意识到弥尔顿的格言是多么正确:人的意识创造了它的天堂和地狱。详见第六章,有关菲尔的LSD体验(《死亡迷局》第十一章描述),以及第七章有关菲尔-派克主教关系。《死亡迷局》序言中,菲尔指出,他受威廉·萨里尔(Wil-

① 即"我们的海",地中海的罗马名。

liam Sarill)帮助,创造了这部小书中“抽象、逻辑”的宗教;然而,萨里尔在采访中表示,和菲尔的夜晚谈话中,全都是菲尔在那里抛出各种理论,而他只有听的份儿。《天空之眼》《尤比克》和《死亡迷局》的情节惊人地类似:一群人发现他们处在令人迷惑的现实状态,每个人都希望能利用各自的个体感知(idios kosmos)来理清发生在他们群体(koinos kosmos)头上的事。但只有在《天空之眼》,十年前的那部长篇中,这样的努力才最终得以成功。相比而言,《尤比克》和《死亡迷局》,只有个人洞察和信仰,才能刺穿书中的现实迷踪。《死亡迷局》中,最后只有塞思·莫利通过对仲裁者(Intercessor)的信仰,才独自逃离德尔马克-欧星“殖民者”同僚的悲惨命运(实际上,这些人全都困于受损飞船,做着模拟梦,才能维持理智)。《死亡迷局》中有个四位一体的神,综合诺斯替宗教、新柏拉图主义、基督教:造穹主(Mentufacturer),创造(圣父);仲裁者,通过牺牲移除诅咒(基督);地球行者,给予慰藉(圣灵);以及灭形者,它远离神圣,促成熵增(撒旦/执政官/德穆格[①])。德尔马克-欧星上的古老居民,誊噹(tench),是菲尔为基督所刻印的“密码”。

评分:7。

47.《有朋自弗洛尼克斯8来》*Our Friends from Frolix 8*

1968年至1969创作,1970出版。

---

① demiurge,是柏拉图、新柏拉图主义哲学、诺斯替宗教中的一个次于上帝的存在,创造了有缺陷的物质世界。

施行高压政策的地球警察试图控制人民,然而来自弗洛尼克斯8的强大外星人却有不同的想法。菲尔把《有朋自弗洛尼克斯8来》当作粗制滥造之作。从剧情上看,这是部对五十年代创作的回望之作,特别是《太阳系大乐透》。《有朋自弗洛尼克斯8来》中孤独的天才、太空旅行者索尔斯·普罗沃尼("底人"领袖)试图为受压迫的地球人从遥远的弗洛尼克斯8寻找帮助;这点和《太阳系大乐透》中约翰·普雷斯顿(普雷斯顿异教领袖)试图找寻"火焰碟"的旅行相互呼应。不过,普雷斯顿是手艺人,他象征个体和勤奋工作;而普罗沃尼(超高智商"新人"和有读心天赋"非常人"的综合体)则利用同理心,赢得智慧的弗洛尼克斯人的支持。与此同时,二十二世纪地球上的"新人"和"非常人"对平庸的"旧人"(也就是我们)实行残暴统治。"旧人"尼克·阿普顿是个焦虑缠身,整天吞药片的轮胎开槽工(《一个废物艺术家的自白》中的杰克·伊西多尔也干这个),他爱黑发女孩查理。《有朋自弗洛尼克斯8来》是部节奏极快的"侦探小说",它没有菲尔六十年代其他小说中占统治地位的现实变幻主题。"非常人",警察局长威利斯·格拉姆,预示着菲尔今后创造的富有同情心的警察主角:《流吧!我的眼泪》中的菲利克斯·巴克曼,以及《暗黑扫描仪》中的罗伯特·阿克特。

评分:4。

48.《流吧!我的眼泪》*Flow My Tears, The Policeman Said*

1970年创作，1973年修订，1974年出版，获约翰·W.坎贝尔奖。详见第七章。

评分：7。

49.《菲利普·迪克精选》*The Best of Philip K. Dick*

1952年至1973年创作，1977年出版。

本书选入十九篇短篇小说，菲尔积极参与编选工作，使之无愧于标题。包括两篇动人的儿童视角故事，《福斯特，你死定了》和《父怪》（详见第二章）；伯克利青涩时期的故事，如《沃昂》，《乌布》，《二号变种》，《殖民地》和《伪装者》，详见第四章，以及前述《一捧黑暗》和菲尔的最佳短篇《电子蚂蚁》（详见第七章）。

评分：10。

50.《金人》*The Golden Man*

1951年至1973年创作，1980年出版。

编辑马克·赫斯特选编的短篇集，菲尔本人参与，内容激动人心。这本选集的“前言”和“故事注脚”都由菲尔本人撰写，光是这些内容就值回书价。其中最好的短篇是《珍贵制品》（1963年创作，1964年发表），故事中，正因人类对希望太过执着，反而让征服者普罗克斯人获得优势。《小黑匣》（1964），最初是《木卫三接管》的一部分，但从最终版移除；该短篇介绍移情宗教，默瑟主义，其在《仿生人会梦见电子羊吗?》一书中起重要作用。《精灵国王》(1953)则是一颗珍宝,菲尔最好的奇幻短篇。

评分:8。

51.《暗黑扫描仪》*A Scanner Darkly*

1973年创作,1975年修订,1977年出版,详见第八和第九章。

评分:9。

52.《愤怒之神》*Deus Irae*

与罗杰·泽拉兹尼合写;最初标题是《下跪的无腿男》,1964年至1975年创作,1976年出版。

艺术家能否描绘终极真理? 这是画家蒂博尔·麦克马斯特斯试图挑战的不可能任务,他追寻伟大的神,卡尔顿·勒夫特费尔,后者因愤怒而对地球实施毁灭性核打击。详见第六章和第十章。对于此书,菲尔最初的合作对象是特德·怀特,但后者不感兴趣,却在1967年推荐了泽拉兹尼。菲尔和泽拉兹尼的合作非常顺畅:工作主要通过信件进行,效率最高的两年分别是1970年和1975年。他们最终创造了一部动人心弦的长篇小说,关于二十一世纪后核毁灭时代的伟大艺术家,无手无腿的“inc”(不全人)蒂博尔·麦克马斯特斯的朝圣之旅。菲尔十分喜爱泽拉兹尼的雨果奖获奖长篇《光明王》(1967),后者是位十分慷慨的合作者;他曾说,自己将这部小说当作

“菲尔的书”；1975年，当泽拉兹尼了解到菲尔陷入经济困境，他自愿将版税比例从二分之一降为三分之一。《愤怒之神》从根底上是部菲尔·迪克小说，整个情节（很不寻常地）基本遵循菲尔早在1964年提交给双日出版社的提纲，也正是这份提纲让他拿到合同。两个菲尔早年的短篇，《伟大的C》（*The Great C*，1953）和《异乡客》（*A Planet for Transients*，1953）都为这本书提供了一些情节，但真正影响它的是《血钱博士》；二者都是核战后世界毁灭的设定，《血钱博士》中的布鲁兹盖德博士和霍皮·哈灵顿，跟《愤怒之神》中的卡尔顿·勒夫特费尔和蒂博尔·麦克马斯特斯相对应。勒夫特费尔（意为天魔）曾在政府中鼓吹核战争是理性政策，由于他发动的破坏，导致自己毁容、变疯，并成为愤怒之神（Deus Irae）的人类化身。麦克马斯特斯的朝圣终结于荣耀中，并有神圣异象，但他却在苦涩的孤独之中死去；书中还写了“某些类似日记的条目”，以论证他对愤怒之神的描绘到底是否真实。这本书和《解经》的呼应很明显。《愤怒之神》是六十年代菲尔（例如第三章中的皮特·桑兹认为毒品是引导异象的正当方法）和七十年代菲尔（第十八章最终揭示的棕榈花园自然异象）的神奇混合。

评分：7。

53.《黑发女孩》*The Dark-Haired Girl*

1972年、1975年创作，1988年出版。详见第八章讨论的本选集中三个主要篇目:《黑发女孩》《一种生命之爱的演化》和《仿生人和人类》。本选集的选篇不拘一格,既有书信、散文、短篇小说,也有诗集;会让读者登上过山车,抓好扶手,感受一下菲尔情感丰沛的心灵。《黑发女孩》中收录的信件无所不包,从让人屏住呼吸的狂喜,到恶毒的怒气。正如保罗·威廉姆斯在他狡黠的“导言”中所说,那些菲尔对他所爱女人所做的判断,并不一定值得相信。在最充满恨意的时刻,菲尔可以暂时进入到无法理喻的仿生人状态——正是他本人平时所鄙视的。而在最可爱的时刻,他简直无法抗拒——至少对于读者而言——但这并不是总是能对他追求的女性起作用。如你所见,这本选集赤裸裸地展示作家的内心世界。第八章提到过,菲尔后来曾对《黑发女孩》书信的价值有所保留。《人类、仿生人和机器》(1975),是篇曲折、精致的文章(最初是为了在伦敦科幻会议上做演讲准备,但他并未参加那次会议),探索了“正交”或“分层”的时间,是对《解经》关键主题的不错入门。

评分:6。

54.《艾伯姆斯自由电台》*Radio Free Albemuth*

最初的标题是《瓦利斯系统A》,1976年创作,1985年出版。

唱片制作人尼古拉斯·布雷迪和科幻小说家菲尔·迪克与帝国之间的战斗永无止境。详见第二、第十和第十一章。1976年矮脚鸡出版社编辑马克·赫斯特买下《艾伯姆斯自由电台》,此人是菲尔作品的铁杆支持者。当赫斯特建议菲尔修改手稿时,他压根没想到菲尔完全没有那种小修小补的习惯,而是在两年后创作了一本全新的不同长篇,即杰作《神圣秘密》;和它相比,《艾伯姆斯自由电台》只能算是预备稿件。《艾伯姆斯自由电台》中,菲尔第一次明确以本名作自传角色,出现于小说中。主角尼古拉斯·布雷迪也是菲尔:伯克利青春年少时的菲尔,从未成为科幻作家,而是接了那份据说被他拒绝的唱片公司A&R(艺人和制作)的职位。尼古拉斯看到自己站在自己床边,正如菲尔五十年代早期经历的;尼古拉斯有过一个鲜明、长达八小时的墨西哥异象,菲尔1971年时也有过。"2-3-74"系列体验分散在尼古拉斯的五六十年代生活之中,他和瓦利斯(上帝?外星智能生命建造的卫星?别的?)联系(或被控制?),成为光明和黑暗斗争的一部分,代表黑暗的是总统弗里斯·弗里蒙特,象征理查德·尼克松,以及永不终止压迫的帝国。第十五章,布雷迪处理鞋广告复印件的做法,和菲尔在1974年3月对付"复印信函"的方式相呼应。布雷迪在书中表达了对与美国人民之友(FAP)合作而产生的良心不安;这也和菲尔对跟联邦调查局在1974年的联系相呼应。

评分:6。

55.《神圣秘密》*Valis*

1978年创作,1981年出版,详见第十章和第十一章的重点叙述。

评分:10。

56.《但愿我能早点儿到》*I Hope I Shall Arrive Soon*

1953年至1980年创作,1985年出版。

这是菲尔死后出版的短篇集,由马克·赫斯特和保罗·威廉姆斯编纂,其中最值得注意的是包含了一篇标题特别有菲利普·迪克味道的演讲:《如何建造一个不会在两天之后垮掉的宇宙》(菲尔在演讲中承认他更喜欢建造会崩塌的宇宙);此外还有1980年发表的三部一流短篇《空气之链,以太之网》(*Chains of Air, Webs of Aether*,该作的一部分融入了长篇小说《神圣入侵》),《拉乌塔瓦拉事件》(*Rautavaara´s Case*,一位濒死人类宇航员的大脑活动成为热衷于脑研究的普罗克斯人用来窥探下一个世界的窗口),以及《但愿我能早点儿到》(最初发表时名为《冷冻之旅》——宇航员从低温中醒来,为了让他度过十年的漫漫旅途,飞船电脑试图寻找快乐生活的记忆填补其意识,但却失败了)。

评分:7。

57.《神圣入侵》*The Divine Invasion*

最初的标题是《瓦利斯复临》,1980年创作,1981年出版,详见第十二章。

评分:7。

58.《神圣主教》*The Transmigration of Timothy Archer*

最初的标题是《主教提摩西·阿彻》。1981年创作,1982年出版。详见第十二章。

评分:8。

59.《白日之枭》*The Owl in Daylight*

菲尔最后一部长篇小说。详见第十二章。

菲利普·迪克中短篇小说全览[①]

◎《稳定》STABILITY

创作于1947年或更早(之前未公开发表)。

◎《沃昂》ROOG

创作于1951年11月。《奇幻与科幻》,1953年2月,迪克卖出的第一篇小说。

◎《小人行动》THE LITTLE MOVEMENT

《奇幻与科幻》,1952年11月。

◎《乌布》BEYOND LIES THE WUB

《行星》,1952年7月。

① 此处为中文版特别增加,以《菲利普·迪克中短篇小说全集》(四川科学技术出版社)后所附"记录与说明"为范本整理。——编者注

◎《发射器》THE GUN

《行星故事》,1952年9月。

◎《头骨》THE SKULL

《如果》(*If*),1952年9月。

◎《守护者》THE DEFENDERS

《银河》,1953年1月。这个短篇小说的部分内容被改编为长篇小说《倒数第二个真相》。

◎《太空船先生》MR.SPACESHIP

《想象》(*Imagination*),1953年1月。

◎《森林里的吹笛人》PIPER IN THE WOODS

《想象》,1953年2月。

◎《进化》THE INFINITES

《行星故事》,1953年5月。

◎《保存机》THE PRESERVING MACHINE

《奇幻与科幻》,1953年6月。

◎《牺牲》EXPENDABLE

原名《等待之人》,《奇幻与科幻》,1953年7月。

◎《变量人》THE VARIABLE MAN

《太空科幻》(*Space Science Fiction*)(英国),1953年7月。

◎《坚持不懈的青蛙》THE INDEFATIGABLE FROG

《奇幻与科幻》,1953年7月。

◎《藏有秘密的水晶球》THE CRYSTAL CRYPT

《行星故事》,1954年1月。

◎《棕色牛津鞋短暂的幸福生活》

THE SHORT HAPPY LIFE OF THE BROWN OXFORD

《奇幻与科幻》,1954年1月。

◎《巨船》THE BUILDER

收于1952年7月23日,《惊奇》(*Amazing*),1953年12月–1954年1月。

◎《蝴蝶》MEDDLER

收于1952年7月24日,《未来》(*Future*),1954年10月。

◎《记忆裂痕》PAYCHECK

收于1952年7月31日,《想象》,1953年6月。

◎《伟大的C》THE GREAT C

收于1952年7月31日,《世界科幻和奇幻》(*Cosmos Science Fiction and Fantasy*),1953年9月。这个短篇小说部分内容被改编为长篇小说《愤怒之神》。

◎《花园中》OUT IN THE GARDEN

收于1952年7月31日,《奇幻小说》(*Fantasy Fiction*),1953年8月。

◎《精灵国王》THE KING OF THE ELVES

原名《谢德拉克·琼斯与精灵》,收于1952年8月4日,《奇幻之外》,1953年9月。

◎《殖民地》COLONY

收于1952年8月11日,《银河》,1953年6月。

◎《被俘获的飞船》PRIZE SHIP

原名《木卫三的圆球》,收于1952年8月14日,《惊魄奇谭》,1954年冬。

◎《保姆》NANNY

收于1952年8月26日,《惊奇故事》(*Startling Stories*),1955年春。

◎《饼干夫人》THE COOKIE LADY

收于1952年8月27日,《奇幻小说》,1953年6月。

◎《钟门之内》BEYOND THE DOOR

收于1952年8月29日,《奇妙大观》(*Fantastic Universe*),1954年1月。

◎《二号变种》SECOND VARIETY

收于1952年10月3日,《太空科幻》,1953年5月。

◎《乔恩的世界》JON´S WORLD

原名《乔》,收于1952年10月21日,《未来之时》(*Time to*

Come),由奥古斯特·德尔斯编辑,于纽约,1954年。

◎《星球窃贼》THE COSMIC POACHERS

原名《大盗》,收于1952年10月22日,《想象》,1953年7月。

◎《后代》PROGENY

收于1952年11月3日,《如果》,1954年。

◎《往昔曾在》SOME KINDS OF LIFE

原名《围攻》,收于1952年11月3日,《奇妙大观》,1953年10月–11月,以笔名“理查德·菲利普”发表。

◎《末世悲鼓》MARTIANS COME IN CLOUDS

原名《虫子》,收于1952年11月5日,《奇妙大观》,1954年6月–7月。

◎《乘火车的通勤客》THE COMMUTER

收于1952年11月19日,《惊奇》,1953年8月–9月。

◎《她想要的世界》THE WORLD SHE WANTED

收于1952年11月24日,《科幻季刊》(*Science Fiction Quarterly*),

1953年5月。

◎《地表突袭》A SURFACE RAID

收于1952年12月2日，《奇妙大观》，1955年7月。

◎《项目：地球》PROJECT: EARTH

原名《一个偷窃者》，收于1953年1月6日，《想象》，1953年12月。

◎《关于泡泡球世界的纷扰事》THE TROUBLE WITH BUBBLES

原名《玩物》，收于1953年1月13日，《如果》，1953年9月。

◎《暮光下的早餐》BREAKFAST AT TWILIGHT

收于1953年1月17日，《惊奇》，1954年7月。

◎《给帕翠的礼物》A PRESENT FOR PAT

收于1953年1月17日，《惊奇故事》，1954年1月。

◎《头环制作者》THE HOOD MAKER

原名《免疫》，收于1953年1月26日，《想象》，1955年6月。

◎《干瘪的苹果》OF WITHERED APPLES

收于1953年1月26日,《世界科幻和奇幻》,1954年7月。

◎《今为人类》HUMAN IS

收于1953年2月2日,《惊奇故事》,1955年冬天。

◎《命运规划局》ADJUSTMENT TEAM

收于1953年2月11日,《星轨科幻》(*Orbit Science Fiction*),1954年9月–10月。

◎《不可能存在的星球》THE IMPOSSIBLE PLANET

原名《传说》,收于1953年2月11日,《星轨科幻》,1953年10月。

◎《伪装者》IMPOSTER

收于1953年2月24日,《大吃一惊》,1953年6月。

◎《詹姆斯·P. 克劳》JAMES P. CROW

收于1953年3月17日,《行星故事》,1954年5月。

◎《异乡客》PLANET FOR TRANSIENTS

原名《巡回者》,收于1953年3月23日,《奇妙大观》,1953年10月—11月,该故事的部分内容被改编进入迪克与罗杰·泽拉兹尼合写的长篇小说《愤怒之神》中。

◎《小小城镇》SMALL TOWN

原名《工程师》，收于1953年3月23日，《惊奇》，1954年5月。

◎《纪念品》SOUVENIR

收于1953年3月26日，《奇妙大观》，1954年10月。

◎《火星先遣队》SURVEY TEAM

收于1953年4月3日，《奇妙大观》，1954年5月。

◎《显赫的作家》PROMINENT AUTHOR

收于1953年4月20日，《如果》，1954年5月。

◎《猎物》FAIR GAME

收于1953年4月21日，《如果》，1959年9月。

◎《孤悬的陌生人》THE HANGING STRANGER

收于1953年5月4日，《科幻冒险》（*Science Fiction Adventures*），1953年12月。

◎《眼见为实》THE EYES HAVE IT

收于1953年5月13日,《科幻故事》(*Science Fiction Stories*)1953年,创刊号。

◎《预见未来》1THE GOLDEN MAN

收于1953年6月24日,《如果》,1954年4月。

◎《轮回》THE TURNING WHEEL

收于1953年7月8日,《科幻故事》,1954年第二期。

◎《最后的主宰者》THE LAST OF THE MASTERS

原名《保护局》,收于1953年7月15日,《星轨科幻》,1954年11-12月。

◎《父怪》THE FATHER-THING

收于1953年7月21日,《奇幻与科幻》,1954年12月。

◎《惊奇伊甸园》STRANGE EDEN

原名《献祭》,收于1953年8月4日,《想象》,1954年12月。

◎《托尼和甲壳虫》TONY AND THE BEETLES

收于1953年8月31日,《星轨科幻》,1953年第二期。

◎《元无》NULL-0

原名《疯狂的莱缪尔》,收于1953年8月31日,《如果》,1958年12月。

◎《各为其主》TO SERVE THE MASTER

原名《神之本分》,收于1953年10月21日,《想象》,1956年2月。

◎《展品》EXHIBIT PIECE

收于1953年10月21日,《如果》,1954年8月。

◎《爬行者》THE CRAWLERS

原名《弃儿之家》,收于1953年10月29日,《想象》,1954年7月。

◎《行销有道》SALES PITCH

收于1953年11月19日,《未来》,1954年6月。

◎《空壳游戏》SHELL GAME

收于1953年12月22日,《银河》,1954年9月。

◎《在无聊的地球上》UPON THE DULL EARTH

收于1953年12月30日,《奇幻之外》,1954年11月。

◎《福斯特,你死定了》FOSTER, YOU'RE DEAD

收于1953年12月31日,《恒星——科幻短篇集》第三辑(*Star Science Fiction Stories No 3*),弗里德里克·波尔编选,纽约,1955年版。

◎《打印的代价》PAY FOR THE PRINTER

原名《打印者的酬劳》,收于1954年1月28日,《卫星》,1956年10月。

◎《百战余生》WAR VETERAN

收于1954年2月17日,《如果》,1955年3月。

◎《亮壳防护》THE CHROMIUM FENCE

收于1954年4月9日,《想象》,1955年7月。

◎《调整失误》MISADJUSTMENT

收于1954年5月14日,《科幻季刊》,1957年2月。

◎《超能世界》A WORLD OF TALENT

原名《右，再向右》，收于1954年6月4日，《银河》，1954年10月。

◎《超能者，救我儿！》PSI-MAN HEAL MY CHILD！

原名《外围势力》，收于1954年6月8日，《奇想故事》（*Imaginative Tales*），1955年11月，也曾入选短篇集《超能者》（*Psi-Man*）。

◎《自动工厂》AUTOFAC

收于1954年10月11日，《银河》，1955年11月。

◎《上门维修》SERVICE CALL

收于1954年10月11日，《科幻故事》，1955年7月。

◎《囚徒专卖》CAPTIVE MARKET

收于1954年10月18日，《如果》，1955年4月。

◎《塑造扬西》THE MOLD OF YANCY

收于1954年10月18日，《如果》，1955年8月。

◎《少数派报告》THE MINORITY REPORT

收于1954年12月22日，《奇妙大观》，1956年1月。

◎《回忆之灯》RECALL MECHANISM

《如果》,1959年7月。

◎《拟态杀机》THE UNRECONSTRUCTED

收于1955年6月2日,《科幻故事》,1957年1月。

◎《我们这些探索者》EXPLORERS WE

收于1958年5月6日,《奇幻与科幻》,1959年1月。

◎《战争游戏》(声东击西)WE GAME(Diversion)

收于1958年10月31日,《银河》,1959年12月。

◎《假如没有本尼·赛莫利》(如果从没有本尼·赛莫利)IF THERE WERE NO BENNY CEMOLI (HAD THERE NEVER BEEN A BENNY CEMOLI)

收于1963年2月27日,《银河》,1963年12月。

◎《新奇演艺》NOVELTY ACT

原名《第二吹罐手》,收于1963年3月23日,《幻想》(*Fantastic*),1964年2月。[收录于迪克长篇作品《模拟人》中]

◎《水蜘蛛》WATERSPIDER

收于1963年4月10日,《如果》,1964年1月。

◎《亡者之声》WHAT THE DEAD MENSAY

原名《携带断火柴的人》,收于1963年4月15日,《明日世界》,1964年6月。

◎《奥菲斯现形记》ORPHEUS WITH CLAY FEET

收于1963年4月16日。[大约在1964年,以"杰克·道兰"的笔名发表于《遁世》(*Escapade*)杂志]

◎《珀奇·派特时代》THE DAYS OF PERKY PAT

收于1963年4月18日,《惊奇》。

◎《备胎总统》STAND-BY

原名《顶级备胎工作》,收于1963年4月18日,《惊奇》,1963年8月。

◎《拉格兰·帕克怎么办?》WHAT'LL WE DO WITH RAGLAND PARK?

原名《天赋奇才》,收于1963年4月29日,《惊奇》,1963年11月。

◎《哦,做个泡泡人!》OH, TO BE A BLOBEL!

原名《那个,话说有一群波劳贝人……》,收于1963年5月6日,《银河》,1964年2月。

◎《小黑匣》THE LITTLE BLACK BOX

原名《利用日常用品》,收于1963年5月6日。《明日世界》,1964年8月。

◎《俘奴之战》THE WAR WITH THE FNOOLS

《银河前哨》,1964年春季号。

◎《不幸游戏》A GAME OF UNCHANCE

收于1963年11月9日,《惊奇》,1964年7月。

◎《珍贵制品》PRECIOUS ARTIFACT

收于1963年12月9日,《银河》,1964年10月。

◎《闭缩综合征》RETREAT SYNDROME

收于1963年12月23日,《明日世界》,1965年1月。

◎《地球奥德赛》A TERRAN ODYSSEY

收于1964年3月17日,之前从未出版。

◎《为您预约的时间:昨天》YOUR APPOINTMENT WILL BE YESTERDAY

收于1965年8月27日,《惊奇》,1966年8月。

◎《神圣争论》HOLY QUARREL

收于1965年9月13日 ,《明日世界》,1966年5月。

◎《别看封面》NOT BY ITS COVER

收于1965年9月21日 ,《著名科幻小说》,1968夏季号。

◎《报复赌赛》RETURN MATCH

收于1965年10月14日,《银河》,1967年2月。

◎《父辈的信仰》FAITH OF OUR FATHERS

收于1966年1月17日,发表于《危险的幻象》,编辑:哈兰·埃里森、戈登·西提,1967年获雨果奖提名。

◎《终结所有故事的故事》THE STORY TO END ALL STORIES

《尼耶卡》,1968年秋季号。

◎《电子蚂蚁》THE ELECTRIC ANT

收于1968年12月4日,《奇幻与科幻》,1969年10月。

◎《卡德伯里,匮乏的河狸》CADBURY, THE BEAVER WHO LACKED

收于1971年12月,之前未发表。

◎《给时航员的小礼物》A LITTLE SOMETHING FOR US TEMPUNAUTS

收于1973年2月13日,发表于《最后阶段》,编辑:爱德华·L.费曼、巴里·N.马茨伯格,纽约,1974年。

◎《未成人》THE PRE-REASONS

收于1973年12月20日,《奇幻与科幻》,1974年10月。

◎《西比尔之眼》THE EYE OF THE SIBYL

收于1975年5月15日,之前未出版。

◎《计算机先生坠树之日》THE DAY MR COMPUTER FELL OUT OF ITS TREE

收于1977年夏天,之前未出版。

◎《出口即入口》THE EXIT DOOR LEADS IN

收于1979年6月21日,《滚石大学学报》,1979年秋季号。

◎《空气之链,以太之网》CHAINS OF AIR, WEB OF AETHER

原名《善于失去的男人》,收于1979年7月9日,《星辰》第五期,编辑:朱迪-林恩·德·雷伊,纽约,1980年。本故事包含在迪克小说《神圣入侵》当中。

◎《关于死亡的古怪回忆》STRANGE MEMORIES OF DEATH

收于1980年3月27日,《中间地带》,1984夏季号。

◎《但愿我能早点到》HOPE I SHALL ARRIVE SOON

首次在杂志上出版时,本故事更名为《冷冻之旅》。《但愿我能早点到》是迪克给故事起的原名。收于1980年4月24日,《花花公子》,1980年12月。本故事获得“花花公子”奖。

◎《拉乌塔瓦拉事件 》RAUTAVAARA'S CASE

收于1980年5月13日,《全知》,1980年10月。

◎《外星人,心难测》THE ALIEN MIND

《尤巴市急报》,1981年2月20日。